Für viele Eltern, Lehrer und Erzieher scheint das Leben mit den meisten heranwachsenden Jungen von einem bestimmten Punkt an voller Schwierigkeiten und Probleme. Oft sind sie impulsiv oder werden verletzend und schwanken zwischen Rückzug, Groll und Aggression, ohne sich bewusst zu sein, wie kränkend ihr Verhalten auf andere wirkt. Die Eltern sind hilflos, verlieren den Kontakt zu ihren Söhnen, die sie lieben, und haben doch nicht die Kraft, sie vor sich selbst zu schützen. Sie sehen nur den Zorn, nicht aber die Angst vor Bloßstellung und Verletzlichkeit. Alle, denen das seelische und körperliche Wohlergehen von Jungen am Herzen liegt, müssen lernen, sie aus ihrer »Festung der Einsamkeit« herauszuholen und ihnen die Möglichkeit geben, ihren Gefühlen, Bedürfnissen und ihrem Schmerz Ausdruck zu verleihen.
Dan Kindlon und Michael Thompson weisen den Weg, wie Söhnen die gefühlsmäßige Unterstützung gegeben werden kann, die sie so dringend brauchen.

Dan Kindlon ist Psychologe und auf Verhaltensstörungen von Kindern und Jugendlichen spezialisiert. Er lehrt als Assistenzprofessor an der Psychiatrischen Fakultät der Harvard Medical School und an der Harvard School of Public Health in der Abteilung für Mutter-Kind-Gesundheit. Darüber hinaus arbeitete er als psychotherapeutischer Berater für Jungen an einer freien Schule in Boston.
Michael Thompson ist als Berater, Autor sowie Kinder- und Familientherapeut in Cambridge, Massachusetts, tätig. Er leitete Seminare mit Eltern, Lehrern und Schülern und gehört als Psychologe zum Lehrkörper einer Jungenschule im Bostoner Raum.
Teresa Barker ist Journalistin und Autorin von ›The Mother-Daughter Book Club‹ (1997) sowie ›A Woman's Own Guide to Pregnancy and Childbirth‹ (1989).

Unsere Adresse im Internet: www.fischer-tb.de

Dan Kindlon
Michael Thompson
unter Mitarbeit
von Teresa Barker

Was braucht mein Sohn?

Wie Eltern die emotionale Entwicklung fördern können

Aus dem Amerikanischen von
Gabriele Herbst

Fischer Taschenbuch Verlag

Veröffentlicht im Fischer Taschenbuch Verlag,
einem Unternehmen der S. Fischer Verlag GmbH,
Frankfurt am Main, August 2003

Lizenzausgabe mit freundlicher Genehmigung des
Krüger Verlages, Frankfurt am Main
Die amerikanische Originalausgabe erschien 1999 unter dem Titel
›Raising Cain. Protecting the Emotional Life of Boys‹

This Translation published by arrangement with
The Ballantine Publishing Group, a division of Random House, Inc.
Für die deutsche Ausgabe:

Druck und Einband: Clausen & Bosse, Leck
Printed in Germany
ISBN 3-596-15822-2

Inhalt

Mit Ausnahme von Casey Johnson, Alex Sehn sowie Ethan, Tyler und Susan wurden alle Namen, die in den Falldarstellungen und Anekdoten genannt werden, geändert, und um die Anonymität der Beteiligten zu wahren, wurden bestimmte kennzeichnende Einzelheiten verfremdet. Darüber hinaus bestehen einige der in **Was braucht mein Sohn?** dargestellten Fälle und Geschichten über Jungen aus den Ergebnissen der Arbeit mit mehreren verschiedenen Jungen.

Einleitung

Wir sind beide Psychologen und betreiben seit mehr als 35 Jahren eine Gemeinschaftspraxis, in der wir schwerpunktmäßig Jungen therapieren. Von Anfang an hat man uns die zornigen Jungen geschickt, die Jungen, die treten und schlagen, und vor allem die Jungen, die den Mund nicht aufmachen. Wir spielen mit unseren Patienten Billard und Basketball und nennen das Therapie. Wir reden mit den Jungen, während wir gemeinsam mit Legosteinen bauen. Wir sprechen mit ihnen über Familienprobleme, während wir Plastiksoldaten in Schlachtordnung aufstellen. Wir verlassen unsere Praxis und machen einen Abstecher zum nächsten Fastfood-Laden, kaufen das Zeug und nehmen es mit ins Sprechzimmer, um es dort zu verzehren, damit wir mit den Jungs über die jeweiligen Vorzüge von Cola und Sprite diskutieren können, um überhaupt an sie heranzukommen. Wir verlegen Therapiesitzungen auf die Straße, in Pizzerien, in Kneipen, in Autos. Wir lassen die Jungen auf der Couch herumspringen und von dort mit Getöse auf den Boden. Wir bekommen Anrufe von Kollegen ein Stockwerk tiefer, die sich über den Lärm beschweren, mit dem unsere Therapiesitzungen verbunden sind. Uns bleibt nur, uns zu entschuldigen: Es tut uns ausgesprochen Leid. Selbstverständlich sollte Psychotherapie in Ruhe vonstatten gehen. Dabei sollte geredet, nicht herumgesprungen werden. Aber wir therapieren schließlich Jungs!

Vielleicht musste es zwangsläufig so kommen, dass uns Jungensschulen als Berater hinzuzogen. Dan und ich arbeiten an zwei ausgezeichneten Schulen, an denen man die Jungen mit Respekt behandelt und ihnen eine gute Schulbildung vermittelt. Trotzdem bekommen wir es mit Jungen zu tun, die unser Sprechzimmer voller Wut, Misstrauen und häufig nur auf Anordnung des Vertrauenslehrers oder Rektors betreten. Manche Lehrer bringen Jungen zur Therapie zu uns und setzen sie vor der Tür ab, weil es ihnen zu unangenehm ist, dazubleiben und an dem Gespräch teilzunehmen. Andere Lehrer begleiten unglückliche Schüler in unser Sprechzimmer, und wir müssen mit dem Lehrer über die Probleme des Schülers sprechen, während dieser stumm dabeisitzt, weil er selbst seinen Kummer nicht in Worte zu fassen vermag. Wir erleben Jungen, die in Anwesenheit ihrer Familie in zorniges Schweigen verfallen, Jungen, mit denen wir auf dem Parkplatz reden müssen, weil sie sich weigern, das Auto zu verlassen und an einer familientherapeutischen Sitzung teilzunehmen.

Kurzum, wir bemühen uns seit vielen Jahren auf vielfältige Weise und mit wechselndem Erfolg, depressive, verängstigte und zornige Jungen dazu zu bewegen, über ihre Gefühle zu sprechen. Wir warten geduldig auf jene fünf Minuten in einer fünfzigminütigen Therapiesitzung, in denen ein Junge sagt: »Mein Vater hat immer nur was an mir auszusetzen. Ich habe mich in zwei Fächern von 3 auf 2 verbessert und in einem anderen von 2 auf 3 verschlechtert, und er nervt mich immerzu nur wegen dem Fach, in dem ich schlechter geworden bin. Warum macht ein Vater bloß so was mit einem Jungen?« Wir müssen manchmal Wochen oder Monate auf diesen kurzen Augenblick der emotionalen Öffnung warten, in dem ein Junge uns unvermittelt einen Blick auf seine Traurigkeit und Verwirrung erlaubt, die er zuvor hinter Schweigen oder Wut versteckt hat.

Unsere Erfahrungen mit und unsere Sorge um Jungen drängten uns, dieses Buch zu schreiben. Wir möchten den Menschen, die Jungen lieben – ihren Eltern, Lehrern und Betreuern –, einen Weg hinter die undurchsichtige Fassade ihres Lebens zeigen, damit sie einen Blick auf das Innenleben der Jungen werfen können, auf ihre Freuden und ihre inneren Kämpfe. Wir möchten, dass Sie – unsere Leserin, unser Leser – die emotionalen Nöte von Jungen sowie ihre Ursachen verstehen. Eltern und Lehrer sollten Jungen keinesfalls so nehmen, wie sie nach außen wirken mögen, auch wenn sie zuweilen in einer Aufwallung von Zorn gerade darauf bestehen. Häufig wollen sie uns weismachen, sie hätten nur ganz einfache Bedürfnisse: Ninja Turtles, Nike-Turnschuhe, Ballervideos und Förderung ihrer sportlichen Ambitionen. Es mag so scheinen, als möchte jeder Junge »wie Boris« sein. Doch das stimmt nicht. Jungen wollen ganz verschiedene, schwierige, einander widersprechende Dinge. Manche möchten sein »wie Will« (Shakespeare), andere wünschen sich, zu sein »wie Bill« (Gates) oder »Albert« (Einstein), und wieder andere möchten sein »wie Hermann« (Hesse). Wie sollen wir auf die Bedürfnisse dieser so unterschiedlichen Jungen eingehen können, wenn unsere Vorstellungen von dem, was sich in ihrem Kopf und ihrem Bauch abspielt, oft derart oberflächlich sind? Wenn das Sprichwort »Was Hänschen nicht lernt, lernt Hans nimmermehr« zutrifft, dann ist es doppelt wichtig, zum wahren Wesen unserer Jungen vorzudringen: sie mit einem Blick zu betrachten, der nicht von kulturellen Vorurteilen getrübt ist, und ihnen mit offenem Ohr – und mit offenem Herzen – zuhören. Denn wenn wir in unserer Arbeit eines gelernt haben, dann dies: Wenn wir dem zornigen jungen Mann von heute keine gangbare Alternative aufzeigen, dann ist er dazu verdammt, zum einsamen und verbitterten erwachsenen Mann von morgen zu werden.

Wir haben dieses Buch gemeinsam verfasst, weil uns beide gleichermaßen das Schicksal von Jungen zutiefst alarmiert und beunruhigt. Unsere Ausbildung und Arbeitsgebiete decken sich zwar nicht ganz, doch wir sind beide unabhängig voneinander zu derselben Schlussfolgerung gelangt, dass nämlich unsere Kultur für Jungen die Weichen in ein Leben von Isolation, Scham und Wut stellt. Durch das Buch ziehen sich zwei Leitfragen: Was brauchen Jungen, um auf emotionaler Ebene zu »ganzen« Männern heranzuwachsen? Und welchen Preis müssen die Jungen dafür zahlen, dass unsere Kultur von ihnen verlangt, ihre Gefühlswelt rigiden Männlichkeitsnormen zu opfern? Weite Teile des Buches sind in der »Wir«-Form geschrieben. Wenn wir jedoch bestimmte Fallgeschichten aus unserer jeweiligen praktischen Arbeit genauer schildern, berichtet derjenige von uns, der mit dem jeweiligen Fall befasst war, in der »Ich«-Form. Wenn wir Ihnen nun die beiden »Ichs«, die Sie auf diese Reise durch das Innenleben von Jungen geleiten, näher vorstellen, erzählen wir Ihnen auch etwas über uns selbst – was für Jungen wir waren und zu welchen Männern wir wurden.

Michael Thompson

Was ich heute über Jungen weiß, resultiert aus meiner Arbeit mit ihnen an Schulen und in meiner Praxis. Nach meinem College-Abschluss vor 30 Jahren wurde ich Mittelstufenlehrer an einer öffentlichen Schule, ging dann an eine private High School, wurde Schulpsychologe und arbeitete schließlich als klinischer Psychologe im Süden von Chicago und dann in Cambridge, Massachusetts. Diese Berufserfahrung hat meine Ansichten darüber, was es bedeutet, ein Junge zu sein, geformt, doch was immer ich über Jungen wissen mag, beruht auch auf meiner eigenen Kindheit.

Meine Kindheit scheint es zu verbieten, mich über die Erfahrungen von Jungen im Allgemeinen zu äußern, denn sie war ungewöhnlich, was Bedingungen und Chancen betrifft. Meine Familie wohnte in der Upper East Side von New York; mein Vater stammte aus einer begüterten Familie und besaß als Jugendlicher zwei Poloponies. Ich besuchte gemeinsam mit den Söhnen der Erfolgreichen und Berühmten private Eliteschulen. Ich ging regelmäßig in Broadway-Musicals, in die Oper und in Leonard Bernsteins Konzerte für junge Leute in der Carnegie Hall. Doch andererseits war auch ich nur ein Junge.

Wenn ich als Sechstklässler meinen Freund Tony Franz besuchte, dann saßen wir in seinem Apartment im zwölften Stock mit Blick auf die Park Avenue und waren umgeben von den Picassos seiner Eltern, der größten Privatsammlung dieser Art der Welt. Einmal kam uns der Gedanke, es müsse doch lustig sein, die Windschutzscheiben vorüberfahrender Taxis mit Klumpen nassen Toilettenpapiers zu bewerfen. Also holten wir uns ein paar Toilettenpapierrollen und eine Schüssel Wasser und öffneten das Fenster. Uns gelangen ein paar ganz ordentliche Treffer. Wir kamen gar nicht auf die Idee, wie gefährlich und erschreckend solche Papiermatschexplosionen für die Taxifahrer und ihre Fahrgäste waren. Wer aber sehr wohl auf diese Idee kam, war einer von New Yorks Ordnungshütern. Er erspähte unser Fenster, zählte die Stockwerke und verlangte Einlass vom Portier des Apartmenthauses. In der museumsartigen Umgebung des Apartments erwischte er uns in flagranti; er schlich sich leise an uns heran und tippte uns auf die Schulter. Ich erinnere mich noch lebhaft an den Schreck und die Scham, als wir ertappt wurden.

Ich hatte einen leistungsorientierten, ehrgeizigen Vater. Er war ein erfolgreicher Architekt und Ingenieur, der sein Leben *en charrette* führte – ein Ausdruck aus der französischen Architektenszene, der bedeutet, ständig unter Termindruck zu stehen und deshalb immer nur schnell einen Happen von einem Servierwagen im Büro zu essen. Er war ein sehr begabter Architekt, hatte jedoch Schicksalsschläge hinnehmen müssen, die er nicht verarbeitet hatte. Im Alter von neun Jahren hatte er sowohl seinen Vater als auch den Bruder, der ihm am nächsten stand, verloren, und er war ein wahrer Berg unbewältigter Trauer. Sein ganzes Leben lang scheute er starke Gefühle wie der Teufel das Weihwasser. Nähe konnte er nicht ertragen, und als mein Bruder und ich heranwuchsen, stellte ihn die Vielschichtigkeit seiner Söhne offenbar vor immer größere Rätsel. Als ich 13 war, kam ich mir emotional erwachsener vor als mein Vater. Trotz alledem – trotz der Tatsache, dass ich nicht ein einziges Mal mit meinem Vater zum Kicken ging (ich glaube nicht, dass er jemals in seinem Leben Baseball oder Fußball gespielt hat) oder dass wir beide oft mit Verwirrung und Zorn aufeinander reagierten – gelang es ihm, mir einiges zum Geschenk zu machen, das dazu beigetragen hat, aus mir einen liebevollen Mann zu machen. Lag es an seinem Sinn für das Spielerische? Lag es daran, dass er gerne exotisch geformte Pfannkuchen buk und Brettspiele und Puzzles liebte? Vielleicht lag es daran, dass er mit den Kindern in den Pool stieg und mit ihnen spielte, wenn andere Väter bei einem Bier die Zeitung lasen.

Meine Mutter – eine Frau voller tiefer Gefühle und ebenso tiefer Traurigkeit –, der ich mein Einfühlungsvermögen verdanke, pflegte zu erzählen: »Ich musste Michael und seinen Vater immer trennen, weil sie ständig miteinander stritten.« Ich wünschte, sie hätte nicht so stark in unsere Beziehung eingegriffen. Sie verstand nicht, warum wir miteinander wetteiferten, warum wir uns stritten und warum wir uns aneinander abarbeiteten. Wir machten bis unmittelbar vor seinem Tod immer wieder Ansätze, größere Nähe herzustellen. Mein Vater lebt nicht mehr. Er starb, während ich an diesem Buch schrieb, doch mir geht häufig ein Satz Geoffrey Wolffs aus *The Duke of Deception* durch den Sinn: »Mein Vater ist nie ganz weg aus meinem Bewusstsein.«

Ich hatte einen älteren Bruder namens Peter, der in meinen Augen riesengroß war. Er war immer größer als ich, und wir konkurrierten gnadenlos miteinander. In meiner Erinnerung verprügelte er mich fast jeden Tag meines jungen Lebens; einmal, als wir 14 und 16 waren, steigerten wir uns in eine solche Raserei, dass wir entschlossen und bereit waren, uns gegenseitig umzubringen – ich mit einem schweren Glasaschenbecher in der Hand, er mit einer vollen Whiskyflasche. Ich werde nie vergessen, welche Genugtuung ich empfand, als ich 17 wurde und merkte, dass ich jetzt größer war als er. Er ist heute einer meiner engsten Freunde. Wir reagieren unsere brudermörderischen Impulse auf dem Tennisplatz ab, was prima funktioniert.

Jetzt, wo ich selbst Vater einer 13-jährigen Tochter und eines 7-jährigen Sohnes bin, kommt mir mein Leben wie ein heikler Balanceakt vor. Ich mache mir unaufhörlich Gedanken um meinen Sohn Will, der um Sport einen großen Bogen macht, aber begeistert mit Legos baut und malt. Er zeigt keinerlei Neigung, mit den Wolfsjungen zu heulen. Und ich balanciere ständig am Rand der Heuchelei, weil meine Arbeit mich so viel Zeit kostet, weil ich im ganzen Land umherfliege und Eltern erkläre, sie müssten ihren Kindern mehr Zeit widmen. Beschämt und mit nicht geringem Erschrecken erkenne ich zuweilen die Parallelen zwischen mir und meinem Vater, der sich in seiner Arbeit zu vergraben pflegte.

Wenn ich mit diesem Buch ein Ziel erreichen möchte, dann das, meine Lebenserfahrung als Mann, meine Erinnerungen an meine Kindheit und meine Sachkenntnis als Therapeut Eltern dazu nutzbar zu machen, ihre Söhne besser zu verstehen. Ich möchte die Tür meines Sprechzimmers öffnen und zeigen, dass heranwachsende Jungen tieftraurig sein können und dass sie diese Traurigkeit sehr oft in Verachtung anderer und in Selbsthass verkehren. Am wichtigsten aber ist mir, Eltern einen klaren Blick in das Gefühlsleben ihrer Jungen zu eröffnen, damit sie ihre Söhne nicht im Stich lassen, verletzt und verwirrt durch Veränderungen, die sie sich nicht erklären können. Ich möchte Eltern helfen, mit ihren Söhnen zu einer emotionalen Sprache zu finden, die jungenspezifisch ist und ein festes, dauerhaftes Band knüpft – eine Kommunikationsebene, die Jungen hilft, in den harten Machtkämpfen der Adoleszenz zu bestehen.

Dan Kindlon

Meine berufliche Tätigkeit besteht zu einem großen Teil aus Forschung und Lehre an der Harvard School of Public Health; ich befasse mich schwerpunktmäßig mit Verhaltensproblemen bei Kindern und Jugendlichen, insbesondere mit Schlägereien und Gewalttätigkeiten. Wie ein Broker auf dem Börsenparkett beobachte ich die Zahlen und die Entwicklung des ungebrochenen Haussetrends bei gewaltträchtigen Beziehungen, Suizid und Drogenmissbrauch, denn hinter diesen Zahlen stehen wirkliche, lebendige Kinder und Jugendliche, in der großen Mehrzahl Jungen.

Was uns die Statistiken nicht sagen, ist, was in den Köpfen dieser Jungs vorgeht. Aus meiner Arbeit mit Jungen an Schulen weiß ich, dass nur allzu viele Jungen dem Trugbild einer durch Gefühlskälte definierten Männlichkeit aufsitzen, das ihnen die Massenmedien auftischen – ein Muster, das ihre Gleichaltrigengruppe als starren Codex übernommen hat. Was diese Jungen antreibt, ist psychischer Selbstschutz; sie glauben, dass sie sich Respekt verschaffen müssen, und tun alles, um nach außen hin eine männliche Fassade aufrechtzuerhalten, mit der sie meinen, dieses Ziel erreichen zu können. Deshalb investieren sie einen Großteil ihrer Energie in die Aufrechterhaltung dieser Verteidigungsstrategien, nehmen Bedrohungen wahr, wo keine sind, und inszenieren Präventivschläge gegen jeden befürchteten Einfall in ihre Festung der Einsamkeit. Diese traurigen Tatsachen liegen für uns, die wir mit Jungen arbeiten, auf der Hand, doch nur allzu oft gerade nicht für die Menschen, die Jungen am besten verstehen müssten, nämlich ihre Eltern und Lehrer. Sie sehen nur den Zorn der Jungen, ohne zu begreifen, dass er in der Angst vor Bloßstellung und Verletzlichkeit wurzelt.

In meiner klinischen Arbeit wiege ich mich immer wieder einmal in der trügerischen Gewissheit, dass sich die Zeiten geändert hätten. Vieles ist tatsächlich anders geworden, aber längst nicht genug. Mehr Männer scheinen bereit zu sein, sich zu ihrer Verletzlichkeit zu bekennen, die Rolle des treu sorgenden Vaters zu genießen, ein Bild von Männlichkeit zu vertreten, das Stärke und Fürsorge nebeneinander bestehen lässt. Doch dann begegne ich an Schulen oder in meiner Praxis wieder Jungen, die ihre Angst hinter falscher Prahlerei mit Trinkfestigkeit oder ausbeuterischem Sexualverhalten verstecken. Wenn ich mir ihre Altersgenossen betrachte, dann sehe ich, dass sie nicht gerade eine Minderheit darstellen. Ich lerne zu viele Jungen kennen, die versuchen, sich alleine »durchzuschlagen«, Jungen, die keine tragfähigen Beziehungen mit anderen eingehen, weil man ihnen beigebracht hat, dass Stärke Gefühllosigkeit erfordere – und weil sie nie gelernt haben, anders zu denken oder zu handeln. Und ich sehe immer noch zu viele Männer, die nicht imstande sind, die Väter zu sein, die sie sein möchten. Häufig verhalten sich diese Männer ihren Söhnen gegenüber feindselig und überkritisch – obwohl sie sich gerne anders verhalten würden – und stoßen damit ihre Jungen immer tiefer in einen engen Käfig aus unerfüllbaren Erwartungen und verleugneten Gefühlen. Wenn ich benennen sollte, was dem emotionalen Handwerkszeug der meisten Jungen am dringendsten fehlt, dann ist es Flexibilität. Die Adoleszenz ist per definitionem eine Zeit des raschen Wandels, und Flexibilität ist das wichtigste Werkzeug für persönliches Wachstum. Viele der Jungen, die mich aufsuchen, stecken so fest in der Zwangsjacke ihres Männlichkeitsbildes, dass sie es nicht genießen können, männlich zu sein. Wenn ich auf meine eigene Kindheit zurückblicke, dann wird mir klar, wie sehr mich die Flexibilität begünstigte, die mir dadurch vermittelt wurde, dass ich mich sowohl mit meinem Vater als auch mit meiner Mutter identifizieren konnte. Ich wuchs in einer Familie mit drei Jungen auf, und meine frühe Kindheit war ausgefüllt mit Vergnügungen, wie sie Jungen eben mögen – draußen herumtoben, Kriegsspiele aller Art und Baseball. Doch ich war auch neugierig und las eifrig – meist Bücher über Krieg und Baseball, doch auch über Wissenschaftler, Ärzte und Forscher. Wenn ich heute einen ehrlichen Blick auf mich selbst werfe, muss ich einräumen, dass mich das, was mich in meiner Kindheit gefesselt hat, heute noch immer interessiert. Von den ungefähr 20 auf und neben meinem Nachttisch verstreuten Büchern tragen drei das Wort *Gettysburg* im Titel, und sechs weitere befassen sich mit anderen Schlachten oder Kriegen.

Dieses Interesse an Militärgeschichte beruht teilweise darauf, dass mein Vater am Zweiten Weltkrieg teilgenommen hatte. Als kleiner Junge war ich fasziniert von der Armee und fragte meinem Vater Löcher in den Bauch, etwa wie viele Deutsche er getötet habe oder wie es sei, einen Panzer zu lenken. In ehrfürchtiger Bewunderung seiner Heldentaten schlich ich mich häufig in sein Zimmer, um seine Auszeichnungen zu betrachten, die in mit Filz ausgeschlagenen Kassetten ruhten, verwahrt in einer Schublade zwischen seinen Socken. Ich wusste intuitiv, dass diese Bänder und Orden bedeutsam waren, ein persönliches Zeichen seiner Männlichkeit.

Wenn man mich als Sechsjährigen gefragt hätte, was ich einmal werden wollte, wenn ich groß sei, dann wäre unter den Antworten sicherlich »Soldat« gewesen. Doch als ich dann Soldat werden sollte, in Vietnam, sah ich die Welt mit anderen Augen. Statt zu überlegen, ob ich mich zur Army oder zu den Marines verpflichten sollte, grübelte ich darüber nach, ob es möglich war, die Fragen des Musterungsausschusses wahrheitsgemäß zu beantworten und trotzdem als Kriegsdienstverweigerer anerkannt zu werden. Weil ich das Gerede meines Vaters darüber, dass Amerika die Pflicht habe, den Kommunismus zu bekämpfen, nicht ertragen konnte, arteten unsere Gespräche regelmäßig in Gefechte aus.

Als Psychologe kann ich nicht anders, als Vermutungen über den Zusammenhang zwischen meiner gegenwärtigen Lektüre und meinem fortdauernden inneren Kampf mit den Problemen anzustellen, die Vietnam und mein Vater für mich aufgeworfen haben. Wenn ich über Beschreibungen von Männern im Kriegseinsatz brüte, frage ich mich, ob ich versuche, zu dem rätselhaften Reiz des Kampfes durchzudringen – und eine tiefe gemeinsame Erfahrung mit meinem Vater wiederzubeleben.

Mein Vater führte mich in meine andere Kindheitsleidenschaft ein – Baseball. Comiskey Park und Wrigley Field, für Jungen in Chicago die Kathedralen des Oberliga-Baseballs, kamen mir weitaus heiliger vor als die Kirche, die wir jeden Sonntag besuchten. Wie Michael hatte auch ich einen älteren Bruder, Tim, den ich nachzuahmen suchte. Von Kindesbeinen an liebte er Baseball, und obwohl ich jünger, kleiner und weniger begabt war als er, eiferte ich ihm nach so gut ich konnte. Im fortgeschrittenen Alter von 45 Jahren spiele ich immer noch in einer Softballmannschaft, und das Einzige, was ich mir von dem Vorschuss für dieses Buch kaufen wollte, war eine Maschine, die mir in meinem Garten Softbälle zuwirft.

Krieg und Baseball – das ist fast schon das Klischee der Leidenschaften des amerikanischen Jungen. Doch dank meiner engen Beziehung zu meiner Mutter erkundete ich auch das Gelände jenseits der Grenzen des klassischen männlichen Rollenmodells. Ich denke gern daran zurück, wie ich mit meiner Mutter kochte und wie sie mich nähen lehrte (ich koche immer noch gerne, aber beim Nähen fand ich nie den richtigen Dreh). Am wertvollsten an dieser über Hausarbeiten verbrachten Zeit mit meiner Mutter war vielleicht die Erfahrung, dass ich mich in der Anwesenheit von Frauen immer entspannt und wie zu Hause fühle. Bereits in diesen in der Küche verbrachten Stunden lernte ich, mit Frauen zu reden und ihnen zuzuhören.

Die Flexibilität, die mir diese zwei Rollenmodelle ermöglichten,

erlaubte es mir, mich als Erwachsener frei zwischen unterschiedlichen Welten zu bewegen. Das kam mir als Therapeut für Teenager sehr zustatten, weil es mir relativ leicht fällt, aus meiner Erwachsenenhaut hinaus- und in die verschiedenen Identitäten Jugendlicher hineinzuschlüpfen, ob sie nun in der Beliebtheitsskala oben oder unten stehen, intelligent sind oder Lernprobleme haben, die Rolle des Tugendboldes oder des Unruhestifters spielen. Und weil emotionale Flexibilität für mich wertvoll war, ermutige ich Jungen dazu, die innere Welt ihrer Emotionen freier zu durchstreifen und ehrlicher zu ihren Gefühlen und deren Auslöser zu stehen. Ich bin heute Vater zweier wunderbarer kleiner Mädchen. Wenn ich daran denke, welche Jungen und Männer sie kennen lernen werden, wächst mein Interesse an der emotionalen Entwicklung von Jungen weit über das Berufliche hinaus. Ich möchte nicht, dass meine Mädchen sich in einen Jungen verlieben, der sich hinter einem Panzer des Zorns und der Abwehr verschanzt. Ich möchte nicht, dass sie sich um einen Jungen bemühen, der keine Nähe erträgt, weil er niemandem vertrauen kann. Ich möchte nicht, dass sie ihr Herz jemandem schenken, der psychischen Schmerz vorzugsweise mit einem Sechserpack Bier herunterspült. Ich möchte, dass die Jungen – und Männer – im Leben meiner Töchter emotional ganze Partner sind: dass sie sich einfühlsam zeigen, ihre Gefühle zum Ausdruck bringen und verlässlich sind.
Ich möchte, dass meine Töchter Männer kennen lernen, die sich etwas von ihrem jungenhaften Draufgängertum bewahrt haben, aber nicht auf Kosten eines verlorenen Gefühlslebens.

Unserer Überzeugung nach werden Jungen von Kindesbeinen an systematisch ihren eigenen Gefühlen entfremdet und in Schweigen, Einsamkeit und Misstrauen hineingetrieben. Auf welche Weise das geschieht, ist Hauptthema dieses Buches. Wir möchten ausdrücklich betonen, dass es sich *nicht* gegen Mädchen richtet oder die Interessen von Jungen über die von Mädchen stellt. Es soll auch nicht »Jungen zu Mädchen machen«, sondern dazu beitragen, dass Jungen ihre Gefühle besser wahrnehmen und leben. Wir sind überzeugt, dass beide Geschlechter

besser dran sind, wenn man den Jungen mehr Verständnis entgegenbringt – und sie ermutigt, ihr emotionales Analphabetentum zu überwinden. *Was braucht mein Sohn?* ist ein Buch über Jungen, und, wie wir hoffen, ein nützliches. Wenn Sie nach einer einfachen Antwort auf die Frage: »Was macht Jungen zu dem, was sie sind?« suchen, dann müssen Sie sich anderswo umsehen. Diese Seiten zeigen Ihnen Jungen aus einem Blickwinkel, wie Sie ihn vielleicht nie zuvor gehabt haben. Als Psychotherapeuten können wir Sie einen Blick durch unser sonst nur wenigen geöffnetes Fenster auf das Innenleben von Jungen werfen lassen, die mit der Frage kämpfen: »Wann ist ein Mann ein Mann?« Als Männer haben auch wir uns mit diesem »Großen Unmöglichen« herumgeschlagen, und wir tun es noch.
Anfangs wollten wir eine Art Kochbuch schreiben, mit vielen punktgenauen Rezepten, wie man seine elterlichen Fähigkeiten verbessern kann. Am Ende merkten wir, dass der beste Rat, den wir zu geben hatten, einfach darin besteht, Jungen so zu nehmen, wie sie wirklich sind – statt wie sie scheinen oder wie wir sie gerne hätten. Wir hegen vor allem den Wunsch, den Vorhang beiseite zu ziehen, mit dem sich Jungen so hartnäckig verhüllen, und Ihnen den Blick in ihre Herzen und Köpfe zu öffnen. Wenn uns das gelingt, sehen Sie hoffentlich klarer, wie unsere Kultur sich verschworen hat, das Gefühlsleben von Jungen zu beschneiden und zu untergraben. Wir hoffen, dass Sie Jungen dadurch besser verstehen, und vor allem hoffen wir, dass Sie mehr Freude an ihnen haben. Die therapeutische Arbeit mit all diesen so unterschiedlichen Jungen ist für uns eine große Freude. Ihr Elan hat uns beeindruckt, ihre Sprachlosigkeit verblüfft, ihre Verwirrung berührt. Und manchmal haut es uns schlichtweg um, wie sie den Gordischen Knoten der Geschlechterstereotypen glatt durchschlagen und uns klipp und klar sagen, was es heißt, ein Mensch zu sein ... und ein Junge.

Kapitel 1

Wege und Abwege: Wie Jungen ihren Gefühlen entfremdet werden

»Ein junger Mann ist so stark, so wild, so sicher und so verloren. Er hat alles und weiß nichts davon zu gebrauchen.«
Thomas Wolfe, Von Zeit und Strom

Luke, 13 Jahre alt, zögert an der Tür des Zimmers, unsicher, ob er seine Baseballmütze abnehmen oder es bleiben lassen soll; schließlich zieht er sie sich vom Kopf und betritt den Raum – das Sprechzimmer des Schulpsychologen.

»Komm nur rein, Luke. Setz dich in diesen großen Sessel.« Ein überdimensionaler, alter, brauner, kunstlederbezogener Sessel lässt alle Schüler an dieser Jungenschule außer den längsten Sportlern zu Zwergen schrumpfen. Manche Jungen lassen sich tief in den Sessel hineinsinken, als ob sie hofften, sich damit einer Inaugenscheinnahme zu entziehen; andere sitzen steif auf der Kante, in deutlichem Unbehagen angesichts der bedrohlichen Aufgabe, in ihr eigenes Inneres zu schauen. Diese Körpersprache ist uns aus unserer Arbeit mit Jungen an Schulen und in der Praxis nur allzu vertraut. Die Jungen nähern sich ihren Gefühlen mit immer derselben peinlich berührten Unbeholfenheit, ob sie nun in den Tiefen von bedrohlichen, überwältigenden Gefühlen versinken oder steif an ihrem Rand sitzen bleiben. Luke ist ein »braver Junge«. Er spielt Schlagzeug in der Schulband und bekommt passable Noten, die sich seit neuestem allerdings verschlechtern. Er gehört nicht zur tonangebenden Clique an der Schule, hat aber durchaus Freunde. Er zählt nicht zu den Sportskanonen und hält sich meist von diesen fern. Aus welchem Grund kommt er dann in die Sprechstunde? In den letzten Monaten ist Luke immer galliger und mürrischer geworden und sucht vor allem ständig Streit mit seinem Vater. Vor ein paar Ta-

gen hatten ihm seine Eltern, in Sorge um seine Noten, die Bitte abgeschlagen, an einer freiwilligen Arbeitsgemeinschaft teilnehmen zu dürfen. Daraufhin bekam Luke einen Tobsuchtsanfall. Stürmte hinauf in sein Zimmer. Knallte die Türen zu. Trat ein Loch in die Rigipswand seines Zimmers. Seine Mutter war angesichts dieses gewalttätigen Ausbruchs wie vom Donner gerührt, sein Vater außer sich vor Zorn, doch sie ließen ihn in Ruhe, damit er wieder zu sich kam. Am nächsten Morgen ging sein Vater früh zur Arbeit, Luke hatte Kopfschmerzen und entschuldigte sich für diesen Tag in der Schule. Seine Mutter rief in der Schule an, um herauszufinden, ob vielleicht jemand wusste, was mit Luke los war. Lukes Betreuungslehrer riet zu einer psychologischen Beratung. Jetzt sitzen wir hier, und Luke fürchtet und ärgert sich zugleich, dass er nun etwas von sich erzählen soll, vor allem aber von seinen Gefühlen. Er hat sich so weit wie möglich zurück in eine Ecke des Sessels gedrückt und deutlich sichtbar ein Schild BETRETEN VERBOTEN aufgepflanzt.
Die nachlassenden Zensuren und die wachsende Feindseligkeit zu Hause – insbesondere der explosive Wutausbruch – haben bei allen außer Luke die Alarmglocken schrillen lassen. »Mir geht's gut«, sagt er trotzig, während in seinen Augen die Wut darüber blitzt, dass man ihn hierher beordert hat.
Meine Fragen stecken den Umkreis seines Lebens ab: Schule, Musik, Freundschaften, Familie. Seine Antworten kommen kurz angebunden, argwöhnisch und widerwillig, untermalt von Schulterzucken und einem stahlharten Gesichtsausdruck, der darauf abzielt, das Gespräch stets nur auf dieser äußersten Oberfläche zu halten. Er hat keine Erklärung für sein kürzliches Benehmen, und obwohl er zögerlich zustimmt, dass über Gefühle zu reden etwas nützen könnte, scheut er sich davor. »Ich muss mich einfach mehr anstrengen«, sagt er und lenkt das Gespräch auf seine Noten. »Ich brauche keine Hilfe. Ich bin nicht verrückt«, sagt er. »Meine Eltern sind die mit dem Problem.«
Doch wir sind hier, um über Lukes Gefühle zu sprechen. Er liefert freimütig eine nichts sagende Beurteilung seines häuslichen und schulischen Umfelds: Seine 8-jährige Schwester ist eine doofe Kuh. Sein älterer Bruder ist ein Blödmann. Sein Vater, ein

Geschäftsmann, ist kaum da – geht früh und kommt fast jeden Tag spät nach Hause. Seine Mutter behandelt ihn wie ein Baby und nervt ihn mit ihrer Fragerei. Und obwohl er Freunde hat und einige seiner Lehrer mag, findet er die Schule größtenteils doof. Und damit hat es sich so in etwa.

»Was war an diesem Abend? Mit dem Wutanfall und dem Loch in der Wand? Du musst ja ganz schön wütend gewesen sein, dass du das getan hast.«

Luke guckt argwöhnisch und sogar ein wenig ängstlich. Er zuckt mit den Schultern.

»Du siehst traurig aus. Bist du traurig?«

Luke schlägt rasch die Augen nieder, und ich sehe, dass sie sich mit Tränen füllen. Er hat eindeutig Kummer, doch er maskiert das durch die Härte in seiner Stimme: »Ich weiß nicht. Könnte sein, vielleicht.«

»Versuchen wir doch mal, ob wir herausfinden können, warum du dich so mies fühlst.«

Jeder Junge mit auffälligem Verhalten hat eine andere Geschichte, doch alle kreisen sie um ein beunruhigendes Thema – mangelnder Zugang zu den eigenen Gefühlen und emotionale Isolation. Tagtäglich bemühen wir uns, an Jungen wie Luke heranzukommen, Jungen, die gänzlich ungeübt sind in den Feinheiten der emotionalen Sprache und des emotionalen Ausdrucks und die sich durch die Komplexität von Emotionen bedroht fühlen. Wenn wir sie auffordern, sich zu öffnen, zeigen die meisten von ihnen genau wie Luke die Reaktion »Angriff oder Flucht«, zu der alle Menschen in bedrohlichen Situationen neigen. Wir erleben, dass Jungen, die wegen familiärer Zwistigkeiten unter Ängsten oder Depressionen leiden, diese Gefühle nur als aufsteigende Wut oder als den gereizten Wunsch erleben, »in Ruhe gelassen« zu werden. Voller Scham wegen schulischer Probleme oder gereizt durch Kritik schlagen sie entweder zu oder ziehen sich emotional zurück.

Die Welt eines Jungen ist voller Widersprüche, und Eltern sind häufig ratlos, wie sie am besten helfen können. Die eine Mutter fragt, welchen Rat sie ihrem 8-jährigen Sohn geben kann, wenn die Empfehlung, statt körperlicher Aggression »Worte zu benutzen«, ihm nur Hänseleien und Prügel von seinen Altersgenossen einträgt. Die andere möchte wissen, wie sie an ihren vor sich hin brütenden 11-Jährigen herankommen kann, wenn er ihre Gesprächsversuche abblockt: »Alles artet in einen Streit aus – wir streiten mehr, als dass wir reden – und selbst wenn ich weiß, dass ihn etwas bedrückt, will er nicht darüber reden – genau wie mein Mann.« Ein Vater fragt, wie er seinem pubertierenden Sohn helfen soll, wenn der Junge »nicht zuhören will« oder sich offen feindselig verhält.

Ein Junge sehnt sich nach Beziehungen und empfindet zugleich das Bedürfnis, sich abzugrenzen, und das stürzt ihn in einen emotionalen Zwiespalt. Dieser Kampf zwischen seinem Bedürfnis nach Bindung und seinem Wunsch nach Selbständigkeit drückt sich im Prozess des Heranwachsens unterschiedlich aus. Doch unabhängig von ihrem jeweiligen Alter sind die meisten Jungen nur schlecht für die Herausforderungen gewappnet, die sich ihnen auf dem Weg hin zu einem emotional gesunden Erwachsenen stellen. Welche Rolle auch immer die Biologie für die charakterlichen Unterschiede im emotionalen Ausdruck zwischen Jungen und Mädchen spielen mag (und diese Rolle ist keinesfalls geklärt), eine Kultur, die die emotionale Entwicklung von Mädchen fördert und die von Jungen hemmt, vergrößert diese Unterschiede. Die klischeehaften Vorstellungen von männlicher Härte entfremden einen Jungen von seinen Gefühlen und berauben ihn der Chance, die gesamte Bandbreite emotionaler Kompetenzen zu entwickeln. Wir sehen in diesem Prozess, in dem Jungen quasi aus ihrer eigenen Innenwelt vertrieben werden, eine falsche emotionale Erziehung von Jungen. Diesem Training weg von gesunder Bindungsfähigkeit und emotionalem Verständnis und Ausdruck wird ein Junge schon im frühesten Alter unterworfen; er lernt beispielsweise sehr bald, dass er seine Gefühle verbergen und seine Ängste ersticken muss. Einem Jungen bleibt nur ein eingeschränktes emotionales Verhaltensrepertoire, um Konflikte, Kummer und Veränderungen in seinem Leben zu bewältigen. Wenn der Werkzeugkasten nur einen Hammer enthält, wirft das so lange keine Probleme auf, wie dieses Instrument reibungslos funktioniert oder sich alle Störungen durch Draufschlagen beheben lassen. Wird die Aufgabe jedoch komplizierter, tritt der begrenzte Nutzen des Hammers zutage.

Das ABC der Gefühle: Kompetenz versus Analphabetentum

Wenn man einen Jungen fragt: »Wie hast du dich dabei gefühlt?«, weiß er sehr oft nichts zu antworten. Stattdessen erzählt er, was er getan hat oder zu tun vorhat, um das Problem zu beheben. Manche Jungen können ihre Gefühle überhaupt nicht in Worte fassen – *traurig* oder *wütend* oder *beschämt* beispielsweise. Ein Großteil unserer Arbeit mit Jungen und Männern zielt darauf, dass sie ihre eigenen Gefühle verstehen lernen und sich ein emotionales Vokabular aufbauen. Wir helfen ihnen zunächst, sich über ihre eigenen Emotionen sowie die von anderen Klarheit zu verschaffen – sie zu erkennen, zu benennen und herauszufinden, woher sie kommen. Wir versuchen, sie das emotionale Alphabet zu lehren – die Fähigkeit, die eigenen und fremde Gefühle zu erkennen und zu deuten.

Dieser Vorgang ähnelt durchaus dem Lesenlernen. Zuerst lernen wir, wie die Elemente des Alphabets geschrieben und ausgesprochen werden, dann nutzen wir dieses Wissen, um Wörter und Sätze zu entziffern. Allmählich erfassen wir immer komplexere Gedanken, finden Freude daran und können besser mit anderen kommunizieren. Schließlich öffnet uns das Lesen eine Welt von Erfahrungen und Ideen, die weit über unsere eigene hinausgeht.

In ähnlicher Weise lernen wir auf der emotionalen Ebene, unsere Gefühle zu »lesen«; wir lernen, sie zu erkennen, und nutzen diese Fertigkeit, um uns selbst und andere besser zu verstehen. Wir lernen, die emotionale Vielschichtigkeit des Lebens zu ermessen und zu schätzen, und dies stärkt alle unsere persönlichen und beruflichen Beziehungen, das heißt alle Bindungen, die unser Leben bereichern. Wir gründen und erweitern unsere emotionale

Kompetenz, indem wir erstens unsere Gefühle erkennen und benennen, zweitens den emotionalen Gehalt von Stimme und Gesichtsausdruck oder Körpersprache deuten und drittens die Situationen oder Reaktionen verstehen, die emotionale Zustände hervorrufen.[1] Damit ist gemeint, dass wir uns des Zusammenhangs zwischen Verlust und Trauer, zwischen Frustration und Wut oder zwischen Bedrohungen für den Stolz oder die Selbstachtung und Angst bewusst werden. Aus unserer Erfahrung mit Familien wissen wir, dass die meisten Mädchen von frühestem Alter an zu emotionaler Kompetenz angehalten werden – dazu, sich mit ihren Gefühlen zu befassen und ihnen Ausdruck zu verleihen sowie auf die Gefühle anderer einzugehen. Viele Jungen werden nicht in dieser Weise ermutigt, und ihr emotionales Analphabetentum zeigt sich, wenn sie in der Familie, in der Schule oder auf dem Spielplatz schon früh mit gleichgültiger Achtlosigkeit gegenüber den Gefühlen anderer handeln. Mütter sind häufig schockiert von der Heftigkeit der Wut kleiner Jungen – ihrer 4- oder 5-jährigen Söhne, die sie anbrüllen oder sie mit Schimpfwörtern überschütten oder sogar Anstalten machen, sie zu schlagen. Eine der verbreitetsten Klagen über Jungen lautet, sie seien aggressiv und es scheine ihnen »alles egal« zu sein. Ebendiese Klage hörten wir auch von altgedienten Lehrern, die erschüttert sind angesichts der Wucht der Wutausbrüche und Störungen durch Jungen im Unterricht. Nur allzu oft entschuldigen Erwachsene dieses Verhalten als harmlose »Unreife«, als ob eines Tages die Reife – wie die Pubertät – von selbst einträte und das Gefühlsleben eines Jungen verwandele. Doch wir tun den Jungen keinen Gefallen, wenn wir über die mangelnde Achtsamkeit, die diesem Verhalten zugrunde liegt, hinwegsehen. Das emotionale Analphabetentum von Jungen stellt eindeutig eine Belastung für andere dar, doch auch sie selbst zahlen einen hohen Preis. Weil es ihm an einer emotionalen Erziehung mangelt, setzt ein Junge den Nöten des Heranwachsens und der so besonders grausamen Kultur der Gleichaltrigen die einzigen Reaktionen entgegen, die er gelernt und geübt hat und von denen er weiß, dass sie sozial gebilligt werden – die typisch »männlichen« Reaktionen Wut, Aggression und emotionalen Rückzug.

In der Anfangsphase unserer Arbeit mit Jungen und unserer Aufklärungstätigkeit sahen wir uns vor allem mit der Aufgabe konfrontiert, skeptische Eltern und Lehrkräfte von einer Tatsache zu überzeugen, die uns durch jahrelange therapeutische Erfahrung zur Gewissheit wurde: dass Jungen infolge des destruktiven emotionalen Trainings, dem unsere Kultur sie unterwirft, zutiefst leiden, dass viele von ihnen in einem kritischen Zustand sind und alle Hilfe benötigen. Möglicherweise weil Männer in unserer Gesellschaft so viel Macht und Ansehen genießen, neigt man vielleicht allgemein dazu, in Jungen nur die zukünftigen strahlenden Sieger zu sehen und die Bedeutung eventueller Probleme in der Kindheit herunterzuspielen. Man unterstellt Jungen eher Selbstbewusstsein, Selbstsicherheit und Durchsetzungsvermögen als emotionale Bedürftigkeit. Viele Menschen nehmen an Jungen Zeichen von Stärke wahr, wo keine sind, und übersehen oft geflissentlich die überdeutlichen Signale, dass sie etwas quält.

Unsere Zielgruppe ist nicht länger skeptisch. Diese Veränderung wäre noch ermutigender, wären es nicht tragische Ereignisse gewesen, die sie innerhalb weniger Jahre einsichtig werden ließen. Schulmassaker und andere Gewalttaten, verübt von emotional gestörten Jugendlichen, haben das Bewusstsein der Öffentlichkeit geschärft und eine breite Diskussion über das »Jungenproblem« in Schulen und Gemeinden ausgelöst.

Die Statistik spricht eine deutliche Sprache. Etwa 95 Prozent aller in den USA von Jugendlichen begangenen Tötungsdelikte gehen auf das Konto von Jungen. Von fünf Straftaten, die vor Jugendgerichten verhandelt werden, sind in vier Fällen Jungen die Täter. Auf ihr Konto gehen knapp neun von zehn Alkohol- und Drogendelikten. Die zweithäufigste Todesursache unter männlichen Jugendlichen im Alter zwischen 15 und 19 Jahren ist der Suizid (an erster und dritter Stelle liegen Unfälle und Mord oder Totschlag). Die überwältigende Mehrzahl »erfolgreicher« Suizidanten sind Jungen. Im Vergleich mit einem gleichaltrigen Mädchen trägt ein 15-jähriger Junge ein siebenmal höheres Risiko, von eigener Hand zu sterben.

Zwar ist Mord eine fast ausschließlich männliche Straftat, doch die meisten Jungen fallen trotz ihrer Wut und ihrer emotionalen

Not nicht durch derartige Taten auf. Die meisten Jungen leiden eher still vor sich hin. Sie sehnen sich danach, von ihren Eltern und Kameraden geliebt, akzeptiert und anerkannt zu werden. Sie kämpfen um ihre Selbstachtung. Sie handeln impulsiv, getrieben von Gefühlen, die sie nicht benennen können oder nicht begreifen. Ihr emotionales Analphabetentum setzt sich in Grausamkeiten untereinander oder gegenüber Mädchen um. Ihr inneres Chaos drückt sich in Schulversagen, Depression, Drogensucht, Alkoholismus, Beziehungsstörungen oder Delinquenz aus.
Im Rahmen eines Orientierungsprogramms für Eltern von Schülern der Klassen 7 bis 9 forderte der Schulleiter die Eltern von Mädchen auf, der Cliquenbildung und der sozialen Konkurrenz unter ihren Töchtern aktiv gegenzusteuern. Im Gegensatz dazu wurde das soziale Kräftemessen von Jungen dieser Altersstufe mit einem wohlwollenden Okay abgetan: »Jungen dieses Alters geben uns kaum Anlass zur Sorge, weil sie wesentlich robuster sind und die Sache viel direkter austragen«, erklärte der Rektor. »Sie werden wütend, sie rangeln ein bisschen miteinander, um Dampf abzulassen, und dann ist die Sache erledigt. Sie sind nicht nachtragend.«
Dennoch leiden Jungen unter denselben schmerzlichen Gefühlen, nicht dazuzugehören und abgelehnt zu werden, die wir Mädchen ganz ohne weiteres zuschreiben. Wenn die Jungen ihren Schmerz nicht mehr aushalten, setzen sie ihn im Handeln um. Egal in welchem Alter, Jungen, die von sinnvollen emotionalen Beziehungen abgeschnitten sind, verpassen entscheidende Gelegenheiten zu emotionalem Wachstum. Es besteht aller Grund zur Sorge: Ein verwirrter Junge wächst zu einem zornigen, emotional isolierten Jugendlichen und voraussichtlich zu einem einsamen, depressionsgefährdeten Mann heran.

Was brauchen Jungen, um ihr emotionales Analphabetentum zu überwinden? Wir glauben, dass die Antwort auf der Hand liegt. Jungen brauchen ein emotionales Vokabular, das sie dazu befähigt, sich anders auszudrücken als durch Wut oder Aggression. Sie brauchen eine Familie und eine schulische Umgebung mit Einfühlungsvermögen und müssen selbst zu Einfühlsamkeit ermuntert werden, wenn sie ein Gewissen entwickeln sollen. Jungen brauchen nicht weniger als Mädchen die emotionale Bindung an andere. In ihrem ganzen Leben, insbesondere jedoch während der Adoleszenz, brauchen sie enge, tragfähige Beziehungen, die sie davor bewahren können, zu Opfern ihrer eigenen stürmischen, aber abgeleugneten Gefühle zu werden. Vor allem aber braucht ein Junge männliche Vorbilder für ein reiches Gefühlsleben. Er muss seine emotionalen Kompetenzen genauso von seinem Vater und anderen Männern wie von seiner Mutter und anderen Frauen erwerben, weil er ein Leben und eine Sprache für sich entwickeln muss, die ein Ausdruck männlicher Identität sind. Er muss sehen und glauben können, dass Gefühle im Leben eines Mannes ihren Platz haben.

Dan über Mario, Robbie, Jack und ihre Freunde

In einem kleinen, rechteckigen Raum sitze ich mit einer Gruppe von acht Jungs aus einer 7. Klasse zusammen. Wie für dieses Alter typisch, sind sie sehr unterschiedlich. Einer mit Namen Mario ist größer und körperlich reifer als die Übrigen, ihnen auf ihrer Reise durch die Pubertät schon ein gutes Stück voraus. Sein gerades, tiefschwarzes Haar hängt ihm in spitzem Winkel quer über die Stirn. In meiner Jugend hätte das als miserabler Schnitt gegolten, doch bei Mario und den anderen ist das in. Sein Freund Jack wirkt im Vergleich zu ihm wie ein Baby. Ein Schopf weichen, dünnen Blondhaars und tiefblaue Augen verleihen ihm ein unverdient unschuldiges Aussehen. Jack ist scharfzüngig und clever, die dominante Figur in der Gruppe. Mario wetteifert zuweilen mit ihm um die Führungsposition, fungiert jedoch häufiger als sein erster Offizier. Ein dritter Junge namens Robbie, dessen Attacken auf andere das heutige Diskussionsthema bilden, liegt im körperlichen Erscheinungsbild irgendwo zwischen Jack und Mario. Er hat noch Babyspeck, nichts von der keimenden Sportlerstatur der anderen Jungen, überragt sie aber alle außer Mario. Sein braunes Haar wirkt völlig willkürlich geschnitten, und seine Kleider sehen aus, als hätte er darin geschlafen. Diese Jungen haben sich heute nicht zu einer Gruppentherapiesitzung in meinem Büro versammelt – wenigstens nicht im üblichen Sinn. Bei keinem wurde ein bestimmtes emotionales Problem diagnostiziert. Sie sind weder besonders »böse« Buben noch schlechte Schüler oder Unruhestifter. Ihre Noten sind passabel. Eigentlich ist nichts Ungewöhnliches an ihnen. Und genau aus diesem Grund sind sie hier. Sie stellen einen Querschnitt ihrer Klasse dar, und der Schulleiter hat sie zu mir geschickt, um über die grausamen Hänseleien zu sprechen, die sich an ihrer Schule so sehr eingebürgert haben, dass offenbar kaum noch jemand Aufhebens davon macht.

Sie alle spielen eine Rolle in diesem Drama. Jack nimmt häufig die Rolle des Angreifers ein. Wenn er einen Makel an einem anderen findet, macht er darauf aufmerksam, verwandelt ihn in einen Spitznamen, verwendet ihn bei jeder sich bietenden Gelegenheit und bringt andere dazu, sich an dem »Spaß« zu beteiligen. Mario macht häufig mit, und die Kombination aus seiner imponierenden Größe und Jacks scharfem Verstand macht das Duo zu einer fast unbesiegbaren Macht. Die meisten Jungen in ihrer Klasse sitzen in der ungemütlichen Mitte. Manchmal sind sie Zielscheibe, manchmal Angreifer. Es geht zu wie im Urwald. Nur die Starken überleben. Robbie gehört zu einer Hand voll Jungen, die schon oft zu Opfern des Spotts wurden. Am Tag zuvor war er in Tränen ausgebrochen und aus dem Raum gerannt, als ihn einige Jungen im Matheunterricht damit aufzogen, dass er bei einem mündlichen Test versagt hatte.

Ich versuche eine Diskussion darüber zu entfachen, wie weh Hänseleien tun können. Meine ersten Fragen richte ich an Robert und Ernesto, die miteinander befreundet sind. »Ist es überhaupt in Ordnung, jemanden zu hänseln?« Robert: »Klar. Ich ziehe Ernesto ständig auf, und er gibt es mir zurück. Wir sind trotzdem Freunde.«

»Weswegen zieht ihr euch auf?«

Robert: »Ich weiß nicht. Ich zieh ihn wegen seiner Schuhe auf.« (Alle blicken auf Ernestos alte, sehr einfache, kastenförmige Schuhe und lachen. Das ist offensichtlich ein altbekanntes Thema. Vom Gelächter angefeuert, gewinnt Roberts Erklärung an Fahrt.) »Also, weil sie irgendwie so alt sind. Seine Schuhe sind

selbst gemacht, wissen Sie. Sein Paps hat sie für ihn gemacht. Die ganze Familie trägt selbst gemachte Schuhe, sogar seine Schwester.«
»Ernesto, stört es dich, wenn Robert dich so durch den Kakao zieht?«
Ernesto: »Meine Schuhe sind nicht selbst gemacht. Mir gefallen meine Schuhe.«
Robert: »Ja, natürlich! Sie sind wie aus Holz gemacht oder so was.«
Ernesto: »Dr. Kindlon, wissen Sie, dass Roberts Mutter ihm jeden Tag ein Käsesandwich mitgibt? Weil sie nämlich diesen ganzen Käse aus Lebensmittelspenden zu Hause hat, und das ist alles, was er für die Pause mitkriegt. Seine Schwester kriegt jeden Tag was von McDonald's, aber für ihn reserviert sie den Spendenkäse.«
»Okay. Wie denken die anderen darüber? Ist es in Ordnung, wenn Freunde sich gegenseitig so hochnehmen?«
Jack: »Klar, ist doch lustig. Niemand hat was dagegen.« »Wann ist es nicht okay? Woran merkt ihr, wenn ihr jemandem wehgetan habt? Wenn ihr zu weit gegangen seid?« Schweigen und verständnislose Blicke. Obwohl ich es doch allmählich besser wissen müsste, verblüfft es mich auch jetzt wieder, dass sie keine Ahnung davon haben, wie sich ihre Worte und Taten auswirken.
»Tut Hänseln manchmal weh?«
Mehrere Jungen stimmen zu.
»Woher wisst ihr also, wenn ihr jemanden verletzt habt? Wie ist es mit Robbie? Ihr wart alle gestern mit ihm im Unterricht zusammen. Wie war das?«
Wieder Schweigen. Sie haben nicht den blassesten Dunst. Sie tun nicht nur so, um cool oder hart zu wirken. Sie können Robbie tatsächlich nicht verstehen und kapieren nicht einmal, dass sie das sollten. Ein anderer Junge aus der ungemütlichen Mitte, Randy, bringt schließlich etwas vor, das ihn als den tiefgründigsten emotionalen Denker der Gruppe auszeichnet, aber zeigt, dass er sich nicht allzu sicher in diesem Reich des Intuitiven bewegt: »Man weiß, dass man zu weit gegangen ist, wenn jemand zu weinen anfängt?«

»Klar, das stimmt. Aber wäre es nicht besser, wenn wir wüssten, dass wir mit dem Aufziehen aufhören müssen, bevor wir jemanden zum Weinen bringen? Muss erst einer weinen, damit ihr merkt, dass das, was ihr sagt, ihm wehtut? Woran sonst könnte man merken, dass jemand verletzt ist?«
Wieder Schweigen. Das ist wirklich schwer für die Jungs, selbst für die, die sonst im Unterricht auf alles eine Antwort wissen. Sie rutschen unbehaglich auf ihren Stühlen herum und zermartern sich das Gehirn, was sie von diesem Gespräch erlösen könnte. Umsonst. Sie sind mit ihrer Weisheit am Ende.

Wenn ein Junge in diesem Alter die Buchstaben des Alphabets nicht kennen würde oder nicht wenigstens ein klein wenig lesen könnte, würde jeder Erwachsene in seinem Umfeld merken, dass er Hilfe braucht. Doch das emotionale Analphabetentum ist unter Jungen so weit verbreitet, dass es niemandem auffällt, bis etwas Dramatisches passiert. Es braucht erst eine Prügelei auf dem Schulhof, eine eingetretene Wand, eine Verhaftung wegen Trunkenheit am Steuer oder einen Suizid, bevor jemand von den emotionalen Bedürfnissen eines Jungen Notiz nimmt. Die Erwachsenen sollten sich die Frage stellen: »Müssen Jungen erst weinen – oder davonlaufen oder einen Unfall bauen oder töten, sogar sich selbst töten –, bevor wir merken, dass etwas nicht stimmt, dass etwas sie quält?«
Wundert es da noch, dass so viele Jungen emotional verarmt oder eingeschränkt sind? Warum sind sie so blind für die Gefühle anderer? Was widerfährt Jungen, wodurch wird ihnen der ungehinderte Zugang zur Welt der Gefühle verwehrt?

Alle Jungen besitzen von Geburt an emotionales Potenzial

Wenn Mütter auf Probleme ihrer Söhne zu sprechen kommen, beginnt eine der Formeln, die wir am häufigsten hören, so: »Ich weiß, dass mein Sohn sensibel ist, aber ...« Dahinter steckt natürlich der Trugschluss, dass die meisten Jungen nicht sensibel wären und ihr Sohn daher irgendwie anders sei. Das will uns unsere Kultur zwar glauben machen, aber es trifft nicht zu. Alle Jungen haben Gefühle; sie werden oft nur so behandelt, als hätten sie keine, und oft verhalten sie sich auch so, als hätten sie keine. Doch alle Jungen kommen mit der Fähigkeit zu emotionalem Erleben und Verhalten in seiner vollen Bandbreite zur Welt.

Vergleichen Wissenschaftler Männer und Frauen oder Jungen und Mädchen hinsichtlich ihrer emotionalen Achtsamkeit, ihres emotionalen Verständnisses und Ausdrucks, landen die Männer fast unweigerlich auf dem zweiten Platz. Wenn man Jungen und Mädchen eine Serie von Bildern vorlegt, auf denen die Gesichter eine unterschiedliche Mimik zeigen, deuten die Jungen die ausgedrückten Gefühle im Allgemeinen weniger zutreffend. Eine der häufigsten Klagen von Frauen über Männer, die wir in Therapiesitzungen zu hören bekommen, lautet, dass Männer oft blind und taub für den Schmerz, die Wut oder die emotionalen Bedürfnisse anderer scheinen. Viele Männer gestehen bereitwillig ein, dass diese Verallgemeinerung zutrifft: Sie ziehen es in der Tat vor, emotionale Menschen und Situationen zu meiden. Das bedeutet jedoch nicht, dass Männern der »Draht« für den Ausdruck oder das Verständnis von Gefühlen fehlte. Neugeborene Jungen reagieren im Durchschnitt emotional sogar intensiver als Mädchen. So haben Studien gezeigt, dass männliche Säuglinge heftiger schreien als weibliche, wenn sie frustriert oder unruhig sind.

Trotz dieses anfänglich starken Gefühlsausdrucks gilt im Großen und Ganzen – mit Ausnahme vielleicht von Wut, in dieser Hinsicht sind die Forschungsergebnisse uneinheitlich –, *dass Jungen mit zunehmendem Alter immer weniger davon zeigen*. Dies trifft tatsächlich zu, ob man sie nun in ihrer natürlichen Umgebung beobachtet oder ihre Reaktionen auf Dias oder Filme mit emotional erregenden Situationen untersucht. Leslie Brody, eine Kapazität auf dem Gebiet der Geschlechterdifferenzierung, beschreibt dies als eine »entwicklungsabhängige Veränderung, in deren Verlauf die Jungen mit fortschreitendem Alter in der Mimik weniger Emotionen ausdrücken, während Mädchen dies in höherem Maße tun«.[2] Jungen zeigen also nach außen hin weniger Gefühle. Doch heißt dies, dass sie weniger *empfinden*? Die Forschung deutet darauf hin, dass sie eher intensiver empfinden. Misst man in emotional erregenden Situationen den Pulsschlag oder den Hautwiderstand – die Schweißbildung auf den Handflächen –, dann ergibt sich kein durchgängiges Muster unterschiedlicher Reaktionen von Mädchen und Jungen. Studien, die Unterschiede fanden, sprechen eher dafür, dass Jungen in stärkerem, nicht in schwächerem Maße reagieren. Andere wissenschaftliche Befunde deuten darauf hin, dass es Jungen in emotional erregenden Situationen möglicherweise schlechter gelingen könnte, ihre Gefühle im Zaum zu halten. Richard Fabes und Nancy Eisenberg führten dazu an der Universität von Arizona eine interessante Studie durch. Sie spielten einer Gruppe Vorschulkindern und Zweitklässlern ein Band mit Babygeschrei vor und registrierten die physiologischen und verhaltensmäßigen Reaktionen der Jungen und Mädchen.[3] Im Einzelnen untersuchten sie, ob das Kind das störende Geräusch zu beseitigen suchte, indem es den Lautsprecher abschaltete, oder ob es das Baby so zu trösten versuchte, wie es ihm zuvor ein Erwachsener vorgemacht hatte – über den Lautsprecher auf das Baby einreden.

Das Ergebnis? Die Mädchen waren durch das Schreien weniger genervt. Sie bemühten sich eher, das Baby zu beruhigen, und machten weniger Anstalten, den Lautsprecher auszuschalten. Jungen, an deren Pulsrate sich ablesen ließ, dass das Geschrei sie stark unter Stress setzte, waren rasch damit bei der Hand, das Geschrei mit einem Knopfdruck »abzustellen«. Diese gestressten Jungen verhielten sich auch häufiger aggressiv gegenüber dem Baby – befahlen ihm beispielsweise, »den Mund zu halten«. Jungen, deren Puls für eine geringere Stressintensität sprach, neigten eher dazu, dem Säugling gut zuzureden. Die Forscher gründeten darauf die Theorie, dass Kinder – in diesem Fall Jungen –, die von emotionalen Reaktionen leichter unter Stress gesetzt werden, diese tendenziell lieber meiden. Mit anderen Worten: Jungen, denen der Umgang mit ihren eigenen Gefühlen schwer fällt, blenden möglicherweise die Anzeichen von Missstimmung bei anderen Menschen gewohnheitsmäßig aus.

Die biologische Ebene: Es gibt keine einfachen Antworten

Nach dem Schulmassaker von Jonesboro in Arkansas 1998 warf eine Journalistin im Gespräch mit uns die Frage nach der »Anlage-Umwelt-Debatte« auf, also die Frage, ob die Gewalttätigkeit der Jungen genetisch bedingt oder ein Ergebnis ihrer Erziehung sei. Dahinter stand ihre unausgesprochene Annahme, dass Jungen aufgrund ihrer biologischen Veranlagung gewaltbereit seien. Natürlich spielten männliche Hormone eine Rolle bei dem Zwischenfall: Jeder Junge hat sie. Doch wir sind der Ansicht, dass die aufgebauschte Diskussion um die biologischen Aspekte das viel bedeutendere und drängendere Problem der Erziehung von Jungen in dieser Kultur unzulässig an den Rand drängt.

Wir beantworteten die Frage der Reporterin mit einer nicht belegten Anekdote über einen berühmten Psychologieprofessor. Dieser behauptete, er habe die Anlage-Umwelt-Frage sehr eingehend studiert und die gesamte Literatur gelesen, bis er zuletzt zu einer Schlussfolgerung gelangt sei: Die Vererbung gewinnt – mit einem Prozentsatz von 53 zu 47 Prozent. Die Journalistin lachte, weil sie sowohl die Ironie als auch die Wahrheit erkannte, die in dieser Aussage steckt – dass nämlich alles, was wir tun, ganz sicher stark von beidem beeinflusst wird. Dann stellten wir ihr die Gegenfrage, warum wohl immer derart ausschließlich und entschlossen zur Jagd auf einen biologischen Sündenbock geblasen wird. Sie stutzte und meinte: »Die Leute wollen eben simple Antworten.«

Doch menschliches Verhalten entzieht sich einfachen Erklärungen, ob wir nun über Aggression oder Zuneigung sprechen. Klar ist jedoch, dass jedes Verhalten durch vielfältige Kräfte beeinflusst wird, von biologischen bis sozialen. Die Debatte um »Erbe oder Umwelt« geht an der Komplexität dieser Probleme vorbei. Statt beide Faktoren in Konkurrenz zueinander zu sehen, stellt der gegenwärtige Trend in den Neurowissenschaften die komplizierten Verknüpfungen von Biologie und Lernerfahrung in den Mittelpunkt, und heute ist weitgehend anerkannt, dass Umweltfaktoren die Struktur des menschlichen Gehirns beeinflussen können.[4] Ein Extrembeispiel ist ein traumatisierter Mensch, dessen Organismus über einen längeren Zeitraum von Stresshormonen überflutet wird, welche Teile des Gehirns physisch schädigen, was wiederum Einfluss auf sein Verhalten hat. Andererseits können verschiedene Lernerfahrungen Gehirnfunktionen fördern, etwa ein Umfeld, in dem Buchstaben, ihre Form und ihre Aussprache eine große Rolle spielen. Diese Erfahrungen formen das Gehirn mit – es können sogar neue Nervenzellen entstehen –, sodass das Kind eine bessere Lesefähigkeit als seine »angeborene« erwirbt. Summa summarum: Das Erbe ist kein Schicksal.

Dennoch bestehen zwischen Jungen und Mädchen zwei klare biologische Unterschiede, deren Einfluss auf die Entwicklung und das Verhalten nachgewiesen ist.[5] Der erste, auf den wir in Kapitel 2 näher eingehen, besteht darin, dass die verbalen Fähigkeiten der Mädchen im Durchschnitt früher reifen als die der Jungen: Mädchen sprechen früher und flüssiger. Die Jungen holen das später meist auf, doch insbesondere in den Eingangsschulklassen fällt Eltern, Lehrern und Forschern die Überlegenheit der Mädchen auf diesem Gebiet sofort ins Auge. Der zweite Unterschied liegt darin, dass Jungen körperlich meist aktiver sind als Mädchen, sich schneller bewegen und länger in Bewegung bleiben. Wie wir noch sehen werden, beeinflussen dieser Bewegungsdrang und seine Folgen alle Erfahrungen eines Jungen sowie die Art und Weise, wie andere ihn wahrnehmen.

Darüber hinaus gibt es nicht viele entwicklungsbedingte Unterschiede, die eindeutig biologischen Ursprungs sind. Sogar die viel gerühmte Überlegenheit der Jungen in Mathematik lässt sich nicht auf biologische Gründe zurückführen. Viele Untersuchungen von Geschlechterunterschieden in Mathematik zeigen, dass insgesamt die *Mädchen* geringfügig besser abschneiden.[6] Im Allgemeinen ist die Öffentlichkeit fasziniert, wenn Geschlechterunterschiede in Gehirnfunktionen oder in der Biochemie des Gehirns entdeckt werden. Wenn beispielsweise ein Forscher mittels eines bildgebenden Verfahrens nachweist, dass bei Männern und Frauen unterschiedliche Hirnregionen aktiv sind, wenn sie ein Reimspiel spielen, dann macht dieses Ergebnis Schlagzeilen. Wenn jedoch eine ähnliche Studie keine Unterschiede findet, wird meist nicht darüber berichtet. Das hat keinen Nachrichtenwert. Die größere Aufmerksamkeit, die die Unterschiede zwischen den Geschlechtern auf sich ziehen, verzerrt unsere Sicht der Dinge. Wenn wir die gesamte wissenschaftliche Forschung zu den Geschlechterunterschieden zu einem Ergebnis zusammenfassen müssten, dann zu dem, dass Männer und Frauen sehr viel mehr Gemeinsamkeiten als Unterschiede aufweisen.

Und wenn die Forschung einmal faszinierende Einsichten über Jungen und Geschlechterdifferenzen gewinnt, dann wird diese Information der Öffentlichkeit nur allzu oft in fehlerhafter oder übermäßig vereinfachender Form vermittelt und dann als die Wahrheit – wie verdreht auch immer – über Jungen akzeptiert.

Testosteron beispielsweise avancierte zu einem modischen Synonym für Männlichkeit und zu einer beliebten Erklärung für alle möglichen Eigenschaften von Jungen. Eine Mutter berichtet uns, dass ihre beiden Söhne »sich ständig in die Wolle kriegen«, sie hat jedoch den Eindruck, es sei sinnlos einzugreifen. »Es muss am Testosteron liegen«, sagt sie mit einem Achselzucken. Über einige Rabauken im Sportunterricht sagt eine Lehrerin: »Die Jungs sind einfach bis zur Halskrause voll mit Testosteron.«

Dieser Ruf, der dem Testosteron anhaftet, entbehrt jedoch jeglicher Grundlage in der wissenschaftlichen Literatur. Eine neuere zusammenfassende Besprechung der wissenschaftlichen Arbeiten über Jungen in der Prä- und Frühadoleszenz kommt zu dem Schluss, dass die Forschungsliteratur »keinen Beleg für einen Zusammenhang zwischen Testosteron und aggressivem Verhalten« liefert.[7] Ein Beispiel: Im Rahmen einer Studie am kinderpsychiatrischen Zentrum der Bronx in New York wurde der Testosteronspiegel der gewalttätigsten Jungen, die das Zentrum betreute, ermittelt.[8] Die Forscher fanden bei keinem dieser Jungen einen Testosteronspiegel im Blut, der außerhalb des Normbereichs lag oder sich signifikant von dem einer Vergleichsgruppe nichtaggressiver Kinder im selben Alter und mit derselben Hautfarbe unterschied.

Zwar müssen die Wissenschaftler noch klären, in welchem Maß

Testosteron die vorgeburtliche Gehirnentwicklung beeinflusst, doch es ist bereits bekannt, dass die Testosteronmenge im Blut weder vor noch nach der Pubertät Aggressivität verursacht. So findet sich bei allen Jungen in der Frühadoleszenz ein sprunghafter Anstieg des Testosteronspiegels, doch nicht alle legen gesteigerte Aggressivität an den Tag. Schon im Alter von 18 Monaten und während der gesamten Kindheit lassen sich Geschlechterunterschiede im aggressiven Verhalten beobachten, und dennoch liegen bei Jungen *und* Mädchen bis zum Alter von zehn Jahren in etwa dieselben Testosteronspiegel vor.

Der Testosteronspiegel im Blut ist nicht konstant. Zwar mag ein Mann ein bestimmtes Grundlevel geerbt haben, doch dieses Niveau ist nicht ein für alle Mal von der Natur festgelegt. Der Spiegel schwankt im Tagesverlauf und, besonders wichtig, je nachdem, was einem Menschen widerfährt. Die Forschung belegt beispielsweise, dass der Testosteronspiegel eines Mannes, der ein Tennismatch oder sogar eine Schachpartie gewinnt, ansteigt und eine Zeit lang erhöht bleibt. Und der Verlierer? Sein Testosteronspiegel sinkt. In aller Regel schwankt die Ausschüttung eines Hormons in Abhängigkeit von Zeit und Umweltereignissen – Testosteron macht da keine Ausnahme. In vielen Fällen, in denen hohe Testosteronwerte gemessen werden, stellen sie eher die *Wirkung* von Aggression als ihre Ursache dar.

Befunde von Anthropologen entkräften die Bedeutung von Testosteron für die Aggression weiter.[9] Die Semoi in Malaysia stellen eine der friedlichsten bekannten Gesellschaften dar. Die Männer kämpfen nicht miteinander; Ehemänner schlagen ihre Frauen nicht; Eltern prügeln nicht ihre Kinder. Was noch bedeutsamer ist, die Semoi-Kinder raufen selten miteinander. Körperliche Attacken, Vergewaltigung und Mord sind praktisch unbekannt. Die Semoi glauben, dass Aggression gefährlich ist und dass aggressive Gedanken oder sogar bloße Unfreundlichkeit einen Menschen in Gefahr bringt, zu erkranken oder einen schweren Unfall zu erleiden. Deshalb lernen ihre Kinder schon in sehr frühem Alter, dass es in der Welt gewaltlos zugehen sollte.

In Nordamerika sind Subkulturen wie die Hutterer – die größte und erfolgreichste christliche Gemeinschaft in den Vereinigten

Staaten – oder die Amish erstaunlich friedfertig, vielleicht noch ausgeprägter als bei jeder anderen der friedlichen Gesellschaften, die die Anthropologie kennt. Seit mehr als 350 Jahren hat kein Hutterer, der innerhalb seiner Gemeinschaft lebt, ein anderes Gemeinschaftsmitglied getötet.
Ein von Aggression geprägtes Schicksal ist nicht angeboren, es wird gemacht – am deutlichsten in Gesellschaften wie der unsrigen, in der man aggressiven Impulsen freien Lauf lassen darf. Aber wir können Jungen zur Gewaltlosigkeit erziehen, wenn wir das wollen.

Im Schoß der Familie: Erziehung zur Härte

Obwohl man viele Lippenbekenntnisse zum »neuen, sensiblen Mann« hört, sitzen die vertrauten Männlichkeitsstereotypen noch tief in uns. Während die Jungen früher John Wayne oder James Dean nacheiferten (heute vergleichsweise kuriose Figuren), setzen Film und Fernsehen, Computer und Videos den heutigen Jugendlichen weit überzogenere Bilder kaltblütiger, gewalttätiger Supermänner mit übermenschlichen Kräften vor. Die Medien tischen als Rollenmodelle professionelle Catcher vom Typ Neandertaler auf; blutrünstige Eishockeykämpen, bereit, bei der geringsten Provokation den Stock fallen zu lassen und mit Fäusten auf den Gegner einzudreschen; Multimillionäre des Profisports, die in Konflikt mit dem Gesetz geraten, aber »Respekt« von Fans und der Presse fordern; und zornige, Drogen konsumierende, frauenfeindliche Rockstars.
Sogar Jungen, die keine gewaltverherrlichenden Filme sehen oder einschlägige Videospiele spielen dürfen, sehr wohl aber Sportveranstaltungen im Fernsehen verfolgen, werden ständig mit Werbespots gefüttert, in denen ein Mann erst dann ein Mann ist, wenn er Härte zeigt, einen schweren Laster fährt und jede Menge Bier trinkt. Das sind nicht gerade Leitbilder von Männlichkeit, die emotionale Innenschau oder Einfühlungsvermögen propagieren.

Wenn an einer Schule bestimmte Vorfälle oder Verhaltensweisen die Besorgnis von Eltern oder Lehrkräften erregen, bittet man uns häufig zu Unterredungen mit den Schülern. Bei einem derartigen Treffen ging es um das Thema Trinken, das an einem durchschnittlichen Wochenende bei den Jungen zwischen 12 und 17 Jahren sprichwörtliche Ausmaße anzunehmen pflegte. Die Jungen erzählten offen von Katererscheinungen, Bewusstlosigkeit, Fahrten in betrunkenem Zustand und leichtsinnigen Sexualkontakten, doch das schien sie nicht weiter zu beunruhigen. Sie prahlten vielmehr mit der Alkoholmenge, die sie vertrugen.

Unsere Kultur pickt sich einige der eindrucksvollsten Eigenschaften heraus, die ein Junge besitzen kann – körperliche Energie, Kühnheit, Neugier und Tatendrang –, und hebt sie in verzerrter Form als mörderische, gefährliche Definition von Männlichkeit auf den Schild. Belege dafür, wie unangemessen dieses Männlichkeitsbild ist, liefert eine der erhellendsten Studien über die Einstellungen von männlichen Jugendlichen, die *National Survey of Adolescent Males*. Die Forscher befragten eine große, repräsentative Gruppe von amerikanischen Jungen im Alter zwischen 15 und 19 Jahren.[10] Die Mittel für diese Untersuchung stammten aus der Anfangszeit der Aidskrise, weshalb sie auf riskantes Sexualverhalten abhob. Die Jugendlichen sollten beispielsweise angeben, ob sie Kondome benutzten. Um herauszufinden, wie stark sie einer »Männlichkeitsideologie« anhingen – der Einstellung, dass Männlichkeit auf Stärke, Kaltblütigkeit, Härte und Dominanz über Frauen beruht –, fragten die Forscher die Jungen nach ihrer Zustimmung zu folgenden Aussagen:

- Ein Mann muss sich den Respekt der anderen verschaffen.
- Ein Mann wird nicht mehr respektiert, wenn er über seine Probleme redet.
- Ein junger Mann sollte zäh und stark sein, auch wenn er nicht groß ist.
- Ein Ehemann sollte keine Hausarbeiten machen müssen.

Die Ergebnisse der Befragung sprechen dafür, dass die Jungen, die diese Männlichkeitsideologie vertraten – deren Ansichten also den vorgegebenen Aussagen entsprachen –, mit größerer Wahrscheinlichkeit Bier tranken, Hasch rauchten, ungeschützten Verkehr hatten, vom Unterricht suspendiert wurden und andere zu Sex »überlisteten« oder zwangen. Der bedeutsamste Risikofaktor für riskante Sexualpraktiken war der Glaube an diese »hypermaskulinen«, überkommenen männlichen Überzeugungen. Diese Einstellung brachte die Jungen in Schwierigkeiten, ob sie schwarz waren oder weiß, reich oder arm, ob sie in der Innenstadt wohnten oder im bürgerlichen Vorort.

Die Massenkultur bildet sicherlich ein destruktives Element im Leben unserer Jungen, doch ihre falsche emotionale Erziehung setzt viel früher, nämlich im Schoß der Familie ein. Die meisten Eltern, Verwandten, Lehrkräfte und andere, die mit Jungen arbeiten oder zusammenleben, sind von der Absicht motiviert, ihnen zu zeigen, wie man in der Welt und miteinander zurechtkommt. Während wir ihnen jedoch die eine Sache beibringen, lehren wir sie gleichzeitig eine ganz andere, die sich letztlich als schädlich für ihr emotionales Potenzial erweist. Die traditionellen Geschlechterstereotypen sind eingebettet in die Art und Weise, wie wir auf Jungen reagieren und sie lehren, auf andere zu reagieren. Ob mit Absicht oder nicht, wir neigen dazu, emotionale Achtsamkeit bei Jungen zu unterdrücken. Wissenschaftler, die untersuchen, wie Eltern die emotionalen Reaktionen ihrer Kinder formen, stellen fest, dass sie häufig bereits ihren Säuglingen vorgefasste, geschlechterspezifische stereotype Vorstellungen entgegenbringen[11] (beispielsweise wie ein Vater, der vor uns damit prahlte, dass sein Sohn bei der Beschneidung nicht geweint habe). Das ist der Grund, weshalb Söhne eine andere emotionale Erziehung erhalten als Töchter. Das hat sich in verschiedenen Zusammenhängen bestätigt.[12] Mütter sprechen über Trauer und Kummer eher mit ihren Töchtern und über Wut eher mit ihren Söhnen. Und das merkt man. Im Rahmen einer Studie beobachtete man die Gespräche von Kindern im Vorschulalter und fand heraus, dass Mädchen sechsmal häufiger das Wort *Liebe* benutzten, doppelt so häufig das Wort *traurig*, aber gleich häufig das Wort *böse* (im Sinn von wütend). Erwiesen ist, dass die noch nicht schulpflichtigen Kinder von Müttern, die ihnen ihre eigenen emotionalen Reaktionen erklären und nicht negativ auf den deutlichen Ausdruck von Kummer, Angst oder Wut reagieren, ein größeres Verständnis für Emotionen zeigen.[13] Die Forschung liefert Hinweise, dass Väter ihre Söhne noch rigider nach traditionellen Leitlinien erziehen als Mütter. Sogar ältere Geschwister sprechen in Anlehnung an ihre Eltern über Gefühle häufiger mit ihren 2-jährigen Schwestern als mit ihren 2-jährigen Brüdern.

Diese geschlechterspezifische Sozialisation kann in ihrer mildesten, einfachsten Form etwa so aussehen: Brad ist vier Jahre alt und stellt Fragen zu allem und jedem. Die meisten dieser Fragen beantwortet seine Mutter, weil sie öfter mit ihm zusammen ist als sein Vater, und wenn die ganze Familie anwesend ist, ist für gewöhnlich sie es, die mehr redet als ihr Mann. Sie versucht, auf alle Fragen gleich ausführlich einzugehen, doch sie merkt nicht, dass sie wie alle Eltern unterschwellig die Art der Fragen mitbestimmt, die ihr Kind stellt.

»Mami, warum muss ich im Auto im Kindersitz sitzen und du nicht?«, fragt er. Sie beantwortet die Frage mit einem Hinweis auf die größere Sicherheit und erklärt, dass Kindersitze gesetzlich vorgeschrieben sind. Ihre durchdachte Antwort bestätigt Brad und belohnt ihn dafür, Fragen zu stellen; er wird also ermutigt, es wieder zu tun.

Im Park jedoch, als Brad auf einen kleinen weinenden Jungen zeigt und fragt, warum dieser das tue, gibt sie eine viel kürzere und unbeteiligtere Antwort. »Ich weiß es nicht, Brad, er weint eben. Komm, gehen wir. Es ist unhöflich hinzugucken.«

Brads Mutter weiß wahrscheinlich wirklich nicht, warum der kleine Junge weint, und sie bringt ihrem Sohn gute Manieren bei, wenn sie ihn auffordert, den Jungen nicht anzustarren. Doch ihre knappe Antwort ist weniger einbeziehend, informativ und belohnend für ihren Sohn. Sie hält ihn auf subtile Weise davon ab, weiter darüber nachzudenken, warum ein Mensch weint oder was dieses spezielle Kind in Tränen ausbrechen ließ. Dass sie die Frage so kurz abhandelt, kann auch vermitteln, dass ihr das Thema unangenehm ist – eine Botschaft, die Jungen oftmals »hören«, wenn Väter auf gefühlsbezogene Fragen oder Beobachtungen kurz angebunden reagieren.

In Untersuchungen der Interaktionen von Eltern mit Jungen und Mädchen hat sich gezeigt, dass die Mutter eine längere Erklärung abgibt, wenn ein Mädchen eine Frage zu Emotionen stellt. Sie spekuliert mit ihrer Tochter eher über mögliche Gründe hinter der Emotion und bestätigt oder erweitert häufiger die Beobachtung ihrer Tochter: »Ja, Liebling, er sieht sehr traurig aus. Vielleicht hat er sich wehgetan, oder er hat sein Spielzeug verloren … Was meinst du?« Die Botschaft, die die Tochter erhält, sagt ihr, dass es gut und richtig ist, sich Gedanken über die Gefühle anderer zu machen; sie wird in ihrer natürlichen Anteilnahme und Empathie bestärkt. Jungen erleben diese Art der emotionalen Lenkung fortwährend.

Als die Familie des 6-jährigen Jack ihr neues Haus bezieht, muss eines der drei Kinder ein Zimmer im Erdgeschoss nehmen, getrennt von den anderen im Obergeschoss. Es trifft weder seine 8-jährige Schwester Kate noch seine 4-jährige Schwester Amy. Es trifft Jack. Als Jack Unbehagen angesichts der Aussicht äußert, allein im Untergeschoss schlafen zu müssen, sagt sein Vater zu ihm: »Ach, du bist doch ein großer Junge; du schaffst das schon. Deine Schwestern haben Angst, allein zu schlafen.« Wenn Jungen Wut oder Aggression im Rahmen des Üblichen zum Ausdruck bringen oder wenn sie sich mürrisch und schweigsam geben, wird ihr Verhalten als normal akzeptiert. Zeigen sie jedoch Furcht, Angst oder Niedergeschlagenheit – Gefühle, die sehr häufig als weiblich angesehen werden –, behandeln die Erwachsenen in ihrem Umfeld sie in aller Regel so, als ob solche Emotionen für einen Jungen nicht normal seien.

Die Geschichte von Kain: Hätte sie anders enden können?

Die biblische Geschichte von Kain und Abel, in der der neidische Kain seinen Bruder tötet, ist eine zeitlose Parabel der Geschwisterrivalität, doch sie ist weit mehr als das.[14] In Kains Geschichte spiegelt sich auch das Seelenleben der Jungen von heute – der Wunsch eines Jungen, geliebt und geachtet zu werden, und seine Neigung, auf Demütigung und Beschämung eher mit Wut und Gewalt statt mit Nachdenken und Reden zu reagieren. Die kurze Geschichte in der *Genesis* beginnt ganz einfach. Zwei Brüder bringen in dem Bestreben, Gott zu gefallen, ein Opfer dar, Kain von den Früchten des Feldes, Abel ein schönes Lamm aus seiner Herde. Der Herr nimmt das Opfer Abels gnädig entgegen, dem Kains jedoch erteilt er eine Abfuhr. Die Bibel erklärt nicht, warum Gott so unterschiedlich auf die Gaben der beiden Knaben reagiert, doch Kain fühlt sich gedemütigt. Kain ist sichtbar verstimmt – er »senkte finster seinen Blick«, wie die Bibel sagt –, doch er gibt seinen Gefühlen nicht mit Worten Ausdruck.

»Warum ergrimmst du? Und warum senkst du finster deinen Blick?«, herrscht Gott Kain in der Bibel an. Mit anderen Worten: »Nimm es hin!« Und er ermahnt Kain streng, »fromm« zu sein, dann könne er auch »frei den Blick erheben«. Kain bleibt stumm, obwohl ihn der Tadel sichtlich schmerzt und er vor Zorn kocht. Er zieht seinen Bruder mit sich hinaus aufs Feld und erschlägt ihn. Als Gott, der sehr wohl um Kains mörderische Tat weiß, Kain nach seinem Bruder fragt, erwidert dieser: »Ich weiß nicht; bin ich meines Bruders Hüter?« Der Herr konfrontiert ihn mit seiner Lüge und verbannt ihn in das Land Nod, weit weg von seiner Familie und jeder Zukunft beraubt, die er sich erträumt haben mag. Als Kain erkennt, welche unabänderlichen Folgen seine Tat nach sich zieht, schreit er voll selbstmitleidiger Reue auf: »Meine Strafe ist zu schwer!« Obwohl der Herr Kain mit einem Zeichen versieht, um ihn im Exil vor Rache zu bewahren, trägt Kain jetzt, wo seine Familie zerstört und sein Bruder tot ist, lebenslang an seiner Bürde.

Bezeichnend ist, dass die leiblichen Eltern Kains, Adam und Eva, in der Geschichte nicht vorkommen; von ihnen hätte sich Kain Zuspruch oder Rat holen können. Elie Wiesel fragt in seinem Buch *Adam oder das Geheimnis des Anfangs*: »Können … [die Eltern die beiden Brüder] nicht zur Vernunft bringen, ihnen ruhig, aber bestimmt erklären, was es mit dem Leben, vor allem mit dem Leben in der Gemeinschaft, auf sich hat?«

Die Geschichte von Kain illustriert den Wunsch jedes Jungen, seinen Eltern Freude zu bereiten – insbesondere seinem Vater –, schildert aber auch Verkettung fehlgeleiteter emotionaler Reaktionen, die sich zu einem tragischen Ende zuspitzt. Wir finden etwas von der Situation heutiger Jungen in Kain wieder – seine Enttäuschung und Beschämung angesichts der Zurückweisung durch seinen himmlischen Vater, seinen Zorn darüber, dass er missachtet wird, sein Verstummen im Aufruhr der Gefühle, das Fehlen von Empathie oder emotionalem Verständnis und seinen impulsiven Akt der Wut.

Wir hören den Nachhall von Kains Geschichte im Leben von heutigen Jungen, wenn wir sehen, wie wenig Kontakt zu ihren eigenen Gefühlen sie haben, wie unempfänglich sie für die Empfindungen anderer sind und wie sehr sie unter den Folgen eines verarmten Gefühlslebens leiden. Bevor Kain seinen Bruder umbringt, ermahnt ihn Gott: »Die Sünde [lauert] vor der Tür, und nach dir hat sie Verlangen; du aber herrsche über sie.« Kains Geschichte wäre vielleicht ganz anders ausgegangen, hätte er über bestimmte psychische Kompetenzen verfügt, beispielsweise über emotionale Achtsamkeit, Empathie und moralischen Mut, um die Situation zu meistern. Doch an diesen emotionalen Kompetenzen mangelte es Kain, und sie stellen heute immer noch das dar, was den meisten Jungen fehlt.

Die Gefühlswelt von Jungen schützen und bewahren

In unserer Arbeit als Therapeuten haben wir Jungen erlebt, die einen furchtbaren Verlust erlitten haben – den Tod eines Elternteils oder eines Geschwisters, einen schweren Unfall oder eine lebensbedrohliche Krankheit – und sich dennoch erfolgreich ein neues Leben und eine neue Zukunft erkämpften. Wir haben andere erlebt, die unter einer Belastung ausrasten, die man allenfalls als schlechten Tag bezeichnen kann. Der Unterschied zwischen den Jungen, die Widrigkeiten überwinden, und denen, die ihnen erliegen, läuft letztlich immer darauf hinaus, wie gut sie emotional für die Herausforderung gewappnet sind. Jungen finden in einem Lieblingslehrer oder Trainer oft einen emotionalen Mentor, doch es sind die Eltern, die das Bild eines Jungen von sich selbst und seine Bereitschaft, sich eine emotionale Sprache anzueignen, in einzigartiger und nachhaltiger Weise beeinflussen. Eltern können Vorbilder sein für emotionale Bindungsfähigkeit und Empathie. Es ist an ihnen, auf die Gefühle von Jungen einzugehen, ohne sie zu verurteilen, ein offenes Ohr für ihre Probleme zu haben, ohne Lösungen zu diktieren. Wir müssen akzeptieren, dass jeder Junge Gefühle hat, dass er ein Herz hat, und oft ein übervolles. Jeder Junge ist sensibel, und jeder Junge leidet. Das ist eine erschreckende Vorstellung für viele Erwachsene, die bewusst oder unbewusst nicht einräumen wollen, dass ein Junge emotional verwundbar ist. Wenn wir uns diese Tatsache aber zu eigen machen und dieses Wissen nutzen, um unsere eigenen emotionalen Kompetenzen als Eltern und Lehrer von Jungen weiterzuentwickeln, dann können wir ihnen besser helfen, die dunklen Seiten ihres Lebens zu erhellen.

Wenn wir unsere Söhne lehren, ihre eigenen Gefühle zu achten und wertzuschätzen, wenn wir Jungen ein emotionales Vokabular vermitteln sowie den Mut, es zu benutzen, dann werden sie ihre Herzen weit aufmachen.

Kapitel 2

Das hässliche Entlein: Warum kleine Jungen es in der Grundschule schwer haben

»Ich liebe alle Kinder außer Jungen.«
Lewis Carroll

In Ms. Alvarez' Vorschulklasse rückt die Zeit für den vormittäglichen Lesekreis heran, und 15 Kinder – sechs Jungen und neun Mädchen – sitzen in einer gemütlichen Ecke des Raums auf einem Teppich und warten darauf, dass sie mit dem Lesen beginnt.

In der einen Hälfte des Kreises sitzen die Mädchen Seite an Seite, manche mit gekreuzten Beinen, manche mit im Schoß verschränkten Händen, manche still und erwartungsvoll, andere fröhlich schnatternd, und warten darauf, dass Ms. Alvarez beginnt. Neben ihnen sitzt ein Junge, Daniel, gleichermaßen selbstbeherrscht, entspannt und wartend. Daniel ist der beste Leser der Klasse; er beschäftigt sich zu Hause und in der Vorschule stundenlang mit Büchern. Für ihn ist die Geschichtenstunde die schönste Zeit des Tages. Eines der Vorschulmädchen klärt einen Besucher auf: »Alle Mädchen in meiner Klasse können lesen, aber keiner von den Jungen, nur Daniel.«

Etwas von Daniel entfernt sitzen vier Jungs, die in allem das Bild des kompletten Gegenteils abgeben. Justin lehnt sich seitwärts an Wills Brust; Will lümmelt sich auf Bashirs Schulter; Bashir wiederum drängt sich an Ryan, der sich nach Kräften bemüht, nicht umzufallen. Erstaunlicherweise verwandelt sich dieses lebende Bild des Übereinanderpurzelns nicht in ein wirkliches Umfallen; es scheint eingefroren in Raum und Zeit. Die Jungen sind still; sie verharren einfach in diesem teilweise aufrechten Kuddelmuddel und warten, dass Ms. Alvarez mit dem Lesen beginnt. Sie bemühen sich ernsthaft, die Regeln im Klassenzimmer zu befolgen, und ihre Lehrerin weiß das. Dennoch kann sie nicht mit dem Lesen anfangen, bis auch Christopher in den Kreis kommt.

Christopher hatte Tangram gespielt, als Ms. Alvarez mit einem Glockenzeichen zum Lesekreis gerufen hatte. Auf dem Weg zum Regal, in dem das Tangram seinen Platz hat, war er mit dem Finger quer durch die Kreidekringel auf der Tafel gefahren, was eine befriedigende grüne Linie hinterlassen hatte, war mit Justin zusammengeprallt, der gerade zum Lesekreis ging, und an der Spielküche hängen geblieben, wo er die Plastikbirnen und -tomaten aufsammelte. Jetzt steht er vor den Materialregalen, wühlt ziellos in den Filzstiften in einer Plastikbox und träumt vor sich hin.

»Christopher, kommst du zu uns?«, fragt Ms. Alvarez. Ihre Frage weckt ihn aus seiner Träumerei. Er schaut zu ihr herüber, tut aber keinen Schritt.

»Christopher, wir warten«, sagt sie bestimmt. Christopher zögert, lässt dann die Filzstifte fallen und macht sich auf den Weg quer durch den Raum. Mittlerweile fallen die übereinander getürmten Jungen um wie Dominosteine. Justin fällt auf Will, und Will versucht ihn von seinem Schoß weg auf den Boden zu schubsen. »Will, schubs Justin nicht so«, sagt Ms. Alvarez. »Aber er liegt doch auf mir drauf«, beklagt sich Will. »Justin, bitte setz dich gerade hin und halte etwas Abstand. Will, du brauchst ihn nicht zu schubsen. Lass es ihn allein machen.« Dann: »Christopher, wir warten alle auf dich. Würdest du bitte zu uns kommen?«

Christopher schafft die letzten Schritte bis zum Kreis und setzt sich erwartungsvoll nieder. Dann beschließt Bashir, sich auf den Rücken zu legen, sodass nun nur noch seine Knie und Schuhe im Kreis zu sehen sind. Er starrt an die Decke. »Bashir, würdest du dich hinsetzen wie alle anderen auch?« Bashir stemmt sich hoch. »Gut«, sagt Ms. Alvarez, »dann können wir ja jetzt anfangen.«

Obwohl es nur zwei bis drei Minuten gedauert hat, bis die Jungen ruhig im Lesekreis sitzen, fällt es schwer, sich nicht über Justin und Christopher zu ärgern. Wegen ihnen geht Tag für Tag unnötig viel Zeit verloren. Der Unterschied zwischen den Geschlechtern springt ins Auge; auch die Mädchen bringen Unruhe in den Kreis, bleiben aber im Rahmen; sie folgen bereitwillig den Anweisungen. Den Jungen fällt das Stillsitzen viel schwerer. Inwiefern benachteiligt die Unruhe dieser Jungen die Mädchen? Wie wirkt sie sich auf Daniel aus, der geduldig neben den Mädchen wartet und dem bewusst ist, dass er nicht zu den anderen Jungen gehört? Und was ist mit den schubsenden, rempelnden Jungen? Oder dem leicht ablenkbaren Christopher? Was bleibt bei ihnen haften, wenn sie im Lesekreis oder bei anderen Gelegenheiten, wo ihr Verhalten aus dem Rahmen fällt, ermahnt werden? Mütter ziehen häufig folgendes Resümee der Grundschuljahre ihres Sohnes: »Ich habe einen wunderbaren Sohn, aber er saß oft auf der Wartebank vor dem Büro des Schulleiters.« Was ist nur mit Jungen los? Das sind Fragen, die Lehrer und Eltern beschäftigen und die Diskussion über Jungen in der Schule beherrschen.

In den letzten Jahren kreiste die öffentliche Diskussion über Chancengleichheit in der Schule fast ausschließlich um Mädchen und ihre Benachteiligung in einem System, das Jungen begünstigt. So richtig und wichtig das Eintreten für die Mädchen ist, uns beunruhigt diese Debatte, wenn sie in dem Bemühen um Gerechtigkeit Jungen und Mädchen gegeneinander auszuspielen scheint. Dahinter steht nämlich die unhinterfragte Annahme, dass Mädchen in der Schule zu leiden haben, Jungen aber nicht. Die Forschung, die Statistiken und unsere eigenen Erfahrungen als Schulpsychologen und Therapeuten von Jungen und Männern sprechen allerdings eine andere Sprache.

Von der Vorschule bis zur 6. Klasse verbringt ein Junge mehr als tausend Stunden pro Jahr in der Schule, und die Erfahrungen, die er macht, sowie die Einstellungen der Lehrkräfte und anderer Erwachsener, denen er begegnet, formen ihn tief greifend. Der durchschnittliche Junge muss sich in der Grundschule in besonderer Weise abmühen, um die Entwicklungs- und Leistungsmaßstäbe eines Curriculums zu erfüllen, dessen Schwergewicht auf Lesen, Schreiben und verbalen Fertigkeiten liegt – also auf kognitiven Fähigkeiten, die bei Jungen normalerweise langsamer reifen als bei Mädchen. Manche Jungen sind den anderen in der Entwicklung voraus, und manche Mädchen hinken hinterher, doch bei einem Vergleich des durchschnittlichen Jungen mit dem durchschnittlichen Mädchen ist der Junge in den ersten Schuljahren entwicklungsbedingt benachteiligt.

Die Vor- und Grundschule stellt ein in hohem Maße weiblich geprägtes Umfeld dar, in dem Lehrerinnen und weibliche Autoritätsfiguren vorherrschen und das der Wesensart von Jungen – dem stärkeren Bewegungsdrang und der schwächeren Impulskontrolle, die für Jungen normal sind – zuwiderzulaufen scheint. Ein enttäuschter Abc-Schütze seufzt am Ende seines ersten Schultages unglücklich: »Man darf überhaupt nichts *machen*!« Sein eigentliches Problem bestand natürlich nicht darin, dass er nichts hatte tun dürfen, sondern dass alles, was er *gerne* tat – rennen, werfen, raufen, klettern –, im Klassenzimmer verboten war. In einer derartigen Umgebung erlebt sich ein Junge als hässliches Entlein: Er ist anders, er gilt weniger, und zuweilen rümpft man die Nase über ihn.
Einmal trafen wir uns zu einer Unterredung mit einer Drittklässlerlehrerin, die, wie wir glaubten, besonders gut mit Jungen umgehen konnte. Sie mochten sie offensichtlich, und wir wollten wissen, wie sie die Jungen in ihrer Klasse wahrnahm. Als wir einfließen ließen, dass die Schule wohl ein weiblich geprägtes Umfeld sei, reagierte sie mit Abwehr: »Die Schule ist kein weibliches Umfeld. Die Schule ist ein menschliches Umfeld, ein zivilisierter Ort«, sagte sie. »Es fällt den Mädchen nur leichter, sich ihm anzupassen.«
So gerne sie im schulischen Umfeld nur einen Ort gesehen hätte, an dem Unterricht und Erwartungen dieselben Erfolgschancen für Jungen und Mädchen bieten, so zeigt jedoch gerade die Tatsache, dass sich Mädchen leichter anzupassen vermögen, dass sich die schulischen Erwartungen unterschwellig eher an den Fähigkeiten und der Sensibilität von Mädchen orientieren.
Dies erklärt, warum David Trower, Rektor der Allen Stevenson School in New York, einer reinen Jungenschule, die Ansicht vertritt: »Wenn Jungen überhaupt den Schutz eines solchen Um-

felds brauchen, dann aufgrund des entwicklungsbedingten Unterschieds vor allem in der Vor- und Grundschule.«

Wir wollen damit nicht unterstellen, dass Jungen gut seien und Schulen schlecht oder dass Jungen weiblichen Lehrkräften gleichgültig seien. Ganz im Gegenteil, ein Großteil unseres Wissens über die Schulschwierigkeiten von Jungen wird von den vielen engagierten, kreativen Lehrerinnen bestätigt, die sich der anspruchsvollen Arbeit mit Jungen in der Schule stellen. Wir wissen auch, dass es Jungen gibt, deren Talent oder Temperament sie zu Ausnahmen macht, doch wenn wir diskutieren wollen, inwiefern die Erfahrungen von Jungen ihre emotionale Entwicklung erschweren oder gefährden, dann müssen wir über die verborgenen Nöte reden, in die die ersten Schuljahre so viele Jungen stürzen.

Langzeitstudien, die die Entwicklung von Kindern durch die gesamte Schulzeit verfolgen, sprechen dafür, dass sich in der 3. Klasse bei einem Kind ein Lernmuster verfestigt hat, das seine gesamte schulische Laufbahn vorherbestimmt.[1] Bei Jungen können wir das eindeutig bestätigen: Die beiden ersten Schuljahre sind eine entscheidende Einstiegsphase in die Welt des Lernens, doch die relative Unreife und die mangelnde Anpassung, deren Auswirkungen Jungen in der Schule so häufig zu spüren bekommen, zeichnen den Weg ins Scheitern vor. Viele Jungen, die die Schule schon früh anwidert, finden beim Lernen niemals wieder zu der Motivation zurück, durch die sie Erfolge erzielen. Sogar unter denen, die sich weiterhin anstrengen, um später im Leben Erfolg zu haben, verheilen die Narben dieser bitteren Jahre nie.

Karl war ein seltener Gast bei den Schultheateraufführungen und anderen Veranstaltungen in der Schule seiner Söhne. Als erfolgreicher Wirtschaftsberater gelang es ihm nur selten, sein Büro rechtzeitig vor Beginn der Abendveranstaltungen zu verlassen. Zu Aufführungen und Chorkonzerten, die tagsüber stattfanden, konnte er sich überhaupt nicht freimachen. Elternbesprechungen hielt er sich trotz der Bemühungen der Lehrer, seinen Terminplan zu berücksichtigen, vom Hals.

Karl hatte durchaus den Willen, ein guter, verantwortungsvoller

Vater zu sein, doch diese Schultermine erfüllten ihn mit Unbehagen und Ungeduld. Als seine Frau ihm zusetzte, häufiger daran teilzunehmen, kam er diesem Ansinnen pflichtbewusst nach, doch seine Feindseligkeit gegenüber den Lehrern machte die Besprechungen unangenehm für alle Beteiligten. Schließlich bat ihn seine Frau, sich nicht mehr darum zu kümmern. Doch ihr Groll wuchs.

Nach einem besonders hitzigen Wortgefecht, so erinnerte er sich später, verblüffte ihn der wütende Vorwurf seiner Frau, ihm sei die Erziehung seiner Kinder egal. Seine eigene Reaktion darauf verblüffte ihn fast genauso sehr. Was ihm zuerst durch den Kopf schoss, war nicht seine Arbeit oder das Büro oder Termine – nicht einmal seine Kinder. Seine Gedanken kreisten um seine Gefühle: Scham, Groll und Wut, die seit mehr als 40 Jahren in ihm geschwelt hatten.

»Ich betrete ein Schulgebäude und kann spüren, wie mir die Brust eng wird«, erklärte er später. »Es ist ein Ort, wo mir nichts Gutes schwant. Ich hatte es als Kind schwer in der Schule, nichts hatte ich im Griff. Was ich in der Schule gelernt habe, war, dass ich in wesentlichen Punkten, die für andere Leute wichtig waren, nicht gut genug war. Heute können zumindest in meinen Augen all die Kinderzeichnungen an den Wänden nicht darüber hinwegtäuschen, dass die Schule ein Ort ist, wo Kinder leiden, und es macht mich wütend, dass ich so tun soll, als wäre es anders, dass ich dasitzen und mit Lehrern plaudern soll, die ein Teil des Problems sind – blasierte, engstirnige, unflexible Leute, die glauben, sie hätten das Recht, über Kinder zu urteilen und auch über mich als Vater, wo ich doch weiß, dass ihnen das nicht zusteht. Das ist doch reine Heuchelei.«

Es spielte keine Rolle, dass Karls Söhne gute Schüler waren und talentierte, engagierte Lehrer hatten. Weder die Zeit noch sein Erfolg hatten den Schmerz und die Wut der frühen Jahre getilgt. Wenn Karl eine Schule betrat, wurde der 48-Jährige wieder zum 8-Jährigen.

Ob sie nun im Leben erfolgreich sind oder ob sie sich abstrampeln müssen, ähnliche Geschichten hören wir von zahllosen Männern, die die Schule als leidvollen Härtetest erlebt haben.

Dasselbe mühsame Ringen beobachten wir bei Jungen, die häufig schon in der 3. Klasse ihren Elan zum Lernen verloren, sich aus der Schule ausgeklinkt und sie abgeschrieben haben, weil sie meinen, dort sowieso nie auf einen grünen Zweig zu kommen. Andere bringen zwar gute Leistungen, fühlen jedoch innerlich dieselbe Entfremdung. Sie sitzen ihre Zeit ab und machen ihren Abschluss, empfinden jedoch keine Freude am Lernen und können wie die anderen die Chancen dieser besten Lernjahre ihres Lebens nicht nutzen.
Schon vor mehr als 2000 Jahren sagte der hebräische Weise Hillel, dass ein Mensch, der sich zu sehr vor Schmach fürchte, nicht lernen könne. Heute ist für viele Jungen Beschämung und Angst das tägliche Brot ihrer Grundschuljahre. Das Einzige, was sie daraus lernen, ist ein geringes Selbstwertgefühl und Hass auf den Ort, der ihnen dieses Gefühl vermittelt. Aus dieser emotionalen Entfremdung vom schulischen Leben heraus werden sie zu den Jungs, die tief in der Tinte sitzen, noch bevor sie gelernt haben, welche zu benutzen.

Michael über Alan: Schule und Lehrer, gesehen mit den Augen eines Jungen

Alans Mutter rief mich an, weil ihr Sohn Alan eine schwierige 6. Klasse durchmachte. Er war mehreren Lehrerinnen gegenüber ausfällig geworden, und trotz seines hohen IQ waren seine Noten auf einen relativen Tiefststand gefallen, erst von 1 auf 2, dann von 2 auf 3. Darüber hinaus »hasste« er die Schule, wie er im Lauf des Jahres immer wieder erklärte, was nichts anderes war als ein stärkerer Ausdruck für die Traurigkeit, die er seit der Vorschule wiederholt geäußert hatte. Eine Lehrerin hatte empfohlen, Alan psychologisch zu testen und gegebenenfalls zu therapieren, weil er zuweilen so zurückgezogen und zornig wirkte. Sie äußerte Alans Mutter gegenüber die Befürchtung, Alan könnte an einer Depression leiden. So bat mich Alans Mutter um eine unabhängige Beurteilung des Zustands ihres Sohnes. Da Alans Familie

weit außerhalb Bostons wohnte, konnte ich die Therapie nicht übernehmen; ich konnte allerdings seine Schulakte durchsehen und mit Alan besprechen, wie er die Sache sah.
Ich erfuhr später, dass Alan sich gegen das Gespräch mit mir gesträubt hatte, doch als es stattfand, ließ er sich nichts davon anmerken. Aus diesem 12-Jährigen mit seinem strahlenden Lächeln, seinen Sommersprossen und seinem drahtigen Sportlerkörper sprach wortgewandt der durchschnittliche Schuljunge. Er war höflich und zugänglich, doch von Anfang an brachten ihn die Fragen, die ich über die Schule stellte, in Bedrängnis. Da die Zielscheibe seiner jüngsten Wutanfälle Lehrerinnen gewesen waren, begannen wir mit diesem Thema.
Er erinnerte sich lebhaft an seine Lehrerin in der 4. Klasse: »Sie war einfach nett, und sie hatte Humor, und sie schrie nicht immer rum und so.« Seine Sozialkundelehrerin vom vorigen Jahr mochte er nicht, wie er angab. Sie wirkte seiner Schilderung zufolge ständig aufgebracht, und »sie war immerzu böse auf mich, wegen Kleinigkeiten«.
»Was zum Beispiel?«
»Viele Sachen. Wenn ich ohne Schreibzeug zum Unterricht kam. Oder ... nein ... ich weiß ... wir hatten so kleine Notizbücher, in die wir bei einer Exkursion alles reinschreiben mussten. Wir gingen ins Museum, und draußen waren wir an einem Brunnen, und mein kleines Buch fiel rein. Solche Sachen eben.«
»War sie zu den anderen Kindern in der Klasse auch so?«
»Also, zu den Jungs war sie strenger, weil die immer was anstellen, glaub ich. Ich glaube nicht, dass sie mich wirklich gemocht hat. Wir sind nicht besonders gut miteinander klargekommen.«
Er erinnerte sich an weitere Lehrkräfte, die ihn, wie er meinte, nicht leiden konnten. Seine Lehrerin in der 2. Klasse war ihm besonders gut im Gedächtnis. In diesem Jahr zeichnete sich ab, dass Alan an einer leichten Rechtschreibschwäche litt. Diese Lehrerin riet ihm davon ab, Gedichte zu schreiben, bis seine Rechtschreibung besser wäre, so erzählt er.
»Wenn du Lehrer hattest, die dich gut leiden konnten, woran hast du das gemerkt?«
»Na, die werden nicht so leicht böse auf mich. Einfach ... es ist

schöner mit ihnen. Wie Mr. Clarkson … Er hört zu, und er bringt mehr Themen, über die man was lernen will.«
Wir reden über die Themen, über die Alan mehr wissen möchte, und über seine Lieblingslehrer und das, was er an ihnen mag. Es gibt nicht viel mehr. Um etwas tiefer zu bohren, frage ich nun nicht mehr nach Alans Einstellungen zu sich selbst, sondern nach Lehrern und Jungen im Allgemeinen.
»Ist es schwer für Jungen, so viele Lehrerinnen zu haben?«
»Sie sind es gewohnt«, meint er.
»Ist es leichter für Jungen, wenn sie Lehrer haben?«
»Ja. Die verstehen uns besser oder so. Sie verstehen, was wir meinen.«
»Was ist für Frauen an Jungen schwer zu verstehen?«
»Dass Jungen es nicht mögen, wenn man böse auf sie wird.«
Alan konstatiert eine simple Tatsache – dass Jungen nicht gerne angeschnauzt werden, dass aber genau das einen Großteil ihres Lebens ausmacht.
Das erinnert mich an eine Bibliothekarin, die sich einmal beklagte: »Die Erwachsenen fühlen sich berechtigt, Jungen ständig zusammenzustauchen, weil sie angeblich ›böse‹ sind.«
Dahinter steht die Annahme, dass Anschnauzen zu etwas nutze wäre, nämlich um den Jungen klarzumachen, dass sie Missfallen erregen, und dass Jungen darunter nicht so sehr litten wie Mädchen. Nach meinen Erfahrungen trifft das nicht zu. In aller Regel zeigen die Jungen nicht, dass ihnen das Angebrülltwerden etwas ausmacht, weil es zu ihrer Rolle gehört, es nicht zu zeigen. Aber weh tut es dennoch.
Ich frage Alan, was er in der Schule am liebsten macht. Die Antwort ist Sport, was kaum verwundert.
»Ich weiß, die Frage klingt blöd, aber warum machst du lieber Sport als alles andere?«
»Es macht Spaß. Da kann man besser werden, wenn man sich anstrengt … ich weiß nicht. Man kann sogar irgendwo sehr gut werden – wenn man Eishockey mag, kann man das machen. Wenn man gern Fußball spielt, kann man das machen. Ich freue mich jeden Tag auf den Sport. Das ist wie eine organisierte große Pause, wo man was *machen* kann.«

»Aber du lernst doch auch gute Sachen in der Schule, oder?«
»Ja, aber Rumrennen ist besser als Rumsitzen. Den ganzen Morgen im Unterricht sitze ich, in Zeichnen und in Naturkunde stehe ich dann, wenn wir nach draußen gehen.«
Er erzählt noch etwas über andere Fächer, die er mag – nicht viele – und die er nicht mag, und wie viel ausgefuchste Planung auch immer in die Lehrplanentwicklung an Alans Schule eingegangen sein mag, es zeichnet sich deutlich ab, dass der Unterschied zwischen einem guten und einem schlechten Fach von seinem Standpunkt aus sehr viel damit zu tun hat, wie viel Bewegungsfreiheit es gewährt.
Mit seinem wenig begeisterten Bericht über sein schulisches Dasein hat Alan das Problem geschildert, das so viele Jungen mit der Schule haben. Im Prinzip sitzen sie den ganzen Vormittag, und sie müssen auf kleine Bücher aufpassen und dürfen sie nicht ins Wasser fallen lassen. Und wenn sie sich nicht umherbewegen dürfen, fühlen sie sich gefangen und angewidert von allem, was ihnen der Lehrer auch anbietet.
Bei meiner früheren Arbeit mit Kindern auf der South Side von Chicago sah ich viele Jungen, deren Schullaufbahn bereits in der 2. Klasse derart verfahren war, dass sie mit der Schule schlicht abgeschlossen hatten – genauso wie mit dem Leben, denn die Gangs warteten schon auf sie. Wenn jedoch die Schule anders ist, nicht mit Spannungen »aufgeladen«, wie sie in ihrer Familie und ihrem Wohngebiet herrschen, wird sie zu einem »neutralen« Ort, an dem Kinder Erfolgserlebnisse haben können. In dem Maße, in dem ein Kind sich auf die Schule als einen Ort des Erfolgs und des Beistandes stützen kann, wird diese zu einem Rettungsanker.
Das Interessante an Alan ist, dass für ihn dasselbe Prinzip gilt, auch wenn er aus einer gebildeten und wohlhabenden Familie stammt. Wenn die Schule zu einem negativ »aufgeladenen« Umfeld wird, wird er sie schließlich als einen Ort ablehnen, an dem seine persönliche Leistung nicht viel zählt. Ein Großteil der Erfahrungen, die ein Junge mit der Schule macht, lässt ihn sich selbst als hässliches Entlein erleben; er ist anders, er gilt weniger, und zuweilen rümpft man die Nase über ihn. Und das weiß er.

Alan steht jetzt an diesem Punkt und schwebt in der Gefahr, sich seelisch aus der Schule zu verabschieden.

Das »Anderssein« von Jungen: Wenn sich Stärken in Schwächen verkehren

Jane, Lehrerin einer 5. Klasse, sinnt darüber nach, wie unterschiedlich Jungen und Mädchen in ihrem Werkunterricht an die Projekte herangehen. Alljährlich sollen die Kinder als erste Aufgabe entweder ein Brückenmodell oder ein Katapult bauen. In der Regel entscheiden sich die Mädchen für die Brücke und gehen die Gruppenarbeit sehr kooperativ an; sie hören zu, wenn eine einen Vorschlag macht, zeichnen Rohentwürfe und bauen dann die Brücke mit aller Sorgfalt gemeinsam zusammen. Die Jungen, so berichtet die Lehrerin, wählen meist das Katapult, doch sie arbeiten anfangs nicht kooperativ. Vielmehr denkt sich jeder Junge möglichst rasch eine eigene Wurfmaschine aus, die einen Stein schleudern könnte; es werden keine Ideen ausgetauscht oder angehört. Die Jungen breiten sich über Boden, Stühle und Tische aus, stürzen sich auf das Material und schreien jedes Mal auf, wenn sie sich mit einem Bleistift stechen oder von einem zurückschnellenden Gummiband getroffen werden. In der Eile bauen sie gewöhnlich ein Katapult, das nicht funktioniert; dieser Rückschlag scheint sie jedoch kalt zu lassen. Beim Experimentieren mit Versuch und Irrtum und den besseren Katapulten, die bei der Konkurrenz entstehen, beginnt auch diese Gruppe zusammenzuwachsen, wobei jeder Junge aus den Fehlern der anderen lernt und schließlich alle gemeinsam das beste aller möglichen Katapulte bauen.
Es wäre leicht, den Jungen das vorhersehbare Misslingen ihrer übereilt zusammengehauenen, fehlerhaften Erstversuche vorzuhalten. Es wäre leicht, sie zu beschämen, indem man ihre turbulente Arbeitsweise mit der ruhigeren, effizienteren Arbeit der Mädchen vergleicht. Doch diese Lehrerin nahm noch etwas anderes wahr. Neben dem durchdachten Planen und Bauen bei der

Mädchengruppe erkannte sie bei den Jungen die Bereitschaft, Risiken einzugehen, und einen Elan und eine Begeisterung, die für die Klasse von wirklichem Wert waren.

Die meisten Pädagogen – wie Ms. Alvarez in ihrer Vorschulklasse – bemühen sich, die Schule so zu gestalten, dass Jungen und Mädchen gleichermaßen verantwortungsbewusst, interessiert und begeistert lernen können. Wir wissen jedoch, dass es Tage gibt, an denen selbst engagierte Lehrerinnen wie Ms. Alvarez, die von dem Entwicklungspotenzial ihrer Jungen zutiefst überzeugt ist, sich sehnlichst wünschen, dass Jungen nicht so anders wären oder dass ihre Eltern sie anders erziehen würden; Tage, an denen Eltern, die nur Mädchen erziehen, denselben Wunsch verspüren; Tage, an denen die Eltern von Jungen und Mädchen seufzen: »Sie *sind wirklich anders*!«

Das »Anderssein« von Jungen ist nicht als solches von Übel, doch für die Lehrkräfte, die Schulkultur und die Jungen selbst stellt es eine Herausforderung dar.

Jungen sind im Allgemeinen sehr lebhaft und häufig impulsiv. Ihr Elan wirkt ansteckend, insbesondere auf andere Jungen, und diese physische Energie kann psychisch in so etwas wie Verwegenheit umschlagen. Jungen gehen oft Risiken ein, scheinbar ohne Rücksicht auf den möglichen Schmerz durch einen Sturz oder einen Tadel. Ob sich ihre Entscheidungen später nun als mutig oder als leichtsinnig erweisen, Jungen sind oft schon voll in Aktion, bevor sie die Folgen bedenken.

Jungen sind direkt; sie handeln und reden klar und einfach. Ihre sich langsamer entwickelnden sprachlichen Fertigkeiten zeigen sich in ihrem oft derben und platten Humor oder ihrer Vorliebe fürs Handeln statt Verhandeln – sie schnappen sich lieber die Kiste mit den Filzstiften, als auszuhandeln, wann sie dran sind. Die emotionale Unreife von Jungen erlaubt ihnen, sich unverfroren, von sich überzeugt, großspurig, ja großmäulig und lautstark in den Mittelpunkt zu drängen. Sie plagen sich nicht lange mit Bedenken ab, was wohl den anderen recht wäre. Als der kleine Junge im Märchen damit herausplatzte, dass der Kaiser keine Kleider trug, sprach er mit einem Freimut, der für Jungen typisch ist.

Weil sie das Bedürfnis haben, sich kompetent und stark zu fühlen, haben Jungen einen empfindlichen, machtbezogenen, handlungsorientierten Sinn für Gerechtigkeit, Fairness, Gut und Böse. Spiderman, Batman, Ninja Turtles: heldenhafte Aktionsfiguren bevölkern die Welt kleiner Jungen, weil sie selbst so gerne als Helden gesehen werden möchten. Sie wollen groß sein statt klein, wünschen sich reale Macht statt der Rolle des ohnmächtigen Kindes, und sie möchten Richter über Gut und Böse sein statt jemand, der verhandelt oder zuschaut.

Jungen und Mädchen bringen denselben Tatendrang, denselben Wissensdurst und denselben Wunsch, sich zu beweisen, in die Schule mit, doch diese Gaben sind verpackt in geschlechterspezifische Verhaltensmuster, die sich erkennbar unterscheiden, wie Lehrer und Eltern uns so häufig berichten. Wie viele unbeschwerte, phantasiebegabte Mädchen verwenden ihre Energien darauf, aus Ästen oder Toastscheiben Schießgewehre zu fabrizieren? Wie viele unbeschwerte, phantasiebegabte Jungen verwenden ihre Energie darauf, so zu tun, als seien sie schöne, wilde Pferde, die über die Prärie galoppieren?

Die Gaben von Jungen sind verpackt in starken Bewegungsdrang, Impulsivität und Körperlichkeit – Jungenpower –, und der Wert dieser Gaben hängt ab vom Lehrer oder der Lehrerin, dem Jungen und dem Augenblick. Auf dem Spielplatz, wo es Raum und Anerkennung für den kühnen Handstreich gibt, sind diese Eigenschaften Jungen sehr von Nutzen. Im Klassenzimmer dagegen, Seite an Seite mit Mädchen – die in aller Regel organisierter, kooperativer und erfolgreicher lernen –, verkehren sich diese »Jungenqualitäten« rasch von Stärken in Schwächen. Selbst bei den Jungen, die nicht als problematisch gelten, halten viele Lehrer die bei Jungen üblichen Aktivitäts-, Einstellungs- und Verhaltensmuster für etwas, das die Jungen ablegen müssen, wenn sie in der Schule Erfolg haben wollen.

Geschlechterunterschiede: Zwei Welten in einem Klassenzimmer

Zwei wichtige entwicklungsbezogene Unterschiede definieren, wann Jungen bereit sind für die Anforderungen der Grundschule, und erklären teilweise, warum sie im Vergleich zu Mädchen im Allgemeinen schlechtere Leistungen zeigen. Erstens geht der Reifungsprozess bei Jungen langsamer vonstatten als bei Mädchen. Zweitens ist der Bewegungsdrang von Jungen offenbar stärker, und ihre Impulskontrolle entwickelt sich langsamer als die der Mädchen. Dieses Entwicklungstempo scheint in weiten Teilen biologisch bedingt zu sein und wird von Eltern und Lehrern nur insofern beeinflusst, als sie dieses Wachstum entweder fördern oder nicht. Der aktuelle wissenschaftliche Stand der Anlage-Umwelt-Debatte beleuchtet das verschlungene Band zwischen Biologie und Erfahrung.[2] Die Fähigkeit eines Jungen, einen Ball zu werfen oder auf einen Baum zu klettern, mag mit seinem Entwicklungsstand zusammenhängen, doch seine Gewandtheit und sein Interesse wachsen, wenn er in seiner Beschäftigung zu Hause bestätigt und ermutigt wird. Dass ein Mädchen besser lesen und sprechen kann, scheint anfangs ebenfalls auf einem neurologischen Vorsprung zu beruhen, der sich vergrößert, wenn das Kind im Lesen bestärkt wird. Diese Einflüsse – teils biologische, teils kulturelle – fördern gemeinsam den Entwicklungsfortschritt eines Kindes. Umwelt und Erbe lassen sich nicht trennen.

Dass Mädchen früher reifen als Jungen bedeutet, dass sie kognitive Meilensteine vielfach in früherem Alter erreichen als Jungen.[3] Sie lernen im Allgemeinen die Namen von Dingen wie beispielsweise Farben früher und können früher zählen. Aus diesem Grund sind Mädchen reifer, wenn die Lehrer in der 1. Klasse mit dem ersten ernsthaften Leseunterricht beginnen. Dass viele Jungen bei diesen Vorübungen zum Lesen hinterherhinken hat zur Folge, dass Jungen in den Eingangsklassen häufiger zu Unrecht als lernbehindert eingestuft werden.

Was das Aktivitätsniveau angeht – und damit meinen wir die motorische Aktivität, etwa Umherrennen oder -gehen –, so haben bis zur Vorschule nur wenige Studien einen Geschlechterunterschied festgestellt. Anders ausgedrückt, geschlechterspezifische Unterschiede im Aktivitätsniveau von Jungen und Mädchen treten deutlicher hervor, wenn sich die Kinder der Einschulung nähern. Neue Untersuchungen sprechen dafür, dass die Hauptunterschiede zwischen Jungen und Mädchen in der sozialen Interaktion liegen. Jungen in der Gruppe verhalten sich ganz anders als Jungen für sich allein, und Jungen lassen sich von den Herausforderungen, die andere Jungen darstellen, anstacheln. Wie bei jedem Geschlechterunterschied überlappen sich in der Gesamtzahl die Jungen und Mädchen in hohem Maße: Es gibt also auch Mädchen, die lebhafter sind als Jungen. Doch im Schulalter ist der durchschnittliche Junge im Klassenzimmer lebhafter als etwa drei Viertel der Mädchen, und die lebhaftesten Kinder der Klasse sind mit hoher Wahrscheinlichkeit Jungen.[4] Und selbst die aktiveren Mädchen lassen ihrer Energie offenbar nicht so ungehemmt freien Lauf, wie es für Jungen typisch ist.

Wenn wir extreme Lebhaftigkeit betrachten – Hyperaktivität beispielsweise –, werden die Geschlechterunterschiede noch größer.[5] Die meisten Untersuchungen stellen fest, dass zwei- bis viermal mehr Jungen die Diagnose »Aufmerksamkeits- und Hyperaktivitätsstörung« (nach der englischen Bezeichnung abgekürzt ADHD) erhalten als Mädchen. Im Rahmen einer Studie an 8258 Kindern vom Vorschulalter bis zur 5. Klasse in Tennessee, alle an 16 Schulen in einem heterogenen Verwaltungsbezirk, wurde bei fast vier Prozent der Jungen eine »Aufmerksamkeitsdefizitstörung (ADD) mit Hyperaktivität« diagnostiziert, hingegen bei weniger als einem Prozent der Mädchen. Demnach befindet sich wahrscheinlich in jeder Klasse mit mindestens 24 Schülern ein hyperaktiver Junge.

Dass Jungen mehr Lernschwierigkeiten haben, fällt jedem ins Auge, der sich an einer Grundschule aufhält. Ein Mädchen aus der 2. Klasse brachte dies mit der nachdenklichen Frage auf den Punkt: »Warum sind die bösen Kinder immer Jungs?« Unsere eigenen Erfahrungen spiegeln sich in der Forschung wider, nach der ein Junge mit viermal höherer Wahrscheinlichkeit zum Schulpsychologen geschickt wird als ein Mädchen.

Manche Forscher vermuten, dass das Überwiegen von Jungen unter den lernbehinderten Kindern (60 bis 80 Prozent aller Lernbehinderungen treten bei Jungen auf) verschwände, wenn man die 8-jährigen Jungen gemeinsam mit den 6-jährigen Mädchen unterrichten würde. Lernbehinderungen beruhen nämlich auf Beurteilungen der Lesefähigkeiten in einem bestimmten Alter in Relation zum intellektuellen Potenzial (gemessen mit Intelligenztests) im selben Alter. Jahrzehntelang schulte die Ethical Culture School in New York aufgrund des Entwicklungsunterschieds zwischen Jungen und Mädchen 5-jährige Mädchen und 6-jährige Jungen in die Vorschule ein. Die Schule änderte schließlich das Verfahren wegen der Proteste einer Minderheit von Eltern, deren 5-jährige Kinder bereits schulreif waren, vertritt jedoch immer noch die Überzeugung, dass das frühere Verfahren im Grunde sinnvoller ist. In den Vereinigten Staaten verwenden zumindest einige Waldorfschulen mit ihrem künstlerisch-handwerklich ausgerichteten Lehrplan in den Anfangsklassen eine »bildbezogene Einführung« in das Lesen statt der traditionellen Leseübungen, wie sie die meisten anderen Schulen praktizieren. Ein Lehrer an einer Schule, deren Lehrplan einen ähnlichen, weniger leistungsorientierten Ansatz für den Leseunterricht vorsieht, erklärte uns einmal: »Wenn man zu früh mit dem Leseunterricht beginnt, sieht es so aus, als litten alle Jungen an Leseschwäche.«

Kurzum, das frühe Alter, in dem hierzulande das Lesen gelehrt wird, begünstigt im Durchschnitt Mädchen und benachteiligt Jungen. Infolgedessen fühlen sich Jungen bei den zentralen Lernaufgaben der Grundschule im Durchschnitt nicht so befähigt oder geschätzt wie die Mädchen. In unseren Therapiesitzungen beschreiben sich die Jungen häufig als Verlierer oder Versager, selbst wenn sich ihre Fertigkeiten in einem Tempo entwickeln, das für Jungen ihres Alters normal ist. Jungen, die unter echten Lernschwächen leiden, sind, was ihre schulischen Erfolgschancen angeht, noch stärker beeinträchtigt, und ihr aussichtsloser Kampf in der Schule drückt ihrer ganzen Jugend den Stempel auf.

Dan über Joe: Von vornherein zum Scheitern verurteilt?

Am Telefon erklärt mir Joes Mutter, dass sie und ihr Mann sich um Joe Sorgen machen. Er hat Schwierigkeiten in der Schule und wirkt nicht sehr glücklich. Neuerdings klagt er morgens über Magenschmerzen und bettelt darum, daheim bleiben zu dürfen. Joe ist erst sechs Jahre alt. Es ist April, und das Ende des ersten Schuljahres naht. Ich werde Joe in etwa einer halben Stunde kennen lernen. Seine Schulakte liegt aufgeschlagen vor mir, und ich lese sie beim Mittagessen. Die Mappe enthält Berichte von seiner Klassen- und seiner Vorschullehrerin sowie einige Seiten Berichte aus der Zeit vor der Einschulung. Beigefügt sind auch die vollständig ausgefüllten Fragebögen, die mir seine Eltern zugesandt haben. Sie enthalten seine medizinische Vorgeschichte, die ich in meinen Bericht über die neuropsychologische Untersuchung, die ich gleich durchführen werde, aufnehmen will. Ich sehe mich schon im Geiste das Gutachten schreiben, während ich die Akte noch einmal überfliege:

> Joe wurde nach normal verlaufener Schwangerschaft durch Kaiserschnitt geboren. Er wog drei Kilo und 340 Gramm. Die Vitalzeichenprüfung nach fünf Minuten ergab einen Wert von 9. In der medizinischen Vorgeschichte fallen häufige Ohrinfektionen auf, die im Alter zwischen sechs und 18 Monaten prophylaktische Antibiotikagaben erforderlich machten.

Die Fragebögen geben mir auch Aufschluss über Joes Entwicklung und Verhalten zu Hause und in der Schule. Sie enthalten ziemlich viel Informationen. Ein diagnostisches Gutachten zu erstellen erinnert mich immer an ein Puzzle. Die Teile stammen aus unterschiedlichen Quellen – Eltern, Lehrer, Ärzte – und die genaue Bedeutung jedes Teils ist nicht völlig klar. Manchmal liegen die Probleme eines Jungen auf der Hand: Das Gesamtbild ist von vornherein klar, und die Teile fügen sich wie von selbst zusammen. Bei Joe jedoch erschließt sich dieses Gesamtbild wie bei vielen Jungen nicht so ohne weiteres.

Wie Joes Mutter angibt, hinkt Joes Entwicklung in einigen Bereichen der seiner Altersgenossen hinterher. Zwar lief er früh, doch er sprach erst mit zwei Jahren, was er dem Vernehmen nach sehr frustrierend fand. In der Vorschule fiel es ihm anfangs recht schwer, sich von seiner Mutter zu trennen.

Wenn ich die Bemerkungen seiner Lehrer lese, spüre ich, dass sie Joe mögen. Ich kenne die Schule, die er besucht, und im Laufe der Jahre hat das Lehrpersonal stets einen guten Eindruck auf mich gemacht. Deshalb schenke ich den Ausführungen der Lehrkräfte besondere Beachtung. Ich habe mit Joes Klassenlehrerin vereinbart, sie heute Abend zu Hause anzurufen. Zu diagnostischen Zwecken sind die Beobachtungen eines guten Lehrers unschätzbar.

Den Lehrerberichten zufolge hat Joe Schwierigkeiten, selbständig zu arbeiten, und seine Aufmerksamkeit bei der Arbeit wird als ›schwankend‹ bezeichnet. Die mathematischen Fertigkeiten entwickeln sich schneller als die Lesefertigkeit. Seit Februar ist Joe in einer Spracherziehungsgruppe, die ihm Grundwissen über den Zusammenhang von Buchstaben und Lauten vermittelt. Diese Arbeit fällt Joe nicht leicht, doch er hat Fortschritte gemacht, vor allem in letzter Zeit. Was den sozialen Aspekt betrifft, so bleibt Joe meist für sich oder wendet sich einer kleinen Gruppe von Freunden zu.

Obwohl ich Joe noch nicht persönlich gesehen habe, stelle ich ihm bereits eine nicht allzu rosige Prognose. Mir ist bewusst, dass mein Pessimismus zum Teil auf meine Begegnung mit Aiden zurückgeht, einem 15-Jährigen, der mein Sprechzimmer vor einer halben Stunde verlassen hat. Diesen Jungen hatte die Schule völlig demoralisiert. Was er mir erzählte, lässt sich etwa folgendermaßen zusammenfassen.
Aiden hält sich für »dumm«. »Ich schaffe das Pensum nicht«, sagte er zu mir. Seine Testwerte jedoch sprachen eine andere Sprache. Aiden ist alles andere als dumm. Er war nur jedes Jahr weiter hinter die anderen zurückgefallen, und nun war er wie ein

ausgepumpter Marathonläufer von der Rennstrecke gegangen. Ich konnte mich des Gedankens nicht erwehren, dass es Joe eines Tages auch so ergehen würde – dass in ein paar Jahren ein 15-jähriger Joe in meinem Sprechzimmer sitzen würde mit einer Akte so dick wie die von Aiden.

Aiden war seit seinem sechsten Lebensjahr alle drei Jahre psychologisch begutachtet worden, und seine Akte enthielt stapelweise Unterlagen mit mündlichen und schriftlichen Noten, IQ-Werten und Lesetestergebnissen. Pflichtbewusst füge ich seiner Akte noch mehr Papier hinzu. Das gehört zu meinem Job. Eltern, Lehrer und pädagogische Fachleiter wollen über die »Befunde« im Bilde sein – als ob diese die Erkenntnis herbeizaubern könnten, was mit Joe los ist, als ob es »Befunde« wären, wie man sie durch eine Biopsie gewinnt.

Was meine Stimmung darüber hinaus dämpft, ist eine Unterhaltung, die ich vor einigen Wochen mit einem Kollegen geführt hatte. Wir jammerten über den Berg von Arbeit und die vielen Gutachten, die wir schreiben mussten. Ich fragte ihn, wie weit er im Abschnitt »Hintergrund und medizinische Vorgeschichte« seiner Gutachten ins Detail gehe. Bei Kindern mit dicken Akten kann die Lektüre und Zusammenfassung der Information sehr zeitaufwendig sein. Ich stellte fest, dass seine Methode der meinigen stark ähnelte; er wusste auch keine Abkürzung des Verfahrens. Doch dann machte er eine ironische Bemerkung, die so viel brutale Wahrheit enthielt, dass mir das Lachen im Halse stecken blieb: »Wahrscheinlich sollten wir gar nicht erst unsere Zeit damit vertun, denn die Beurteilungen besagen im Grunde alle dasselbe: ›Kind hat Leseschwierigkeiten in der 1. Klasse; beginnt die Schule zu hassen; seine Selbstachtung geht zum Teufel; als Teenager hat es die Schnauze voll oder nimmt Drogen.‹« Genau das erleben wir tagtäglich.

Der kleine Joe wird in wenigen Minuten zur Tür hereinkommen. Deshalb versuche ich, meinen Pessimismus abzuschütteln. Ich möchte imstande sein, ihn nicht auf dem Hintergrund dieser apokalyptischen Vision zu sehen. Wie mein Kollege habe ich schon Hunderte dieser dicken Akten gelesen, und in allzu vielen steht etwas Ähnliches. Aus diesem Grund versuche ich in meinen Besprechungen mit Eltern und Lehrern unter den zehn oder mehr Seiten mit Testergebnissen, Interpretationen und Empfehlungen Folgendes herauszuheben:

> Die wichtigste Lehre, das Leitprinzip muss darin bestehen, die Selbstachtung Ihres Sohnes möglichst zu bewahren, solange er zur Schule geht. Hier liegt die wahre Gefährdung seines Erfolges und seiner psychischen Gesundheit. Wenn er die Schule abgeschlossen hat, sieht die Welt anders aus. Er wird eine Nische finden, in der seine Rechtschreibschwäche oder das späte Einsetzen seiner Lesefertigkeit keine Rolle mehr spielt. Doch wenn er beginnt, sich selbst zu hassen, weil er in der Schule nicht gut ist, wird er in ein Loch fallen, aus dem er für den Rest seines Lebens herauszuklettern sucht.

Wilde Tiere und das Recht der Prinzen: Destruktive Archetypen

»Wir erwarten zu viel von Jungen – und wir erwarten nicht genug«, konstatierte eine Zweitklässlerlehrerin; sie meinte damit, dass unsere Kultur sich ein Bild von Jungen macht, das häufig widersprüchliche Botschaften von Eltern und Lehrern an die Jungen erzeugt. »Einerseits erwarten wir Leistungen von ihnen, zu denen sie entwicklungsmäßig noch nicht fähig sind, und sie sollen harte ›kleine Männer‹ sein, obwohl sie doch in Wahrheit nur kleine Jungs sind, die Umarmungen zum Abschied und Zuwendung brauchen. Andererseits sagen wir, wenn sie sich grausam und gedankenlos verhalten: ›Ach, Jungs sind eben so‹, und lassen ihnen allerhand durchgehen, was Respekt und Rücksichtnahme auf andere anbelangt.«
Lehrer und Eltern sind durchaus in der Lage, Jungen auf die schulische Erfolgsbahn zu bringen, sie um das schwarze Loch des Versagens herumzuleiten oder sie herauszuziehen, aber nur, wenn sie die Nöte von Jungen wirklich wahrnehmen. Nur allzu oft jedoch entspringen ihre Reaktionen unbewussten Vorstel-

lungen davon, wie Jungen sind. Wir bezeichnen diese unbewussten Bilder von Jungen als *Archetypen*, um sie von den bewussteren und leichter erkennbaren Stereotypen der Massenkultur abzugrenzen. Archetypische Jungenbilder schränken unser Verständnis für Jungen ein. Dennoch hegen auch intelligente, wohlmeinende Menschen, Eltern und Lehrer, die mit Jungen arbeiten, diese Überzeugungen. Von diesen Bildern, die uns immer wieder begegnen, sind zwei besonders verbreitet: Das eine charakterisiert einen Jungen als wildes Tier – außer Rand und Band und unfähig zu verantwortungsvollem Handeln oder intelligentem Denken –, das andere als einen Prinzen, der zu allem berechtigt ist, der nicht denselben moralischen Maßstäben unterliegt wie wir gewöhnlichen Sterblichen. Der griechische Philosoph Platon behauptete im vierten Jahrhundert vor Christus, Jungen seien »von allen wilden Tieren die am schwierigsten zu zähmenden«, und seine Sichtweise ist bis auf den heutigen Tag verbreitet. Für die pädagogische Strategie im Klassenzimmer wirft dieses Jungenbild aber ein Problem auf: Wenn Lehrer durch diese tief sitzenden kulturellen Vorurteile darauf getrimmt sind, die Energie und Lebhaftigkeit eines Jungen als »wild« und bedrohlich wahrzunehmen, dann fühlen sie sich berechtigt, ihn »hart anzufassen«, ihn strenger als nötig zurechtzuweisen oder zu bestrafen oder ihm in wilder Entschlossenheit »die Flausen auszutreiben«, notfalls mit Prügeln. Gegen solche gewaltsamen »Zähmungsversuche« wehrt sich ein Junge meistens durch Unbezähmbarkeit – durch Widersetzlichkeit oder Trotz.

Wenn wir Jungen als Prinzen wahrnehmen, wenn wir von der Prämisse ausgehen, dass ein Junge aufgrund seines Geschlechts oder seiner Begabung in Zukunft ein Anrecht auf eine Führungsposition, auf Erfolg und Macht habe, dann erlassen wir ihm die Mühe, zu lernen, besonnen mit anderen zusammenzuleben und -arbeiten, dann bewahren wir ihn vor den Folgen böser Taten und messen sein Benehmen anderen gegenüber mit einem niedriger angesetzten moralischen Maßstab.

Wenn unser Verhalten von diesen oder anderen Archetypen in eine bestimmte Richtung gelenkt wird, müssen es die Jungen ausbaden. Wenn Schulkultur oder Lehrer auf einen Jungen in einer Weise reagieren, die ihm vermittelt, dass sie ihn fürchten, dass er ihnen die Sprache verschlägt oder dass er ihnen unangenehm ist, dann glaubt er, er sei furchterregend und irgendwie nicht in Ordnung, ja sogar nicht liebenswert. Wenn sie keine vernünftigen, kindgemäßen Erwartungen an ihn stellen, weil er schließlich ein im Werden begriffener Mann ist und nicht behelligt werden darf, dann ersetzen sie damit Ziele wie Einfühlungsvermögen und Verlässlichkeit durch das Credo von Rechten ohne Pflichten. Jungen, die glauben, in der Schule gefürchtet, abgelehnt oder vergöttert zu werden, erleiden eine Art emotionaler Isolation, die ihre eigenen Ängste, Wertlosigkeitsgefühle oder anmaßenden Erwartungen noch verstärkt.

Man vergisst nur zu leicht, wie mächtig unsere Erwartungen sein können. Eine Forschungsarbeit, die der Psychologe Robert Rosenthal und seine Mitarbeiter in den 60er Jahren an der Harvard-Universität durchführten, wies überzeugend nach, wie sich Erwartungen im Klassenzimmer auswirken. In dieser Studie teilte man den Lehrern mit, ausgefeilte psychologische Tests hätten ergeben, dass einige ihrer Schüler »Überflieger« seien, die im Lauf des Schuljahres bemerkenswerte Lernfortschritte machen würden. Vorenthalten wurde den Lehrern jedoch, dass die Tests nur vorgetäuscht und die betreffenden Schüler zufällig ausgewählt worden waren. Trotzdem erzielten die »Überflieger« schließlich tatsächlich bessere Lernfortschritte als ihre Klassenkameraden. Wenn die Lehrer darauf eingestellt waren, Schüler primär als Lernende wahrzunehmen, dann vermittelten sie diesen hohe Erwartungen und Vertrauen in ihre Fähigkeiten. Die Schüler, die als »Überflieger« galten, erfüllten diese Erwartungen.

Leider rücken die Stereotypen oder Archetypen, die wir von Jungen haben, diese nur selten in ein viel versprechendes Licht. Vielmehr trüben sie den Blick auf einen Jungen und hindern Lehrer und andere Erwachsene daran, zu erkennen, was sich in einem Jungen abspielt, und verhindern, sinnvoll darauf einzugehen. Dies geschieht in gewissem Maße in jedem Lebensbereich, doch besonders zerstörerisch ist es im schulischen Umfeld, weil die Erfahrungen eines Jungen in der Schule zu einem so großen

Teil von der Qualität seiner Beziehungen zu den Lehrkräften bestimmt wird.

Die Lebhaftigkeit von Jungen: Falsch gedeutet und falsch angepackt

Drei Wochen nach Beginn des neuen Schuljahres an der kleinen, privaten, koedukativen Grundschule in einem Vorort Bostons war die Krise da. »Hilfe! Unsere 4. Klasse ist eine der schlimmsten, die wir je hatten«, klagte die Schulleiterin verzweifelt. Sie ratterte eine Litanei von Sorgen herunter. Die Schule hatte nur eine Klasse pro Jahrgang und in unseren anschließenden Besprechungen mit dem Lehrkörper erfuhren wir, dass durch den Weggang und die Aufnahme neuer Schüler eine 4. Klasse mit extrem hohem Jungenanteil entstanden war: 12 Jungen und sechs Mädchen. Die Stimmung in der Klasse war geladener denn je, und manchmal war ein geordneter Unterricht kaum durchführbar. Eine Lehrerin jammerte: »Es ist nicht mehr annähernd so *gemütlich.*«

Für die Lehrkräfte war dies eindeutig die schlimmste 4. Klasse, die sie jemals an dieser Schule erlebt hatten, doch war die 4. Klasse *schlimm,* oder war sie nur anders als die anderen? Als wir die Klagen und Sorgen genauer durchleuchteten, stellte sich heraus, dass *schlimm* bedeutete, dass die Klasse stark durch die Jungen geprägt war. Es kam nichts Extremes vor – keine Drohungen oder Einschüchterungen, weder Schlägereien noch Vandalismus –, nur der übliche Ausdruck der Energie von 10-jährigen Jungen, das heißt mehr Unruhe als bei gleichaltrigen Mädchen. Und hier lag der Hase im Pfeffer. Das Übergewicht der Jungen in der Klasse hatte einen neuen Standard gesetzt, der den Lehrkräften nicht behagte. Die Schüler spürten dieses Unbehagen und spiegelten es in ihrem Verhalten untereinander wider, was ein spannungsgeladenes, gereiztes Klima in der Klasse erzeugte.

In der Schule muss eine gewisse Ordnung aufrechterhalten werden, und Jungen können schwierig sein. Dies schafft möglicherweise Probleme, und jeder Pädagoge muss in Bezug auf die Unruhe und Unordnung, die die Anwesenheit von Jungen mit sich bringt, eine philosophische Einstellung finden. Ein Lehrer muss mit dem physischen Bewegungsdrang und der störenden Unruhe von Jungen fertig werden, ohne dieses Verhalten stets als böswillig oder animalisch zu interpretieren, denn Bewegung ist für Jungen das Ventil für zahlreiche Emotionen – insbesondere wenn ihre Gefühle ihre sprachlichen Fähigkeiten und andere Ausdrucksmöglichkeiten übersteigen.

Tumult im Musikzimmer begleitet von aggressivem Misston

An einer kleinen Privatschule im Nordosten berieten wir Verwaltung und Lehrkörper im ersten Jahr nach der Öffnung der früheren reinen Mädchenschule gegenüber Jungen.
Gewöhnlich hatten die Mädchen ihr Mittagessen in der geräumigen Cafeteria eingenommen und waren dann sitzen geblieben, um sich zu unterhalten. Mit dem ersten Schub Jungen an der Schule zeigte sich, dass die Jungen ihr Essen in zehn Minuten vertilgten und dann sofort ins Freie liefen. Das funktionierte während der Herbstmonate tadellos, weil das Wetter und eine Pausenaufsicht eine überwachte Pause im Freien erlaubten. Als der Winter herannahte, nahmen die Jungen und die Pausenaufsicht die Turnhalle in Beschlag, doch als einige Lehrkräfte sich gegen die turnusmäßige Verpflichtung als Pausenaufsicht wehrten, wurde die Turnhalle geschlossen.
Zwei Tage später tobten mehrere Jungen nach dem Essen unerlaubt und ausgelassen durch das Gebäude und beschädigten dabei einige Instrumente im Musikraum.
Bevor wir mit den Jungen reden konnten und das tatsächliche Ausmaß der Beschädigungen kannten, hörten wir zwei unterschiedliche Darstellungen des Schadens. Die eine stammte von Lehrkräften, die über die Anwesenheit von Jungen an ihrer Schule erklärtermaßen wenig glücklich waren. Die andere kam von Lehrern, die die Koedukation begrüßten.
Der ersten Version zufolge, die viele der unzufriedensten Lehrkräfte immer wieder auftischten, hatten die Jungen den Musik-

raum absichtlich verwüstet und an den Instrumenten einen Schaden in Höhe von 2000 Dollar verursacht.

Der zweiten Version zufolge hatten die Jungen nach einem schnellen Mittagessen, das ihnen neue Energie verlieh, spontan mit einem Fangspiel begonnen. Sie hatten die unkluge Entscheidung getroffen, durch den Musikraum zu rennen, und dabei versehentlich drei Instrumente umgestoßen. Die Lehrer, die diese Version vertraten, schickten ihr die Meinung voraus, dass zunächst einmal die Schulleitung versagt habe, weil sie die Turnhalle geschlossen und somit einen geeigneten Raum, in dem die Jungen – oder alle, die wollten – nach einem Vormittag des Stillsitzens ihre überschüssige Energie austoben konnten, unzugänglich gemacht habe.

Nachdem wir mit den Jungen gesprochen hatten, schien uns die zweite Version eher zuzutreffen. Gewiss durfte das Verhalten der Jungen nicht geduldet werden, es stellte jedoch keinen vorsätzlichen Akt der Aggression dar. Es war weder abnorm, antisozial noch Ausdruck versteckter Gewalttätigkeit. Man begreift jedoch gut, warum sich denjenigen, die der Anwesenheit von Jungen an ihrer Schule von vornherein ablehnend gegenüberstanden, sofort das Bild von Jungen als randalierenden Vandalen (der Archetyp des wilden Tieres) aufdrängte. Jeder beliebige Schultag gibt ähnlichen, wenn auch weniger dramatischen Missverständnissen hinsichtlich der Motivation von Jungen neue Nahrung.

Wenn in einem Jungen ein emotionaler Aufruhr tobt – Scham, Wut, Trauer – und wenn er Schwierigkeiten hat, diesen Gefühlen Ausdruck zu verleihen, dann kann das seine motorische Unruhe und Impulsivität verstärken. Ein Drittklässler, der sich für gewöhnlich tadellos benahm, erzählte, dass ihm sein Lehrer einen Verweis erteilt hatte, weil er unmittelbar nach dem verlorenen Kickball-Spiel seiner Mannschaft auf einen Spielfeldzaun geklettert war. Später, als der Lehrer mit dem Jungen über die Konsequenzen redete, gestand der Junge verlegen, dass er den Tränen nahe gewesen sei, und um nicht vor allen seinen Klassenkameraden zu weinen, war er zum Zaun gerannt und daran hochgeklettert.

Ein 43-jähriger Freund erinnert sich an eine zwanghafte Angewohnheit in seiner Jugend. Er zählte die Buchstaben der Wörter und ordnete sie in Gruppen ein. Seine Lehrer, seine Familie und seine Freunde hielten das für ein ziemlich verschrobenes Verhalten, ließen ihn aber gewähren. Er erzählte keinem, dass er sich dadurch ablenkte, um nicht vor versammelter Klasse in Tränen auszubrechen, wenn er durcheinander oder zornig war. Dieser kleine Junge ging also in beeindruckender Weise mit Wörtern um, versteckte sich aber buchstäblich lieber hinter ihnen, als mit ihnen seiner emotionalen Not und seinem Bedürfnis nach Trost Ausdruck zu geben. Wenn die Aktivität eines Jungen als Aggression oder Mutwillen gedeutet wird, wird er zweifach gestraft: erstens für die »absichtliche« Tat und zweitens, weil die Gelegenheit verpasst wird, die emotionale Dimension des Zwischenfalls zu durchdenken. In unserer schulischen Arbeit spielen wir häufig den »verdeckten Ermittler«, der Lehrern und Jungen einen Kommunikationskanal zu finden hilft, der nicht durch das statische Rauschen von Missverständnissen gestört wird.

Michael über John und Norman: Opposition als Schutzschild

Bei meiner schulischen Beratungstätigkeit bemühe ich mich häufig, den direkten Kontakt zu einem Jungen mit Schulschwierigkeiten zu *vermeiden*. Ich setze lieber bei seinen Lehrern und Eltern an und versuche bei ihnen Verständnis für die Schwierigkeiten zu wecken, ohne den Jungen als »Klienten« oder »Problemkind« zu bezeichnen. Ein formeller Termin bei mir könnte dem Jungen Angst oder Selbstzweifel einjagen, wie freundlich auch immer ich ihm begegnen mag. Diesen Effekt nennt man »Labeling« oder »Etikettierung«, und die Fachleute sind sich dieses einfachen, potenziell negativen Einflusses einer diagnostischen Sitzung auf ein Kind seit langem bewusst. Vielleicht wird der Effekt heutzutage ein wenig abgemildert, denn in den Vereinigten Staaten werden zahlreiche Kinder psychologisch unter-

sucht und getestet, doch es ist immer noch ein kleiner Schock für den Betreffenden, wenn er zum Schulpsychologen geschickt wird.
Eine Zweitklässlerlehrerin sprach mich zu Beginn des neuen Schuljahres an, weil sie bei einem Jungen in ihrer Klasse Schwierigkeiten voraussah. John hatte eine schonungslos negative Einstellung zur Schule. In seinem ersten Gespräch mit der Lehrerin machte er seinen Standpunkt klar. »Ich will nicht zur Schule gehen. Niemand spielt mit mir. Niemand mag mich«, erklärte er. Er verfügte über eine ganze Palette erwachsenenähnlicher Mechanismen, die die Lehrerin nicht wenig verblüfften. Sie lagen klar auf Konfrontationskurs und waren sehr frühreif: Sarkasmus, Ironie, Abwertung und Dickfelligkeit. Als John einen Jungen aus seiner Klasse als Idioten bezeichnete, nahm ihn die Lehrerin mit hinaus auf den Korridor, um unter vier Augen mit ihm zu sprechen.
»Er *ist* ein Idiot«, beharrte John trotzig. »Glauben Sie, er käme jeden Tag hierher, wenn er was im Kopf hätte?« Doch selbst hinter seinen zornigen Worten konnte sie sehen, dass ihm diese Auseinandersetzung mit ihr im Korridor große Angst einflößte.

Als ich Johns Fall mit seiner Lehrerin durchsprach, fiel mir auf, dass es um seine Lesefertigkeit sehr schlecht bestellt war. Er hatte zu Beginn der 1. Klasse als Einziger überhaupt nicht lesen können, und in der 2. Klasse war er immer noch derjenige, der am schlechtesten las. Sein Schülerdasein war für ihn fraglos zu einer Kette traumatischer Erlebnisse geworden, die er als tagtägliche Attacken auf sein Selbstwertgefühl wahrnahm. Johns Situation erforderte eine Änderung der pädagogischen Strategie. Er schien keine Lernbehinderung zu haben, doch aufgrund seines langsameren Entwicklungstempos hinkte er immer hinter den anderen her. Da seine Leistung aber nah genug an der der Gruppe lag, hatte die Lehrerin ihn nicht durch zu offensichtliches oder besonderes Lob herausheben wollen. Weil John schlecht las, hielt er sich selbst für schlecht und brachte dieses Gefühl nach außen hin in kritischen Bemerkungen und trotzigem Verhalten zum Ausdruck. Die Lehrerin und ich kamen über-

ein, dass sie John Verständnis für seine Empfindungen zeigen, seine täglichen Bemühungen anerkennen und ihm häufig positive Rückmeldung geben musste. Das tat sie denn auch und berichtete mir sehr bald, dass John öfter lächelte und seine zynischen Witzeleien sich legten, wenn sie ihn für seine Leseleistung lobte. So zog ich mich als Berater zurück. John brauchte keinen Termin bei einem Psychologen. Das hätte seine ohnehin schon finsteren Gefühle nur noch mehr verdüstert.
Johns Lesefertigkeit entwickelte sich langsam, doch sein Verhalten besserte sich sehr schnell. Er konnte akzeptieren, ein langsamer Leser zu sein, ohne sich als Versager sehen zu müssen. Weil seine Lehrerin ihm half, sich kompetent und konkurrenzfähig – noch im Rennen – zu fühlen, entwickelte er eine positivere Einstellung. Da er mehr Zutrauen in seine Erfolgschancen fasste, fühlte er sich durch die Erfolge seiner Mitschüler nicht mehr herabgesetzt oder bedroht.

Ein weiterer Junge, dessentwegen ich konsultiert wurde und den ich niemals persönlich traf, war Norman. Dieser Zweitklässler hatte sich hinter einer totalen Oppositionshaltung verschanzt, der er lautstark Ausdruck zu geben pflegte. Wenn ein Mitschüler oder eine Mitschülerin erzählte, er oder sie habe die Ferien am Strand verbracht, schrie Norman: »Strandurlaub ist bescheuert!« Seine Lehrer fürchteten das neue Schuljahr mit ihm. Sie erlebten ihn als dünnhäutigen, selbstbezogenen, gedankenlosen kleinen Jungen, der erwartete, dass seine gesamte Umgebung nach seiner Pfeife tanzte. Es kann sehr schwer sein, auf ein Verhalten wie das Normans noch wohlwollend einzugehen. Dennoch riet ich den Lehrkräften, Norman nicht als einen negativen Menschen zu betrachten, sondern ihm zu helfen, seine oppositionelle Einstellung zu »externalisieren« – sie als etwas von ihm Getrenntes zu begreifen – und ihn zu ermutigen, sie zu bekämpfen und zu besiegen.
Dies ist eine klassische Technik der Gesprächstherapie. Man lokalisiert das Problem nicht in dem Jungen, sondern außerhalb seiner und steht ihm bei, verbündet sich mit ihm in seinem Kampf gegen das Problem. Wenn sich Norman in dieser negati-

ven Art und Weise benahm, empfahl ich seiner Lehrerin, beispielsweise so zu antworten: »Ich merke schon, deine schlechte Laune hat dich heute voll im Griff.« Wenn Norman einen guten Tag hatte, sollte sie sagen: »Wie hast du es geschafft, dass deine schlechte Laune dir heute nicht den Schultag verdorben hat?«

Dieser Junge wollte gern zufrieden mit sich und seinem Leben sein, fühlte sich seinen negativen Gefühlen jedoch hilflos ausgeliefert. Diese Methode verhalf ihm, sich als jemanden zu begreifen, der einen Feind bekämpft. Jeder Junge misst sich gern mit einem Feind; jeder Junge weiß gern Verbündete um sich. Normans Lehrerin konnte es vermeiden, in die Falle zu tappen und Norman als Feind oder als Prinzen zu betrachten, der ihr den Unterricht ein Jahr lang zur Hölle machen würde. Insbesondere Jungen schlagen sich oft mit dieser negativen Haltung herum und in der Schule weitaus häufiger als Mädchen. Für jeden Lehrer stellt es eine Herausforderung dar, auf diese negativen Äußerungen der Jungen mit Raffinesse und Geschick einzugehen.

Trotz der Tatsache, dass Jungen in den Eingangsklassen unruhiger und impulsiver sind als Mädchen und dass dies offenbar biologische Gründe hat, sollten wir uns vor Augen halten, dass Bewegungsdrang und Impulsivität auch andere Ursachen haben. Wir alle erinnern uns an irgendeine Gelegenheit, wo wir sehr nervös waren – beim Warten auf die Ergebnisse einer medizinischen Untersuchung, beim Hin- und Herlaufen auf dem Flur während der Operation eines uns nahe stehenden Menschen, vor dem Auftritt vor einem großen Publikum oder vor der ersten Begegnung mit einer bedeutenden Person –, und wir wissen noch, dass sich diese Nervosität in Fahrig- und Ruhelosigkeit oder gedankenlosem Reden ausdrückte. Oder man stelle sich ein Baby vor, das beim Schreien mit Armen und Beinen strampelt. In diesem frühen Alter besteht noch eine direkte Verbindung zwischen den Gehirnzentren, die die Emotionen steuern, und dem Bewegungskontrollzentrum, dem motorischen Cortex – die Bewegungen des Säuglings öffnen ein Fenster auf seinen emotionalen Zustand.[6]

Ähnliche Zusammenhänge spielen bei jedem von uns eine Rolle. Bekannt ist, dass eine gute verbale Ausdrucksfähigkeit die Impulskontrolle verbessert. Dasselbe gilt für emotionales Verständnis, das heißt, sich seiner Gefühle und der Gründe für diese oder jene Empfindungen bewusst zu sein. Wenn diese Fähigkeit fehlt, werden Emotionen meist durch Bewegung oder Aktion ausgedrückt.

Diese entwicklungsbedingt schwächere sprachliche Ausdrucksfähigkeit, verbunden mit dem kulturellen Urteil gegen das Reden über Gefühle, kanalisiert die emotionale Energie von Jungen in die Aktion. Wenn Jungen aufgeregt und glücklich sind, zeigen sie das oft durch Lautstärke und körperliche Bewegung: Sie schreien, springen, rennen, schubsen sich gegenseitig; sie laufen es sich quasi vom Hals. Wenn die Gefühle jedoch schmerzlich sind, genügt Laufen nicht mehr. Körperliche Aktivität kann stressmindernd wirken, beseitigt aber nicht die Quelle der Belastung. Aus diesem Grund reicht physische Aktivität – ob nun Runden auf der Aschenbahn drehen oder Löcher in die Wand schlagen – nicht aus. Die Energie des Gefühls wird abgeführt, nicht aber das Gefühl selbst. Es wird Dampf abgelassen, nicht aber die Flamme unter dem emotionalen Dampfkochtopf ausgelöscht.

Wenn ein Junge in der Schule aneckt, wenn er mit dem für ihn normalen Ausdruck seines Elans ständig negative Reaktionen seitens seiner Lehrer und Mitschüler hervorruft, dann stauen sich Versagergefühle wie Niedergeschlagenheit, Scham und Wut in ihm auf, die unter der Anstoß erregenden Schale vielfach nur schwer zu entdecken sind. Wenn Jungen außerstande sind, sich von emotionalem Druck »freizureden«, dann agieren sie ihn in aller Regel mittels verbaler oder körperlicher Aggression aus, was sie wiederum emotional von anderen abschottet und die emotionalen Bindungen zu den Menschen oder Umständen, unter denen sie leiden, belastet oder beeinträchtigt. Und je schlimmer sich ein Junge aufführt, desto mehr negative Reaktionen von Lehrern und anderen Erwachsenen provoziert er.

Medikamentöse Behandlung von Jungen: Eine Frage der Kultur, der Philosophie

Viele Jahre lang fällte man über extrem ablenkbare und unruhige Jungen ein sehr hartes Urteil. Eltern und Lehrer stempelten sie als widerspenstig, faul oder moralisch haltlos ab. Mit den Fortschritten in der Diagnostik der Aufmerksamkeitsdefizitstörung oder Aufmerksamkeits- und Hyperaktivitätsstörung (ADD beziehungsweise ADHD) verbreitete sich ein von größerer Toleranz getragenes Verständnis für Jungen, denen es schwer fällt, aufmerksam zuzuhören oder stillzusitzen, und die beim Lernen mit größeren Schwierigkeiten zu ringen haben als andere.
Im Laufe der Jahre haben wir mit vielen, vielen Jungen gearbeitet, die an ADD oder ADHD litten und deren Leben sich durch die Behandlung mit Ritalin oder anderen Medikamenten grundsätzlich geändert hat. Gegenwärtig erreicht jedoch die Zahl der Jungen, die Ritalin einnehmen (das bei ADD am häufigsten verordnete Medikament), in den Vereinigten Staaten eine Million – das entspricht allein zwischen 1990 bis 1995 einer Verdreifachung –, was uns zu dem Schluss veranlasst hat, dass zur Zeit eine noch verdrehtere Version der alten Vorstellung von Jungen als Wesen, die es »in Ordnung zu bringen« gelte[7], in den Köpfen herumspukt.
Diesem vom Instandsetzungsgedanken besessenen Zeitgeist liefert ADD/ADHD die willkommene Erklärung für jeden Jungen, dem aufzupassen schwer fällt. Verbunden mit dieser Erklärung wächst die Bereitschaft – bei manchen Erwachsenen sogar der Eifer –, Jungen medikamentös zu behandeln, nicht nur um ihren Zustand klinisch zu »bessern«, sondern um sie selbst zu *bessern*. Gewünscht wird ein Junge, der Einsen nach Hause bringt statt Zweien, ein Junge, der sich ganz der ernsten Aufgabe widmet, die Weichen für seine Zukunft zu stellen, statt den Nachmittag mit Herumtoben zu vertun. Gewünscht wird ein Junge, der immer hört, wenn ihm etwas aufgetragen wird, ein Junge, der sich alles zuverlässig merkt, statt es zu vergessen.
Viele umsichtige Eltern, die allen Ernstes befürchten, dass ihr Sohn »ADD hat«, fragen uns: »Wie kann man es feststellen?«

Immerhin ist die Liste der Symptome von ADD oder ADHD identisch mit den Klagen, die die meisten Eltern über die meisten Jungen zumindest zeitweise führen: »Zappelt häufig mit Händen oder Füßen, windet sich in seinem Sitz, verliert häufig Gegenstände, scheint häufig nicht zuzuhören, wenn andere mit ihm sprechen, unterbricht oft andere oder drängt sich diesen auf, kann nur schwer ruhig spielen.«[8] Aus diesem Grund lässt sich diese Frage nicht leicht beantworten, und man sollte sie auch nicht unbedingt als Erste stellen.
Aufmerksamkeitsprobleme äußern sich im Allgemeinen nicht wie eine körperliche Krankheit. ADD ist nicht wie Windpocken; die Frage lautet nicht: »Hat er sie oder hat er sie nicht?« Es gibt Abstufungen im Schweregrad von ADD, und viele andere Persönlichkeitszüge des Jungen, seine intellektuellen Fähigkeiten und seine Umwelt entscheiden darüber, wie problematisch sich ADD für ihn auswirkt. Zwei Jungen können ADD in derselben »Stärke« haben und dennoch sehr unterschiedlich davon betroffen sein.
Alle Jungen lassen sich irgendwo in einer Skala der Ablenkbarkeit, Impulsivität und Hyperaktivität einordnen. Dass sie körperlich unruhiger und impulsiver sind als Mädchen, führt dazu, dass mehr Jungen als Mädchen »nach ADHD aussehen«.
Damit steht man vor der Frage, welcher Junge einfach »jungenhaft« ist und welcher ADHD hat. Unsere Arbeit an Schulen und mit Familien hat uns klargemacht, dass ADD/ADHD eine neue Möglichkeit bietet, sich vom Gefühlsleben eines Jungen abzuwenden – ein neuer Umweg um kompliziertere emotionale Schwierigkeiten, um problematisches Elternverhalten und Unterrichtsstile – und Zuflucht bei einem Medikament zu suchen, das mit dem Versprechen auf rasche Besserung lockt.
Eltern können ebenso leicht in diese Falle tappen wie Lehrer und andere Pädagogen. So hielten beispielsweise die Eltern des 8-jährigen Evan ihren Sohn für »impulsiv«, weil er beim Schachspielen manchmal einen Zug nicht sorgfältig genug durchdachte. Nicht viele 8-Jährige wären überhaupt in der Lage, ein ganzes Schachspiel lang sitzen zu bleiben. Noch eindeutiger ist der Fall einer Mutter, die berichtete, ihr Sohn habe eine Lampe nach ihr

geworfen, und nun glaube sie, er habe vielleicht ADD. Auf die Frage, was sie auf diesen Zwischenfall hin unternommen hatte, stellte sich heraus, dass sie überhaupt nicht reagiert hatte und, was noch wichtiger war, dass sie ihrem Sohn fast nie Grenzen setzte. Es dürfte sich kaum klären lassen, ob er ADD hatte, bevor sie ihre Elternrolle nicht aktiver wahrnahm.

Die Eltern des 16-jährigen Mark, der sich in Therapie befand, baten um eine Untersuchung auf ADD, weil seine Noten abgesackt waren und seine Eltern sich Sorgen um seine »Organisationsfähigkeit« machten. Dieser Jugendliche war sehr leistungsmotiviert. Mark lernte viel, zuweilen bis in den späten Abend. Zudem wollte er in Sport brillieren und hatte gewöhnlich jeden Tag nach der Schule Training und an den Wochenenden ein Spiel. Darüber hinaus spielte er gut Gitarre und hatte gerade mit einigen Freunden eine Rockband gegründet. Wie man sich leicht vorstellen kann, kam Mark nicht viel zum Schlafen. Als seine Eltern um die Untersuchung baten, sahen wir die einzig verantwortbare Reaktion in dem Vorschlag, erst dann auf diese Möglichkeit zurückzukommen, wenn sie nachweisen konnten, dass Mark jede Nacht annähernd acht Stunden Schlaf bekam.

Schließlich gibt es noch Jungen mit anderen psychischen Auffälligkeiten, die als ADD fehlgedeutet werden. Wir kennen Fälle, in denen Eltern oder Lehrer von uns eine Untersuchung auf ADD verlangen, weil ein Junge sich nicht konzentrieren kann, und wir dann anderen Faktoren auf die Spur kommen, die jeden Jungen im Matheunterricht aus dem Konzept bringen würden: Da gab es einen Jungen, dessen Freund kurz zuvor erfahren hatte, dass er HIV-positiv war, einen anderen Jungen, dessen Vater an einer Krebserkrankung mit erblicher Komponente gestorben war, und wieder einen anderen, der neu an der Schule war und gnadenlos drangsaliert wurde. Dies sind zwar Extremfälle, doch sie unterstreichen, dass die erste Frage, die man sich im Zusammenhang mit ADD und normalem Verhalten von Jungen stellen sollte, folgendermaßen lautet: »Welche Erwartungen an einen Jungen dieses Alters sind angemessen und gibt es plausible nichtmedizinische Erklärungen für sein Verhalten?« Zu solchen plausiblen Erklärungen gehören ein gestörtes Familienleben

bzw. Elternverhalten oder fehlende Integration des Jungen in der Schule, gemessen an Lehrern, Schulkultur oder Erwartungen allgemein.
Mitch Williams, ein ehemaliger Top-Baseballspieler mit dem Kosenamen »Wild Thing«, erzählte einmal einem Sportjournalisten, man habe in seiner Kindheit seinen Eltern eröffnet, er sei hyperaktiv, er habe ADD. Der Journalist fragte: »Haben sie Ihnen Medikamente gegeben?« »Nein«, erwiderte Williams, »mein Vater kaufte eine Farm.« Williams' Vater vertrat einen Standpunkt, der sich als günstig für seinen Sohn erwies. Er schuf dem Jungen eine Umgebung, die seinem Bewegungsdrang entsprach. Wir wollen damit nicht sagen, dass alle Eltern von quirligen Jungen aufs Land ziehen sollten, sondern nur, dass man den Jungen und sein Umfeld als Einheit sehen muss. Selbst sehr lebhafte Jungen kommen gut in der Schule zurecht, wenn in dieser ein hohes Maß an Bewegungsfreiheit herrscht. Im Gegensatz dazu kennen wir ADD-artig unaufmerksame Jungen, die aufgrund ihrer Organisations- und Aufmerksamkeitsprobleme in einer »offenen« Unterrichtsumgebung größte Schwierigkeiten haben. Solche Kinder brauchen ein stark strukturiertes Umfeld und kommen besser zurecht, wenn sie jederzeit genau wissen, was von ihnen erwartet wird. Wir haben Jungen erlebt, deren Verhalten sich schlagartig bessert, wenn sie in eine Klasse mit einem Lehrer kommen, der sie mag und ihnen keine Böswilligkeit unterstellt. Wir haben Jungen erlebt, die über Nacht »normal« wurden, wenn sie von einer Schule mit sehr hohen Anforderungen, in der sie zwei bis drei Stunden täglich Hausaufgaben machen mussten, auf eine Schule mit gemäßigteren Anforderungen wechselten.
Das heißt nicht etwa, dass wir nicht überzeugt wären von der Existenz einer medizinisch fassbaren Störung, die es den Betroffenen erschwert, in einer minimal stimulierenden Umgebung stillzusitzen und aufmerksam zu sein. Ritalin und andere bei ADD verordnete Medikamente haben sich für die Betroffenen und ihre Familien als wahre Lebensretter erwiesen. Doch in den weniger eindeutigen Fällen – und diese bilden die Mehrheit – liegt es unserer Erfahrung nach auf der Hand, dass die Symptome, die

heute als ADD bezeichnet werden, vor 15 oder 20 Jahren zum überwiegenden Teil keinesfalls so genannt worden wären und dass der Großteil davon in das normale Verhaltensspektrum von Jungen fällt. Wir halten es für äußerst wichtig, einen Jungen als Ganzes zu betrachten und sein Umfeld, in dem er lebt, zu berücksichtigen, bevor man vorschnell die Diagnose ADD stellt.
Der nächste Schritt besteht darin, die richtige Kombination von Schulkonzept und Umfeld, elterlicher Unterstützung, Strukturierung und Medikation für Jungen mit klassischer ADD und ADHD zu finden. Im Grunde ist dies die Aufgabe bei allen Jungen: die Kombination aus Förderung, Empathie, angemessener Strukturierung und Erwartungen zu finden, die Jungen entgegenkommt, insbesondere denjenigen, die deutlich leichter ablenkbar sind als ihre Mitschülerinnen. Jungen also, deren Verträumtheit oder Unaufmerksamkeit ganz schlecht in ihre schulische Umgebung passt.

Jungen geben sich Mühe in einer Schule, die sich Mühe mit ihnen gibt

Wenn bei der Gestaltung von Schulen, Lehrplänen, Klassenzimmern und Unterrichtsstilen der normalen Lebhaftigkeit und den Entwicklungsmustern von Jungen Rechnung getragen wird, löst sich eine ganze Palette von »Jungenproblemen« in nichts auf. Wenn sich ein Junge in der Schule in höherem Maße als dazugehörig und nicht als andersartig empfindet, dann fällt die Bürde aus Scham, Minderwertigkeitsgefühlen und Wut von ihm ab, und er gewinnt die innere Freiheit, zu lernen.
Jede Schule – ob gemischt oder nur für Jungen – kann sich mehr oder weniger gut auf Jungen einstellen.
Wenn wir die Schulen als Labors betrachten, in denen pädagogisches Wissen und pädagogische Strategien entwickelt werden, um Jungen mit Aufgaben und Lernmöglichkeiten zu konfrontieren, die ihrem Entwicklungsstand angemessen sind, dann ergibt sich folgendes Bild:

Jungen reagieren auf ein breites Spektrum schulischer, sportlicher und außerschulischer Angebote, wenn die Schulkultur ihre Teilnahme fördert. Beispielsweise werden an einer reinen Jungenschule alle Rollen – Künstler, Schauspieler, Athlet, Redakteur, Koch, Cheerleader und Cellist – und die damit verbundenen Lernerfahrungen, die in einer gemischten Schule häufig den Mädchen vorbehalten bleiben, von Jungen übernommen.
In einem Umfeld, das ihnen umfassende körperliche Bewegungsfreiheit gewährt, vermögen Jungen ausgeprägte Selbstbeherrschung und Disziplin zu entwickeln. Der Rektor einer Jungenschule, die für ihre hohen Ansprüche an die Umgangsformen bekannt ist, erklärt, dass dort während des »Leerlaufs« zwischen den Unterrichtsstunden oder anderen ruhigeren Aktivitäten Herumgerenne, Ringkämpfe und andere harmlose körperliche Ausdrucksformen jugendlicher Kraft an der Tagesordnung sind. Nicht alle Jungen rangeln in jedem freien Augenblick miteinander, doch es nützt jedem Einzelnen, dass dieser Schulleiter die ganze Palette ihres Verhaltens als normal und gesund betrachtet und für eine Umgebung sorgt, in der die Jungen dieses Akzeptiertwerden spüren.
Jungen profitieren von männlichen Lehrpersonen und Autoritätsfiguren, die als Rollenmodelle für Fachwissen, berufliches Engagement, moralische und sportliche Führungskraft und emotionale Kompetenz dienen können. Die Anwesenheit von Männern kann eine unglaublich beruhigende Wirkung auf Jungen ausüben. Wenn sie sich umfassend akzeptiert fühlen – wenn sie das Gefühl haben, dass ihre entwicklungsbedingten Fertigkeiten und Verhaltensweisen normal sind und dass andere sie auch so wahrnehmen –, dann beteiligen sie sich stärker am Unterricht und haben auch mehr davon.
Dies sind die Eigenschaften, die einige Jungenschulen – mit ihrem vorwiegend männlichen Kollegium und ihren auf die Jungen abgestimmten Lehrplänen – zu einer besonders erfolgreichen Lernumgebung für Jungen machen. Doch eine jungenfreundlichere Atmosphäre lässt sich an jeder Schule schaffen, wenn die Pädagogen dies wollen. Lehrer und Leiter sowohl von Jungenschulen als auch von koedukativen Schulen berichten uns

Erfolgsstories, die unterstreichen, dass selbst kleine Details die schulische Umgebung sehr wirksam zugunsten der Jungen verändern können und damit zugleich deren Erfahrungswelt und Verhalten.
In einer dieser Jungenschulen erhalten die Schüler am Vormittag einen kleinen Imbiss aus Milch und Schokoladenkeksen, der bis weit in den Winter hinein im Freien eingenommen wird. Begründet wird dies offiziell damit, dass der Ort etwa in der Mitte des Schulgeländes liegt. Doch der weite offene Raum sorgt auch dafür, dass die unvermeidlichen Rempeleien und Rangeleien in den Gruppen der größeren Jungen sich kaum negativ auswirken.
Die Lehrerin einer gemischten Vorschule erzählte uns von ihrer einfachen Lösung für das Problem mit den »nicht zu bändigenden« Jungen, mit dem sie regelmäßig in den ersten beiden Stunden bis zur 11-Uhr-Pause zu kämpfen hatte. Eines Tages ließ sie die Kinder gleich nach dem Sitzkreis hinaus, bevor sie mit dem eigentlichen Unterricht begann. Weil die Jungen nun Dampf ablassen konnten, fiel es ihnen danach viel leichter, sich auf die Arbeit zu konzentrieren, und sowohl Jungen als auch Mädchen genossen den morgendlichen Lauf.
Andere Lehrer gestalteten den Spielbereich in ihrem Klassenzimmer um, damit den Jungen mehr Freiräume für unterschiedlichere Betätigungen zu Verfügung standen, oder ordneten die Tische so an, dass sie als natürliche Bremsschwellen wirkten und die Jungen nicht mehr so oft ermahnt werden mussten.
Eine Drittklässlerlehrerin schickt zappelige Jungen oder Mädchen auf Botengänge durch das Gebäude und setzt Schüler, die ihre körperliche Nähe brauchen, an Tische im Umkreis ihres eigenen.
Eine Vorschullehrerin begrüßt ihre Schüler jeden Tag mit einer Umarmung, und diese einfache Handlung verwandelt und beruhigt die gestörtesten und störendsten Jungen in der Klasse. »Es geht darum, etwas zu vermitteln, das für dieses Kind wichtig ist«, erläuterte sie. »Die Kinder kriegen mit, was man menschlich von ihnen hält. Wenn sie sich respektiert und beachtet fühlen, sind diese Jungen ein Klacks. Diese eiskalten, zornigen Jungs schmelzen in deiner Hand wie Butter in der Sonne, denn ihre Grundbe-

dürfnisse sind, geliebt, beachtet und respektiert zu werden. Jungen haben dieselben menschlichen Bedürfnisse wie Mädchen.«

Dem Elan und dem Potenzial von Jungen gerecht werden

Die Geschichte kennt zahlreiche große Männer, die in der Schule krasse Außenseiter waren. Robert Payne schreibt in seiner Biographie über Mahatma Gandhi, dass dieser als Schuljunge »oft aufgedreht« war, seine Schulzeit später selbst als »die schlimmsten Jahre seines Lebens« beschrieb und, wie Gandhi sich erinnerte, »als Schüler nie besser als mittelmäßig gewesen [ist]; ... er zeigte kein großes Interesse am Unterricht und mochte seine Lehrer nur selten ... er hatte kein Talent für das Lernen und wäre ohne Schule möglicherweise besser zurechtgekommen«.

Wie können wir den scheinbaren Widerspruch, dass wir von Jungen in der Schule »zu viel« und zugleich »nicht genug« verlangen, auflösen, damit sie sich in ihrer Eigenart respektiert fühlen und auf ihre je besondere Weise zu anständigen, fürsorglichen, erfolgreichen Männern heranwachsen können? Vor diesem Rätsel steht die Schule; diesen Knoten muss sie tagtäglich aufdröseln. Er lässt sich nicht mit dem simplen moralischen Urteil durchhauen, Jungen seien »schlimmer« als Mädchen oder müssten aufgrund ihrer »Wildheit« zwangsweise zivilisiert werden.

In unserem Viertel gibt es eine Eissporthalle, die Läufern jeden Alters und Könnens offen steht. Dort tummelt sich deshalb an einem normalen Samstagabend eine interessante Mischung. Fangspiele – eine Lieblingsbeschäftigung von Jungen auf dem Eis – sind verboten. Das ist eine sehr gute, sehr vernünftige Regel, denn wenn die Läufer das dürften, würden sie hin und her flitzen, auch gegen den gleichmäßigen Strom der mehr oder weniger geübten anderen Läufer, die immer in derselben Richtung ihre Runden drehen. Oder sie könnten die Eiskunstläufer stören, die in der Mitte der Bahn ihre eleganten Figuren üben.

In dem Pulk fahren Aufseher mit – eine Art Schlittschuhpolizei –, die nach regelwidrigem Verhalten Ausschau halten und Rüpel vom Eis weisen. Doch die Jungen lieben das Fangenspielen auf dem Eis, und das Verbot stachelt sie nur umso mehr an, es so geschickt zu tun, dass sie nicht erwischt werden. Hin und wieder macht auch ein Mädchen mit, doch hauptsächlich sind es Jungen, die heimlich zwischen den anderen, gemächlich dahingleitenden Läufern hindurchsausen und sichtlich Spaß an diesem wunderbar gewandten Spiel aus Stopps, Starts und geschmeidigen Fluchten haben. Unweigerlich werden jedoch einige von den Aufsehern ertappt und eine Zeit lang von der Eisfläche verbannt. Genauso unweigerlich kehren sie zurück, mit neuen Kräften und ohne die geringsten Hemmungen, ihr verbotenes schnelles Geschicklichkeitsspiel wieder aufzunehmen.

Im Unterricht kann es schwierig sein, diese Art »begrenzten Widerstand« zuzulassen, doch die schiere Kraft, die sich darin ausdrückt, vermittelt das Gefühl von Lebendigkeit. Wenn man das noch nie erlebt hat, vermisst man es. Die Welt wäre arm, wenn jeder in genau derselben Weise immer rundherum laufen würde oder wenn die einzige erlaubte Abweichung in eleganten, gekonnten Pirouetten in der Mitte der Bahn bestünde. Auf dem Eis, in der Schule und im Leben braucht man ab und an einen Augenblick der Anarchie, ein Funkensprühen des inneren Feuers – nicht nur die Jungen, sondern wir alle.

Kapitel 3

Der Preis der harten Hand

> »Der Unterschied zwischen grober und raffinierter Misshandlung ist der Unterschied zwischen Verprügeltwerden mit einem Knüppel und Geritztwerden mit einem vergifteten Pfeil.«
>
> *Samuel Johnson*

Die Einrichtung von Matts Zimmer beschränkt sich auf das für einen 13-Jährigen absolut nötige Minimum: Bett, Schreibtisch, Stuhl. Dahin sind seine Lieblingsposter an den Wänden, seine Stereoanlage, seine Videospiele, die Stapel Comic-Hefte und Magazine, das Dartboard und der Mini-Basketballkorb, der früher an seinem Schrank hing. Dahin sind auch die Vergnügungen, die er vor einem Monat noch als selbstverständlich betrachtet hatte: Treffen mit Freunden nach der Schule, abendliches Fernsehen, Zeit für Computerspiele und Telefongespräche. Matt sitzt im Gefängnis, eingelocht in seinem eigenen Zuhause.

Die Kommunikation mit der Familie beschränkt sich ebenfalls auf das Nötigste: »Hast du deine Hausaufgaben schon gemacht?« »Nein.« »Wann machst du sie?« »Ich mach sie schon. Du brauchst dich nicht drum zu kümmern. Lass mich einfach in Ruhe.« Verzweifelt hat die Familie um eine Beratung gebeten – Mutter, Vater, Matt und seine ältere Schwester Mary.

»Wir haben ihm alles weggenommen, was nur ging, und es wurde alles nur schlimmer«, klagt seine Mutter mit vor Sorge und Erschöpfung gepresster Stimme. Sie blickt hinüber zu Matt, der mit fest vor der Brust verschränkten Armen dasitzt und stur geradeaus oder auf den Boden starrt. Da alle Bestrafungen gescheitert waren, beschlossen sie, es mit einer Familientherapie zu versuchen, um vielleicht damit die Probleme zu überwinden. Doch Matt blockt auf der ganzen Linie. Aus ihm wird keiner was raus-

kriegen, keine Information, keine Reaktion. Er sitzt nur unter Protest hier, und was sein Innenleben angeht, werden die Schotten dicht bleiben, bis diese Tortur vorüber ist.
Sein Vater resümiert grimmig: »Die sanfte Tour ist für mich erledigt. Das hat uns nicht das Geringste gebracht. Seine Noten gehen den Bach runter. Zu Hause ist er aufsässig und stur. Und jetzt mussten wir feststellen, dass er schwänzt. Und die Jungs, mit denen er rumhängt, stecken alle in Schwierigkeiten oder nehmen vielleicht sogar Drogen.«
Matt funkelt seinen Vater an. Die Erwähnung seiner Freunde bringt ihn in Rage. »Du weißt überhaupt nichts von meinen Freunden«, knurrt er mit zusammengebissenen Zähnen.
»Ich weiß genug, um zu wissen, dass sie nicht gut für dich sind«, herrscht ihn sein Vater an.
»Du weißt überhaupt nichts von mir«, protestiert Matt, nun lauter. »Du bist nie zu Hause. Wenigstens kapiert Mama was. Du kannst ja nichts als mir was wegnehmen. Du glaubst, du kannst mir wehtun, aber mir ist es egal. Du kannst mir alles wegnehmen. Warum räumst du nicht das Bett weg? Ich schlafe auf dem Boden.«
Mary springt ihrem Vater bei: »Matt, wie kannst du nur so was sagen? Papa macht sich Sorgen um dich. Wie kannst du nur so gemein sein?«
»Oh, Fräulein Oberschlau. Du hast ja nicht mal Freunde. Niemand ruft dich an. Alles, was du machst, sind Hausaufgaben. Du bist eine blöde Streberin. Du bist genau wie Papa.«
Matts Eltern sind in eine verbreitete Falle getappt: Sie versuchen, sein Verhalten durch Macht und Zwang zu beeinflussen, aber alles, was sie damit bewirken, sind wütende Gegenreaktionen und noch mehr »auftrumpfendes« Verhalten.
Nur Matts Mutter hält sich in der Sitzung aus dem Konflikt heraus. Obwohl ihr Ärger und ihre Frustration zuweilen durchbrechen, wirkt sie meistens nur traurig. »Das macht uns alle so fertig«, sagt sie. »Er ist unglücklich und wir auch. Trotzdem werde ich ihn nicht im Stich lassen. Ich bin sicher, dass er sich wie ein Versager fühlt, und was immer wir tun verstärkt dieses Gefühl noch. Manchmal ... bei den seltenen Gelegenheiten, wenn er mit

mir spricht, merke ich, wie schlecht es ihm geht.« Sie beginnt zu weinen, und Mary legt den Arm um sie.
Matt steht von seinem Stuhl auf und beginnt im Raum umherzugehen. Ihm ist deutlich anzusehen, dass er selbst in Tränen ausbrechen wird, wenn er sich jetzt nicht durch Bewegung Luft macht. »Wisst ihr, wie das ist, wenn man die einzige Niete in dieser Familie ist?«, stößt er hervor. »Gott, ihr seid alle so perfekt. Von *euch* hatte doch nie einer Probleme in der Schule!«
Endlich tut sich eine kleine Lücke auf. Jetzt wird sichtbar, dass Matt hinter seiner Wut tieftraurig ist. Alle können sehen, wie sehr er sich selbst verachtet und wie schmerzlich das für ihn ist. Es liegt auf der Hand, dass die Bestrafung Matts keinen Sinn macht. Damit wird er weder in den Schoß der Familie zurückgeholt noch wird seine Selbstachtung gestärkt. Matt ist gefährdet, und er braucht in der Tat konsequente Aufsicht und enge Grenzen, um ihn von Drogen fern zu halten und vor Unheil zu bewahren. Matts Eltern werden hart an sich arbeiten müssen, um den Teufelskreis der eskalierenden Machtspiele zu durchbrechen, mit denen sie Matts Verhalten in den Griff bekommen wollen. Fortwährende Strafverschärfung ist bei diesem Jungen keine Lösung.

Eine harte Hand – damit meinen wir sowohl körperliche Bestrafung in Form von Schlägen oder Prügeln als auch verbale Einschüchterung durch Herabsetzen, Verunglimpfen, Zum-Sündenbock-Machen und Drohungen – ist bei keinem Kind eine Lösung. Niemals. Und dennoch ziehen Jungen in weitaus höherem Maß als Mädchen solche Disziplinierungsmaßnahmen wie Blitzableiter auf sich. Viele Eltern räumen ein, dass sie ihre Söhne strenger bestrafen als ihre Töchter. Wie in Kapitel 2 erwähnt, gehen Lehrer strenger mit Jungen um, wenn sie das Gefühl haben, dass diese ihnen in ihrer Klasse eher über den Kopf wachsen als die Mädchen. Eltern und Lehrer bestrafen Mädchen oft zögerlicher, vermitteln dabei unterschwellig Bedauern und äußern zuweilen sogar die Sorge, dass ein »sensibles« Mädchen »es sich zu sehr zu Herzen nehmen« könnte.
Angeblich machen Strenge und Härte aus einem Jungen einen

Mann: Er braucht eine harte Hand, die ihn »auf Zack« bringt. Dahinter steht die Annahme, dass sanfte Lenkungsversuche an ihnen abprallen und dass sie Misshandlungen leichter wegstecken. In dieser Ungleichbehandlung spiegelt sich die Überzeugung unserer Kultur, dass Jungen aus einem »anderen Holz geschnitzt« seien als Mädchen. In Bezug auf Kränkungen und Wut trifft das mit Sicherheit nicht zu. Ein übermäßig barscher Umgangston, Ungerechtigkeit oder körperliche und verbale Misshandlungen erzeugen bei Jungen wie bei Mädchen starken, wütenden Widerstand oder traumatisieren sie gar. Männer, die als Kinder geschlagen, beschämt oder gedemütigt wurden, lassen das an aller Welt aus.

Jungen als Zielscheibe einer bestrafenden Kultur

Die Pawnees, ein amerikanischer Indianerstamm, bereiteten die Jungen auf ihre Kriegerrolle vor, indem sie sie aus dem Schlaf rissen und in den Schnee warfen. Heute benutzen wir anstatt einer Schneewehe harte Sanktionen, unerbittliche Erwartungen und drohen mit Liebesentzug, um einen Jungen »hart zu machen«.

Wir zwingen Jungen und Männern eine »Tyrannei der Härte« auf. Was auch immer es in unserer Kultur bedeutet, ein Junge zu sein, es bedeutet auf jeden Fall, dass seine Taten mit größerer Wahrscheinlichkeit als Drohung oder Ungehorsam interpretiert werden und dass er mit größerer Wahrscheinlichkeit härter bestraft oder grober behandelt wird als das Mädchen neben ihm. Sein ganzes Leben lang gilt für einen Jungen, dass er ungeachtet der Schwere seiner Regelverstöße schneller und strenger bestraft wird als ein Mädchen. Oft sogar strenger, als es gerechtfertigt wäre.

Wenn ein Mann und eine Frau für dieselbe Straftat verurteilt werden, erhält der Mann die härtere Strafe. Aus den Statistiken des amerikanischen Justizministeriums geht hervor, dass ein wegen Mordes schuldig gesprochener Mann mit zwanzigmal höhe-

rer Wahrscheinlichkeit zum Tode verurteilt wird als eine Frau. Im Allgemeinen sind die Freiheitsstrafen von Männern länger als die von Frauen, selbst bei vergleichbaren Tatumständen.[1]
Amerikanische Richter schicken männliche Jugendliche häufiger als weibliche in eine Jugendstrafanstalt, selbst wenn sie sich desselben Vergehens schuldig gemacht haben. Bei Drogendelikten beispielsweise, die am häufigsten Haftstrafen nach sich ziehen, landen Jungen anderthalbmal häufiger hinter Gittern als Mädchen.[2]
Interessanterweise schlägt sich der Geschlechterunterschied auch in den Forschungsergebnissen zur ungleichen Bestrafung von Jungen und Mädchen an öffentlichen Schulen deutlich nieder, obwohl die Befunde in den vertrauteren Kontext der rassistischen Diskriminierung eingebettet sind. Eine neuere Befragung von Schulleitern öffentlicher Schulen, die mehr als 25 Millionen Kinder in den Vereinigten Staaten repräsentierten, brachte an den Tag, dass schwarze Jungen in der Schule am häufigsten physisch bestraft werden, doch über alle ethnischen Gruppen hinweg werden Jungen öfter körperlich gezüchtigt als Mädchen. Schwarze Jungen werden dreimal häufiger geschlagen als schwarze Mädchen. Und auf jedes weiße Mädchen, das geschlagen wird, kommen fast sechs weiße Jungen. Ein Junge asiatischer Herkunft wird mit achtmal höherer Wahrscheinlichkeit körperlich gezüchtigt als ein Mädchen asiatischer Herkunft.[3]
Die Forscher betonen zudem, es sei »ein Irrtum, sich unter körperlicher Bestrafung nur einen Klaps auf den Po vorzustellen«. Dem *National Center for the Study of Corporal Punishment and Alternatives in Schools* zufolge ist in einem Drittel der amerikanischen Bundesstaaten körperliche Züchtigung erlaubt, und das bedeutet: Faustschläge, Ohrfeigen, Armverdrehen, den Kopf auf den Tisch knallen, Schüler gegen Spind oder Wand rammen, Treten und Schütteln. Zu den Instrumenten, die zur körperlichen Bestrafung angewandt wurden, gehörten: Gerten, Stöcke, Ruten, Seile, Holzschläger, Gummischläuche, Lederriemen und -gürtel, Stangen, Plastikbaseballschläger, Pfeile, Bücher und Klemmbretter.
Dieser rauere Umgang mit Jungen wird auch in den Familien

gepflegt. Forschungsergebnisse deuten darauf hin, dass Jungen nicht nur etwas häufiger als Mädchen körperlich bestraft werden, sondern auch *schwerer*. In den 50er Jahren – mit ihrer spitzweghaften Verklärung des Familienlebens – zeigten Befragungen, dass 99 Prozent der Eltern körperliche Strafen anwandten, und 1985 lag die Zahl immer noch bei über 90 Prozent. Zwar fanden einige Arbeiten zu Geschlechterunterschieden, dass die Zahl der körperlich bestraften Junge nur geringfügig über der der Mädchen liegt – Jungen werden ungefähr dreizehnmal im Jahr geschlagen, Mädchen etwas über elfmal –, doch andere Studien ermittelten eine größere Diskrepanz. Wie sich College-Absolventen erinnern, hatten zwischen 75 und 90 Prozent Prügel bekommen. Eine neuere Befragung von mehr als 13 000 Einwohnern der kanadischen Provinz Ontario ergab, dass Jungen ein um 50 Prozent höheres Risiko als Mädchen tragen, Zielscheibe von Misshandlungen zu werden. Insbesondere Väter schlagen einen halbwüchsigen Sohn häufiger als eine gleichaltrige Tochter.[4]

Trotz der zunehmenden Proteste gegen repressive Erziehungsmethoden und trotz eines gewissen Rückgangs dieser Praxis nehmen immer noch sehr viele Erwachsene Zuflucht zu Schlägen, Prügeln, verbalen Drohungen oder Misshandlungen, wenn sie Kontrolle ausüben oder Gehorsam erzwingen wollen – insbesondere gegenüber Jungen.

Körperliche Strafen sind aber nur die eine Seite der Medaille. Auch harte oder drohende Worte hinterlassen ihre Spuren in einem Kind, und Jungen kriegen ein gerüttelt Maß davon zu hören. Sogar Eltern, die nicht im Traum daran dächten, ihr Kind zu schlagen, gestehen, dass sie in ihrer Wut oder Enttäuschung gelegentlich Dinge aussprechen oder Sanktionen verhängen, die genauso wehtun sollen. Und weh tut das alles in ähnlicher Weise: die Schläge, die Ohrfeigen, die Klapse, das Schütteln, mit dem manche Erwachsene einem Jungen zeigen wollen, wer der Boss ist, genauso wie die beschämende Kritik, der Sarkasmus, die Häme und andere verbale Einschüchterungen oder Strafen, mit denen so manche Eltern ihren Sohn zur Räson bringen wollen.

In einer Studie, die die familiale Interaktion unter Besuchern eines Einkaufszentrums beobachtete, stellte sich heraus, dass die von Eltern und anderen erwachsenen Aufsichtspersonen am häufigsten angewandte Form der Disziplinierung in verbaler Aggression bestand.[5] Wiederum wurden die Jungen härter angefasst als die Mädchen. Eltern und Lehrer rechtfertigen das schärfere Vorgehen gegen einen Jungen oft mit einigen sehr einfachen Gründen: Es weckt seine Aufmerksamkeit. Es bringt klar und einfach zum Ausdruck, dass sein Verhalten missbilligt wird. Und es macht deutlich, wer hier das Sagen hat.

Wo es Jungen gibt, deren Leben durch eine harte Hand gezeichnet ist, da gibt es auch Jungen, die sich mit Scham, Selbsthass und Wut herumschlagen müssen. Viele von ihnen machen schon in jungen Jahren emotional einfach dicht und bleiben es; sie sind unfähig, ihre eigenen Gefühle zu verstehen oder auszudrücken, während sie in Erwachsenenrollen im Beruf, in einer Ehe und Familie hineinwachsen. Tief beschämte, traurige und zornige Jungen kommen eben nicht im Lauf der Zeit darüber hinweg. Wir wissen das, weil wir mit den wütenden, ängstlichen oder depressiven Männern arbeiten, zu denen so viele von ihnen herangewachsen sind.

In der Familientherapie mit Jungen und ihren Eltern und an den Schulen, die uns oft zur Beratung in disziplinarischen Fragen hinzuziehen, begegnet uns dieses Muster der unnötig strengen und rauen Behandlung und des oppositionellen oder herausfordernden Verhaltens, mit dem sie so häufig reagieren. Wenn wir die schulischen oder häuslichen Probleme *mit* Jungen oder die emotionalen Probleme *von* Jungen genauer betrachten, finden wir fast immer übertriebene oder unangebrachte Sanktionen als einen Faktor, der zu dem Konflikt beiträgt.

Jungen als Blitzableiter

Die klassische Psychoanalyse – die mit der Couch, die immer in Filmen und Karikaturen persifliert wird – soll den Patienten durch eine Erkundung der verborgensten, dunkelsten Ecken seiner inneren Konflikte, Impulse, Wünsche und unausgedrückten Wut leiten. Das ist ein möglicher Weg, um eine Menge über sich selbst zu erfahren. Wenn Sie jedoch wirklich Ihre allerfinstersten Regungen kennen lernen wollen, dann schaffen Sie sich Kinder an; auch das wird Ihnen Ihre niedersten Instinkte zu Bewusstsein bringen. Wenn Sie auf der Arbeit einen üblen Tag hatten, sich mit einem autoritären Chef oder einem unvernünftigen Exehepartner herumzanken mussten oder eine nervenaufreibende Heimfahrt durchlitten und dann zur Tür hereinkamen und direkt mit der Gedankenlosigkeit und Impertinenz Ihres Sohnes konfrontiert wurden, dann erinnern Sie sich bestimmt noch, dass Sie wegen einer »Kleinigkeit« hochgingen wie eine Rakete. Den meisten von uns ist so was schon passiert.

Die Forschung zeigt, dass eine strenge, repressive Bestrafung häufiger auf physisches Fehlverhalten des Kindes folgt – zum Beispiel Zerbrechen wertvoller Gegenstände und »vergessene« Selbstkontrolle wie etwa auf die Straße rennen oder ein Geschwister schlagen – als auf anderes unerwünschtes Verhalten wie Quengeln oder unangemessene Ausdrucksweise. Da Jungen sich häufiger in derart aktiver, potenziell folgenreicher Weise verhalten als Mädchen und sich langsamer entwickeln, verfügen sie meist auch über eine geringere Selbstkontrolle als Mädchen im gleichen Alter. Die scheinbare Missachtung von Erwartungen, Regeln und Gehorsamsforderungen des Sohnes kann auch die gutmütigsten Eltern zur Weißglut bringen.

Die Eltern von 4- bis 10-Jährigen gaben in einer Befragung an, am ehesten dann körperliche Strafen anzuwenden, wenn die Kinder »Regelverstöße mit hohem Aufregungspotenzial« begingen, wenn sie etwa auf die Straße liefen oder etwas Wertvolles kaputtmachten. Beim Vergleich dieser »normalen« Eltern mit einer Elterngruppe, die wegen Misshandlung ihrer Kinder in Therapie waren, stellte sich heraus, dass normale Eltern in diesen stark aufregenden Situationen ihre Kinder mit derselben Wahrscheinlichkeit streng bestraften wie die misshandelnden Eltern.[6]

Michael über Nick: Auf der Suche nach der Störung eines »Störenfrieds«

Nick war öfter zum Nachsitzen verdonnert worden als jeder andere Junge an der großen koedukativen Schule, auf die er ging. Als der Direktor mir Nicks Probleme schilderte, war sein hilfloser Zorn über das Verhalten des Jungen deutlich zu spüren: »Er geht in die 9. Klasse, aber er benimmt sich wie ein Siebtklässler. Wir bekamen so viele Beschwerden über sein abscheuliches Verhalten Mädchen gegenüber, dass wir zeitweise glaubten, es handele sich um planmäßige sexuelle Belästigung. Doch um ehrlich zu sein, er ist einfach allen unglaublich verhasst. Er ist klein, und die Mädchen hänselten ihn oft deswegen. Er weiß nicht, wie er damit umgehen soll, und dann zahlt er es ihnen mit hämischen Bemerkungen über ihr Äußeres heim. Außerdem hat er mehr Regeln übertreten als fast jeder andere Junge an der Schule. Er durfte sogar drei Wochen lang nicht mit dem Schulbus fahren. Letzte Woche hat er die Bücher und Hefte eines anderen Jungen mit Wasser übergossen. Wir schlossen ihn für einen Tag vom Unterricht aus. Ich habe ihm oft ins Gewissen geredet, und immer zeigt er Reue und verspricht Besserung, doch kaum ist eine Woche vorbei, macht er es wieder genauso.«

»Warum möchten Sie ihn zum Psychologen schicken?«, entgegnete ich. »Ich bin nicht sicher, ob ich in diesem Fall etwas tun kann. Was könnte ich denn noch unternehmen, das Sie nicht schon versucht haben? Wenn er tatsächlich unreif ist, müssen wir warten, dass er sich entwickelt. Entsprechen seine Leistungen seiner Klassenstufe?«

»Seine Leistungen sind etwas ungleichmäßig, und er ist schlampig, aber sehr intelligent. Seine Noten sind ordentlich. Ich möchte nur wissen, ob nicht irgendetwas anderes in ihm vorgeht. Ich bekomme keine Antwort, wenn ich danach frage.«

Obwohl Nick auf Wunsch des Schulleiters zu mir gekommen war, ließ er weder den ersten Termin platzen noch brauchte er fünf Erinnerungen wie viele andere Jungen. Er betrat mein Sprechzimmer und setzte sich respektvoll hin, mit offenem Ge-

sichtsausdruck und dem Wunsch, einen guten Eindruck zu machen.
»Warum hat dich der Direktor zu mir geschickt?«
»Weißichnich. Ich glaub wegen der Sache letzte Woche ... das mit dem Wasser.«
»Was war da?«
»Oh, da war neulich eine Wasserschlacht, und ich hab die Bücher eines anderen Jungen nass gemacht. Der Junge rannte gleich zum Lehrer, und der hat alles in den falschen Hals gekriegt.«
»War es wirklich eine Wasserschlacht? Ich meine, hat der andere Junge auch mit Wasser gespritzt?«
»Nein, er hat mich einen ... also er hat was zu mir gesagt, und das hat mir gestunken, und ich hatte eine Wasserflasche mit so einem Sprühverschluss dabei, und deshalb hab ich ihn damit besprüht, aber ... es lief dann halt über alle seine Sachen. Es war eigentlich nicht schlimm. Es wäre alles getrocknet, wenn er ein bisschen gewartet hätte.«
»Der Lehrer sagte mir, dass du dafür einen Tag vom Unterricht ausgeschlossen worden bist.«
»Ja.«
»Was haben deine Eltern dazu gesagt?«
»Meine Mama war nicht so arg böse, nicht so wie wegen dem Bus, aber mein Vater war ganz schön sauer.«
»Was war mit dem Bus?«
»Also, sie musste mich zur Schule fahren und danach wieder abholen, und sie schob einen ziemlichen Hals.«
»Das war doch nicht das erste Mal, dass der Rektor sie anrief, oder?«
»Die in der Schule regen sich wegen jeder Kleinigkeit auf.«
»Erzähl mir doch mal, was du jetzt so machst und wie es dir geht. Erzähl mir von deiner Mutter und deinem Vater. Hat sich was Wichtiges in deinem Leben verändert? Ärgert dich vielleicht etwas? Hasst du die Schule? Wärest du gern raus hier?«
Schließlich kommt Nicks Geschichte ans Licht. Sein Vater war in den vergangenen anderthalb Jahren viel auf Geschäftsreise; seine Mutter, die nur halbtags berufstätig gewesen war, hat eine neue, arbeitsintensive Vollzeitstelle mit hohen Anforderungen ange-

treten, weshalb sie nicht mehr wie früher zu Hause ist, wenn Nick nachmittags von der Schule heimkommt. Nicks Eltern machten sich zwar Gedanken darüber, wie er diese Veränderung verkraften würde, glaubten aber auch, dass sie ihm vielleicht ganz recht wäre, denn schließlich ging er jetzt in die 9. Klasse und wollte allem Anschein nach mehr Freiheit. Als sie mit ihm darüber sprachen, schien er mit einer Zukunft als »Schlüsselkind« einverstanden zu sein. Er hatte darüber gewitzelt, dass sie jetzt wohl zu Dauerkunden des Pizza-Service werden würden. Wenn Nicks Vater unterwegs war, versuchte er per E-Mail Kontakt zur Familie zu halten. Gleichwohl hatten sich die Probleme gehäuft. Nick versäumte jetzt die Abgabetermine für Hausarbeiten. Dreimal in einer Woche war er nach der Schule mit zu Freunden nach Hause gegangen, ohne seinen Eltern zu sagen, wo er war, obwohl seine Mutter ihm eingeschärft hatte, sie in der Arbeit anzurufen, bevor er das Haus verließ. Jeden Tag spielte sich ein neues Drama ab, und Nicks Mutter war mit ihrem sonst so typischen Langmut und Humor am Ende. Sie schnauzte ihn öfter an als je zuvor. Sie war der Ansicht, dass ein Junge in Nicks Alter mehr Führung durch seinen Vater brauche, und sagte das ihrem Mann auch, sowohl unter vier Augen als auch vor Nick.

Ich fragte Nick, ob er sich um die Ehe seiner Eltern Sorgen mache.

»Nö … eigentlich nicht. Ich glaub nur, meine Mutter ist jetzt öfter sauer auf meinen Vater als früher.«

»Wegen seiner Reisen?«

»Ich glaube.«

»Hast du Angst, sie könnten sich scheiden lassen?«

Nick starrt mich an, als hätte ich eine Schublade geöffnet, in die ich nicht hätte hineinsehen sollen.

»Nein … ich weiß nicht … vielleicht ein bisschen.«

»Hast du Angst, das könnte zum Teil deine Schuld sein, weil du dieses Jahr so viele Schwierigkeiten gehabt hast?«

Pause.

»So hab ich das noch nicht gesehen, aber vielleicht …«

»Vermisst du deinen Vater? Vermisst du nachmittags deine Mutter?«

»Na ja, es ist nicht mehr so wie früher.«
Und so beginne ich mit den Fragen, die die Domäne von Psychologen sind – die Art Fragen, die die Pädagogen selbst stellen könnten, es aber häufig nicht tun. Oder auf die, wenn sie sie stellen, die Jungen nicht antworten. Oder aber so antworten, dass die Erwachsenen es sich überlegen, ob sie noch weiterfragen. Nicks Status als lästiger Störenfried wird seiner Unreife angelastet, doch ihn als »unreif« abzustempeln und als Blödmann abzutun hieße, vor Nicks eigentlichen Problemen und allen anderen in seinem Umfeld die Augen zu verschließen. Wäre ein Mädchen die schlimmste Nervensäge in einer 9. Klasse, würden sich alle dafür interessieren, was in ihrem Kopf vorgeht. Ist ein Junge der schlimmste Störenfried in einer 9. Klasse, verdrehen viele bloß die Augen: »Gott, was für ein nerviges Kind. Der braucht mal einen ordentlichen Dämpfer.«
Vielen Eltern fehlt jede Neugier auf die Motive ihrer Jungs. Aber zum Angriff auf sie zu blasen, damit zögern sie nur selten.

Mit ihrem Elan ecken Jungen überall an – in der Schule und zu Hause

Dieselbe überschäumende Energie und Lebhaftigkeit, die Jungen in der Schule so oft in Bedrängnis bringt, führt auch in ihrer häuslichen Umgebung zu Spannungen. Ein Kleinkind läuft blindlings auf die Straße, ein kleiner Junge schlägt ein anderes Kind oder rennt achtlos durchs Haus und macht etwas kaputt, ein Jugendlicher missachtet die häuslichen Regeln oder die Erwartungen seiner Eltern. Sobald ein Junge alt genug ist, um sich frei zu bewegen, wird die Erziehungsaufgabe in den Augen vieler Eltern zu einem Machtkampf. Wer setzt seinen Willen durch: die Eltern oder das Kind?
Eine Primatenforscherin, die sich den ganzen Tag mit Affen beschäftigt, bemerkte uns gegenüber einmal scherzhaft, wenn sie zu ihren drei lebhaften Söhnen nach Hause zurückkehre, wisse

sie zuweilen nicht mehr, ob sie sich nun zu Hause oder noch im Forschungslabor befinde.
Ein Vater von vier kleinen Söhnen erinnert sich an eine besonders turbulente Episode im Badezimmer. Während die beiden 3- und 5-jährigen Jungen in der Badewanne quietschten und kreischten und für eine Überschwemmung sorgten, jagten sich der 7- und der 9-Jährige und klatschten sich gegenseitig ihre Handtücher auf den nackten Hintern. Als er und seine Frau noch einmal tief Luft holten, bevor sie das Bad betraten, witzelte er: »Schau dir das gut an, denn du wirst es eines Tages vermissen.«
Doch zu viele andere Eltern können dieser Quirligkeit nichts abgewinnen. Für sie bedeutet sie nur Ärger, Rücksichtslosigkeit oder Grobheit. Ein Vater erklärte uns: »Mir gehen verzogene, respektlose Bälger gegen den Strich. Man muss ihnen zeigen, was Sache ist.« Ein anderer äußerte: »Prügel haben zwar einen schlechten Ruf, aber ich finde, man muss seinem Sohn klarmachen, wer letztlich den Finger am Drücker hat.«
Der Hilferuf einer Mutter an den Kummerkasten einer Zeitschrift illustriert das Bestrafungsdilemma: »Ich bin mit meiner Weisheit am Ende. Ich bin allein erziehende Mutter von zwei Jungen, 15-jährigen Zwillingen. Sie treiben mich zum Wahnsinn. Sie bringen in der Schule nicht so gute Leistungen, wie sie könnten, und zu Hause rühren sie keinen Finger. Ich habe mir den Mund fusselig geredet und sie angebrüllt, bis ich heiser war. Ich würde sie in eine Militärakademie stecken, aber das kann ich mir nicht leisten.«[7]
Entweder in dem Wunsch, bei Verstand zu bleiben, oder aus Überzeugung hämmern manche Eltern ihren Kindern durch Strafen ein, wer die Macht hat und wer nicht, wer groß ist und wer klein, von wessen Konto das vom Ballspielen beulenübersäte Garagentor bezahlt wird und auf wessen Konto der Schaden geht.
Man hat behauptet, Gewalt sei die Folge seelischer Erschöpfung. Wir sind der Ansicht, dass dies auf Eltern und auf Kinder gleichermaßen zutrifft. Wie im Fall von Nick droht Jungen seelische Erschöpfung, wenn sie nicht gelernt haben, über ihre Ge-

fühle zu sprechen, und sie versuchen, den Druck ihrer Ängste und ihrer Einsamkeit wenigstens teilweise zu lindern. Sie können nicht »darüber reden«, weil sie buchstäblich sprachlos sind. Stattdessen machen sie ihren Gefühlen in Aktionen Luft, die die Eltern oder Lehrer nur noch mehr verärgern.

Da überraschen Forschungsergebnisse nicht, nach denen die Häufigkeit von Repressalien deutlich zunimmt, wenn sich Eltern gestresst fühlen. Beispielsweise ergaben Studien an Familien während der Weltwirtschaftskrise, dass insbesondere Väter unter dem finanziellen Engpass litten, was sich unter anderem in strengerer Bestrafung ihrer Kinder äußerte – etwa mit Prügeln oder Schlägen –, die wiederum gelegentlich mit Wutanfällen und Racheaktionen der Kinder beantwortet wurden.[8] Der Stress aufgrund der materiellen Notlage machte die Männer reizbar, und das ließen sie an ihren Kindern aus. In den Kindern wiederum staute sich ebenfalls Groll an, der bei ihnen in Tobsuchtsanfällen zutage trat. Finanzielle, gesundheitliche und andere familiäre Sorgen sind auch heute noch die Hauptursachen emotionaler Belastungen bei den Eltern. Wenn uns Eltern in der Therapie von Momenten berichten, bei denen sie sich von ihrer Erziehungsaufgabe überfordert fühlten, spielt fast immer Stress eine Rolle. Wenn Eltern eine schwere Last zu tragen haben, bürden sie oft einen Teil davon ihren Kindern auf.

Wir alle fühlen uns zuweilen erschöpft, überfordert und voll Wut. Häufig ist dies des Pudels Kern, wenn ein Junge unzulängliches Betragen zeigt und wenn Eltern unzulänglich damit umgehen.

Angst, Wut, Gewissenlosigkeit und was man daraus lernen sollte

»Ich will keine ›prügelnde Mutter‹ sein«, erklärt uns die Mutter eines 4-jährigen Jungen, »aber manchmal kommt es mir vor, als ob das die einzige Möglichkeit ist, wie ich die Aufmerksamkeit meines Sohnes auf mich ziehen und ihm klarmachen kann, dass ich es ernst meine.« Sie schildert einen bezeichnenden Zwischenfall: Sie fuhren von der Vorschule nach Hause, ihr Sohn auf dem Beifahrersitz. »Aus irgendeinem Grund sprach er sehr laut. Ich bat ihn, ruhig zu sein, aber er trieb es nur toller. Sehr bald brüllte er aus Leibeskräften. Ich schrie ihn an, er solle aufhören, doch er beachtete mich überhaupt nicht. Er machte mich wahnsinnig. Schließlich beugte ich mich hinüber und verpasste ihm eine. Da war er ganz schnell ganz still.«

Zweifellos kann ein Klaps oder ein Schlag ein Kind zur Räson bringen. Wenn man einen kleinen Jungen schlägt, unterlässt er im Allgemeinen das unerwünschte Verhalten, doch auf die Dauer bringt die schnelle Lösung nichts.

Wenn ein Erwachsener seine Macht einsetzt, um Druck auszuüben oder zu strafen, ignoriert er den emotionalen Kern der Einstellungen und Handlungen eines Jungen. Wenn er Macht einsetzt, entgeht ihm ein Zusammenhang, der förmlich danach schreit, hergestellt zu werden. Wenn wir Gehorsam erzwingen statt verantwortungsvolles, moralisches Verhalten zu lehren, verpassen wir den »Augenblick der Belehrbarkeit« – den Moment, in dem man einen Jungen dazu bewegen kann, über sein Handeln nachzudenken und sich eines Besseren zu besinnen. Es liegt auf der Hand, dass die Erfahrungen, die ein Junge mit Disziplinierungsmaßnahmen macht, wesentlichen Einfluss auf die Entwicklung seines Gewissens haben, im guten wie im schlechten Sinn.

Wenn Erwachsene zu zwangs- und machtbetonten Methoden greifen, erhöht sich selbst bei kleineren Jungen die Wahrscheinlichkeit, dass der Schuss nach hinten losgeht: Er reagiert mit einem aggressiven Gegenangriff. Die Eltern mögen glauben, dass der Zwischenfall abgeschlossen sei, wenn der Junge das störende Verhalten unterlässt. Doch wenn er sich unfair behandelt oder beschämt fühlt, schwelt der Konflikt für den Jungen weiter, bis er diese Gefühle überwunden hat. Das kann Stunden, Tage oder noch länger dauern. Wenn die Maßnahmen mit der Zeit an Schärfe gewinnen, schaukelt sich der Prozess zu einer Art Rüstungswettlauf hoch, und die Kontrahenten setzen alles daran, immer stärkere Waffen zu entwickeln.

Das Kind setzt den Regeln und Werten der Eltern Widerstand

entgegen und lernt nichts anderes als eine Starrsinnigkeit, die den Hauptzweck der Strafen vereitelt – das Kind zu verantwortungsvollerem Verhalten anzuleiten.
Statt die Entwicklung innerer Kontrollinstanzen zu fördern, bestärkt eine harte Hand nur die Vorstellung, dass Gehorsam von äußeren Instanzen erzwungen wird – von Eltern, Schulleitern, der Polizei oder den Gerichten. Statt den Jungen zu überlegteren Entscheidungen anzuleiten, wird er daran gehindert, Werte wie Einfühlungsvermögen, Respekt und Vernunft zu lernen und zu verinnerlichen, die ihn zu verantwortlichem, moralischem Verhalten und zu emotionaler Verantwortlichkeit führen würden. Diese fehlenden Glieder schwächen die Kette des Gewissens im weiteren Verlauf seines Lebens immer weiter.
Wissenschaftler, die erforschen, wie wir lernen und wie unser Gedächtnis funktioniert, unterscheiden zwei Arten des Lernens, die an der Entwicklung des Gewissens beteiligt sind – das semantische und das episodische Lernen.[9]
Semantisches Lernen beruht auf Regeln und findet dann statt, wenn wir aus einer Erfahrung lernen oder Wissen aus Informationsquellen wie einem Vortrag, einer Erklärung oder Anweisungen aufnehmen. Semantisches Lernen wird ausgiebig in der Schule praktiziert.
Episodisches Lernen speist sich in hohem Maße aus Sinneserfahrungen. Wir erinnern uns an die mit einem Erlebnis verknüpften Geräusche, Geschmackserfahrungen, Gerüche, Tasteindrücke oder Bilder. Wenn man einen gemütlichen Nachmittag lang mit einem Kind Plätzchen backt, wird es sich wahrscheinlich an die beschlagenen Küchenfenster oder an den Geruch und Geschmack der Plätzchen weitaus lebhafter erinnern als an das Rezept oder den Backvorgang.
Erinnerungen an ein emotionales Trauma werden ebenfalls in dieser Weise gespeichert. Misshandlungs- oder Missbrauchsopfer oder Überlebende von Katastrophen haben oft äußerst lebhafte Erinnerungen an die Sinneswahrnehmungen im Zusammenhang mit dem Trauma – die visuellen Bilder, die Gerüche, Oberflächenbeschaffenheiten, Lichtverhältnisse und Geräusche, die mit dem Ereignis verknüpft waren.

Ein 36-jähriger Mann erinnert sich an einen Zwischenfall aus seiner frühen Kindheit, als er und sein älterer Bruder von seinem Großvater verprügelt wurden. »Ich weiß nicht mehr, was wir ausgefressen hatten«, sagt er, »aber es muss etwas ziemlich Schlimmes gewesen sein. Er zog seinen Gürtel aus und lief uns nach. Wir versuchten wegzulaufen, aber er trieb uns in meinem Zimmer in die Enge. Ich sehe immer noch vor mir, wie mein Bruder versucht, unter das Bett zu kriechen, um ihm zu entwischen. Es ist, als ob es gestern gewesen wäre. Ich glaube nicht, dass er uns oft geschlagen hat, und um ehrlich zu sein, weiß ich nicht einmal mehr, ob es wirklich arg wehgetan hat. Ich weiß nur noch, dass ich eine Heidenangst hatte.«

Eltern haben in den Augen von Kindern enorme Macht. In ihren frühesten Erinnerungen überragen wir sie turmhoch an Größe und Können; wir sind allmächtige Riesen, und wir regieren ihre Welt. Stellen Sie sich vor, Sie stünden einem wütenden Dreimetermann gegenüber, dann bekommen Sie eine Ahnung, wie der Größenunterschied auf ein Kind wirkt. Wir explodieren und lassen eine Strafpredigt vom Stapel, die eine halbe Minute dauert, und dann nehmen wir seelenruhig den Telefonhörer ab. Für ein Kind jedoch, insbesondere ein kleines, donnert dieser Zorn durch ein Universum aus Raum und Zeit. Nicht genug damit, dass sich ein Kind angesichts unserer Größe und Macht wie ein Zwerg vorkommt, es gerät noch weiter ins Hintertreffen, weil ihm die Weitsicht und die Lebenserfahrung fehlen, um zu verstehen, was hinter dem Verhalten eines Erwachsenen steckt. Erwachsene jagen Kindern leicht Angst ein, und Kinder glauben sehr, sehr lange, was Erwachsene ihnen erzählen, selbst wenn diese im Zorn irrationale oder zerstörerische Dinge von sich geben. Ihr Kind weiß nicht unbedingt, dass Sie nach einem aufreibenden Tag gereizt sind. Ein Kind merkt nur, dass es Ihr Missfallen erregt (manchmal in aller Unschuld).

Eine harte Hand prägt sich nachhaltig ein und hinterlässt ihre Spuren im episodischen Gedächtnis. So mag sich ein Kind zwar erinnern, dass es für eine Äußerung oder eine Tat bestraft wurde, doch am deutlichsten erinnert es sich daran, wo es sich aufhielt, wie viel Angst es hatte und wie das wut- oder abscheuverzerrte Gesicht seines Vaters oder seiner Mutter aussah. Das, was es sich eigentlich merken sollte, insbesondere wenn dies eine allgemeine Regel war wie »Man muss freundlich zu anderen sein und darf sie nicht schlagen«, wird es sich weit weniger gut merken.

Einen 4-jährigen Jungen zu schlagen, um ihn zum Stillschweigen zu bringen, wird ihn überfahren und so beschämen, dass er weint oder schweigt. Worin auch immer der momentane Gewinn für den Bestrafenden bestehen mag, der Junge lernt eine Lektion von Scham und Wut, die dauerhaft ist.

Dan über Chuck: Sogar noch mit 40 nie gut genug

Chuck sitzt auf demselben Stuhl, den er immer wählt, dem braunen mit dem Sitz aus Binsengeflecht und der steifen Rückenlehne – dem unbequemsten Stuhl in meinem Sprechzimmer.

Er berichtet mir aus seiner Vergangenheit: »Ich weiß nicht. Ich glaube, mein Leben war wie das vieler anderer auch. Als ich klein war, arbeitete mein Vater Tag und Nacht. Er wurde schließlich sehr erfolgreich. Er fing mit einer kleinen Autowerkstatt an, jetzt ist eine ganze Kette daraus geworden. Aber sie machen hauptsächlich nur Ölwechsel. Ich glaube, er besitzt jetzt zehn Werkstätten. Er arbeitet sehr hart. Er verdient viel Geld, aber er will anscheinend nicht kürzer treten. Meine Mutter ist fest überzeugt, dass er einen Herzinfarkt kriegen wird.« »Haben Sie schon mal daran gedacht, bei ihm zu arbeiten?« »Sie meinen, *für* ihn? Meine Schwester und ich haben ständig in dem Laden gearbeitet. Ich habe gefegt, den Mechanikern Teile geholt, alles Mögliche. Ab und zu ließ mich einer der Leute das Öl aus einem Motor ablassen oder so was. Das war cool für ein Kind. Die Kerle waren ständig dreckig. Und wenn man sich in ihrer Nähe rumtrieb, war man nach 15 Sekunden voller Öl und Schmutz. Ein Paradies für 'nen Jungen. Meine Schwester machte Ablage oder Telefondienst. Sie arbeitet immer noch für ihn, macht den ganzen Einkauf, bearbeitet die Zahlungseingänge, alles. Sie macht das gut.«

»Wieso hat sie das geschafft und Sie nicht?«

»Sie kommt viel besser mit ihm zurecht. Bei mir, also ich hab immer Pfusch gemacht, und dann brüllte er mich an, manchmal vor versammelter Mannschaft. Ich glaube, er wollte nicht, dass sie dachten, ich wäre verwöhnt. Und ich weiß jetzt, wie schwer es für ihn war, das Geschäft aufzubauen. Er kam aus kleinen Verhältnissen und riskierte alles, was er besaß, um den Laden in Schwung zu bringen. Es war, als ob er im Krieg wäre oder so, und er war ständig in Alarmbereitschaft. Als ob ihm irgendein Konkurrent den Garaus machen würde, wenn er sich nur eine winzige Blöße gegeben hätte. Vielleicht hatte er Recht. Ich weiß es nicht. Vermutlich glaubte er, dass er mich so am besten darauf vorbereitete, sein Geschäft zu übernehmen – dass ich dieselbe Einstellung haben musste. Aber, lieber Gott, ich war doch nur ein Kind.«

»Erinnern Sie sich noch an einen bestimmten Anlass, bei dem er Sie in der Werkstatt anbrüllte?«

»Sicher – als ob es gestern gewesen wäre. Es war im Sommer nach meinem ersten Jahr auf der High School, und er ließ mich bei der Inventur helfen. Er hatte damals zwei oder drei Werkstätten, und man musste den Überblick über eine Menge Material behalten. Und ich glaube, er machte sich ständig Sorgen, dass er zu viel auf Lager hatte oder nicht genug. Aber wie auch immer, Inventur machen ist unglaublich langweilig. Man sitzt einfach da und zählt, wie viele Kanister davon und wie viele davon da sind. Und dann zählt man vielleicht Glühbirnen oder so was. Ich glaube, es fiel mir schwer, mich zu konzentrieren. Ich vergaß ständig, was ich schon gezählt hatte, und musste von vorne anfangen. Nur gut, dass ich nicht beschlossen habe, Fluglotse zu werden. Jedenfalls hatte ich schon fast den ganzen Tag mit Zählen verbracht. Und ich schlich mich immer wieder mit einem der Angestellten hinaus hinter die Werkstatt, um eine zu rauchen. Er war ungefähr 19 und hatte sein Motorrad dort abgestellt. Ich fragte ihm Löcher in den Bauch über die Maschine und wie alles funktionierte. Nichts auf der Welt wünschte ich mir sehnlicher, als so ein Motorrad zu besitzen.

Jedenfalls kommt nun mein Vater, um nach mir zu sehen, und findet mich da hinten. Ich weiß nicht, ob er mich rauchen sah, aber wahrscheinlich schon. Er hatte meine Inventurlisten überprüft, und wie er sagte, waren die, die er durchgesehen hatte, völlig daneben. Also begann er mit einer Predigt, dass jedes Teil bares Geld sei, dass es so wäre, als ob Fünfdollarnoten in den Behältern lägen statt Birnchen. Er regte sich ziemlich auf. Vielleicht lief das Geschäft schlecht. Ich weiß es nicht. Dann sagte er so was wie: ›Du hältst dich für einen großen Kerl, aber ich will dir mal was sagen. Was glaubst du, wo du enden wirst, wenn du nicht mal so was Einfaches schaffst wie Zählen? Jetzt geh hinein und mach es nochmal – und diesmal richtig.‹ Dann pfefferte er mir das Klemmbrett, das er in der Hand hatte, auf den Hintern.«

Je länger das Gespräch dauert, desto klarer wird mir, dass dies kein isoliertes Ereignis war.

»Wenn ich nur Zweien nach Hause brachte, wollten sie Einsen. Wenn ich Einsen bekam, hackten sie auf was anderen herum, das ich vernachlässigt hatte. An was erinnere ich mich also? Ich erinnere mich, dass ich mir sehr oft Sorgen machte. Zum Beispiel die, was sie wohl machen würden, wenn sie mein Zeugnis sahen. Ich erinnere mich, dass ich nachgrübelte, wie ich Sachen, die ich angestellt hatte, vertuschen oder abstreiten könnte. In den unteren Klassen der High School schickten die Lehrer schriftliche Mitteilungen oder Verweise an die Eltern, die sie unterschreiben mussten. Mein Vater hatte eine Unterschrift, die nicht allzu schwer nachzumachen war, deshalb übte ich, bis ich sie ziemlich gut nachmachen konnte. Ich kam einmal in Teufels Küche damit, aber die Fälschung ging auch oft durch. Doch ich brachte viel Zeit damit zu, etwas zu verbergen. Ich hatte meistens Angst, aber ich erinnere mich auch, dass ich versuchte, alles wieder hinzubiegen. Zum Schuljahresbeginn fasste ich gewöhnlich einen Vorsatz – Sie wissen schon, nach dem Motto ›Dieses Jahr wird alles anders‹ –, dass ich gute Noten bekommen wollte und dass mich der Lehrer nicht auf dem Kieker haben sollte; dass ich versuchen wollte, zu Hause die Regeln zu befolgen.

Der gute Vorsatz hielt für gewöhnlich längstens einen Monat, dann passierte wieder was. Ich gab eine Hausarbeit nicht ab oder verprügelte in der Pause einen anderen Schüler, und dann hing der Haussegen wieder schief, und ich sagte mir: ›Scheiß drauf, es hat doch keinen Sinn. Ich kriege das nicht auf die Reihe, ich kriege die Schule nicht geregelt, und meinen Eltern kann ich auch nichts recht machen.‹ Um Weihnachten herum raffte ich mich dann nochmal auf, aber es funktionierte nie. Manchmal, wenn ich in der Kirche saß, bekam ich eine fromme Anwandlung und schloss einen Handel mit Gott ab und versprach, mich zu bessern. Dann versiebte ich wieder was und dachte mir, es ist ja doch egal: Ich würde sowieso in die Hölle kommen.

Ich erinnere mich auch noch, wie schön es war, mal aus alldem raus zu sein. Wenn ich bei einem Freund übernachtete, musste ich mir keine Sorgen machen, dass mein Vater oder meine Mutter mich wegen irgendwas runterputzen würden. Aber das brachte mich auch in Schwierigkeiten. Ich begann früher zu trinken als die meisten anderen in meiner Klasse, das war auch so etwas wie Ferien – eine Erleichterung –, bis ich erwischt wurde. Nicht dass mein Vater sich nicht auch oft einen hinter die Binde gekippt hätte, aber als er mich das erste Mal beim Trinken erwischte, musste ich sämtliche Brennnesseln in unserem Garten ausreißen. Ich brauchte fast eine Woche dafür. Als ich fertig war, hatte ich keine Stelle mehr am Körper, die nicht brannte. Ich hasste ihn dafür, aber ich hatte trotzdem auch das Gefühl, dass ich es verdiente. Ich war einfach zu aufgedreht. Ich stellte immerzu was an. Manchmal war es blöd – wie Trinken; manchmal war es gemein – wenn ich auf meinem Bruder herumhackte oder einem Blödmann in der Schule. Ich glaube, ich hätte es besser wissen sollen, aber ich tat es eben nicht.«

Chuck war während seiner ganzen Kindheit und Jugendzeit verbal misshandelt und herabgesetzt und zuweilen geschlagen worden. Sein Vater ließ keine Gelegenheit aus, ihm sein Versagen unter die Nase zu reiben. Wahrscheinlich wurde er hin und wieder einmal gelobt, aber Chuck vermochte sich kaum an eine solche Gelegenheit zu erinnern. In gewisser Weise kam er schließlich zur selben Einstellung wie sein Vater, der das Leben als Schlachtfeld sah. Doch die Feinde waren nicht geschäftliche Konkurrenten oder windige Lieferanten. Chuck hielt wachsam Ausschau nach Zeichen, die ihm sagten, dass er nicht so gut war wie die anderen. Überall sah er diese Zeichen, weil ihm eingebläut worden war, sich selbst so zu sehen. Er sah, dass seine Schwester manches gut machte, dass jedoch er im Allgemeinen zu nichts nutze war. Wie es häufig bei Menschen der Fall ist, die mit sich selbst unzufrieden sind, sah er in fast allem und jedem um sich herum Fehler.

Was Jungen entgeht: Empathie, Gewissen und Verbundenheit mit anderen

Paul war ein hochintelligenter, hochgebildeter, erfolgreicher Manager mit einer gleichermaßen niveauvollen Frau und drei begabten Kindern – einem 12-jährigen Sohn und zwei jüngeren Töchtern. Sie waren eine Familie, die es offensichtlich geschafft hatte, Ansehen und Achtung in ihrer wohlhabenden Gemeinde zu bekommen. Paul kam mit seinem Sohn – einem klugen, aufmerksamen und zuvorkommenden Jungen – meist gut aus, doch zuweilen, wenn der Junge auf eine bestimmte Weise frech wurde, schlug ihn Paul mit voller Kraft ins Gesicht. Das hatte eine verheerende Wirkung auf sie beide. Paul, schockiert von seinem eigenen Gewaltausbruch und voller Gewissensbisse, suchte gewöhnlich wenige Minuten nach dem Vorfall das Zimmer seines Sohnes auf, um sich zu entschuldigen. Sein Sohn – gekränkt, verängstigt und wütend – verweigerte sich; er trug es Paul schwer nach und sprach mehrere Tage lang kein Wort mit ihm, verbarrikadierte sich hinter einer Mauer des Schweigens und verhielt sich in Anwesenheit seines Vaters kalt und mürrisch.
In der Therapie vermied es Paul, über seine eigene Kindheit und die Sanktionsmethoden seiner Eltern zu sprechen. Er sagte nur, er sei nicht viel geschlagen worden, und wenn doch einmal, dass es dann »eigentlich kaum etwas bewirkt« habe. Doch aus den Erlebnissen in seiner Kindheit, mit denen er nach und nach herausrückte, ergab sich ein ganz anderes Bild.
Paul wuchs in den 50er Jahren als mittleres Kind von fünf Brüdern in einer Familie auf, die in vielen Aspekten ganz gewöhn-

lich erschien. Sein Vater war Vertreter eines Farbenherstellers und arbeitete hart. Seine Mutter war eine traditionelle Vollzeithausfrau und Mutter; keine leichte Aufgabe bei fünf Söhnen und einer Tochter. Beide Eltern waren tiefgläubige Kirchgänger und den Kindern gegenüber »streng«, wie Paul sagte. In dieser Familie wurden Strafen nach Geschlechtern getrennt ausgeteilt. Die Mutter schlug die Tochter, wenn diese sich danebenbenahm oder frech war. Wenn die Jungen etwas ausfraßen, vertrimmte sie der Vater mit seinem Gürtel. Diese Strafaktionen konnten unterschiedslos sowohl in der Öffentlichkeit als auch in der häuslichen Privatsphäre erfolgen. Paul erinnerte sich an einen Vorfall während eines Familienausflugs, als es im Auto hoch herging. Sein Vater hielt am Straßenrand an und befahl den Jungen, aus dem Auto zu steigen, um ihre Tracht Prügel entgegenzunehmen. Paul und seine Brüder – alle bis auf den jüngsten, der fünf Jahre alt war – kletterten aus dem staubigen Kombi und erwarteten ergeben ihre Strafe. Der jüngste jedoch weigerte sich und kroch wie besessen durch den voll gestopften Kofferraum des Wagens, während ihn sein Vater mit dem Gürtel in der Hand zu fassen suchte. Schließlich erwischte der Vater nach großer Mühe den kreischenden Jungen, verdrosch ihn im Innern des Autos, ging dann nach draußen und machte dasselbe mit den wartenden Brüdern. Einer nach dem anderen, am Straßenrand durchgeprügelt, kletterten sie wieder ins Auto, und als die Familie schließlich weiterfuhr, herrschte Schweigen, abgesehen vom Wimmern des kleinen Jungen im Fond.

Als sich Paul in der Therapie an diesen Zwischenfall erinnerte, schilderte er ihn lachend, wie eine Geschichte aus einer Fernseh-Comedy. Er scheute sich jedoch, sich näher mit den Übergriffen auseinander zu setzen, die er als Kind erlitten und mit angesehen hatte.

Paul entsprach nicht dem Typ des gewalttätigen Mannes, der gewöhnlich in Kriminalstatistiken oder Zeitungsberichten auftaucht, doch Tatsache war, dass er mit jedem Wutausbruch näher an diese Kategorie heranrückte. Das Training dafür hatte er absolviert: eine Kindheit, die beherrscht war von strengen Eltern und harten Strafen. Trotz seines entschlossenen Bemühens, diesen Teil seiner Vergangenheit zu vergessen, war sein eigenes Temperament davon geprägt worden. So widerwärtig er sie auch fand, die Lektionen von Zucht und Ordnung, die er buchstäblich überm Knie seines Vaters gelernt hatte, so erteilte er sie jetzt doch seinem eigenen Sohn.

Andere Männer erzählen ähnliche Geschichten von einer Kindheit unter der harten Hand, meist des Vaters, aber oft auch der Mutter, die mit Wut oder Depression zu kämpfen hatte.

»Ich bekam keine Schläge wegen schlechter Noten, aber wenn meine Eltern wirklich sauer auf mich waren, dann verpassten sie mir eine Ohrfeige oder eine Tracht Prügel«, erzählte uns ein 50-jähriger Ingenieur. »Mein Vater schlug mit der Hand oder manchmal einem Gürtel oder Hausschuh. Der Gürtel tat weher, aber der Hausschuh brannte, und das Geräusch – dieses laute Klatschen gellt mir immer noch in den Ohren. Meine Mutter nahm meist die Hand, aber sie benutzte [auch] Worte, die genauso wehtaten. Ich weiß noch, dass ich sie, als ich etwa neun Jahre alt war, einmal anschrie: ›Du sagst mir immer bloß, was ich falsch mache! Warum sagst du es mir nicht mal, wenn ich was richtig mache?‹ Ich habe meine Kinder nicht oft geschlagen – ich habe mir geschworen, niemals so tief zu sinken –, aber ich weiß, dass ich wegen meiner eigenen Kindheit ihnen gegenüber etwas aufbrausend bin. Ich fahre sie an, wenn ich etwas auch genauso gut weniger barsch sagen könnte. Immer wenn mir das passiert ist, kommt es mir vor, als würde ich die Wut ausleben, die meine Eltern auf mich hatten. Ich kann ihre Gegenwart förmlich spüren, ihre Wut und Gedankenlosigkeit.«

Eines der gesichertsten Forschungsergebnisse über die Biographien von späteren Gewaltverbrechern besagt, dass viele dieser Männer in einem Umfeld heranwuchsen, das von repressiven, inkonsequenten Sanktionen geprägt war. Die Stimmen der Delinquenten beben noch immer vor Wut über diese Misshandlung durch die Eltern. Arnold Goldstein zitiert in seinem Buch *Delinquents on Delinquency*, einer Sammlung von Interviews mit jungen Straftätern, einen jungen Mann: »Die Eltern glauben, sie könnten einem Jungen durch [Schläge] helfen, aber sie machen

ihn damit nur schlechter[;] ... [die] Wut bleibt einfach in ihm drin[;] ... der Schmerz wächst ihm über den Kopf.«[10]
Untersuchungen zeigen, dass dies auch für »normale« Kinder gilt. In einer Studie fanden die Wissenschaftler heraus, dass diejenigen Vorschulkinder, die zu Hause geschlagen wurden, in der Schule häufiger körperlich aggressiv waren. Sie neigten auch viel eher dazu, ihre Mitschüler zu schikanieren. Ob sie nun von Vater oder Mutter geschlagen wurden, ob die Prügel in Form fortgesetzter Misshandlung erfolgten oder relativ harmlos und selten waren, sie schlugen sich in brutalem Verhalten der Jungen anderen gegenüber nieder.[11]
Natürlich wandelt sich nicht bei allen Jungen, die unter der eisernen Faust der Eltern aufwachsen, Scham in Wut und Wut in Gewalttätigkeit. Viele Jungen kehren diese Gefühle nach innen, sie verdüstern ihre Lebenssicht und verbauen ihnen den Weg zu anderen, liebevolleren Beziehungen. Die Schwermut kriecht in jeden Winkel ihres Daseins und beraubt sie der emotionalen Energie auch für die simpelsten Freuden und Vergnügungen.

Sanktionen: Worum es in Wahrheit geht

Sean: ein Junge, der Grenzen braucht

Sean hatte sich bereits im Alter von neun Jahren einen Namen als ausgesprochener Unruhestifter gemacht, zuerst in der Schule und neuerdings auch in seiner Gemeinde. Er hatte eine sympathische Art, war clever und redegewandt, aber ein bisschen wild. Er war vor kurzem in seinem Viertel in Schwierigkeiten geraten, weil er sich mit einem ortsbekannten, vorbestraften Jugendlichen namens Bobby an kleineren Zerstörungsaktionen beteiligt hatte. Er kam zu uns, nachdem seine Lehrer und Eltern erkannt hatten, dass dies nicht eine vorübergehende Phase war: Sein beunruhigendes Verhalten nahm an Intensität zu. Sean war als Säugling lebensgefährlich erkrankt, und seine Eltern, insbesondere seine Mutter, waren so glücklich, dass er überhaupt

noch am Leben und gesund war, dass es ihnen schwer fiel, überhaupt Forderungen an ihn zu stellen.
In einer Therapiesitzung brachte Sean zum Ausdruck, dass er mit seinem Leben nicht unzufrieden war, Bobby eigentlich gar nicht so besonders mochte und spürte, dass er auf die schiefe Bahn zu geraten drohte. Er wusste aber nicht, wie er sich von der Freundschaft und der eingeschlagenen Richtung lösen sollte. Er wusste, dass er Hilfe brauchte. Er saß einen Moment nachdenklich da und fragte dann, ob er seine Mutter ins Zimmer rufen könne, weil er ihr etwas sagen müsse. Als seine Mutter hereinkam, bat er sie, Platz zu nehmen, blickte ihr direkt in die Augen und sagte: »Wenn du mir weiter alles durchgehen lässt, werde ich genau wie Bobby.«

Sinnvolle Sanktionen setzen einem Jungen und seinem Tatendrang *Grenzen* und geben ihm das Gefühl physischer und emotionaler Sicherheit, die er braucht, um Selbstbeherrschung und moralisches Verhalten zu lernen. Sinnvolle Sanktionen sind konsequent; sie stellen klare und begründete Erwartungen und bieten eine verlässliche, mitfühlende Führung durch Erwachsene, die in ihrem alltäglichen Umgang mit dem Kind und mit anderen diese Normen und Verhaltensweisen vorbildhaft vorleben. Sinnvolle Sanktionen binden einen Jungen ein, fördern Kontakte statt Isolation, beziehen ihn ins Gespräch ein, statt ihn auszuschließen, behandeln ihn als Berater. Die Ansprache kann durch direkte Fragen erfolgen wie: »Was an dieser Regel verstehst du nicht oder womit bist du nicht einverstanden?« oder »Was brauchst du, damit du dieses Verhalten unterlassen kannst?« Die Eltern können einfach das individuelle Wesen oder Temperament ihres Sohnes berücksichtigen – sich an der Realität orientieren –, um maßgeschneiderte Sanktionen zu entwickeln.
Wenn wir mit einem Jungen diskutieren, zeigen wir Respekt für seine Meinung und seine Gefühle. Durch den Dialog können wir einem Jungen Einsicht in den moralischen Gehalt der Erwartung vermitteln. Wir lehren ihn, in sich hineinzuschauen, Emotionen zu identifizieren und ihnen in einer Weise Ausdruck zu geben, die ihn anderen näher bringt, statt sie ihm zu entfremden. Wenn

wir mit ihm reden, ohne mit Strafe zu drohen, stärken wir unser Verständnis für ihn und unsere Beziehung zu ihm.

Aus vielen Komödien ist uns die Pointe vertraut: »Wenn du so schlau bist, warum bist du dann nicht reich?« Wir könnten sie in abgewandelter Form übernehmen: Wenn sinnvolle Sanktionen so gut funktionieren, warum wenden wir sie dann nicht alle an? Weil das Arbeit macht. Es kostet viel mehr Zeit und Mühe, mit Ihrem Sohn die Stunde zu verbringen, die er braucht, statt ihn anzuschnauzen und sich dann wieder Ihren eigenen Angelegenheiten zuzuwenden, ob das die Arbeit ist oder die Sportschau. Eltern halten die Vorsätze oft nicht ein, die sie bezüglich ihres Erziehungsverhaltens in der Therapie gefasst haben. Eingeschliffene alte Gewohnheiten – selbst unnütze – widersetzen sich einer Veränderung. Niemand ist perfekt; wir alle machen Fehler, ob mit Taten, Worten oder Mutmaßungen. Wenn unser Erziehungsstil das wechselseitige Verständnis fördert, dann trägt dieses dazu bei, dass Jungen zu besseren Menschen heranwachsen, weil es uns bessere Methoden lehrt, sie zu führen und zu leiten.

Kapitel 4
Die Kultur der Grausamkeit

»Grausamkeit und Furcht gehen Hand in Hand.«
Honoré de Balzac

Fast jeder Mann erinnert sich an die Kameradschaften seiner Kindheit und kann Geschichten über das Erwachsenwerden erzählen. Diese Geschichten drehen sich vielleicht um seinen Busenfreund oder seine Kumpel und um die denkwürdigen Zeiten, die sie miteinander verbracht haben – mit Fahrrad fahren, Basketball spielen, Kinobesuchen oder einfach mit »Rumtreiben«. Manchmal geht es aber auch nicht um Freunde, sondern um ein Ereignis, einen Augenblick, der ihm noch genauso lebhaft in Erinnerung ist wie an dem Tag, als es geschah. Diese Geschichten sind es, die Männer besonders gerne erzählen. Andere Geschichten aus ihrer Jugend erzählen Männer selbst viele Jahre später nicht so bereitwillig oder überhaupt nicht, weil der seelische Schmerz dieser Erfahrung sie immer noch genauso aufwühlt wie an dem Tag, als sie 10 oder 12 oder 14 Jahre alt waren. Das sind Geschichten über die Grausamkeit unter Jungen – über Unterwerfung, Demütigung, Angst und Verrat –, die die meisten Frauen niemals zu hören bekommen und die die meisten Männer und Jungen einander nur sehr zögerlich oder gar nicht anvertrauen.
Etwa mit 10 Jahren, wenn ein Junge sich der Pubertät nähert, führt die normale kognitive Entwicklung dazu, dass er sich seiner selbst und seiner Stellung in der Gruppe deutlicher bewusst wird. Damit steigen die Risiken in den zahlreichen Wettkämpfen, die Jungen ausfechten: Wer ist stärker, wer wirkt anziehender auf Mädchen, wer bekommt bessere Noten, wer spielt besser Basketball, wer ist wohlhabender und besitzt bessere Sachen,

wer gewinnt die Oberhand bei Wortgefechten und Hänseleien. Das Streben des Jungen nach Selbstbestimmung, die Tatsache, dass ihm die Lehrer jetzt mehr Freiheit lassen, und sein Wunsch, sich dem Einfluss seiner Eltern zu entziehen, machen ihn zu einem willigen Rekruten für die Gleichaltrigenkultur. Die Gruppe fordert Anpassung von ihm und setzt ihn zugleich der Gefahr aus, ausgelacht zu werden, wenn ihm diese Anpassung nicht gelingt. Ob es die Fernsehsendungen sind, die er sieht, die Bücher, die er liest, die Schuhe, die er trägt, die Farbe seiner Strümpfe, die Länge seiner Shorts, sein Haarschnitt, der Klang seines Gelächters oder die Länge seiner Schritte, alles, was ein Junge sagt oder tut und das irgendwie anders ist, kann und wird gegen ihn benutzt werden. Zudem verstärken die altersbedingten körperlichen Veränderungen beispielsweise von Größe, Muskulatur, Stimme und Gesichtsbehaarung die Hemmungen eines Jungen noch. Fast alle Jungen verbergen ihren Schmerz, denn ihn zu zeigen hieße Schwäche zeigen. Und sie alle mühen sich nach Kräften, Präventivschläge auszuteilen – um die Aufmerksamkeit von sich selbst auf andere zu lenken. In diesem psychologischen Krieg genießt kein Junge wirklichen Schutz, und es gibt keine »Sieger«.

Jungen sind auf einer verzweifelten Suche nach Rollenmodellen, wenn sie in dieses Alter der Unsicherheit kommen, und in den meisten Fällen verlangt das vorherrschende Männlichkeitsbild Stärke und stoische Kaltblütigkeit. Jungen führen einen fortwährenden psychologischen Krieg miteinander. Die älteren Jungen schikanieren die jüngeren – weil sie ihnen rein körperlich überlegen sind –, und die jüngeren machen es ihnen nach. So schaffen sie sich eine Umgebung, die die Schwachen gegen die Starken, die Unbeliebten gegen die Beliebten, die Ohnmächtigen gegen die Mächtigen und den Jungen, der die Gruppennorm in irgendeiner Hinsicht nicht zu erfüllen vermag, gegen das Anpassung fordernde »Wolfsrudel« ausspielt.

Die Schulleiterin eines Internats an der Ostküste schrieb uns einen Brief, in dem sie sich besorgt über die grausamen Hänseleien äußerte, die an der Schule insbesondere unter den Jungen gang und gäbe waren und die sich weit über vergleichsweise

harmlose Beleidigungen und Kraftausdrücke hinaus zu raffinierten psychologischen »Streichen« mit einem bedenklichen Unterton emotionaler Grausamkeit ausgewachsen hatten.
Eines Nachmittags hatte sich im Gemeinschaftsraum des Wohntrakts folgender Vorfall ereignet: Ein Elftklässler, unterstützt von zwei düster dreinblickenden Freunden, gab vor, völlig verzweifelt und außer sich über den Tod seines Vaters zu sein. Ein anderer Junge ging auf ihn zu, um ihn zu trösten, weil er ernsthaft glaubte, dem Jungen sei dieses schreckliche Unglück wirklich zugestoßen. Nachdem der vermeintlich Trauernde den Anteil nehmenden Jungen mehrere Minuten lang an der Nase herumgeführt hatte, gestand er den Ulk – seine Eltern lebten und waren wohlauf –, und weil der Schabernack so großartig geklappt hatte, wollte er sich mit seinen Freunden fast ausschütten vor Lachen. Der mitleidige Junge stand da wie ein begossener Pudel und ärgerte sich, dass er hereingelegt worden war. Und er lernte seine Lektion: Das nächste Mal würde er mit seinem Mitgefühl nicht so schnell bei der Hand sein.
Andere beunruhigende Vorkommnisse, die die Schulleiterin schilderte, hätten sich an jeder anderen Schule oder in jedem anderen Viertel, wo heranwachsende Jungen zusammen sind, abspielen können: Als ein Junge, der nicht sehr beliebt war, Geburtstag hatte, sangen mehrere Jungen »Happy Birthday« für ihn, taten jedoch so, als hätten sie seinen Namen vergessen. Als sie merkten, dass ihm das peinlich war, entschuldigten sie sich und überreichten ihm dann seinen Kuchen – einen mit Glasur überzogenen Eisblock.
Im Umkleideraum der Turnhalle urinierten einige Jungen auf die Sachen oder in die Shampooflaschen anderer Jungen. Es gab Fälle von »Nippeldrehen«, eine für das Opfer schmerzhafte und erniedrigende Quälerei. Jungen zogen sich selbst oder anderen die Hosen herunter und rieben sich an denen, die sie als Opfer auserkoren hatten. Manche schmuggelten benutzte Kondome oder Abfall zwischen die Kleider anderer Jungen oder in ihre Spinde.
Im Allgemeinen setzen weder das Opfer noch seine Freunde Lehrer von solchen Vorfällen in Kenntnis, in erster Linie, weil sie wissen, dass diese Aktionen so sehr unter der Gürtellinie

treffen und derart wehtun, dass alle Lehrer oder Eltern sie missbilligen und bestrafen würden; die Folgewirkungen wären also schlimmer als der ursprüngliche Vorfall. Den Schmerz zu zeigen hieße außerdem eine Niederlage eingestehen, und das wiederum würde nur die Verletzlichkeit des Jungen für weitere Hänseleien und Attacken erhöhen. Jeder Junge weiß das. Warum windet sich ein Junge den ganzen Nachmittag lang im Unterricht unbehaglich auf seinem Stuhl, statt die Toiletten aufzusuchen und sich Erleichterung zu verschaffen, wie es einer der von uns betreuten Schüler nach eigenem Bekunden häufig tat? Weil eine Reihe offener Urinale förmlich zu entwürdigenden Handlungen einlädt. Es braucht nur einen raschen Stoß in den Rücken: der Junge verliert die Balance, handelt sich nasse Hosen und nicht enden wollendes Gelächter ein. Nicht nur der Angreifer lacht ihn aus, auch jeder andere, der den Vorfall mit ansieht oder davon hört. Alle ziehen ihn damit auf und flüstern und kichern darüber, bis ein anderer, den es noch schlimmer erwischt, in den Vordergrund rückt.

Wir berieten einmal eine Schule, an der die Mitglieder der Hockeymannschaft regelmäßig zwei kleine Jungen aus der 9. Klasse auf das Spielfeld schleiften und sie zwangen, sich zu prügeln. Wenn sie sich weigerten, drohten die größeren Jungen, würde eben die Mannschaft sie verdreschen. Und deshalb kämpften die kleineren Jungen, und die älteren zeichneten es auf Video auf und zeigten das Band in der Schule herum.

Trotz kameradschaftlichen Auftretens leben alle Jungen in der Furcht und dem Schrecken dieser Kultur der Grausamkeit. Andererseits fügen sie sich auch dem Codex, halten treu und brav an seinen Grundsätzen fest – selbst wenn sie sie vielleicht nicht zu erfüllen glauben –, weil sie in ihm einen unumgänglichen Prüfstein ihrer Männlichkeit sehen.

Mit jeder Lektion von Unterwerfung, Einschüchterung und Verrat wird ein Junge weiter weg geführt von Vertrauen, Empathie und Beziehungen.[1] All dies verlieren sie an die Kultur der Grausamkeit. Dafür lernen sie, emotional stets auf der Hut zu sein – immer in der Habachthaltung, mit der so viele Männer ihr ganzes Leben lang an Beziehungen herangehen.

Diese Kultur bietet keinerlei Sicherheit. Manche Jungen werden häufiger zur Zielscheibe als andere, manche führen häufiger Attacken an, doch alle Jungen wissen, dass sie verwundbar sind. Ein selbstbewusster und beliebter Junge räumte ein: »Alle denken, man hätte es leicht, wenn man oben ist, aber oben zu sein bedeutet nur, dass man die ganze Zeit Angst haben muss, einen Fehler zu machen oder jemand könnte einen überrunden. Man braucht bloß einmal Mist zu bauen oder einen schlechten Tag zu haben, und alle möglichen Typen warten bloß darauf, dich in die Pfanne zu hauen.« Für einen Jungen, der in der Hackordnung nicht so weit oben steht, kann das Leben zur Hölle werden – physisch und psychisch –, wenn es dem Rudel beliebt, ihn aufs Korn zu nehmen oder, was noch schlimmer ist, wenn der gedemütigte Junge seine Gefühle gegen sich selbst wendet, was zu ernsthaften psychischen Problemen, Suizid oder Gewalttätigkeit führen kann. Jungen, die ständig unter dem Druck stehen, ihre Macht zu behaupten oder als Schwächling bezeichnet zu werden, neigen eher dazu, anderen Grausamkeiten zuzufügen, ohne deren emotionale Auswirkungen zu bedenken oder zu beachten. Jungen sind grausamer, unter anderem aus Angst, und ihr Bedürfnis, diese Angst abzuwehren, ist unerbittlich.

Colin, ein scharfsichtiger Elftklässler, sinnt darüber nach, was er in der 7. Klasse erlebt hat: »Man gewöhnt sich an, andere anzumachen, und das geht bis zu dem Punkt, wo man nicht mal mehr drüber nachdenkt, was man sagt – etwa ›Du bist ein Arsch‹ –, und dann passiert das ständig, und es wird immer schlimmer, und dann ist es einfach ein Wort wie ›und‹ oder ›ich‹, und man merkt gar nicht mehr, dass dieses Wort einen anderen verletzen kann. Ich glaube nicht, dass man noch die Folgen sieht. Wenn man jemanden aufs Auge haut, kann man sehen, dass er ein Veilchen kriegt, aber wenn man selber und noch dreißig andere ihn zehnmal am Tag Versager nennen, merkt man nicht, dass der Junge ein schwaches Selbstwertgefühl hat oder dass es ihm wehtut. Man würde es vielleicht merken, wenn er weinen würde oder so, aber andererseits ist das bloß wie Öl ins Feuer gießen: Alle hacken dann auf ihm herum, weil er heult.«

Wir sind Realisten. Uns ist bewusst, dass die Kultur der Grausamkeit von mächtigen Einflüssen geformt und aufrechterhalten wird. Insofern die Phase der Pubertät und der frühen Adoleszenz für alle Kinder eine Zeit der radikalen Veränderungen, der Selbstfindung und der emotionalen Unsicherheit darstellt, ist es in gewissem Maße unvermeidlich, dass Jungen zu Rivalen, Freunden, Feinden werden.[2] Doch genauso wie die gedankenlos dahingesagte abfällige Bemerkung eines Jungen dem Betroffenen eine dauerhafte Wunde schlagen kann, kann sich das Klima einschneidend verändern, wenn nur wenige Jungen beschließen, sich nicht an den Hänseleien zu beteiligen oder einen attackierten Jungen in Schutz zu nehmen. Die Kultur der Grausamkeit wächst und gedeiht aufgrund der Furcht von Jungen vor Verletzlichkeit. Deshalb liegt die Herausforderung darin, ihre Ängste durch größeres Verständnis für ihre eigenen emotionalen Kämpfe zu ersetzen und dadurch ihrem Drang zu Grausamkeiten und deren Duldung einen Riegel vorzuschieben.

Michael über Siebtklässler: Reden lernen ... aber nicht zu viel

Die Leiterin einer vorstädtischen Middle School bittet mich um ein einstündiges Gespräch mit den Jungen der 7. Klassen. Wie sie berichtet, sind unter ihnen Hänseleien an der Tagesordnung, und sie hofft, dass diese Unterredung mehr bringt, wenn die Mädchen nicht dabei sind.

Das Treffen findet spätnachmittags in einem dunklen Klassenzimmer statt. Alle Jungen – rund vierzig – sitzen hinter den Tischen und haben ihre dicken Schultaschen neben sich auf dem Boden stehen. Ein toller Anblick, all diese Jungs mit ihren frischen, offenen Gesichtern. Sie sehen so prachtvoll aus, so erwachsen, und dennoch sind sie es nicht.

Sie schließen sich sofort nach Betreten des Raums zu Grüppchen zusammen, während einige für sich bleiben und einige sich an die Wand drücken. Es gibt immer eine zentrale Clique, die sehr eng beisammensitzt und eine Aura von Macht und Im-Mittelpunkt-Stehen ausstrahlt. Ihre Haltung sagt mir: »Mit *uns* musst du rechnen.« Ich kann nicht genau erklären, nach welchen Prinzipien die Machtverteilung in einer Schülerschaft erfolgt, aber ich weiß Bescheid, wenn ich sie mir ansehe. Innerhalb von Sekunden ist klar, welche Jungen im Zentrum der Aufmerksamkeit stehen wollen, welche um meine Zeit wetteifern werden, welche das Gespräch an sich reißen möchten und welche an den Rand gedrängt werden.

Ich beginne mit der Frage, warum sich Jungen gegenseitig durch den Kakao ziehen. In ihren Augen ist das eine dumme Frage. Weil es Spaß macht, sagt einer, das weiß doch jeder. Die Gelegenheit für einen Witz liegt doch auf der Hand; das blöde Verhalten springt doch ins Auge; es *muss* einfach jemand darauf hinweisen. Dann frage ich sie nach dem für sie – emotional gesehen – schmerzhaftesten Augenblick in der Schule. Ein unbehagliches Schweigen tritt ein. Die Jungen lassen ihre Blicke durch den Raum hinüber zu den anderen schweifen und rutschen auf ihren Stühlen hin und her. Ein Junge fängt an, einen Sportunfall zu schildern, und ich erinnere ihn daran, dass wir über verletzte Gefühle sprechen. Einer erzählt, dass er im Chemielabor ein Reagenzglas mit einer stinkenden Mixtur hatte fallen lassen und dass ihn daraufhin alle damit aufzogen, dass er zwei linke Hände habe. Ein anderer Junge berichtet, dass sich die anderen immer über seine Zahnspange lustig machen.

Dann beginnt Steven, einer der Jungen, die alleine und an der Wand sitzen, davon zu erzählen, dass er regelmäßig im Bus drangsaliert wird. Seine Bücher werden ihm aus der Schultasche geklaut, seine Hefte verstreut, und alle lachen ihn aus, wenn er sie wieder einsammeln geht. Der Ton seiner Stimme signalisiert uns allen, dass seine Wunde frisch und tief ist. Das Unbehagen im Raum ist mit Händen zu greifen. Seine Peiniger sitzen hier, und er verrät ihr »Geheimnis« einem »Fremden«.

Was den Jungen jedoch am meisten unter die Haut geht, ist das Gefühl in Stevens Stimme. Er hat die Hosen heruntergelassen; es wird ernst. Die Jungen beginnen sich zu winden oder zu kichern; ein paar stoßen ihren Nachbarn an. Überall im Raum erheben sich leise Geräusche. Ich weiß, dass Steven weiß, dass er

den Codex des Schweigens bricht und dass ihm das gleichgültig ist; er hat meine Aufmerksamkeit, und er wird seine Geschichte auf den Tisch packen.
Ich fühle mich hin und her gerissen, denn als Psychologe möchte ich seine Selbstenthüllung unterstützen, aber Steven macht sich damit auch zur Zielscheibe neuer Hänseleien. Er bemerkt die Anzeichen nicht. Wenn er so weitermacht und seine Verletzlichkeit offen zur Schau stellt, wird sich die Gruppe gegen ihn zusammenrotten. Ich möchte Steven helfen, seine Wahrheit auszusprechen, ohne dass er sich dadurch zum Opfer der Gruppe macht, zum »Piggy«, dem Jungen in der Opferrolle in William Goldings *Herr der Fliegen*.
Der dicke »Piggy« ist der klassische Sündenbock in der Literatur, die die Grausamkeit von Jungen thematisiert. Der Roman schildert, wie schiffbrüchige Schuljungen im Alter von sieben bis 13 Jahren sich abmühen, Zivilisation und Demokratie aufrechtzuerhalten, letztlich jedoch scheitern und grausamen Impulsen nachgeben, sich gegenseitig zu beschämen und zu bestrafen. Selbst der Anführer der Jungen, der sich am meisten um Gerechtigkeit und Ausgleich bemüht, lässt sich an einer Stelle dazu hinreißen, bei dem gnadenlosen Herumhacken auf Piggy, dem pummeligen, bebrillten Inbegriff der Verletzlichkeit und der Stimme der Vernunft, mitzumachen. Als schließlich der ganze Trupp sich in einen hitzigen Streit über Aufgaben und Pflichten verstrickt, ruft Piggy zu Ruhe und Besonnenheit auf und wird daraufhin umgebracht.
An vielen Schulen gehört der Roman zum Standardstoff für den Englischunterricht in der 7. und 8. Klasse. In den Augen der Mädchen stellt er eine eindrucksvolle Parabel auf die menschliche Fähigkeit zur Grausamkeit dar. Für die Jungen ist die Geschichte keine Fiktion, sondern ganz real: Sie ist ihnen so nah wie der überfüllte Korridor zwischen den Schulstunden oder der Umkleideraum vor dem Sportunterricht. Sie erfasst exakt ihre eigene, kaum zivilisiertere Welt. Sie beschreibt einen Ort, den jeder Mann aus eigener Erfahrung kennt. Auch ein Junge durchlebt diese Geschichte, tagtäglich und in vollem Bewusstsein, dass sich die Gruppe im Handumdrehen gegen ihn verschwören

kann, dass jeder Augenblick den Keim zum »Piggy-Sein« in sich trägt und dass es, falls er in die Schusslinie gerät, praktisch niemanden – nicht einmal einen Freund – gibt, der sich gegen die Meute auf seine Seite stellt. Von den am stärksten von Gewalt geprägten Gemeinschaften abgesehen, schweben die meisten Jungen weniger in der Gefahr physischer Vernichtung als vielmehr in der, an den Rand gedrängt zu werden – sich wertlos oder praktisch nichtexistent zu fühlen –, was verheerende emotionale Auswirkungen haben kann.

Ich unterbreche Steven und danke ihm für seinen Beitrag. Er ergreift später noch zweimal das Wort, und als ich das hämische Grinsen in den Gesichtern der anderen Jungen sehe, blocke ich ihn ab. Ich werde ihn später ansprechen, entweder direkt oder über die Schulleiterin, und mit ihm ein Gespräch unter vier Augen vereinbaren.

Das Streben nach Männlichkeit: Auf der Suche nach dem Großen Unmöglichen

Es ist normal, wenn ein Kind die Achtung oder Anerkennung von Altersgenossen sucht. Freundschaft bietet Zuneigung, Intimität und verlässlichen Beistand. Ein Freund oder die Gruppe kann konkrete Hilfe, Geborgenheit, Kameradschaft und Stärkung des Selbstwertgefühls vermitteln. Was nur eine Gruppe geben kann, ist das Gefühl der Dazugehörigkeit, nach dem sich alle Kinder sehnen.

Bei Jungen am Beginn der Adoleszenz ist dieses Bedürfnis dazuzugehören noch überlagert von einem zweiten Bedürfnis, das mit ihrer im Entstehen begriffenen Geschlechtsidentität zusammenhängt: der Wunsch, sich als erfolgreicher Mann zu bestätigen. Im östlichen Bergland von Papua-Neuguinea leben Ureinwohner, die das Mannsein als das »Große Unmögliche« bezeichnen.[3] Was für ein passender Begriff für die Zugehörigkeit zur Gruppe der Männer, die so viele Kulturen erst nach einem Übergangsritus anerkennen, mit dem sie den Mut des Jungen im

Feuer der kulturellen Erwartungen auf die Probe stellen. Darin steckt die Vorstellung, dass simple anatomische Männlichkeit nicht genügt, um ein echter Mann zu sein, dass ein Junge eine Herausforderung bestehen muss, um sich den Status als Mann zu verdienen. Wenn Männlichkeit als Leistung definiert wird, dann wird Mannsein »ein Preis, der gewonnen oder durch Kampf errungen werden muss« sowie »ein ungesicherter oder künstlicher Zustand«, wie David Gilmore in seinem Buch *Manhood in the Making* schreibt.

Eine als Leistung definierte männliche Identität ist aber praktisch unmöglich auf Dauer zu erlangen. »Du bist nur so gut wie dein letztes Spiel«, lautet ein stehender Spruch im Baseball. Jungen nehmen diese Botschaft persönlich. In der Welt der Jungen darf sich keiner jemals auf seinen Lorbeeren ausruhen. Er muss sich stets immer wieder aufs Neue beweisen. Dieses unendliche Streben, dazuzugehören, cool zu sein, macht Jungen unausweichlich zu Konkurrenten – und ebenso zu Konkurrenten der Männer in ihrem Umfeld. In dieser psychologisch auf Konkurrenz gegründeten männlichen Welt heißt sich selbst zu beweisen unter anderem andere herabzusetzen.

Ein Junge lebt in den engen Grenzen einer Welt, die durch seine keimende Maskulinität definiert wird. In dieser Welt wird alles, was er tut oder denkt, nach der Stärke oder Schwäche, die sich darin spiegelt, beurteilt: Der Junge ist entweder stark und wertvoll oder schwach und wertlos. Zudem muss er bereit sein zu kämpfen. Selbst wenn er das noch nie getan und beabsichtigt hat, muss er vor sich selbst so tun, als ob er das könnte und würde. Ein Junge, der anerkannt wird, ist einer, der »mit sich klarkommt«, wie es ein nicht gewalttätiger 15-Jähriger ausdrückte. Seiner Aussage zufolge bedeutete dies, sich in der Vorstellung mit einem anderen Jungen zu vergleichen und zu überlegen, ob man ihn im Fall der Fälle würde verprügeln können.

Eine in vielen Familien diskutierte Frage kreist darum, was einem Jungen, der von einem anderen schikaniert wird, zu raten ist. Mütter stehen meist auf dem Standpunkt, dass man »mit Gewalt gar nichts erreicht«; Väter haben keine Skrupel, ihrem 10-jährigen Sohn zu raten, er solle dem Idioten »eine reinhauen«, aber gleichzeitig einzuräumen, dass er sich seinen Peiniger mit dieser Methode vielleicht nicht vom Hals schafft – dass das aber nicht der Punkt sei. Schulhoftyrannen einfach den Rücken zu kehren ist ein Zeichen von Schwäche, und das nagende Gefühl der Feigheit ist eine größere Strafe als jeder Faustschlag.

Jungen stehen nicht bloß unter dem Druck, maskulin zu erscheinen; sie meinen, auf jeden Fall *nicht* feminin – vielleicht sogar antifeminin – wirken zu müssen, und deshalb attackieren sie bewusst und entschlossen Züge an anderen und an sich selbst, die möglicherweise als weiblich definiert werden könnten. Dazu gehören Zärtlichkeit, Empathie, Mitleid und mögliche Zeichen emotionaler Verletzlichkeit. Dieser Druck muss nicht unbedingt einen Schläger hervorbringen, aber er setzt einen Maßstab für Männlichkeit, dem sich alle Jungen unterwerfen und an dem sie sich selbst messen.

Howard, ein Lehrer aus einer Lehrerfamilie, vertraute uns eine Begebenheit aus seiner Jugend an. Seine Eltern hatten ihn in ein Ferienlager in Vermont geschickt, das für seine mannhaften Traditionen berühmt war. Jeden Freitagabend fand eine »Indianerzeremonie« am Lagerfeuer statt. Alle älteren Jungen, die »die Prüfung bestanden« hatten, verkleideten sich als »Krieger« und marschierten einer hinter dem anderen zum Lagerfeuer. Alle jüngeren Jungen waren »Squaws«, die ganz am Ende der Reihe gehen und Decken über den Kopf ziehen mussten. Ein Junge blieb so lange eine Squaw, bis er die »Prüfung« bestanden hatte; dabei musste er ein kompliziertes »indianisches« Lied singen, das gespickt war mit unbekannten Wörtern.

Howard war so nervös, dass es ihm nicht gelang, sich den Text des Liedes einzuprägen. Trotzdem stand er jeden Freitagabend auf und versuchte es zu singen, vor versammelter Mannschaft, vor allen »Kriegern«, und jedes Mal versagte er. Den ganzen ersten Sommer lang musste er jeden Freitagabend wieder die Decke überziehen und eine »Squaw« bleiben.

Als Mädchen – als »Squaw« – bezeichnet zu werden ist das Demütigendste, was einem Jungen passieren kann. Dass Howard die »Ehre« des Mannseins vorenthalten wurde, weil er sich den Text eines Liedes nicht merken konnte, kränkte ihn noch obendrein. Trotz der Fülle späterer Erfahrungen und Leistungen, die sein Leben auszeichnet, trägt Howard immer noch an dieser Erinnerung; sie stellt für ihn eines der grausamsten und erniedrigendsten Erlebnisse seines ganzen Lebens dar.

Verletzlichkeiten: Wie Maskulinität und Sexualität Abwehrverhalten in Gang setzen

Mit dem Einsetzen der Adoleszenz fühlen sich Jungen verwundbarer, was ihre Körpergröße, Stärke, Leistung und keimende Sexualität betrifft. Dementsprechend werden ebendiese Merkmale bei anderen zu Zielscheiben für die häufigsten und brutalsten Attacken.

Die Sexualität beherrscht die Witze und die Gespräche von heranwachsenden Jungen. Insbesondere der Penis ist eine Quelle sowohl außerordentlicher Faszination als auch körperlicher und emotionaler Spannung. Wenn ein Junge merkt, dass seine sexuelle Entwicklung voranschreitet – er hat feuchte Träume und entdeckt die Masturbation, mit der er sich selbst Lust verschaffen kann –, so verstärkt das nur seine Verwirrung im Zusammenhang mit seinen körperlichen Veränderungen. Jeden Augenblick kann ihn eine Erektion überfallen, und das macht ihm Sorgen, weil es ihn natürlich ganz plötzlich in schlimme Verlegenheit bringen kann. Je nach Umgebung und Gesellschaft kann eine unvorhergesehene sexuelle Reaktion als Anzeichen von Homosexualität gedeutet werden. Und 11-, 12- und 13-jährige Jungen fürchten Homosexualität buchstäblich wie die Pest. Sie wissen nicht, woher sie kommt, was sie nur umso beängstigender macht, aber sie wissen, dass homosexuell sein nicht »cool« ist. Homosexuelle sind männlichen Geschlechts, aber nicht *männlich*.

Wie häufig sich Jungen in diesem Alter wegen möglicher homosexueller Neigungen frotzeln, ist verblüffend. »Schwuler« oder »Tunte« ist ein ständig gebrauchtes Schimpfwort, ob das »Vergehen« des Betroffenen nun in seiner Haartracht, seiner Sprechweise, seiner Kleidung, einer guten Note oder einem schlechten Ballwurf liegt. Die verletzende Kraft dieses Spotts stumpft sich durch Wiederholung nicht ab. Er ist deshalb so kränkend, weil die Angst vor Homosexualität so tief sitzt.

Obwohl das gruppenweise Masturbieren unter Jungen nicht selten vorkommt, wird kaum ein Junge oder Mann das zugeben. Für die meisten beteiligten Jungen sind das gemeinsame Masturbieren mit Freunden sowie andere sexuell gefärbte Spielereien nicht unbedingt ein Zeichen von Homosexualität. Wenn sich ein Junge geniert oder schämt, weil er gemeinsam mit anderen masturbiert, dann sind in der Regel nur zwei oder drei Jungen beteiligt, und dann werden eher Ängste in ihm wach, er könnte schwul sein oder werden.

Ein Junge quält sich also nicht nur mit dem unmittelbaren körperlichen und psychischen Unbehagen, das mit einer normalen sexuellen Reaktion verbunden ist, sondern auch noch mit der Sorge, was diese Reaktionen und Empfindungen für andere und ihn selbst bedeuten mögen. Jungen fürchten die Homosexualität, weil sie den traditionellen Männlichkeitsnormen zuwiderläuft und die gefürchtete Rache des Kollektivs herausfordert.

Die Angst vor Homosexualität erzwingt ein Berührungstabu, das Jungen den Trost durch körperliche Berührungen verwehrt und jede zufällige Berührung sexualisiert. Insbesondere in der Adoleszenz glauben Jungen, sie seien jetzt zu alt für Umarmungen und Küsse ihrer Eltern, doch in Wahrheit brauchen sie immer noch das Gefühl von Geborgenheit, das nichtsexuelle Berührungen vermitteln. Ein Grund, weshalb die Masturbation für pubertierende Jungen einen so zentralen Stellenwert hat, könnte durchaus darin liegen, dass diese körperliche Isolation die Adoleszenz zu einer Zeit tiefer Einsamkeit macht. Für einen Jungen, dessen sexuelle Neigungen sich schließlich tatsächlich als homosexuell erweisen, ist diese Phase besonders schlimm, weil seine Angst und seine Verleugnung noch durch die allgemeine homophobische Panik verschärft werden, die die Jungenkultur insgesamt im Griff hält.[4] Es ist für einen heterosexuellen Jungen demütigend, als »schwul« beschimpft zu werden; um wie viel schlimmer ist es wohl für einen Jungen, der insgeheim tatsächlich solche Gedanken hegt? Wie sich Michelangelo Signorile in seinem Buch *Queer in America* erinnert, bekämpfte er als Jugendlicher die Ahnung, dass er homosexuell war, indem er sich einer Bande anschloss, die als schwul verdächtigte Jungen regelmäßig überfiel und verdrosch.[5] Der Mord an Matthew Shepard, einem schwulen College-Studenten in Wyoming 1998, scheint brutaler Beweis genug für die Macht der Homophobie.

Tom, ein Neuling an der Schule – der zufällig auch langes, blondes Haar und feminine Züge hatte –, ließ die Ängste anderer Jungen in der 9. Klasse in die Höhe schnellen. Einem von ihnen mit Namen Greg wurde unterstellt, dass er sich zu Tom hingezogen fühlte. Gregs Peiniger kritzelten die Namen der beiden umrahmt von einem Herz mit Kreide auf den Bürgersteig vor der Schule und flüsterten jedes Mal, wenn sie im Korridor an Greg vorübergingen: »Schwuler«. Eines Tages schmuggelten sie ein Stück Butter in Gregs Spind – weil in ihrem Weltbild Butter das bevorzugte Gleitmittel für analen Verkehr war –, und von da an flüsterten sie im Vorübergehen nur noch: »Butter«. Die Rädelsführer dieser Schikane waren Jungen, die selbst sexuell experimentierten, sich beispielsweise in der Gruppe gegenseitig befriedigten. Indem sie Greg terrorisierten, suchten sie ihre eigene homosexuelle Panik und die Attraktivität des neuen Jungen, die ihnen keineswegs entgangen war, krampfhaft abzuwehren – denn wie hätten *sie* sonst dagestanden?

Die Größe macht's: Big is beautiful

Größe und Sport spielen in der männlichen Psychologie eine gewichtige Rolle. Männer sind beeindruckt von breitschultrigen Football-Spielern, hoch gewachsenen Basketball-Spielern und Schwergewichtsboxern. Größe und die Macht, die sie ausstrahlt, faszinieren uns. Die Größe des Penis hat in den Augen von Männern als Maß der Potenz eine viel größere Bedeutung als für irgendwelche realen Unterschiede in der sexuellen Funktion. Männer setzen Größe in jeder Beziehung mit Macht in einem primitiven Sinn gleich, und in der Jungenkultur verschafft einem allein die Größe höchste Anerkennung.

»Bis ich ungefähr sechs war, bezog ich oft Dresche«, berichtet ein Junge aus einem sozial benachteiligten Viertel Bostons und lacht darüber, dass er für die größeren Jungen als Punchingball hatte herhalten müssen. »Als ich sieben wurde, war ich größer als sie, und alle machten einen Bogen um mich. Jeder, der mich kannte, hatte nun Respekt vor mir.«

Männer haben ähnliche Erinnerungen an Brutalitäten in ihrer Jugendzeit, ob sie nun aus den nobelsten Stadtvierteln stammen oder aus den ärmsten. Nigel schildert seine Erlebnisse in einem englischen Internat in der 6. Klasse, wo er als einer der kleinsten Jungen von einem der Achtklässler unaufhörlich drangsaliert wurde. Eines Tages schlug er rachedurstig zurück. Ein Lehrer ging dazwischen und verwies auf den traditionellen Lösungsweg: einen formellen Kampf mit Boxhandschuhen nach der Schule. Nach dem Unterricht strömten alle Jungen hinaus auf das Sportfeld, und Nigel und sein viel größerer Kontrahent wurden mit Boxhandschuhen ausgerüstet. Sie kämpften zwar, aber es war kein Kampf zwischen gleichwertigen Gegnern. Der Große verdrosch den Kleinen.

Die unausgesprochene soziale Übereinkunft sorgte jedoch dafür, dass Nigel für die öffentliche Zurschaustellung seines Mutes Anerkennung gezollt wurde; sein Kontrahent durfte Nigel nun nicht mehr schikanieren und unterließ es auch. Mit seinem Mut hatte sich Nigel sicheres Geleit verdient, und das funktionierte. Doch im Grunde hatte er sich an diesem Tag gewünscht, den Schulhoftyrannen zu schlagen, und das hatte er nicht geschafft. Noch Jahre später erinnert er sich lebhaft an sein Gefühl, in die Enge getrieben worden zu sein – von der Situation, von der Größe des anderen Jungen und der Unausweichlichkeit seiner Niederlage.

Körperliche Größe hat sowohl in sexueller als auch in nichtsexueller Beziehung eine emotionale Bedeutung. Jungen sind sich der Unterschiede untereinander bewusst und daher auch ihrer wunden Punkte. Den anderen körperlich voraus zu sein heißt über Größe als den entscheidenden, Anerkennung verschaffenden Faktor zu verfügen, denn größere Jungen bekommen meist mehr Anerkennung. Jungen wissen genau um ihre körperliche Statur und ihre davon abhängende Stellung in der Rangordnung. Jungen, die klein sind, werden dazu gebracht, dass sie sich auch klein und mickrig *fühlen*, wobei ihre Minderwertigkeitsgefühle allerdings in keinem Verhältnis zu irgendwelchen körperlichen Unzulänglichkeiten stehen. Viele kleine Jungen kompensieren ihre Minderwertigkeitsgefühle durch übereifriges Lernen, und kleingewachsene Männer verhalten sich oft in einer Weise, die vermuten lässt, dass sie von Kindesbeinen an gezwungen waren, Abwehr- und Kompensationsmechanismen zu entwickeln: einerseits gegen die Kränkung, die ihre geringe Körpergröße verursachte, und andererseits, um sich anderweitig ein Gefühl von Größe zu verschaffen.

Dan und Bobby: Wenn Jungen den Wettkampf verlieren

Bobby war der Kleinste in seiner Grundschulklasse. Er hatte keinen Spaß und kein Interesse an Sport, sondern unterhielt sich lieber mit einsameren Vergnügungen wie Büchern oder Videospielen. Bobbys Eltern fiel auf, dass er keine Freunde hatte, glaubten aber, dass er schon irgendwann Anschluss finden würde. Und weil er gute Noten nach Hause brachte, schien es wenig Grund zur Besorgnis zu geben.

Mit 12 kam Bobby in die Junior High School. Da sich bei den anderen Jungen bereits die sekundären Geschlechtsmerkmale ausbildeten und sie rasch in die Höhe schossen, fielen Bobbys geringe Größe und körperliche Unreife noch stärker aus dem Rahmen als zuvor. Unvermeidlich begannen die Haie ihn zu umkreisen. Meist hänselten sie ihn mit Spitznamen – unter anderem »Babyface« und »Piepsstimmchen«. Bobby berichtet mir heute, dass er fast jeden Tag mit einem neuen Spottnamen rechnen konnte. Mit 25 Jahren weiß er noch jeden Einzelnen.

Bobby ertrug die tägliche Hänselei. Er wurde nicht verprügelt. Niemand stahl ihm sein Pausengeld. Und an manchen Tagen ließ man ihn ganz und gar in Ruhe; die Jungen nahmen sich andere vor. Doch die gnadenlose Stichelei forderte ihren Preis, insbesondere weil Bobby keine Freunde hatte, kein Zeichen von irgendjemandem, dass er einen Platz in der Gruppe hatte.

Schließlich setzte die Entwicklung auch bei Bobby ein. Er schoss von 1,35 Meter auf 1,68 Meter in die Höhe, und er war unter der Dusche nicht mehr der letzte Junge seiner Klasse ohne Schambehaarung. Doch in der 9. Klasse bekam er eine ziemlich schwere Akne, und die Spitznamen änderten sich: »Pickel«, »Clearasil« und »Pizzagesicht«. Im zweiten High-School-Jahr verloren seine Peiniger allmählich das Interesse an der Spötterei. Bobby war sozial immer noch nicht integriert, aber wenigstens hatte das Hänseln aufgehört. Während der übrigen Zeit auf der High School ließ man ihn weitgehend in Ruhe.

Heute ist die soziale Kluft zwischen Bobby und seinen Altersgenossen zu tief, als dass seine Eltern sie noch ignorieren könnten. Er zeigt kein Interesse an Mädchen – oder, was eher zutrifft, zu große Angst vor Mädchen – und hat immer noch niemanden, den er einen guten Freund nennen könnte. Doch aus all den Jahren, in denen er gehänselt wurde, hat Bobby Narben davongetragen. Wie ein Mädchen, das sich entgegen den Tatsachen für dick hält und systematisch hungert, beschäftigt sich Bobby zwanghaft mit möglichen Mängeln seines Äußeren. Ständig überprüft er sein Gesicht im Spiegel auf irgendwelche Makel. Wenn er etwas entdeckt, das er für die Vorstufe eines Pickels hält, dann drückt er in fast ritueller Weise an seiner Haut herum und tupft immer wieder Wässerchen und Sälbchen aus der Apotheke auf die betroffene Stelle. Meistens kann nur Bobby die Unreinheiten sehen, doch mit seinen Selbstbehandlungen entstellt er allmählich sein Gesicht. Trotz seiner altersgemäßen Körpergröße trägt er Schuhe oder Stiefel mit den höchsten Absätzen, die er auftreiben kann. Aus Panik, dass ein Mädchen sich über die Größe seines Penis lustig machen könnte, geht er jeder sexuellen Situation beharrlich aus dem Weg.

Bobby glaubt, andere über sein Äußeres reden zu hören. Dieses letzte Symptom beeinflusst sein Leben vielleicht am nachhaltigsten. Er traut fast niemandem und ist überzeugt, dass alle anderen es auf ihn abgesehen haben. Aus diesem Grund fällt es ihm schwer, eine Arbeitsstelle zu behalten. Seine Misserfolge auf die-

sem Gebiet untergraben sein Selbstwertgefühl nur noch weiter. Bobbys Zustand hat sich in den letzten Jahren verschlimmert, und ich mache mir Sorgen um seine Zukunft.
Bobby ist ein Extremfall. Niemand ahnte, dass seine Größe ein so wunder Punkt für ihn war oder dass er sich deswegen so verzweifelt schämte – sie war ein genetisch bedingter Faktor, den er nicht beeinflussen konnte. Doch fraglos forderte die Kultur der Grausamkeit einen besonders hohen Preis, weil sie seine Probleme noch unnötig verschärfte. Glücklicherweise tragen die meisten Jungen keinen so schweren Schaden davon. Doch in dieser brutalen Übergangsphase sind sie alle verletzlich; das pausenlose Trommelfeuer grausamer Hänseleien kann einem Jungen anhaltenden Schmerz zufügen und seine Selbstwahrnehmung und seine Weltsicht verzerren.

Sport: Eine Macht im Leben jedes Jungen, ob zu seinem Nutzen oder Schaden

Jeder Junge, ob er Sport nun mag und gut darin ist oder nicht, hat eine Beziehung dazu. Oft ist die Teilnahme an sportlichen Veranstaltungen Pflicht, ebenso wie der Sportunterricht, und deshalb wissen die Klassenkameraden ganz genau über die sportlichen Leistungen eines Jungen oder sein Versagen Bescheid. In den Städten des amerikanischen Nordwestens entscheidet sich das Schicksal eines Jungen zu Schuljahresbeginn an der Frage, ob er Fußball spielen kann oder nicht. In anderen Regionen ist die wichtigste Sportart vielleicht Football. Für viele Jungen ist sportliche Betätigung eine Freude, möglicherweise die größte in ihrem Leben. Andere erfüllt Sport bestenfalls mit gemischten Gefühlen. Die Sportkultur, in der sich Jungen bewegen, birgt für ihr Selbstwertgefühl genauso viele Gefahrenmomente wie Bestätigungsmöglichkeiten, weil sie die sportlich begabten oder überdurchschnittlichen Jungen belohnt, und zwar auf Kosten derjenigen, die vielleicht über andere Fähigkeiten verfügen, welche aber von den Altersgenossen weniger hoch geschätzt werden.

Der neue Leiter einer Privatschule erklärte uns: »Ich erbe einen Football-Trainer, der 50 Prozent mehr verdient als jeder andere im Lehrkörper, und ein Football-Programm, das die Schule fünfmal mehr kostet als jede andere Sportart, an dem aber nur ein Viertel der Schüler teilnimmt.« Es ist dieser dem Sport geltende, unverhältnismäßig große Anteil an finanziellen Mitteln, Aufmerksamkeit und psychischer Energie, der sich für unsportliche Jungen zur Tyrannei auswachsen kann.
Das Prestige, das in der Schule mit sportlichen Leistungen verknüpft ist, schafft ein »Kastensystem«, in dem die Grausamkeit zwischen Jungen mit Billigung der Erwachsenen voll ausgespielt werden darf. In der harmlosesten Form kann das bedeuten, dass die unsportlichen Jungen sich schlechter bewertet fühlen. In den brutaleren Formen kann es heißen, dass die größten, stärksten Jungen diejenigen mit niedrigerem Status drangsalieren. Und die unsportlichen Jungen leiden nicht nur in sozialer Hinsicht, sondern sie müssen auch häufig zusehen, wie die Starathleten die Herzen der begehrtesten Mädchen an der Schule gewinnen.
Mike – ein klein gewachsener, drahtiger, gut aussehender, geschäftlich erfolgreicher Mann – hatte seinen klein gewachsenen, 13-jährigen Sohn Rick jahrelang gedrängt, fast jeden Morgen zu joggen und an nachschulischen Sportaktivitäten teilzunehmen, obwohl Rick keinerlei Interesse daran zeigte. »Er ist durchtrainiert«, erklärte uns Mike. »Ich bereite ihn auf das Leben vor. Wenn er gut in Sport ist, wird er anerkannt, und er bekommt ein Stipendium für ein gutes College. Ohne das ist er immer nur ›der Kleine‹, und sie werden ihn bei lebendigem Leibe fressen. Ich weiß das. Ich habe es durchgemacht. Und ich will nicht, dass mein Sohn das durchmachen muss, was ich durchgemacht habe.« Rick stellte seine anderen Interessen hintan und engagierte sich weiter im Schulsport, wie es sein Vater verlangte. Doch sein Groll auf seinen Vater wuchs. In der Junior High School war er ein kleiner, schneller, zorniger Junge mit aufbrausendem Temperament. Trotzdem bestand Mike weiter darauf, dass sein Sohn sportlich aktiv blieb und weiter »siegte«.

Dan und Connor: Das ganz normale und so bedeutsame Innenleben eines Jungen

Connor sieht eigentlich nicht danach aus, als könnten andere auf ihm herumhacken. Er ist weder dick, noch hat er ein ungewöhnliches Äußeres, noch ist er kleingewachsen. Er ist ein rundgesichtiger, rothaariger Siebtklässler, dessen durchschnittliche Kleidung und Erscheinung es ihm leicht machen sollten, Anschluss zu finden. Connors Familie gehört zur soliden Mittelklasse – sein Vater ist Geschäftsmann, seine Mutter arbeitet halbtags in einer Drogerie. Doch in dem wohl situierten Bostoner Vorort, in dem sie wohnen, fällt es schon auf, wenn sie in ihrem biederen Auto auf den Schulparkplatz einbiegen und zwischen einem Mercedes und einem BMW parken müssen; sie gehören offensichtlich in eine andere Einkommensklasse als ihre Nachbarn. Connor ist einer der besten Basketballer in seiner Klasse, was ihm einigen Schutz vor Schulterror gewähren sollte. Tut es aber nicht.

Mehrere von Connors Lehrern haben mich angesprochen, weil ihnen aufgefallen ist, dass er in den vergangenen Wochen unablässigem Hohn und Spott ausgesetzt war. Als es mir schließlich gelingt, Connor in mein Sprechzimmer zu bekommen, kann ich ihn nur 20 Minuten dabehalten. Der Unterricht ist heute gekürzt worden, weil die Schule eine Informationsveranstaltung gegen Drogen durchführt. Bevor die Glocke klingelt, schaffe ich es gerade noch, aus ihm herauszubringen, dass er Hänseleien gewöhnt sei. »Das ist nichts Besonderes«, sagt er.

Ich denke mir, dass er sich wahrscheinlich wirklich daran gewöhnt *hat* und nicht in dem Sinn von uns Psychiatern, Psychologen und Sozialarbeitern »gefährdet« ist: Er nässt weder ein, noch begeht er Ladendiebstähle, noch raucht er Hasch. Er hat nur gelernt, vor den Attacken seiner Klassenkameraden stets auf der Hut zu sein, sich emotional abzuschotten, niemandem zu trauen. In keinem diagnostischen Handbuch gibt es dafür eine Kennziffer.

Während ich Connors roten Schopf den Korridor hinunterhüpfen sehe, fällt mir plötzlich jemand ein, an den ich seit Jahren nicht mehr gedacht habe – Mick, einen meiner Schulkameraden, der stets gnadenlos aufgezogen wurde. Ich gehörte zum Dunstkreis einer tonangebenden Clique und durfte mittags an ihrem Tisch sitzen, und in einem Frühjahr tyrannisierten sie eine Zeit lang Mick – einen weiteren Jungen an ihrem Tisch, einen Freund, einen der Ihren – praktisch jeden Tag beim Mittagessen. Mick war zurückhaltend, eigentlich ein netter Junge, sehr sensibel und hatte feuerrotes, drahtiges Haar. Das genügte, um ihn zur Zielscheibe werden zu lassen. Die Wortführer der Clique setzten ihren ganzen Ehrgeiz daran, ihm jeden Tag einen neuen abfälligen Spitznamen zu verpassen – »Feuermelder« und »Streichholzkopf« lauteten zwei davon –, der natürlich sein Haar aufs Korn nahm. Das fanden sie alle ungeheuer lustig. Manchmal stimmten sie einen Gesang an – »Lasst Mick nicht essen!« –, der in Wahrheit ein Schlachtruf war. Sie schnäuzten sich auf sein Sandwich oder nahmen ihm sein Essen einfach weg. Eines Tages besorgten sie sich eine Biene aus dem Biologiesaal und steckten sie in sein Thunfischsandwich. Ich machte bei diesen Aktionen nicht mit, doch in der Rückschau kann ich es kaum fassen, dass ich dabeisaß und es einfach zuließ.

Diese Grausamkeit war zu einem so normalen Bestandteil unserer Welt geworden, dass wir schon gar nicht mehr auf die Idee kamen, sie in Frage zu stellen. Ich weiß nicht, ob Mick danach jemals wieder derselbe war. Nicht dass er durchgedreht oder gewalttätig geworden wäre. Aber mit Sicherheit musste ihm das wehgetan haben – mir tut es jetzt noch weh, daran zu denken. Und es muss ihn hart gemacht haben.

Aber ich will herausfinden, wie es um Connor steht. Um mir einen besseren Einblick zu verschaffen, wende ich mich an meine Informanten aus der 7. Klasse, zwei Jungen, die mich seit Schulbeginn regelmäßig aufsuchen. Adams Vater ist im vorigen Jahr kurz vor Schuljahresbeginn gestorben, und ich helfe ihm, sich seine Gefühle von der Seele zu reden. Leon ist ein schwarzer Junge, der von einer großen öffentlichen Schule, die der Rassentrennung entgegenwirken soll, an diese Privatschule wechseln durfte. Ich kümmere mich um ihn, weil er der einzige farbige Schüler in seiner Klasse ist und ich einer der Moderatoren des

»Clubs« der farbigen Schüler bin; ich unterstütze ihn bei einem sehr schwierigen Übergang. Weder Leon noch Adam haben gravierende Schulschwierigkeiten, doch die besondere Betreuung durch mich gibt ihnen mehr Sicherheit. Eine Prise Prävention hält sehr lange vor. Ich esse häufig mit Adam und Leon zu Mittag, und heute lade ich sie auf einen Hamburger ein. Wir besprechen, wie es um sie steht, und dann frage ich nach Connor.
»Was läuft da in deiner Klasse mit Connor? Warum ziehen ihn denn die Jungs auf?«
»Kommt er zu Ihnen?«, fragt Adam zurück.
»Mann, du weißt doch, dass ich dir das nicht sagen kann. Ein paar von seinen Lehrern glauben, dass ihn die anderen echt auf dem Kieker haben.«
»Ich glaube nicht, dass er besonders viel aufgezogen wird«, erwidert Adam, »jedenfalls nicht mehr als alle andern.«
Leon ist anderer Meinung: »Spinnst du? Ich habe Sport mit ihm, und die anderen machen ihn jeden Tag fertig. Sie nennen ihn ›Red Ranger‹.«
»Warum?«
»Ach ja«, sagt Adam. »Ich erinnere mich, dass er mal ein Matheheft hatte mit einem Power Ranger drauf, und alle fingen an, sich über ihn lustig zu machen, weil er sich so ’ne Babysendung anschaute. Jetzt nennen ihn alle Jason oder Zordon. [Jason ist der ursprüngliche Red Ranger, und Zordon ist der Anführer der Power Rangers.] Das pisst ihn wahnsinnig an.«
Jetzt verstehe ich es. Bei Siebtklässlern sind die Power Rangers völlig out. Connor hat die Sünde begangen, kindisch zu wirken. Genauso wie ein 8-Jähriger sich über seine jüngeren Geschwister mokiert, weil sie Barney, den lila Dinosaurier, mögen, müssen Siebtklässler jeden noch verbliebenen Rest von Sympathie für die Power Rangers ablehnen. Ich vermute, dass Connor auch nicht auf die Power Rangers steht, dass aber seine Eltern die Geldverschwendung nicht einsahen, ein noch kaum benutztes Heft wegzuwerfen. Ich vermute auch, dass Connor dieses Heft sehr bald »verloren« hatte. Einer der Gründe, dass ihn der Spott wahrscheinlich zutiefst kränkt, liegt darin, dass dieser unfair ist. Connor weiß, dass er eigentlich cool genug ist, um dazuzugehö-

ren. Ich würde ihm da beipflichten, aber ich weiß auch, dass nur wenige Jungen in seinem Alter verschont bleiben. Dass er neu in der Schule ist, macht ihn noch umso eher zur Zielscheibe.
Adam gesteht, dass er manchmal mitmacht, und er erzählt auch, warum er selbst durch den Kakao gezogen wird – wegen seines Nachnamens. »Hown – Clown. Kapiert? Lustig, was?«, sagt er.
Leon hält sich heraus. Weil er schwarz ist, wird er manchmal zum Adressaten einer Art indirekter Grausamkeit – gedankenloser Bemerkungen über Schwarze, sogar im Unterricht, die er gewöhnlich stumm erträgt. Ich überlege, ob Adam und Leon etwas gegen einen weiteren Teilnehmer beim Mittagessen hätten und ob Connor bereit wäre, mitzukommen. Ich komme zu dem Schluss, dass die Gruppe klein genug ist und dass die Jungen nicht in Versuchung kommen, aufeinander loszugehen, wenn ich dabei bin.
Die Jungen haben mir weitergeholfen. Zumindest weiß ich jetzt, was mit Connor läuft. Dieses nur allzu vertraute Problem ist wahrscheinlich das größte, dem 10- bis 14-jährige Schuljungen sowie Pädagogen, die gerne etwas dagegen tun möchten, gegenüberstehen. Es gehört außerdem zu den Situationen, die am schwierigsten zu ändern sind. Es gibt keinen klaren Angriffspunkt, und das Ziel ist ständig in Bewegung.

Wir Therapeuten suchen wie Detektive nach Indizien, lesen zwischen den Zeilen, wenn Jungen ihre Geschichte erzählen, verfolgen Ereignisse zurück, sprechen mit Beteiligten und Beobachtern in ihrem Umfeld und analysieren ihre Gefühle, immer auf der Suche nach Erklärungen statt nach Alibis. Es ist verführerisch für Erwachsene, den leichten Weg einzuschlagen, weiterzumachen mit der Verleugnung, den versäumten Elternabenden, den vagen Antworten, den Versicherungen wider besseres Wissen, es sei alles »in Ordnung, glaube ich«, der Rationalisierung der Schwierigkeiten eines Jungen mit »Wachstumsschmerzen«, um sie dann auf sich beruhen zu lassen. Stattdessen müssen wir den Connors dieser Welt aktiv auf den Fersen bleiben; wir müssen die Zeit und die Mühe aufwenden, herauszufinden, was sie fühlen, und ihre Probleme auf Ursachen zurückführen. Das macht die Kleinarbeit des Eltern-, Lehrer-, Therapeutendaseins aus; es gibt keine Abkürzung. Ob ein Junge in der Kultur der Grausamkeit zu überleben vermag, hängt ganz und gar von seinem emotionalen Rüstzeug ab – seiner Fähigkeit, seine eigenen Gefühle und die anderer zu erkennen und zu verstehen. Jungen, die durch emotionale Achtsamkeit und Empathie gewappnet sind, neigen weniger dazu, anderen Schmerz zuzufügen, und können den Grausamkeiten, denen sie ausgesetzt sind, besser standhalten.

Freundschaft und Verrat in der Kultur der Grausamkeit

Lefty, Swifty, Red Rose, Popsy und etwa ein Dutzend weitere Jungen waren kaum zehn Jahre alt, als sie sich 1937 zu einer verschworenen Gemeinschaft von Freunden zusammenschlossen. 60 Jahre später waren sie Berühmtheiten, die in der *New York Times* porträtiert wurden – nicht wegen irgendwelcher Leistungen oder Heldentaten oder Familiengründungen, sondern weil sie immer noch enge Freunde waren.[6]

Zwei dieser Männer in den Siebzigern berichteten dem Reporter, wie ihre Freundschaft begann. Ein Junge hatte als Vierjähriger einen anderen vom Fahrrad gestoßen. Einer der Männer erinnerte sich: »Unsere Mütter brachten uns nach oben und sagten: ›Ihr werdet jetzt Freunde.‹ Und wir nahmen das wörtlich.« Ein anderer fügte hinzu: »Es gibt nichts, was wir nicht füreinander täten. Wir sind Freunde. So einfach ist das, und so schwierig ist das.«

Eine Freundschaft über sechs Jahrzehnte aufrechtzuerhalten dürfte schwierig sein. Doch dass diese Freundschaft hielt, war umso beeindruckender – galt sogar als berichtenswert –, da es sich um Männer handelte, denn es ist kein Geheimnis, dass Männern die Pflege enger, persönlicher Freundschaften schwer fällt. Dies ist der Preis für die Untergrabung des Vertrauens; für viele Jungen nimmt die Geschichte der Jugendfreundschaften ein enttäuschendes und verwirrendes Ende. Die Fähigkeit zu loyalerer und tieferer Freundschaft wächst gemeinsam mit der Fähigkeit zu immer schlimmerer Hänselei, Grausamkeit und Ausschließung. Diese beiden Themen ziehen sich parallel durch das Leben vieler Jungen, sobald sie etwa sieben Jahre alt sind, in einem problematischen Umfeld sogar noch früher. Zu Beginn der Adoleszenz steht dann spürbar mehr auf dem Spiel, weil die Eltern und andere Erwachsene weniger Schutz bieten können.

Wirkliche Freundschaft bedeutet, man selbst sein zu können, nicht auf der Hut sein zu müssen und darauf vertrauen zu können, dass der Freund sein Wissen nicht ausnutzt und gegen einen verwendet. Viele Jungen fühlen sich hin und her gerissen zwischen dem Wunsch nach Offenheit dem Freund gegenüber und der geschlechterspezifischen Erwartung, selbstsicher und kraftvoll oder stark und stumm zu sein. Mit einem Freund Geheimnisse zu teilen durchbricht dieses Muster. Und dennoch ist das Bedürfnis nach emotionalem Ausdruck in allen Kindern sehr groß. Außerdem wird, je mehr sich ein Junge von seinen Eltern löst und sich ein eigenes Leben aufzubauen beginnt, ein Freund als Vertrauter noch wichtiger. Auch ein Junge, der sich einer engen Beziehung zu einem oder beiden Elternteilen erfreut, wird mit einem engen Freund anderes und über andere Dinge reden.

Selbst Jungen, die Freunde sein möchten, müssen gegen den zerstörerischen Einfluss der Kultur der Grausamkeit ankämpfen. Diese fordert, die Loyalität gegenüber der Gruppe über die Treue zu einem Freund zu stellen und das auch zu beweisen. Freundesverrat ist ein vertrautes Thema. Der Verrat kann in augenfälliger und dramatischer Form begangen werden: Ein Freund wird von einer geplanten Unternehmung ausgeschlossen, er geht bei einem Ausflug aus Jux »versehentlich mit Absicht« verloren, oder Vertrauliches wird ausgeplaudert. Der Verrat kann auch passiv geschehen: Der Freund wird nicht gegen Attacken der Gruppe in Schutz genommen. Für den betrogenen Freund ist das ein einschneidender Vertrauensbruch. Der Verräter lernt dieselbe Lektion auf andere Weise: Er weiß, dass er der Nächste sein könnte. Beide gehen mit weniger Vertrauen aus dem Erlebnis hervor und hüten sich künftig davor, in Beziehungen ihre Verletzlichkeit zu zeigen. Da vertrauensvolle Kinderfreundschaften die Schablone für spätere Beziehungen im ganzen Leben bilden, hat es besonders traurige Konsequenzen, wenn diese Freundschaften der Kultur der Grausamkeit zum Opfer fallen.

Mit 42 Jahren blickt Gary zurück auf den Wendepunkt in seiner eigenen Jugend: Zuerst brach er eine Freundschaft mit einem unbeliebten Jungen ab, weil sie »zu riskant« war, und musste dann selbst den Rückzug eines Freundes hinnehmen, dem er vertraut hatte: »Als ich in der 5. Klasse war, war mein bester Freund ein Junge namens Peter. Wir machten jeden Tag nach der Schule bei ihm oder bei mir zusammen Hausaufgaben und redeten miteinander, und an den Wochenenden spielten wir Indianer im nahe gelegenen Wald. Er war der beste Kumpel, den ich je hatte. Peter war der kleinste Junge in der Klasse. In Sport war er gut genug, aber in der 6. Klasse begannen die anderen Jungen ihn wegen seiner Größe aufzuziehen. Anfangs überging es Peter einfach. Ich verteidigte ihn ein paar Mal, aber bald wirkte das so, als ob ich seine Mutter wäre oder so. Dann eines Tages, während wir uns im Umkleideraum umzogen, umzingelten die Jungen Peter, zielten mit ihren Handtüchern auf seinen Schritt und verhöhnten ihn. Peter hielt sich die Hände vor den Schritt und versuchte, seine Hosen anzuziehen. Ich erinnere mich noch an den Moment, als sein Blick den meinen traf. Nicht dass er um Hilfe gefleht hätte, aber er beobachtete, was ich unternehmen würde. Und was ich unternahm, war, dass ich mich fertig anzog und den Umkleideraum verließ. Wir sprachen niemals darüber, aber das war das Ende unserer Freundschaft. Um ehrlich zu sein, er war für mich eine Belastung geworden, und ich hatte nicht den Mumm, das auszuhalten.«

Gary fand einen neuen »besten Freund«: Lee war ein guter Sportler, ein Spitzenschüler, ein echter Anführer. Sie hatten dieselbe Kleidergröße und tauschten die Krawatten, zuweilen sogar die Jacketts, was ein bedeutsames Zeichen von Freundschaft und Treue war. In der 7. Klasse bereitete sich Gary auf seine Bar-Mizwa vor, die jüdische Zeremonie, in der ein Junge seine Fähigkeit beweist, die religiösen Pflichten eines Erwachsenen zu übernehmen. Dass er Jude war, war nie Thema gewesen, wie er erklärt, doch in diesem Jahr wurde es an der kleinen, vorwiegend nichtjüdischen Schule zum bevorzugten Aufhänger für Hohn und Spott.

»Als es mit den ›Judenwitzen‹ losging, wusste ich nicht, ob ich sie einfach nicht beachten oder ob ich mich wehren sollte«, erzählt Gary. »Ich weiß noch, dass ich Lee Hilfe suchend ansah, aber er stimmte nervös in das Lachen der anderen Jungs ein. Als meine Bar-Mizwa anstand, lud ich etwa ein halbes Dutzend Jungen aus meiner Klasse, von denen ich glaubte, sie seien meine Freunde, dazu ein. Keiner von ihnen erschien – nicht einmal Lee. Als ich ihn später darauf ansprach, gab er zu, dass die anderen Jungen darüber geredet und erklärt hätten, dass keiner von ihnen in die Synagoge gehen wollte, weil sie da einen ›Glatzenwärmer‹ aufsetzen mussten. Ich glaube, Lee dachte genauso. Ein Mann zu werden bedeutete bei meiner Bar-Mizwa für mich: Ich wusste nun, dass ich auf mich selbst gestellt war. Ich hatte nie wieder einen besten Freund.«

Das Schweigen

Durch all diese Verluste – von Freundschaft, von Vertrauen und von Selbstachtung – und durch die emotionale Abschottung, die mit dem Großen Unmöglichen, nämlich ein Mann zu werden, verbunden ist, zwingt die Kultur der Grausamkeit Jungen einen Codex des Schweigens auf, der von ihnen verlangt, »zu leiden, ohne zu klagen« und zu stummen Zeugen von Grausamkeiten gegen andere zu werden. Dieser Codex hat eine derart große Macht und bildet einen so grundlegenden Bestandteil der maskulinen Identität, dass Jungen ihn für selbstverständlich nehmen. Also schweigen sie aus verschiedenen Gründen: Sie fürchten, erneut zum Opfer zu werden. Sie wollen nicht verantwortlich sein dafür, dass andere Jungen bestraft werden. Sie wollen nicht von der Clique geächtet werden. Sie haben ihre Lektion gut gelernt. Schweigen ist stark und männlich, die Stimme zu erheben ist es nicht.

Jungen haben ihre Gründe dafür, stumm zu bleiben, Lehrer und Eltern ebenfalls.
In der 7. Klasse wurde Brian für mehrere Monate zur Zielscheibe seiner Mitschüler. Anfangs versuchte er, alleine mit seinem Kummer fertig zu werden. Traktiert wurde er wegen seiner Größe, seines Haars und seiner Kleidung; die Gruppe »stellte« ihn im Speisesaal »kalt«; seine Schulbücher und sein Mäppchen wurden ihm gestohlen; er bekam auf dem Weg zu seinem Platz im Klassenraum ein Bein gestellt; er wurde von mehreren Jungen nacheinander »versehentlich« umgestoßen. Je entschlossener sich Brian zu reagieren weigerte, desto gemeiner wurde er drangsaliert. Eines Tages auf dem Spielfeld schnappten sich die anderen Brians handgenähten, ledernen Lieblingsball und warfen ihn sich gegenseitig zu, so dass Brian ihn nicht mehr erwischen konnte, bis schließlich fast alle anderen Kinder es bemerkten und amüsiert zuschauten. Die Jagd wurde immer wilder, und schließlich ließ einer der johlenden Jungen den Ball zu Boden fallen und trampelte darauf herum. Die anderen Übeltäter machten mit, und nach Sekunden lag nur noch ein zerfetzter Klumpen im Dreck. Gedemütigt und wütend fasste Brian einen seiner Peiniger am Hemd, worauf es zerriss. Deswegen schickte ihn der Aufsichtslehrer zum Rektor, und bei diesem Gespräch kam die ganze Wahrheit ans Licht.
Als Brians Lehrer auf die Probleme des Jungen angesprochen wurde, sagte dieser geniale Mann, ihm sei im Unterricht nichts Ungewöhnliches aufgefallen, doch der Schulpsychologe bestätigte später, dass die Jungen Brian »wegen allem und jedem« verspotteten – angefangen von seiner Freizeitlektüre bis hin zu seinen Wortmeldungen im Unterricht.
Unseren Erfahrungen nach glauben die meisten Lehrer, die nicht gegen solche Misshandlungen einschreiten, entweder, dass diese unter Jungen normal seien, oder sie nehmen zwar die Grausamkeit wahr, wissen jedoch nicht, was sie dagegen unternehmen sollen. Sie haben in ihrer Ausbildung nicht gelernt, auf emotionaler Ebene zu intervenieren, und die Schule betrachtet dies auch nicht als ihre Aufgabe. Uns sind Lehrer bekannt, die ihre eigenen Kränkungen während der Schulzeit nicht verdaut haben

und sich den Jungen, die sich aufsässig verhalten und den Terror ausüben, nicht entgegenstellen wollen, aus Angst, als »uncool« zu gelten. Oder sie möchten sich nicht zu stark in den Außenseiter einfühlen oder mit ihm identifizieren, weil sie in ihrer eigenen Kindheit selbst Außenseiter waren und sich diesen schmerzlichen Erinnerungen nicht stellen wollen, nicht einmal aus der Autorität und Perspektive des Erwachsenen heraus.
Dieselben emotionalen Barrieren halten viele Eltern davon ab, entschlossener durchzugreifen, wenn einem Jungen Grausamkeiten widerfahren. Oft sind die Mütter unsicher, ob sie das Problem offen ansprechen oder auf sich beruhen lassen sollen, wie es der Junge selbst vorzuziehen scheint. Ein Vater mag beschließen, das Problem zu übergehen, weil er aus seiner eigenen Kindheit nur zu gut weiß, welche unangenehmen Folgen der Versuch, sich zu wehren, haben kann. Wenn ein Vater seinen eigenen Sohn grausam behandelt, dann häufig deswegen, weil er ähnliche Erlebnisse von sozialer Grausamkeit in seinem eigenen Leben nicht verarbeitet hat. Weil aber der Vater eines Jungen in dieser schwierigen Übergangszeit eine Schlüsselfunktion als Beistand und Unterstützungsinstanz hat, stellt dieser Verrat ein besonders trauriges Vermächtnis der Kultur der Grausamkeit dar.
Jungen möchten von den Erwachsenen in ihrem Umfeld nicht gerettet werden, aber sie nehmen das Ausbleiben von Reaktionen ihrerseits als ein Zeichen, dass die Kultur der Grausamkeit »außerhalb des Gesetzes« steht und dass die Rädelsführer nicht zur Verantwortung gezogen werden. Eltern und Pädagogen müssen ein Klima schaffen, das ganz klar einen Moralcodex vermittelt, der Grausamkeit weder duldet noch übergeht. In einem häuslichen oder schulischen Umfeld, das emotionale Achtsamkeit und persönliche Verantwortung fördert, in dem Erwachsene diesen Werten eine Stimme leihen, wird das Schweigen der Jungen gebrochen und damit die stumme Macht der Kultur der Grausamkeit über ihr Leben.

Kapitel 5

Väter und Söhne: Das Vermächtnis von Sehnsucht und Distanz

»Und so regen wir die Ruder, stemmen uns gegen den Strom – und treiben doch stetig zurück, dem Vergangenen zu …«
F. Scott Fitzgerald, Der große Gatsby

Es gibt wenig, was einen Mann zu Tränen rühren kann. Über eine gescheiterte Ehe, gestörte Kinder, berufliche Rückschläge, katastrophale geschäftliche Entscheidungen und körperliche Leiden vermag er trockenen Auges zu reden. Wenn ein erwachsener Mann in der Therapie weint, dann fast immer wegen seines Vaters. Dieser Mann kann gehasst oder verehrt sein, lebendig oder tot. Der springende Punkt kann die Abwesenheit des Vaters sein, seine belastende Gegenwart oder seine geistige Starre und Gefühlskälte. Das Wort *Liebe* fällt in den Erzählungen der Männer nur selten, doch genau darum geht es in all diesen Geschichten. Väter und Söhne sind die Figuren in einem Drama über unerwiderte Liebe – einem Drama aus Sehnsucht, Wut, Trauer und Scham.

Ein emotionaler Abgrund trennt die meisten Söhne von ihren Vätern, und wegen der zentralen Rolle, die eine Vaterfigur für das sich entwickelnde Selbstbild eines Jungen spielt, ist das für diesen ganz besonders schädlich.

Für allzu viele Söhne bleibt diese emotionale Kluft zwischen ihnen und ihrem Vater eine lebenslange Quelle von Trauer, Zorn, Bitterkeit oder Scham. Die emotionale Distanz hindert viele tüchtige Männer daran, bessere Väter zu sein; das Verlangen eines Sohnes nach emotionalem Kontakt mindert sie nicht. Gleichgültig, wie schlecht ein Mann als Vater sein mag, in tiefster Seele will ein Junge seinen Vater lieben, und er will auch, dass sein Vater ihn kennt und liebt.

In seiner Autobiographie *Always the Young Stranger* schildert der amerikanische Lyriker und Schriftsteller Carl Sandburg einen Augenblick, in dem die emotionale Distanz zwischen ihm und seinem Vater das ganze Universum seines kindlichen Geistes erfüllte:

»Ich erinnere mich an einen Spaziergang am Weihnachtsmorgen Hand in Hand mit meinem Vater. Ich hatte in Büchern etwas über die Sterne gelesen und blickte an diesem frühen Morgen immer wieder zum sternklaren Himmel auf. Ich erhob meine Augen zu denen meines Vaters und sagte, mit meiner freien Hand nach oben weisend: ›Weißt du, manche von diesen Sternen sind Millionen Meilen weit weg.‹ Und mein Vater, ohne zu mir herabzusehen, schnaubte kurz, als ob ich ein komischer kleiner Kerl wäre, und sagte: ›Das brauch' uns jetzt nich' zu kümmern ...‹ Mehrere Häuserblocks lang sagte keiner von uns ein Wort, und ich hatte das Gefühl, während meine Hand immer noch in der seinen lag, es lägen Millionen leerer Meilen zwischen uns.«

Trotz der emotionalen Lichtjahre zwischen ihm und seinem Vater beschreibt der Dichter sein anhaltendes Bedürfnis nach der Liebe seines Vaters als »ein reiches, weiches Verlangen«.

Wir werden tagtäglich Zeugen dieser Sehnsucht der Söhne, von ihren Vätern geliebt und beachtet zu werden, und zwar in jedem Alter. Männer erklären uns, dass sie es bei der Erziehung ihrer Söhne »gut machen« wollen, besser als ihr eigener Vater, aber auch, dass ihr Sohn »nie zuhört«, dass er »nicht versteht«, dass er Ärger oder Kummer macht oder Schlimmeres. Jungen beschreiben ihre Väter in ähnlich missbilligenden Worten als Männer, die nicht zuhören, nicht verstehen und Respekt fordern, ohne selbst welchen zu zollen. Mütter berichten uns häufig, dass sie nach Möglichkeiten suchen, ihre Männer und Söhne einander näher zu bringen. Meist jedoch wird ihnen die Rolle der Schiedsrichterin oder der Krankenschwester zugewiesen, die die Gemüter besänftigt und verletzte Gefühle heilt. Viele Frauen grollen ihrem Mann, weil er sich so wenig um seinen Sohn kümmert. Wie so viele Mütter, die uns mit den immer gleichen Worten ihr Herz ausschütten, beschreibt Andrea die wachsende Kluft zwischen ihrem Mann Ron und ihrem Sohn David. Genau wie sein eigener Vater hatte Ron bis spätabends im Büro gearbeitet, als David klein war. Andrea hatte die langen Abende zu Hause mit dem gemeinsamen Sohn verbracht. Das ging so lange gut, bis David neun Jahre alt war und mehr Zeit mit seinem Vater verbringen wollte. David hatte die Aufmerksamkeit seines Vaters immer nachdrücklicher eingefordert, und Ron fühlte sich als Vater in unfairer Weise unter »Leistungsdruck« gesetzt. Er sträubte sich gegen Davids Vorschläge für Wochenendunternehmungen, beispielsweise Kinobesuche oder Bowlingspielen.

»David möchte schon fast verzweifelt seinen Vater als Kumpel gewinnen, doch was er auch tut, es geht Ron gegen den Strich«, sagt Andrea. »David möchte ihm von einem Videospiel erzählen, von dem er begeistert ist, und Ron beklagt sich, dass er zu laut redet. Das einzige Mal, wo Ron David wirklich Aufmerksamkeit widmet, ist, wenn es Zeugnisse gibt, und dann hält er David nur einen Vortrag, dass er bessere Noten bringen soll. Ständig hat er was an David auszusetzen. Sie haben anscheinend beide überhaupt kein Gespür dafür, was in dem anderen vorgeht. Ron schimpft David aus, weil er den Müll nicht rausgetragen hat, und in der nächsten Minute bittet David ihn, mit ihm ins Kino zu gehen.

Ich habe Angst, wenn sich nichts ändert, fängt David seinen Vater noch an zu hassen, wenn er ein bisschen älter wird, und dann bleibt ihnen überhaupt keine Chance mehr auf eine enge, liebevolle Beziehung.«

Für uns liegt auf der Hand, dass die emotional kompetentesten und belastbarsten Jungen diejenigen sind, deren Väter in das emotionale Beziehungsgeflecht der Familie eingebunden sind, deren Väter Anteil an ihnen nehmen und dies in tröstender, verlässlicher Weise zum Ausdruck bringen. Traurig ist nur, dass die Väter, die diese Art Beziehung zu ihrem Sohn pflegen, eine Minderheit darstellen.

Da unsere Kultur die Beziehungsarbeit traditionell den Frauen zuweist, sind Emotionen für Männer zu so etwas wie einer vernachlässigten »Fremdsprache« geworden. Infolgedessen erkennen oder verstehen die meisten Männer ihre eigenen Gefühle oder die anderer nur in eingeschränktem Maße. Da sie es nicht von ihren Vätern gelernt haben, fällt es ihnen schwer, in Begriffen wie »Liebe« zu denken oder der Liebe, die sie für ihre Söhne ja durchaus empfinden, Ausdruck zu geben. Stattdessen neigen sie dazu, in das Verhalten zurückzufallen, das sie anderen Männern gegenüber gelernt haben – nämlich zu konkurrieren, zu kontrollieren und zu kritisieren. Wenn ein heranwachsender Sohn die Autorität seines Vaters in Frage stellt, greift ein Vater üblicherweise auf diese erlernten Reaktionen zurück – selbst in Beziehungen, die in den Jahren zuvor recht harmonisch gewesen sind. Dies beeinträchtigt das Verhältnis des Vaters zu seinem Sohn und hindert ihn daran, die emotionalen Folgen seiner eigenen Kindheit zu verstehen.

Auf den meisten Männern lasten nicht verarbeitete Gefühle ihrem eigenen Vater gegenüber, gleichgültig wie groß die Distanz aufgrund räumlicher Entfernung oder Tod zwischen ihnen ist. Und so wird das Muster aus Verlangen und Versagung vom Vater an den Sohn weitergereicht – ein trauriges Erbe.

Söhne unter Einfluss

Mark Twain bemerkte einmal, dass ein Junge sich mit etwa 12 Jahren einen Mann aussucht, den er für den Rest seines Lebens bewundert und nachahmt. Obwohl er sich dessen nicht immer bewusst ist oder sich nach Kräften bemüht, es zu vermeiden, ist dieser Mann gewöhnlich sein Vater. Der Lebensweg, den der Sohn bewusst einschlägt, mag sich noch so sehr von dem seines Vaters unterscheiden, er wird schließlich doch konfrontiert mit seinem »Alten«.

In einem Radiointerview erzählte Buddy Guy, einer der größten lebenden Blues-Gitarristen Amerikas, von dem Sohn, den er gezeugt, aber nicht aufgezogen hatte. Als der Junge zum Mann herangewachsen war, machte Buddy ihn ausfindig, in der Hoffnung, ihm näher zu kommen. Sein Sohn war ebenfalls Gitarrist geworden, hegte jedoch so viel Groll gegen seinen Vater, weil dieser ihn im Stich gelassen hatte, dass er nichts mit ihm oder seiner Musik zu tun haben wollte. Er eiferte seinen eigenen, moderneren Rockidolen nach, vor allem dem Sänger, der früher als Prince bekannt war. Als der junge Mann sich anonym um einen Lehrer bemühte, der ihn auf seinem Weg in den Fußstapfen seines Idols weiterbringen sollte, erhielt er folgenden Ratschlag: Wenn seine Musik klingen sollte wie die von Prince, müsse er lernen, Gitarre zu spielen wie Jimi Hendrix, den Prince hatte nachahmen wollen. Und um wie Jimi Hendrix zu spielen, so der Lehrer, müsse er sich mit dem Musiker beschäftigen, der Hendrix am nachhaltigsten beeinflusst hatte – dem Gitarristen Buddy Guy.

Viele Männer stellen fest, dass sie wie ihr Vater geworden sind, auch wenn sie das ursprünglich gar nicht gewollt haben. Jack war im Alter von sechs Jahren von seinem Vater, einem kleinen Beamten und kleinen Spieler, verlassen worden. So folgte Jack entschlossen einem Lebensentwurf in genau die entgegengesetzte Richtung. In der High School war er ein glatter Einser-Schüler, erhielt Stipendien fürs College, absolvierte ein Medizinstudium und wurde dann fest angestellter Notfallarzt an einer großen medizinischen Einrichtung. Sein Drang, es zu etwas zu bringen, war allumfassend; er hatte wenig Zeit, Freundschaften zu pflegen, und fühlte sich bei geselligen Anlässen unwohl.

Schließlich heiratete Jack, und als zwei kleine Söhne geboren waren, merkte er, dass er das kontrollierte Chaos der Notfallambulanz dem familiären Chaos zu Hause vorzog. Die Arbeit gab ihm wenigstens etwas. Er hatte den Respekt seiner Kollegen und die Befriedigung, zu wissen, dass er Leben rettete. Seine Talente wurden mit einem ansehnlichen sechsstelligen Gehalt belohnt. Zu Hause dagegen fühlte er sich von seiner Frau kritisiert und unter Druck gesetzt, den Jungen mehr Zeit zu widmen. Eine Beförderung brachte zusätzliche Dienststunden an den Wochenenden mit sich, und bald war sein Terminkalender so voll, dass er seine Frau und seine Kinder nur noch im Vorübergehen sah. Indem er es zu etwas brachte und seine Familie materiell gut versorgte, hatte sich Jack von seinem Vater, der finanziell ein Versager gewesen war, abgesetzt. Doch als sein älterer Sohn sechs wurde, folgte Jack tagtäglich der Schatten seines Vaters, wenn er das Haus verließ und seine eigene, lukrativere und sozial akzeptiertere Flucht aus der Familie antrat.

Papi, wirst du überhaupt gebraucht?

Im Juli 1998 erschien in einer großen Tageszeitung ein Artikel mit der Überschrift »Lieber Papi: Wirst du überhaupt gebraucht?«. Darin stellte die Verfasserin fest, dass man mit den Forschungsarbeiten über die Bedeutung der Mutter-Kind-Beziehung einen Güterwaggon füllen könnte, die Arbeiten aber, die sich mit der Rolle des Vaters befassten, bequem im Kofferraum eines Autos Platz hätten.[1] Doch diese Situation ändert sich allmählich, nicht zuletzt deshalb, weil sich immer mehr das Bewusstsein durchsetzt, dass die zunehmende Abwesenheit der Väter ein großes soziales Problem darstellt. Weil in den Vereinigten Staaten mehr als ein Drittel aller Kinder von ihren Vätern getrennt leben und die Hälfte aller Kinder während irgendeiner Zeitspanne die Abwesenheit ihres Vaters erleben, ist das theoretische und praktische Interesse an der Väterforschung sprunghaft gestiegen.

Zwei wichtige Ereignisse, in denen sich diese neue Welle der Väterforschung widerspiegelte, waren eine von den *National Institutes of Health* finanzierte Konferenz über die Beteiligung von Vätern im Oktober 1996 und das Erscheinen einer Sondernummer der Zeitschrift *Demography* im Mai 1998. Sie war der kritischen Väterforschung gewidmet und legte überzeugende neue Forschungsergebnisse vor, wonach es für Kinder günstig ist, einen Vater in ihrem Umfeld zu haben, insbesondere einen, der Anteil an ihnen nimmt[2]: Diese Kinder sind intelligenter, psychisch stabiler, zeigen bessere Schulleistungen und sind später beruflich besser gestellt. Einige der Wissenschaftler, die ihre Befunde vorstellten, wichen sogar von den üblicherweise kargen wissenschaftlichen Sprachgepflogenheiten ab und verwendeten Wörter wie *bemerkenswert* und *erstaunlich*, um den nachgewiesenen nachhaltigen Einfluss von Vätern auf die Entwicklung ihrer Kinder zu beschreiben.

In einer der umfangreichsten dieser Studien beobachtete Greg Duncan von der Northwestern University in Zusammenarbeit mit Kollegen von der Universität von Michigan eine Gruppe von mehr als 1000 intakten Familien in den Vereinigten Staaten über einen Zeitraum von 27 Jahren; dabei untersuchten die Forscher zahlreiche Aspekte des Familienlebens, denen sie einen Einfluss auf die zukünftigen beruflichen Positionen und Einkommenshöhen der Kinder zuschrieben, unter anderen Beruf, Einkommen, Bildungsniveau und IQ der Eltern. Die Wissenschaftler gingen auch Faktoren nach, die üblicherweise als weniger einflussreich gelten, etwa in welchem Ausmaß sich der Vater an der Hausarbeit beteiligte, ob er seine Freizeit zu Kneipenbesuchen oder zum Fernsehen nutzte, wie häufig die Familie gemeinsam Mahlzeiten einnahm, ob sie den Gottesdienst besuchte und ob der Vater an Elternabenden teilnahm. Was sie herausfanden, überraschte selbst sie: Von den Dutzenden untersuchter Faktoren erwies sich die Teilnahme der Väter an Elternabenden als der bedeutsamste für die Vorhersage des Einkommens des Kindes mit 27 Jahren.[3]

In einer der in *Demography* publizierten Studien beobachteten Forscher von der Universität von North Carolina und der Universität von Pennsylvania 584 Kinder in Familien, die während des elfjährigen Studienzeitraums intakt geblieben waren. Zu Beginn der Studie waren diese Kinder zwischen sieben und 11 Jahre alt und zwischen 17 und 22 bei ihrem Abschluss.[4]

Die Forscher wollten wissen, wie sich die emotionale Nähe der Mutter und des Vaters zueinander sowie der Einsatz der Eltern für das psychische und schulische Wohlergehen ihrer Kinder beim Übergang in das junge Erwachsenenalter auswirkten. Kinder, deren Väter ihnen emotional nahe standen und intensiven Anteil nahmen, schnitten in der Schule besser ab und zeigten weniger Delinquenz wie Vandalismus oder Drogenhandel. Für die Beteiligung der Mutter ließ sich ein solcher Einfluss nicht nachweisen. Der Grund dafür ist nicht etwa, dass die Mütter nicht wichtig wären; vielmehr unterscheiden sich Mütter im Grad ihrer Beteiligung nicht so stark voneinander; wenn sich also der Vater stark engagiert, so stellt dies ein großes Plus dar.

Vielleicht die beeindruckendsten Forschungsergebnisse im Hinblick auf emotionale Kompetenzen und Empathie sind die einer auf 26 Jahre angelegten Studie, die eine Gruppe Jungen und Mädchen von ihrem fünften Lebensjahr an bis zum Alter von 31 Jahren begleitete. Die Forscher untersuchten sowohl die mütterlichen als auch die väterlichen Rollen und betrachteten mehrere Aspekte des Elternverhaltens, etwa wie intensiv die Mutter sich bemühte, ihre Kinder an aggressivem Handeln zu hindern, wie zufrieden sie mit ihrer Rolle in der Familie war und wie stark sich der Vater an der Kinderbetreuung beteiligte. Obwohl diese mütterlichen Charakteristika mit einem höheren Einfühlungsvermögen der Kinder im Alter von 31 Jahren zusammenhingen, erwies sich als einflussreichster Faktor – der größeres Gewicht hatte als alle mütterlichen Faktoren zusammen –, ob sich der Vater an der Betreuung des Kindes beteiligte.[5]

Die Forschung zeigt außerdem, dass Väter, sofern sie sich beteiligen, mehr Zeit und Mühe an Jungen verwenden, insbesondere während der Adoleszenz.[6] Väter können für die emotionale Entwicklung von Jungen entscheidend sein – vor allem auf Gebieten, auf denen die Jungen den Mädchen hinterherhinken, wie bei der Empathie – und sie schützen vor Problemen, die unverhältnismäßig oft Jungen betreffen, beispielsweise Delinquenz.

Obwohl sich Väter in Zwei-Eltern-Familien heute etwas stärker an der Kinderbetreuung beteiligen als vor 20 Jahren (mit einer Steigerung von etwa 15 Prozent), drückt sich das nicht immer in Form einer emotionalen Verbindung aus, wie Jungen sie sich wünschen.[7] Wir erleben häufig, dass Jungen das Gefühl haben, zu kurz zu kommen, nicht nur zeitlich gesehen, sondern auch was die Zuneigung betrifft, und dieser Verlust macht sich bis ins Erwachsenenalter hinein bemerkbar. Dies verdeutlicht ein Ergebnis einer Umfrage unter leitenden Angestellten. 300 männliche Manager in gehobenen und mittleren Positionen sollten die Frage beantworten, was sie als Kind an der Beziehung zu ihrem Vater gern anders gehabt hätten. Die vorherrschende Antwort ging dahin, dass sie ihrem Vater gerne näher gewesen wären und dass ihr Vater mehr Emotionen und Gefühle hätte zeigen sollen.[8]

Vater werden ist nicht schwer? Väter und Säuglinge

In den 50er Jahren, zu unserer Kinderzeit, war das Bild des werdenden Vaters eine Witzfigur. Fernsehkomödien und Karikaturen zeigten ihn, wie er vor dem Kreißsaal ruhelos auf und ab schritt, eine Zigarette nach der anderen qualmte und wartete, dass die matronenhafte Hebamme ihren Kopf herausstreckte und verkündete: »Es ist ein Junge!« Er war ein Außenseiter, ein Zuschauer beim Eintritt seines Kindes in die Welt.

Dieses Bild entsprach der Realität. Das Kind wuchs heran, und Papa blieb ein Außenseiter, überwiegend jedenfalls. Die Kinderaufzucht war Mutters Sache. Papa war gut für ein gelegentliches Fußballspiel oder einen Angelausflug am Wochenende, doch seine wichtigste Rolle – die klar umrissen und anerkannt war – war die des Brötchenverdieners und der Strafinstanz.

Die Ansprüche an die »neuen Väter« haben sich geändert. Heutzutage besucht ein Mann gemeinsam mit seiner Frau Geburtsvorbereitungskurse – manche Kliniken verlangen das sogar –, und man erwartet von ihm, dass er bei der Geburt dabei ist und seine Frau während der Wehen beim Atmen unterstützt. Heutzutage wird ein Vater Zeuge des Schmerzes beim Gebären, und oft sind es seine Hände, die das Neugeborene als Erste wiegen.

Doch diese intime Partnerschaft endet oft abrupt, wenn das Baby heimkommt und der Mann mit der Intensität der Bedürfnisse des Säuglings und seiner eigenen Unerfahrenheit als Pflegeperson konfrontiert ist. In vielen Fällen schlüpft die Mutter in die Rolle der Expertin, entweder freiwillig oder weil ihr nichts anderes übrig bleibt.

Sogar ein Mann, der bereitwillig Windeln wechselt und um zwei Uhr morgens Fläschchen gibt, steckt gegenüber seiner Frau als der vermeintlichen Kinderpflegeexpertin zurück, wenn sein Sohn krank oder unruhig ist, und versäumt damit eine Gelegenheit, eine engere Beziehung zu ihm herzustellen. Diese »Aufgaben« des Um- und Versorgens legen den Grundstein für eine von Fürsorge geprägte Beziehung und bieten dem Vater eine wichtige Gelegenheit, von Anfang an eine gewichtige, liebevolle Rolle im Leben seines Sohnes zu spielen. Ohne diese Beteiligung gleiten Väter zu Hause leicht in die Rolle des »unfähigen Vaters« und ziehen sich weiter in die Arbeit und auf die Versorgerrolle zurück. Dies verstärkt noch ihre Unerfahrenheit in der familiären Beziehungsarbeit und vertieft ihre eigenen oder fremde Zweifel am Wert ihres Beitrags.

»Ich war dabei, als Ben geboren wurde, und ich hatte das Gefühl, dass ich Sandy bei der Entbindung wirklich geholfen habe. Alle fanden es toll«, erinnert sich der 49jährige Mark. »Doch als wir nach Hause kamen, hatte ich keine Ahnung, was ich tun sollte. Sandy war erschöpft, doch sie wusste anscheinend instinktiv, was Ben brauchte, wann er es brauchte und was zu tun war. Ich sah einfach keine Möglichkeit mehr, mich sinnvoll zu beteiligen. Wenn ich ihn fütterte oder badete oder mit ihm spielte, fühlte ich mich beobachtet, wie auf Bewährung. Wenn er weinte, kam Sandy immer gelaufen, um ihn zu beruhigen, und wenn ich etwas anders machte als sie, musste sie immer was dazu sagen. Ich begann, mich anderweitig nützlich zu machen. Es war einfacher, mich um die Wäsche zu kümmern. Zumindest kamen da keine Klagen.«

Viele Frauen, mit denen wir gesprochen haben, räumen ein, dass sie ihren Männern nicht ganz vertrauen, was die Versorgung ihres Säuglings angeht. Eine Frau berichtete, ihr Mann habe ihren drei Monate alten Säugling allein auf dem Wickeltisch liegen lassen, um ans Telefon zu gehen. Das Baby rollte herunter, zog sich aber glücklicherweise nur geringfügige Prellungen zu.

Die meisten Männer haben nicht gelernt, einen Säugling zu versorgen, und sind nicht scharf darauf, sich zu blamieren. Daher ziehen sie sich gerade in einer Zeit, in der sie durch fürsorgliche Körperkontakte ein frühes emotionales Band zu ihrem Sohn knüpfen könnten, zurück oder sie werden beiseite geschoben. Das ist bedauerlich, denn selbst in ihrer stereotypen Rolle als der Hoppe-Hoppe-Reiter-Vogel-flieg-Papi können Väter deutlichen und bedeutsamen Einfluss auf die Entwicklung ihres Kindes nehmen. Studien zeigen, dass ein wichtiger Beitrag vieler Väter in ihrer Eigenschaft als Spielpartner besteht, insbesondere bei den lebhaften, anregenden Spielen, die sie meist mit Söhnen spielen. Diese aktiven Spiele sind für das Kind sehr auf- und anregend und gelten als wichtig sowohl für die kognitive als auch die emotionale Entwicklung. Wenn eine Mutter ihren Sohn »beschützt«, indem sie das Verhalten seines Vaters ständig korrigiert und ihrem eigenen anzupassen versucht, hemmt sie die Entfaltung einer Dimension von Elternverhalten, die einzigartig und auf ihre Weise einzigartig wertvoll ist.

... Vater sein dagegen sehr: Die Kindheit

In der mittleren Kindheit lernt ein Sohn durch das Verhalten seines Vaters beim Spiel oder bei gemeinsamen Unternehmungen, wie man mit Emotionen umgeht. Die Problemlösestrategien, die Jungen als Jugendliche und Erwachsene in sozialen Situationen anwenden, lassen sich direkt auf die Lektionen zurückverfolgen, die sie von ihrem Vater auf dem Spielfeld oder in den heimischen vier Wänden gelernt haben. So wiesen Forschungsarbeiten nach, dass kleine Jungen, die aggressiv sind und wenig prosoziales Verhalten zeigen – das heißt nicht mit anderen teilen –, Väter haben, die häufig mit Wut auf sie reagieren, die beispielsweise zurückschreien, wenn ihr Sohn sie anschreit.

Ein Junge beobachtet, wie sein Vater Konflikte löst, wie er Zusammenarbeit gestaltet und wie er sich als Partner in Ehe und Familie, in der Gemeinde und bei der Arbeit gebärdet. In allen Lebensbereichen sprechen die Taten eines Vaters deutlicher für ihn als seine Worte, und ein Junge lauscht gespannt auf beide. Wenn ein Vater emotional aufrichtig, freimütig, achtsam und flexibel in seinen Reaktionen sein kann, folgt der Respekt seines Sohnes auf dem Fuße. Ein Mann, der seine Stärken und Leistungen idealisiert, distanziert sich von der Wirklichkeit, in der sein Sohn lebt – und das ist eine Welt gemischterer Gefühle und Erfahrungen.

Angenommen, ein Vater und sein Sohn spielen Tennis. Was tut der Vater, wenn er danebenschlägt? Flucht er und ist eingeschnappt, oder zeigt er seinem Sohn, dass man so etwas spielend wegstecken kann? Wenn sie gemeinsam an etwas arbeiten und der Sohn lässt ein Werkzeug fallen oder macht einen Fehler, geht sein Vater dann achselzuckend darüber hinweg, nutzt er den Augenblick zu einer freundlichen Belehrung, oder nimmt er eine strafende Haltung ein? Wenn der Vater sich mit seinem 8-Jährigen herumbalgt, muss er ihm dann zeigen, dass er stärker ist? Ist die Rangelei aggressiv oder spielerisch? Was unternimmt ein Vater, wenn sein 6-Jähriger traurig oder wütend ist? Reagiert er nach dem Prinzip »Wie du mir, so ich dir«, gibt er vor, es nicht zu bemerken, oder wendet er sich seinem Sohn zu und versucht, das ursächliche Problem anzugehen?

In ihrem Bemühen, Frieden und Ordnung aufrechtzuerhalten, vergessen Eltern häufig, dass ein Zweck des Spiels gerade darin besteht, die Dinge durcheinander zu bringen. Wenn ein Junge seine Kräfte erprobt, Basketball spielt oder sich anderen Spielen widmet, kommen zwangsläufig Emotionen hoch. Er kann stürzen und sich wehtun, ein entscheidendes Tor schießen oder vergeigen, er kann sich zu Tode betrübt und dann wieder himmelhoch jauchzend gebärden. Dieses Durcheinander dient offenbar der Erholung und bietet dem sich entwickelnden Gehirn eine Gelegenheit, das Problemlösen, das kritische Denken und den Ausdruck von Gefühlen in einer wohlwollenden Umgebung zu üben – kurzum, mit Gefühlen zu spielen. Ein aktiver, spielerischer Vater kann seinen Sohn dabei unterstützen, eine weite emotionale Landschaft zu erkunden, wozu auch gehört, Frustration zu ertragen, zu gewinnen und gut zu verlieren und das eigene Temperament im Zaum zu halten.

Der Psychologe Erik Erikson beschreibt die mittlere Kindheit von Jungen prägnant als eine Zeit, in der das Kind »gezielt und selbstbewusst produktiv« wird.[9] Heranwachsen ist eine anspruchsvolle Aufgabe, und Jungen brauchen das Selbstbewusstsein und das Selbstvertrauen, dass sie dieser Aufgabe gewachsen sind. In diesen frühen Jahren, wenn sie in so vielem blutige Anfänger sind, hat die Meinung, die ihr Vater von ihnen hat, ein enormes Gewicht. Ob ein Junge unter den Augen seines Vaters Fußball spielt, in einer Band Schlagzeug spielt, oder ob er ein Modellschiff baut, immer ist er extrem sensibel für die Reaktion seines Vaters.

Raul erzählt, dass er seinen 6-jährigen, unsportlichen Sohn in einen Skiurlaub mitgenommen und ihn hinterher gefragt hatte, was ihm daran am besten gefallen habe. Der Junge antwortete: »Dass ich gesehen habe, wie du mir beim Skifahren zugeschaut hast!« Auf was es dem Jungen wirklich ankam, war nicht, wie gut oder schlecht er Ski fuhr, sondern was sein Vater von ihm hielt. So geht es den meisten Jungen in der mittleren Kindheit: Ihre Meinung von ihrer eigenen Kompetenz hängt davon ab, wie sie glauben, dass ihr Vater seinen Sohn sieht.

Ein Junge möchte zu seinem Vater aufschauen und ihn bewundern; er braucht das Gefühl, dass sein Vater etwas kann, weil ihm das zu glauben hilft, dass er später ebenfalls kompetent sein wird. Ein Junge wünscht sich einen Vater, der ihn für großartig hält – einen, der weiß, dass sein Sohn noch klein ist und nicht alles kann, der ihn aber dennoch liebt.

Die Lektion über emotionale Aufrichtigkeit, die ein Vater im Umgang mit seinen eigenen Schwächen und Fehlschlägen seinem Sohn erteilt, ist wichtiger, als tatsächlich über alles und jedes Bescheid zu wissen. Ob bewusst oder unbewusst, die emotionale Fassade eines Vaters kann seinen Sohn nicht über ein Alter von acht oder neun Jahren hinaus täuschen. Ein Mann, der so tut, als beherrsche er etwas besser, als es in Wahrheit der Fall ist, oder der Fehler nicht eingestehen kann, bietet seinem Sohn ein mangelhaftes Modell für Männlichkeit.

Ganz entgegen der Furcht mancher Väter, sich einen »Jammerlappen« heranzuziehen, wenn sie einen von seinen Gefühlen übermannten Sohn trösten, hilft ein Vater, der seinen Sohn mit seinem Kummer akzeptiert und ihm beisteht, ihn emotional stärker werden zu lassen. Solche Väter wissen, was Mark Twain so ausgedrückt hat: »Mut ist Widerstand gegen Angst, Meisterung von Angst – nicht Fehlen von Angst.« Solche Väter unterstützen ihre Söhne behutsam bei der schweren Aufgabe, erwachsen zu werden, statt sie hart für eine harte Welt machen zu wollen. Bei unserer Arbeit mit Jungen stellen wir immer wieder fest, dass diejenigen, die am ehesten zusammenbrechen, wenn es hart auf hart geht, mit der Vorstellung aufgewachsen sind, dass das Eingeständnis von Verwundbarkeit, sogar gegenüber sich selbst, Schwäche bedeutet.

Michael und Will: Das Kind im Jungen respektieren

Als mein Sohn Will sechs Jahre alt war, fuhren wir durch die Green Mountains in Vermont, um seine Schwester im Sommerlager zu besuchen. Wir fuhren durch ein kurzes, aber sehr heftiges Gewitter; Blitze zuckten, Donner grollte, und es regnete so heftig, dass es mir schwer fiel, die Straße zu erkennen und nicht davon abzukommen. Obwohl ich ganz damit beschäftigt war, mich auf die schmale Straße zu konzentrieren, und aus Sicherheitsgründen langsam fuhr, schaute ich doch ein paar Mal in den Rückspiegel, um zu beobachten, was Will auf dem Rücksitz machte. Er hatte offensichtlich Angst, aber schließlich klopfte auch mir das Herz bis zum Hals. Als wir das Unwetter hinter uns gebracht hatten, fragte ich Will, wie es ihm ginge. Mir gingen ein paar stereotype Redewendungen durch den Kopf, mit denen in unserer Kultur ein Junge nach seinen Ängsten gefragt wird, etwa: »Du hast doch nicht etwa Angst gehabt, oder, Kumpel?« – eine Aufforderung an einen Jungen, seine Gefühle zu leugnen. Stattdessen fragte ich ihn: »Da konnte man schon ein bisschen Angst kriegen, was, Will?« Und er antwortete: »Nein, Papa, da konnte man *große* Angst kriegen.«
Wenn man eine Frage so stellt, gibt man einem Jungen die Erlaubnis, emotionale Verletzlichkeit auszudrücken.

Väter und heranwachsende Söhne: Getrennte Lebenswelten

Für die Mehrzahl aller Jungen ist die Adoleszenz eine Phase emotionaler Hochs und Tiefs, weil sie um Kontrolle – oder den Anschein von Kontrolle – über ihr Leben kämpfen müssen. In seinem Bemühen, Verletzlichkeiten möglichst zu verbergen, gerät ein Junge auf Schritt und Tritt in die Defensive – auch zu Hause und insbesondere seinem Vater gegenüber. Ein Teenager braucht seinen Vater emotional noch, aber zugeben will er das nicht. Der Vater erinnert ihn immer noch unangenehm an seine

Abhängigkeit, dass er in mancher Hinsicht immer noch ein kleiner Junge ist und dass er sich nach der Liebe, Aufmerksamkeit und Anerkennung seines Vaters sehnt, obwohl er sich solche Gefühle in dieser Phase nicht erlaubt, weil sie seiner zunehmenden Loyalität zu seiner Clique zuwiderlaufen. Diese Spannung treibt einen Keil zwischen Vater und Sohn und vertieft die Kluft des Missverstehens zwischen ihnen.

Was Jugendliche über das Verhältnis zu ihrem Vater berichten, wird von der Forschung bestätigt: Die bedeutsamsten Konfliktquellen sind Konkurrenz, Kritik und mangelndes Verständnis. In einer Studie gaben Jungen an, dass sie die Meinung oder den Rat ihres Vaters bei praktischen Dingen einholten, sagten aber zugleich, sie hätten nicht den Eindruck, dass dies auf Gegenseitigkeit beruhe und ihr Vater Interesse an *ihrer* Meinung zeige. Manchmal wirkt es so, als ob Väter und ihre jugendlichen Söhne nicht in derselben Welt lebten.

In einer Studie, die häufig als »Piepser-Studie« bezeichnet wird, erhielten die Familienmitglieder Piepser und wurden von den Forschern in zufällig gewählten Abständen »angepiepst«. Dann schrieben sie in ein Notizbuch, was sie in diesem Augenblick gerade taten und was sie dabei fühlten. Die voneinander abweichenden Berichte der Familienmitglieder über denselben Augenblick oder dasselbe Ereignis lieferten einen schlagenden Beweis für die erlebnismäßige Kluft zwischen Vätern und Söhnen. *In der Studie stellten Vater und Sohn ein und denselben, gemeinsam verbrachten Augenblick in 50 Prozent der Fälle völlig verschieden dar.*[10]

Die Diskrepanz könnte dem Umstand zuzuschreiben sein, dass die Väter sich immer als diejenigen erlebten, die die Interaktion lenkten. Beispielsweise berichtete ein Vater, der sich in dem Moment, als der Piepser ertönte, gerade mit seinem Sohn am Haus zu schaffen machte, dass er die Zeit mit seinem Sohn genoss und ihm etwas beibrachte. Sein Sohn jedoch beschrieb diesen Augenblick als langweilig oder als Anlass für seinen Vater, »mich anzuschnauzen«. Die Jugendlichen genossen diejenigen Augenblicke am meisten, in denen die Kontrolle der Situation bei beiden gemeinsam lag, wenn sie etwa ihrem Vater etwas beibringen konnten und sich der Vater dafür aufnahmebereit zeigte.

Derselben Studie zufolge glaubten die meisten Teenager, dass ihr Vater sie jetzt weniger gut kenne als früher, und die meisten Väter waren sich über diese Distanzempfindung ihres Sohnes nicht im Klaren. Die Forscher Reed Larson und Mayse Richards schlossen daraus, dass Väter im emotionalen Leben der Familie offenbar das »schwächste Glied« verköpern. Sie stellten fest, dass die Väter ihren Söhnen gegenüber im Allgemeinen drei Rollen einnahmen: die des Anführers oder Lehrers, die des Förderers oder Antreibers und die des Zuchtmeisters. Die Väter gaben die Führerrolle und die Kontrolle über die Jugendlichen nur zögerlich auf und hatten eine geringere Auswahl an Strategien zur Verhaltenskontrolle ihrer Kinder als die Mütter.

Sowohl Mütter als auch Väter können es als Affront empfinden, wenn ein Sohn sich ihnen zu widersetzen beginnt, und beide kann negatives oder oppositionelles Verhalten verletzen. Unseren Erfahrungen zufolge versuchen jedoch Mütter weitaus häufiger, die Brücke zu ihrem Sohn immer wieder zu reparieren oder neue Brücken zu bauen. Viele Väter reagieren dagegen mit Wut und dem Bestreben, die Kontrolle wieder in die Hand zu bekommen.

In ihrer Beziehung zu Töchtern sind Väter im Allgemeinen nicht so stark auf Konfrontationskurs. Wie die Forschung bestätigt, gehen Väter von Anfang an mit Söhnen anders um als mit Töchtern. In der Regel behandeln sie ihre Töchter im Säuglingsalter sanfter und sprechen in sanfterem Ton mit ihnen. Wenn die Kinder älter werden, toben Väter mit ihren Söhnen zwar öfter herum, zeigen aber weniger Zuneigung, weisen sie häufiger zurecht und spielen konkurrenzbetonter mit ihnen. Mit jedem weiteren verstreichenden Jahr zeigt ein Vater seiner Tochter gegenüber gewöhnlich mehr Beschützer- und seinem Sohn gegenüber mehr Konkurrenzverhalten.

Es überrascht daher nicht, dass Söhne im Teenageralter mit ihren Vätern nicht über emotionale Probleme reden. Wie eine groß angelegte Studie ergab, bezeichneten Söhne unter all den Menschen in ihrem Leben – einschließlich Eltern, Schwestern, Brüdern und Freunden – ihren Vater am häufigsten als denjenigen, dem sie ihre wahren Gefühle *am wenigsten* gestehen würden.[11]

Und das mit gutem Grund: ein Großteil dessen, worüber Jugendliche reden, ist übertrieben oder unrealistisch. Einem Vater fällt es schwer, die Übertreibungen eines Teenagers als das zu nehmen, was sie sind – Gedankenexperimente oder notwendige Auslotungen einer sich entfaltenden Identität. Wenn ein Vater Dummheiten hört, sieht er einen dummen Jungen. Er befürchtet Charakter- oder Intelligenzschwäche oder ungebührliche Lässigkeit gegenüber der Zukunft und ist rasch bei der Hand, seinen Sohn wieder auf den richtigen Weg zu bringen.

Wenn Vater nicht der Beste ist: Konkurrenz, Kritik und Rückzug

Wir lachen heute über alte Filme, die das Familienleben verkitschen und verklären, doch in der Beliebtheit von Filmen wie *Vater ist der Beste* spiegelte sich unsere Sehnsucht nach einer Vaterfigur, nach einem Familienoberhaupt, das in seine Rolle als Ernährer und Schiedsrichter bei familiären Zwistigkeiten schlüpfte wie in einen bequemen Lieblingspullover. In Wirklichkeit bringt die mangelnde Erfahrung auf emotionalem Gebiet einen Vater deutlich ins Hintertreffen, wenn sein Sohn in die Adoleszenz eintritt. Unter dem wachsenden Druck eines weiteren Mannes im Haus fallen verletzliche Väter in überkommene Abwehrreaktionen zurück, um die Fiktion aufrechtzuerhalten, dass »Vater der Beste« ist, und zwar: Kontrolle, Konkurrenz und Kritik.

Kontrolle

Bei unserer Arbeit mit Vätern von Jungen im Teenageralter müssen wir diese häufig davon abhalten, mit reflexhafter Überkontrolle auf normale Verhaltensweisen ihres Sohnes zu reagieren. Wenn ein 13- oder 14-jähriger Junge nach Hause kommt und verkündet, dass für Mathe zu lernen sinnlos sei, weil er nämlich Skateboard-Profi werden wolle, dann spult sich vor dem geistigen Auge seines Vaters eine Negativkarriere ab: Sein Sohn verbaut sich seine Chancen auf dem College, auf eine gute Arbeitsstelle, auf Erfolg in der Erwachsenenwelt; er macht seinen Eltern Schande. Der Vater glaubt, sofort etwas unternehmen zu müssen, und hält seinem Sohn eine Standpauke über die Qualitäten, die ein Mann haben muss, um wirklich erfolgreich zu sein.

Kann aber der Vater stattdessen lernen, seinem Sohn zuzuhören, Fragen zu stellen und echtes Interesse zu zeigen, dann wird ihm wahrscheinlich klar werden, dass Skateboard fahren im Augenblick eben angesagt ist; er hat die Begeisterung seines Sohnes gewürdigt und so ein Kommunikationsmuster installiert. Da Väter und Söhne aber kaum imstande sind, sich über stark emotional gefärbte Themen auszutauschen, wird die typische Vater-Sohn-Beziehung in diesem Alter zu einem bloßen praktischen Arrangement: Der Vater erfüllt die materiellen Bedürfnisse des Sohnes und erwartet im Gegenzug Gehorsam und Respekt. Ein heranwachsender Junge, der um seine Identität und um größere Unabhängigkeit kämpft, braucht das Gefühl, ernst genommen zu werden. Geschieht das nicht, taucht er ab. Ein Vater mag sich im Kampf um die Kontrolle über das Leben seines Sohnes eine Zeit lang durchsetzen, doch das geht klar auf Kosten der Beziehung.

Dan über Jackson: Den Spaß am Sport verdorben

»Dieser Junge hat Talent; er hat wahrscheinlich die beste Schlagführung in der Mannschaft«, erklärte mir Jacksons Golftrainer, »aber wenn er draußen auf dem Grün ist, ist es, als ob er sich in den eigenen Fuß schießen würde. Als ob er nicht gewinnen wollte.« Sein Lehrer berichtete mir bei einer Lehrerkonferenz etwas Ähnliches: »Jackson wird nicht sitzen bleiben, aber er gibt sich nicht die geringste Mühe.«

Jackson war ein hoch aufgeschossener, magerer Junge mit dunkelbraunen Haaren und blauen Augen, die niemals ruhig schienen. Wenn er sprach, ließ er den Blick unaufhörlich im Raum umherschweifen und stellte nur ab und zu einen Moment lang Blickkontakt her. Dennoch verhielt er sich nicht wie andere Jungen, die es kaum erwarten können, mein Sprechzimmer wieder zu verlassen. Er wirkte vielmehr erleichtert, dass er hier war und die Gelegenheit bekam, sich auszusprechen. Vor was auch immer Jackson davonlief, es war offenbar etwas, das in ihm drinsteckte.

Unser Gespräch hatte kaum angefangen, als Jackson schon über seinen Vater zu reden begann: »Als ich noch kleiner war, drängte er mich, mit Golf anzufangen. Er glaubte, dass ich dann leichter ein Stipendium fürs College bekäme oder dass ich ihm wenigstens später einmal, wenn ich gut geworden wäre, dankbar wäre. Ich hab's versucht, aber er hat mir den ganzen Spaß daran verdorben.«

»Spielt er selbst gut Golf?«

»Ich glaube, er war mal ziemlich gut. Jetzt schlage ich ihn meistens. Aber als ich noch klein war, kam es mir so vor, als hätte er nichts anderes im Kopf.«

»Wie hat er dir den Spaß daran verdorben?«

»Es hieß immerzu nur gewinnen, gewinnen, gewinnen. Trainieren, trainieren, trainieren. Ich hatte überhaupt keine Wahl.«

»Aber du bist doch jetzt ein guter Golfer, nicht wahr?«

»Es ist ganz in Ordnung, glaube ich. Aber das Spielen macht mir eigentlich überhaupt keinen Spaß. Ich würde viel lieber Baseball spielen, aber dann würde er mich wahrscheinlich umbringen.«

Als Jackson etwa 13 war, hatte er angefangen, seine Meinung über Golf und anderes zu äußern, was zu hitzigen Streitgesprächen führte, die zuweilen in körperliche Gewalttätigkeiten auszuarten drohten.

Jacksons Eltern hatten sich vor kurzem scheiden lassen, und die Scheidungsvereinbarungen sahen vor, dass Jackson jedes zweite Wochenende mit seinem Vater verbringen sollte. Es dauerte nicht lang, bis er sich zu sträuben begann.

»Ich will da nicht hin. Ich kann mich nicht mit meinen Freunden treffen, und ich soll nur mit ihm und meinen Schwestern rumhängen. Und außerdem ist er so ein sturer Bock. Er würde nie zugeben, dass irgendwas seine Schuld ist«, meinte Jackson.

»Er nudelt immer dieselbe Leier ab. Er findet, ich sollte mit ihm zusammen sein wollen und ihm sagen, dass ich ihn liebe, bloß weil er alles bezahlt. So funktioniert das aber nicht. Er schnauzt mich an, wenn ich sage, dass ich das Wochenende nicht mit ihm verbringen will. Als ob ich davon Lust bekäme, bei ihm aufzutauchen. Er sagt, dass ich Respekt zeigen muss. Aber in Wirklichkeit habe ich überhaupt keinen Respekt vor ihm. Dann sagt er, dass er sich ändern wird, aber das hält ungefähr einen Tag vor, und dann macht er es wieder genauso.«

Jacksons Problem mit seinem Vater war zu schwer wiegend, als dass wir es in einer Dreiviertelstunde pro Woche während des Schuljahres hätten lösen können. Ich setzte die Gespräche mit ihm fort, doch er nahm zusätzlich an einer Familientherapie teil und hatte sogar einige Sitzungen allein mit seinem Vater. Doch auch da drehte sich das Gespräch im Kreis. Jacksons Vater sah in den Sitzungen einen Anlass, der Jackson dazu zwang, Zeit mit ihm zu verbringen, nicht aber eine Gelegenheit, um an ihrer Beziehung zu arbeiten. Es war nicht immer leicht, mit Jackson auszukommen – schließlich war er ein zorniger Teenager –, doch sein Vater vermochte keinen anderen Standpunkt als seinen eigenen gelten zu lassen. Und genau dies entfremdete ihm seinen Sohn. Weil er nicht auf das hörte, was Jackson zu sagen hatte, wertete er Jacksons Gedanken, Gefühle, Wünsche ab. Er hätte genauso gut zu Jackson sagen können, dass er nicht existiere. Um sich also das Gefühl zu bewahren, er habe sein Leben unter Kontrolle, musste Jackson seinem Vater Widerstand entgegensetzen, und zwar in Form von Leistungsverweigerung auf dem Golfplatz.

Konkurrenz

Männer konkurrieren untereinander um Herrschaft, Status und Macht, oftmals aus purem Spaß an der Freud'. In der Adoleszenz erhitzt sich der Konkurrenzkampf eines Jungen mit seinem Vater bis zum Siedepunkt, und explosive Ergebnisse sind vorhersagbar.

Zwischen der wachsenden Selbstsicherheit und Kraft des Jugendlichen und der zunehmend abwehrenden Haltung des Vaters entzündet sich ein unvermeidlicher Konflikt. Väter von männlichen Jugendlichen sind äußerst verwundbar. In der Regel sind diese Männer weit über 40 und bekommen die Auswirkungen des Älterwerdens allmählich zu spüren, nicht nur körperlich, sondern häufig auch im Beruf und in der Freizeit. Ihnen dämmert die ernüchternde Erkenntnis, dass ihre Jugend vorüber ist, und auf diesen Verlust reagieren sie oftmals mit Verleugnung und Wut.

Zugleich machen ihre Söhne mit Volldampf die Pubertät durch, schießen rasch in die Höhe und legen an Gewicht und Muskeln zu. Sie sind erfüllt von der Freude an neuen Fähigkeiten. Jeder Sprung nach vorne lässt die wachsende körperliche Diskrepanz zwischen Vater und Sohn deutlicher hervortreten. In einer durch emotionale Distanz gekennzeichneten Beziehung wird über diese Entwicklungen nicht viel geredet, geschweige denn dass sie begrüßt würden, doch sie stellen nichtsdestoweniger Meilensteine im emotionalen Wachstum eines Jungen dar. Die meisten Männer erinnern sich noch lebhaft an den Zeitpunkt, als sie merkten, dass sie ihren Vater »packen« konnten.

Tom mit seinen fast 50 Jahren erinnert sich: »Das war das letzte Mal, dass wir miteinander rauften. Ich war 16, mein Bruder 14. Wir gingen ganz schön hart zur Sache, und Vater nahm es auf einmal ziemlich ernst. Schließlich gelang es ihm, uns beide auf den Rücken zu drücken. Dann sagte er, nun sei Schluss. Am nächsten Tag erfuhren wir, dass er sich zwei Rippen gebrochen hatte.«

Dave, Anfang 20, erinnert sich an einen ähnlichen Wendepunkt: »Ich war fast 17. Mein Vater und ich stritten uns darüber, ob ich es verdiente, am Samstag das Auto zu bekommen. Er warf mir allen möglichen Mist über meine Gesinnung an den Kopf, dass ich unverantwortlich sei und er nicht einsähe, warum er mir das Auto geben solle, wenn ich ein Hallodri werden würde. Das war schlichtweg Scheiß; ich war im Prinzip ein anständiger Kerl. Schon bald hielt ich es nicht mehr aus. Ich fing an zurückzuschimpfen. Ich zeigte mit dem Finger auf ihn. Ich glaube, das war zu viel für ihn, und er drehte durch. Er knallte mich gegen die Küchenwand, und ich schubste ihn so heftig zurück, dass er hinfiel. Dann stürmte ich aus dem Haus. Danach gingen wir uns aus dem Weg. Etwa zwei Monate später bekam er einen leichten Herzinfarkt. Da wusste ich – und mir war klar, dass er es auch wusste –, dass ich ihn niemals mehr so wie früher fürchten würde.«

Rick, 40, erinnert sich: »Ich glaube, ich war in der vorletzten Klasse der High School. Ich balgte mich mit meinem Vater im Wohnzimmer. Wir waren etwa gleich groß, wenn er auch ein wenig schwerer war als ich. Ich lag auf dem Boden. Ich klammerte meine Arme um ihn und mühte mich recht erfolgreich, ihn nicht hoch zu lassen. Dann bekam er einen Arm frei und begann, mich zu boxen. Er schlug mich nur auf den Arm, doch er schlug so fest er konnte. Ich war irgendwie perplex. Etwas war anders, ganz eindeutig. Ringen war immer ein Spaß gewesen. Wir lachen fast immerzu dabei. Aber jetzt war er wütend. Dann kam ich dahinter, dass es ihm nicht mehr leicht fiel. Er war mir körperlich nicht mehr überlegen. Ich weiß noch, dass ich mich ganz seltsam fühlte, als ich das merkte. Ich glaube, wir haben danach nie wieder miteinander gerauft.«

Väter sollten sich über die Leistungen ihrer Söhne freuen, sie als Persönlichkeiten würdigen. Wenn ein Vater es nicht lassen kann, aus seinem Sohn seinen Stellvertreter machen zu wollen – wenn er ihn unter Druck setzt, in einer bestimmten Sportart oder auf einem anderen Gebiet zu brillieren, damit der Vater sich den errungenen Sieg auf seine Fahnen schreiben kann –, dann bleibt der Beziehung kaum eine Entfaltungsmöglichkeit.

Ein Freund, Mitte 40, erzählt von seiner Softball-Mannschaft, die vorwiegend aus Vätern und Söhnen besteht. Es sind vier Männer über 50 und ihre sieben Söhne, alle um die 20. Die älteren Männer spielen seit mehr als 20 Jahren miteinander. Viele der Jungen haben in der lokalen Baseball-Juniorenliga gespielt, zuweilen trainiert von dem einen oder anderen Vater, und später dann für dieselbe High School. Baseball und Softball nehmen einen zentralen Platz in ihrem Leben ein. Dieses gemeinsame Interesse ist es, was diesen Vätern und Söhnen die Möglichkeit gibt, sich an- und miteinander zu freuen.

Die Saison beginnt im April, wenn viele Söhne noch auswärts auf der Schule sind. Also sind es die Väter, durch nachlassende

Fähigkeiten und chronische Beschwerden gehandikapt, die die Last schultern müssen. Wenn der Juni den Mai ablöst, kehren die sportlich begabten Söhne zurück und spielen Seite an Seite mit ihren Vätern oder nehmen in der Aufstellung manchmal auch ihren Platz ein.

Eine Frau, die den Spielen zusieht, mag die Liebe zwischen diesen Männern nicht wahrnehmen. Diese Liebe ist typisch männlich. Sie drückt sich nicht in Umarmungen und sehr oft nicht einmal in Worten aus. Doch sie ist mit Händen zu greifen. Sie ist gegenwärtig in der stillen Freude eines Vaters über den Homerun seines Sohnes. Sie ist wahrnehmbar in dem Bemühen des Sohnes, seinem Vater im Kampf gegen das Älterwerden beizustehen. Ein Sohn bearbeitete zwei Spielzeiten lang beharrlich seinen Vater, bis der sich eine Brille machen ließ, damit er den Ball besser sehen konnte. Ein anderer stellte seinem Vater ein Krafttrainingsprogramm für die spielfreie Zeit zusammen.

Diese Mannschaft gewann letztes Jahr die Stadtmeisterschaften, und in der gegenwärtigen Saison spricht die Liebe zwischen diesen Männern deutlich hörbar aus ihren Erinnerungen an den Ruhm dieses gemeinsam errungenen Triumphes.

Kritik

Wenn ein Vater glaubt, seinen Sohn unterwerfen oder kontrollieren zu müssen, wird er alle Machtmittel einsetzen, die ihm zu Gebote stehen. Manchmal sind das als Strafe gedachte Einschränkungen der Auto- oder Telefonbenutzung, des Taschengeldes oder der Freizeit. Selbst wenn ein Sohn merkt, dass er körperlich stärker ist als sein Vater, so erlebt er ihn immer noch als emotional dominant. Und die ultimative psychologische Waffe des Vaters ist die Kritik, weil die meisten Söhne für herabsetzende Bemerkungen bis weit in das Erwachsenenalter äußerst anfällig bleiben.

Kriegsgeschichten von dieser Vater-Sohn-Front erzählen uns alle möglichen Überlebenden: zornige, depressive junge Söhne; Männer, die immer noch verbittert sind wegen der Zielstrebigkeit, mit der ihr Vater sie als Jugendliche unter ihre Knute zwang; und Frauen, die die Erinnerung an das ungleiche emotionale Duell zwischen Vätern und Brüdern, Ehemännern und Söhnen in der Seele wehtut.

Louis, in der 2. Klasse der High School, erklärt rundheraus, dass er seinen Vater hasst. »Er hat keine blasse Ahnung«, sagt der Junge. »Er kann über nichts mit mir reden. An allem, was ich mache, hat er was auszusetzen, und wenn er mich gerade mal nicht fertig macht, redet er nur über sich, als ob ich mich für Zeugs interessieren sollte, das nichts mit mir zu tun hat. Meistens hört er nicht zu, wenn ich was sage, aber wenn er es mal tut, ist es noch schlimmer, weil er dann bloß auf mir rumhackt. Es wird immer ein Streit draus, und ich habe keine Chance, zu gewinnen.«

Louis zieht die Konsequenz, seinem Vater so weit wie möglich aus dem Weg zu gehen. Als er alt genug für einen Job nach der Schule ist, sucht er sich einen aus, wo er abends arbeiten muss und drei Abende in der Woche nicht zu Hause ist. Louis wird irgendwann einen Beruf ergreifen und sich ein eigenes Leben aufbauen; sein Leben wird sich ändern, doch es gibt keinerlei Anzeichen dafür, dass sich der emotionale Abgrund zwischen ihm und seinem Vater schließen wird.

Joan hatte einen hart arbeitenden, verantwortungsbewussten Vater, der zwei Jobs machte, um Frau und vier Kinder zu ernähren. Er war pflichtbewusst, zu ihr manchmal sogar lieb, doch Reden war seine Sache nicht, es sei denn, um ihren Bruder abzukanzeln: »Mein Vater redete selten mit uns beiden, aber meinen Bruder kritisierte er wegen allem Möglichen – wegen seiner Haare, seiner Kleidung, seinem Gesichtsausdruck. Dabei war mein Bruder einfallsreich, klug und humorvoll. Meinen Schwestern und mir gegenüber war er rundherum in Ordnung. Mir kam nie der Gedanke, wie verletzend es für meinen Bruder gewesen sein muss, bis ich selbst einen Sohn hatte. Jetzt sehe ich, wie sehr es mein Sohn genießt, wenn mein Mann ihm seine Liebe zeigt, selbst in den kleinsten Dingen, und ich sehe, wie es ihm zusetzt, wenn sein Vater schlecht gelaunt ist oder etwas an ihm auszusetzen hat. Mir tut mein Bruder Leid. Die Beziehung zwischen ihm und meinem Vater hat sich nie gebessert, und seit mein Bruder aus dem Haus ist, hat er meinen Vater für den Rest seines Lebens gemieden. Mein Vater ist vergangenes Jahr gestorben, und mein Bruder ist bei Ehefrau Nummer drei angelangt und hat seinen Exfrauen vier Kinder zurückgelassen. Er hat zu niemandem von ihnen allen eine Beziehung. Ich liebe meinen Bruder, doch sein Leben ist ein Chaos. Ich gebe nicht unbedingt meinem Vater die Schuld daran, aber als Mutter eines Jungen kann ich mich des Gedankens nicht erwehren, dass da ein Zusammenhang besteht.«

Die Folgen vorenthaltenen Lobes oder zügelloser Kritik sind einschneidend und dauerhaft. Noch bis ins mittlere Alter hinein bleiben Männern die besonderen Empfindungen von Kränkung, Wut oder Verwirrung lebhaft im Gedächtnis. Ein 52-jähriger Patient erinnert sich an den Tag, als er seinen Abschluss an einer renommierten Universität als Jahrgangsbester gemacht hatte. Er erklärte seinen Eltern, er habe die Absicht, sein ganzes Wissen und seine Begeisterung in die Schule einzubringen: Er wolle Lehrer werden. Die einzige Reaktion seines Vaters bestand in kopfschüttelnder Verärgerung: »Du meinst, nach alldem willst du Lehrer werden? Warum suchst du dir keinen Beruf für einen *Mann*?«

Ein Freund, der aus einer religiösen Familie stammt, erinnert sich an seine Adoleszenz, die geprägt war von unaufhörlichem Zank und Hader zwischen seinem Vater und ihm: »Ich wollte, dass er wenigstens einmal das sagte, was Gott über Jesus am Tag seiner Taufe gesagt hat. ›Du bist mein lieber Sohn, an dir habe ich Wohlgefallen.‹«

Es muss mehr Väter geben, die ihren allzu menschlichen Söhnen mehr als einmal die einfache Botschaft vermitteln, dass sie geliebt und geschätzt werden.

Väter und Söhne: Die emotionale Kluft schließen

Selbstverständlich gibt es Vater-Sohn-Beziehungen, von denen beide profitieren, in denen sich die unvermeidlichen Spannungen in verbindende Erfahrungen verwandelt haben. In manchen Fällen hat eine Familienkrise – Krankheit oder Tod der Mutter beispielsweise – sie einander näher gebracht. Doch in der Regel ist die emotionale Bindung durch gemeinsame Aktivitäten und Offenheit füreinander entstanden – das heißt nichts anderes, als Dinge gemeinsam zu tun und einander mit wechselseitigem Respekt zuzuhören und miteinander zu reden.

Eine starke Vater-Sohn-Beziehung kann sich wie das komplette Gegenteil einer Beziehung zwischen Mutter und Sohn ausnehmen. Zwischen Vater und Sohn spielen das Erkunden von Gefühlen und das Reden über Gefühle oder auch der Körperkontakt, die wir mit emotionaler Nähe zu Frauen in Verbindung bringen, nicht diese Rolle. Ein körperlicher Ausdruck von Zuneigung kann schon darin bestehen, sich denselben Raum zu teilen – bei der Arbeit an einem Modellbausatz nebeneinander zu sitzen oder an entgegengesetzten Enden eines Spielfelds zu stehen, während die Flugbahn des Balls das Band der eindeutig vorhandenen Zuneigung nachzeichnet.

Ein Vater erzählt, dass er und sein 13-jähriger Sohn sich einander am nächsten fühlen, wenn sie gemeinsam etwas reparieren. Er denkt besonders gern an einen Tag, an dem er ihm half, etwas an seinen Inline-Skates in Ordnung zu bringen. Er löste triumphierend eine fest sitzende Mutter, und sein Sohn klopfte ihm auf die Schulter und sagte im Brustton der Überzeugung: »Du bist eben ein richtiger Mann!«

Ein anderer Vater berichtet, dass er mit seinem jetzt halbwüchsigen Sohn seit dessen Kindertagen Schach spielt. Wenn sie sich zu diesem weitgehend schweigsamen und dezent konkurrenzorientierten Spiel niedersetzen, löst sich die Spannung des Tages oder die Missstimmung zwischen ihnen wegen einer gerade stattgefundenen Auseinandersetzung auf. Das Schachspiel bietet ihnen einen sicheren, leicht zugänglichen Raum, um beieinander zu sein und die Gesellschaft des anderen zu genießen.

Sind diese Beziehungen weniger »emotional«, weil nicht ausdrücklich über Liebe oder Konflikte gesprochen wird? Nicht unbedingt. Wir sind zwar der Ansicht, dass es sich im Allgemeinen empfiehlt, wichtige Gefühle nicht unausgedrückt zu lassen, und dass Worte oft das klarste und eindeutigste Mittel dazu sind. Doch gibt es so etwas wie einen absoluten Qualitätsmaßstab für

Beziehungen, der verlangt, über alles zu reden? Wir wissen, dass Reden nicht die einzige Möglichkeit ist, Liebe auszudrücken oder Konflikte zu lösen. Es gibt sogar Situationen, da stören Worte nur.

Selbst die allergewöhnlichsten Tätigkeiten können Vater und Sohn auf eine Weise zusammenbringen, dass sie ihnen das Erlebnis von Gemeinsamkeit vermitteln. Ein Vater begleitet seinen Sohn auf »Käferspaziergängen«, vorgeblich um Insekten zu fangen und sie zu studieren; die zwei kehren regelmäßig mit leeren Händen, aber glücklich und zufrieden zurück. Ein anderer Vater und sein Sohn gehen einmal im Monat gemeinsam zum Friseur, während wieder ein anderer jeden Samstagmorgen mit seinem Sohn Aufschnitt und Roggenbrot für die Wochenend-Sandwiches kaufen geht. Diese und andere einfache Rituale können das Fundament für stabile Vater-Sohn-Beziehungen legen. Vielen Vätern und Söhnen gelingt es, gemeinsame Aktivitäten, die sie vor Jahren haben einschlafen lassen, wiederzubeleben, und sie finden dabei ein verloren geglaubtes Gefühl der Kameradschaft wieder. So simpel es auch klingen mag, wir haben häufig beobachtet, dass ein gemeinsames Ritual die Chancen erhöht, dass eine Vater-Sohn-Beziehung die stürmischen Zeiten der Adoleszenz übersteht.

Eingefahrene Muster der emotionalen Isolation in ihren verschiedenen Erscheinungsformen lassen sich ändern. Es steht in der Macht der Väter, sie zu ändern. Ein Mann, der sich eine befriedigendere Beziehung zu seinem Sohn wünscht, kann sie mit einfachen, aber bedeutsamen Handlungen aufbauen: mit einer Gutenachtgeschichte, einem gemeinsamen Fußballspiel, einem Lob, einem Lächeln. Die Bereitschaft und der Versuch sind als solche schon der Beginn eines neuen Musters, das die Enttäuschung der emotionalen Distanz durch ein Vermächtnis der Liebe zu ersetzen vermag.

Kapitel 6

Mütter und Söhne:
Verbindendes und Trennendes

»In der Liebe einer Mutter zu einem Sohn ist eine dauerhafte Zärtlichkeit, die alle anderen Neigungen des Herzens transzendiert.«

Washington Irving

Eine Mutter und ihr 24 Monate alter Sohn machen ihren täglichen Ausflug in den Park. Sie sitzt still auf einer Bank und liest. Er schaut suchend in der Gegend umher, ob sich nicht etwas Interessantes zu erkunden findet. All seinen Mut zusammenraffend wagt er es, sich ein wenig von ihr zu entfernen – das Gras, die Zweige, die Käfer und die Steine um ihn herum zu untersuchen –, und kehrt dann wieder zu seiner Mutter zurück. Er schlingt seine Arme um ihren Hals, klettert auf ihren Rücken und ist dann wieder weg. Jedes Mal, wenn er sie verlässt, wagt er sich ein bisschen weiter weg, erweitert seinen Erkundungsradius um ein weniges. Sie hat ein Auge auf ihm, und wenn sie das Gefühl hat, dass er sich zu weit entfernt, ruft sie ihn zurück und steht auf, um ihm auf halbem Weg entgegenzukommen.

So sieht das grundlegende Beziehungsmuster zwischen einem Jungen und seiner Mutter aus. Er ist der Forscher; sie ist sein »Basislager«. Während seiner gesamten Kindheit bleibt ein Junge bei seinen Streifzügen durch die Welt emotional und physisch auf die Sicherheit und Geborgenheit bezogen, die ihm seine Mutter gewährt. Im Laufe seiner Entwicklung muss ein Junge lernen, seine Mutter zu verlassen, ohne sie völlig zu verlieren, und zu ihr zurückzukehren, ohne sich selbst zu verlieren. Die Mutter hat eine analoge Aufgabe: Sie muss die Bedürfnisse ihres Sohnes auf verschiedenen Altersstufen zu verstehen und zu erfüllen versuchen. Wenn die Beziehung sich in diesem Gleichklang befindet, bezeichnen wir sie als *harmonisch*.

Die Erziehung jedes Kindes besteht im Grunde aus nichts anderem als dieser heiklen Balance zwischen Nähe und Distanz, doch zwischen Müttern und ihren Söhnen kann der Gleichklang auf vielfältige Weise gestört sein. Wenn die Mutter nicht erkennt, dass sich in den sich ändernden Verhaltensweisen und Einstellungen ihres Sohnes ihr gegenüber notwendige Entwicklungsphasen niederschlagen, vermag sie wahrscheinlich nicht auf seine Bedürfnisse einzugehen. Oder sie versucht, ihm etwas zu geben, das er nicht mehr braucht oder nicht mehr will. Für viele Frauen stellt die Erziehung eines Jungen eine zusätzliche Herausforderung dar. Sie haben den Eindruck, dass sie Jungen nicht verstehen können – entweder weil sie die Welt ja nie aus dem Blickwinkel eines Jungen sehen konnten oder weil sie Erwartungen an Jungen stellen, die auf ihre eigene Beziehung zum Vater oder zu Brüdern zurückgehen und ihre Sichtweise färben.
Üblicherweise gilt die Verbindung einer Mutter zu ihrem Sohn als zeitlich begrenzt; wenn der Junge zum Mann wird, findet sie unausweichlich ihr Ende. Natürlich kommt im Leben des Jungen schon früh ein Punkt, an dem er von der Mutter zum Vater als seiner wichtigsten Bezugsperson wechseln und sich allmählich als künftiger Mann begreifen muss. Es gibt jedoch niemals einen Punkt – weder mit vier noch mit neun, noch mit 13 Jahren, an dem ein Junge seine Mutter »aufgeben« muss oder an dem eine Mutter ihren Sohn »aufgeben« muss. Eine harmonische Mutter-Sohn-Beziehung verwandelt sich – zusammen mit beiden Beteiligten – im Verlauf der Kindheit des Jungen. Unseres Erachtens ist ein Junge, dessen Bindung an seine Mutter abbricht, gefährdet. Dennoch verhalten sich viele Jungen irgendwann einmal, als ob alles, für das die Mutter einmal stand – Intimität, Wärme, Liebe, Fürsorge –, jetzt verboten und die wechselseitige Nähe unwiederbringlich verloren wäre. Viele Frauen kämpfen dagegen an. Wir sehen zahlreiche Mütter, die diese Nähe bewahren wollen, aber nicht wissen wie. Frauen, die ihre Söhne lieben, fürchten sie zu verlieren, fühlen sich aber dennoch gezwungen, die »Schürzenbändel« zu durchtrennen, wie es unsere Kultur verlangt. Eine Mutter, der ihr Sohn am Herzen liegt und die ihm nur das Beste wünscht, kann leicht der Angst

zum Opfer fallen, dass er, wenn sie ihm zu nahe bleibt, zum Muttersöhnchen oder gar zum Weichling wird.
Auf Seiten des Jungen steht sein Bedürfnis, sich kompetent und unzweifelhaft männlich zu fühlen. Bei seiner Mutter sucht er Liebe und Anerkennung, doch er distanziert sich von ihr, wenn er nach Selbständigkeit strebt oder sein »Jungentum« unterstreichen will. Das ist natürlich und voraussehbar. Ein Junge wächst jedoch niemals über das Bedürfnis hinaus, von seiner Mutter verstanden und geliebt zu werden. Dieses Schwanken zwischen Unabhängigkeitsstreben und Anhänglichkeit auf einer tieferen Ebene kann viele Mütter in Verwirrung stürzen. Da sich die Aufgabe eines Jungen – zu wachsen und sich zu verändern – stark von der Aufgabe seiner Mutter – ihm Halt und Fürsorge zu geben – unterscheidet, entfaltet sich ihre Beziehung in zwei Versionen: seiner und ihrer. Beide Versionen decken sich nicht immer.

Wenn der Gleichklang zwischen Mutter und Sohn gestört ist

Jungen beklagen sich häufig: »Meine Mutter rafft's einfach nicht!« Im Grunde halten sie das eigentlich auch nicht für nötig; sie ist ein Elternteil, und manche Dinge »raffen« Eltern eben nicht. Doch die Beziehung frustriert einen Jungen, wenn er glaubt, dass seine Mutter ihn häufiger missversteht als versteht oder dass seine Mutter – sei es aus Entsetzen oder aus Naivität – auf altersübliches Jungenverhalten übertrieben reagiert.
Sam und seine Mutter hatten immer ein besonders enges Verhältnis zueinander gehabt. Wenn Sams älterer Bruder mit seinem Vater Baseball spielen ging, nahm sie Sam, der noch ein Kleinkind war, mit in ihre Töpferwerkstatt und gab ihm einen Klumpen Ton, damit er selbst etwas machen konnte. Abends, wenn Vater und Bruder die Köpfe über Geschichtsbüchern über den amerikanischen Bürgerkrieg zusammensteckten, kuschelten sich Sam und seine Mutter auf dem Sofa aneinander, und sie las ihm die Gedichte vor, die sie als Kind geliebt hatte.

Doch als Sam 12 wurde, begann er von seiner Mutter abzurücken. Fast über Nacht begann er zu maulen, Gedichte seien »was für Babys« und Arbeiten mit Ton sei »langweilig«. Er wich ihren Umarmungen aus und verschwand nach dem Abendessen meist rasch in seinem Zimmer. Seine Mutter versuchte, nicht verletzt zu sein, und sagte sich immer wieder, dass Sam in diesem Alter mehr Raum für sich brauchte, doch sie vermochte seinen emotionalen Rückzug nur schwer zu verkraften. Und so tat sie jedes Mal, wenn er sich einen Schritt zurückzog, einen Schritt hinter ihm her, um die Lücke zu schließen.

In Abwandlung eines früheren Zubettgehrituals, das sie beide geliebt hatten, klopfte sie abends an seine Zimmertür, um hereinkommen zu dürfen und mit ihm zu reden. Wenn sie dann auf seiner Bettkante saß und Konversation zu machen versuchte, gab er sich keine Mühe, seine Ungeduld zu verbergen. Wenn sie zu erklären versuchte, dass sie einfach ihre Gespräche vermisste, sagte er nur: »Mama, ich muss weiterlernen. Würdest du bitte gehen?«

»Als ich anfing, meine Tür abzuschließen, gab ihr das den Rest«, berichtet er.

Während der nächsten Woche rief er, wenn sie anklopfte, durch die geschlossene Tür, sie solle ihn in Ruhe lassen. Eines Tages dann hämmerte seine Mutter wütend und frustriert an die Tür und schrie: »Mach auf! Ich bin deine Mutter, verdammt nochmal!«

Eine Mutter erlebt die ersten Schritte ihres Sohnes in Richtung Unabhängigkeit möglicherweise als Ablehnung, doch das steckt nicht dahinter. Die intensiven Bemühungen von Sams Mutter, Kontakt zu ihm zu halten, verstärkten nur seinen Wunsch, Abstand zu gewinnen, und schadeten schließlich ihrer Beziehung. Noch 30 Jahre später erinnert sich Sam an die Spannungen jener Zeit.

Wenn Mütter uns erklären, wie schwierig es sein kann, sich ständig anzupassen, die eigene Sicht- oder Reaktionsweise zu ändern, um sich auf die neue Stufe ihres Sohnes auf der Entwicklungsleiter einzustellen, bekommen wir oft eine Version der »Pullovergeschichte« zu hören: Eine Mutter fühlt sich so innig mit ihrem Kind verbunden, dass sie, wenn es draußen kalt wird und sie friert, rasch *ihm* einen Pullover holt. Doch es kommt ein Punkt, wo eine Mutter ihren Sohn seine eigenen Entscheidungen fällen lassen muss – und das bedeutet auch, seine eigenen Fehler zu machen, bis hin zu blau gefrorenen Lippen und Zähneklappern.

Entwicklungsbedingte Veränderungen und Erwartungen

Wenn eine Mutter verlässlich und sensibel auf die Bedürfnisse ihres Kindes eingeht, wird dieses eine innere Verbindung – von Psychologen als »stabile Bindung« bezeichnet – mit ihr eingehen. Diese bildet ein tragfähiges Fundament des Vertrauens und der Liebe, auf dem das Kind andere Beziehungen aufbauen kann.[1]

Nach diesem von absoluter Nähe geprägten Anfang markieren bestimmte Meilensteine in der Entwicklung eines Jungen Veränderungen der Mutter-Sohn-Beziehung. Die entscheidenden Übergänge sind der Beginn des Krabbelalters, wenn ein Junge seine Welt zu erkunden vermag, der Eintritt in den Kindergarten oder die Vorschule, wenn er eine neue Welt mit anderen erwachsenen, für ihn einflussreichen Bezugspersonen kennen lernt, die Pubertät, wenn er sich für Mädchen zu interessieren beginnt und der Einfluss der Gleichaltrigengruppe dem der Mutter entgegenwirkt, und der Schulabschluss, nach dem er häufig von zu Hause auszieht. An jedem dieser Einschnitte muss seine Mutter ihre Beziehung zu ihm anpassen, um ihrem Sohn sowohl das emotionale Fundament als auch die emotionale Freiheit zu geben, die er braucht, um zu wachsen und zu reifen. Ein Junge braucht das Gefühl, dass seine Mutter ihm zutraut, neue Erfahrungen bewältigen zu können.

Die klassische Kindergeschichte *The Runaway Bunny* von Margaret Wise Brown würdigt diesen Tanz von Trennung und Verbindung. Ein kleiner Hasenjunge neckt seine Mutter mit der scherzhaften Drohung, von ihr wegzulaufen, sodass sie ihn nie wieder findet. Er wird sich in ein ganz anderes Wesen verwandeln – einen Berg, eine Blume, ein Segelboot, einen Vogel, eine Forelle. Jedes Mal setzt seine Mutter seiner Phantasie ihr eigenes Sinnbild ihrer Geborgenheit vermittelnden Gegenwart entgegen. Wenn er sich in einen Berg verwandelt, wird sie ihn als Bergsteiger besuchen kommen. Wenn er zur Forelle wird, wird sie zur Fischerin. Wenn aus ihm »ein Krokus in einem verborgenen Garten« wird, ist sie eine Gärtnerin. »Wenn du ein Vogel wirst und von mir wegfliegst«, sagt sie, »werde ich ein Baum sein, zu dem du heimkommen kannst.«

The Runaway Bunny ist für einen 3-Jährigen, den das Abenteuer lockt, der zugleich aber auch die Sicherheit der unerschütterlichen Liebe und Gegenwart seiner Mutter braucht, ein sehr kluger Vorlesestoff. Zwar entwächst ein Junge nie dem Bedürfnis, »bemuttert« zu werden, doch seine Erwartungen ändern sich mit Alter und Reifegrad. In den Augen eines 15-Jährigen entspricht das Bild der allgegenwärtigen Mutter nur der »Glucke« seiner Albträume.

Michael über Jasons Mutter: Blaues Haar und Selbstbestimmung

Jason war für seine Mutter der Sohn ihrer Träume. Als Baby war er fröhlich und als Kleinkind lebhaft und wissbegierig gewesen. Als er drei war, betrachtete seine Mutter Anne seine wagemutigen Unabhängigkeitsbestrebungen mit Amüsement und Toleranz; wenn er trotzte oder einen Wutanfall bekam, gelang es ihr meistens, ihn abzulenken oder ihn zum Einlenken zu überreden. Jason war zehn, als sein Vater nun häufig auf Geschäftsreisen gehen musste und oft nicht daheim war. Jason sprang in die Bresche und übernahm mehr Aufgaben im Haushalt. Er war hilfsbereit und folgsam. Wenn seine Mutter ihm auftrug, er solle um sechs Uhr zum Abendessen zu Hause sein, war er um sechs Uhr da. Wenn sie sagte, er müsse Klarinette üben, bevor er am Computer spielen durfte, übte er.

Mit 14 begann sich dieses Musterbeispiel von einem Sohn zu verändern. Er widersetzte sich Anne bei jeder Gelegenheit. Er vernachlässigte seine Pflichten; sie fühlte sich gezwungen, ihn ständig wegen der Hausaufgaben und des Klarinetteübens zu ermahnen. Sein Gehorsam ließ nach: Wenn er um sechs zu Hause sein sollte, kam er um sieben; wenn sie sieben sagte, trudelte er um halb acht ein. Dann gab es ein dauerndes Hin und Her um die Länge seiner Haare.

Sie glaubte diesen Kampf gewonnen, bis Jason eines Tages mit stahlblau gefärbtem Haar zur Tür hereintrat. Sie verlangte, er solle diese Farbe sofort beseitigen, was er tat – indem er es durch Vampirschwarz ersetzte. Als sie eines Abends von der Arbeit heimkam, war das Schwarz weg, zusammen mit Jasons gesamtem Haar. Er hatte sich eine Glatze rasiert. An diesem Punkt kam Anne zu mir in Therapie. Ihre Auseinandersetzungen mit Jason waren so qualvoll, ihr Zutrauen in ihre Entscheidungsfähigkeit so erschüttert, dass sie an ihren Fähigkeiten als Mutter zweifelte. Wie viele Mütter von heranwachsenden Jungen fragte sie sich, ob Jason sie noch mochte oder ob ihn überhaupt noch kümmerte, was sie sagte.

»Ich weiß nicht, was mit ihm los ist«, sagte sie. »Er redet kaum noch mit mir, und es kommt mir so vor, als ob er es mit allem, was er sagt oder tut, darauf anlegt, mich zu provozieren. Wir streiten ständig miteinander. Ich weiß nicht mehr, was ich machen soll.«

Anne vermutete, dass die häufige Abwesenheit ihres Mannes hinter der Verhaltensänderung ihres Sohnes steckte, doch sie kannte andere Ehepaare, die unter einer ähnlichen Aufsässigkeit ihrer heranwachsenden Söhne litten. Vielleicht setzten Jason auch die hohen schulischen Leistungsanforderungen zu, wie sie mutmaßte. Seine Lehrer erklärten jedoch, dass er gut mitkam.

»Damit bleibt nur eine Ursache für das Problem übrig – ich«, sagte Anne. »Und es tut mir Leid, aber der Gedanke, dass alles meine Schuld sein soll, ärgert mich. Ich bin keine schlechte Mutter.« Das war sie in der Tat nicht, doch sie hatte Angst und täglich weniger Einfluss auf Jasons Verhalten. Sie hatte ihre Orientierung verloren – und ihre Flexibilität.

Jedes Mal, wenn Jason versuchte, seinem wachsenden Unabhängigkeitsbedürfnis Raum zu verschaffen, schritt Anne dagegen

ein, aus Angst, die Kontrolle zu verlieren. Auf einer tieferen Ebene fürchtete sie, die Bindung zwischen ihnen ginge ihr verloren.
Annes Problem lag zum Teil darin begründet, dass sie nicht erkannte, dass das Streben eines Jugendlichen nach Selbständigkeit normal ist. Teenager »testen Grenzen aus«, um herauszufinden, wie weit sie gehen können, um herauszufinden, ob sie ihre Mutter in den Wahnsinn treiben können. In einer Gruppensitzung mit mehreren Jungen im Teenageralter ließ einer von ihnen eine entsetzlich sexistische, frauenfeindliche Bemerkung fallen. Ich stieg ihm ziemlich aufs Dach – doch er entwaffnete mich. »Seh'n Sie mal – ich bin ein Teenager«, meinte er. »Ich *muss* provokative Bemerkungen machen.« Wenn ihre Autorität in Frage gestellt wird, muss eine Mutter zwei Dinge auf einmal bewältigen: Sie muss sich der weiter bestehenden Abhängigkeit ihres Jungen bewusst sein und darauf eingehen, ohne ihm diese Abhängigkeit vorzuhalten, und sie muss seine kleinen Unabhängigkeitsbestrebungen akzeptieren, ohne sie als bedrohlich oder beängstigend aufzufassen.
Daran, wie heftig ein Junge um Autonomie kämpft, lässt sich ablesen, wie unsicher er ist. Je mehr er aber auf seine Stärke vertraut, desto leichter fällt es ihm, seine Abhängigkeit einzugestehen. Anne rang teilweise deshalb zwei Jahre lang mit Jason, weil sie sich diesem Übergang widersetzte; da ihr Mann abwesend war, glaubte sie, umso nachdrücklicher auf ihre Autorität pochen zu müssen. Jason hatte das Gefühl, sich immer sturer stellen zu müssen, um sich selbst zu bestätigen. Also blieb ihnen nichts anderes übrig, als die Sache auszufechten. Die beiden letzten High-School-Jahre verliefen recht friedlich, bis Jason gegen Ende des letzten Schuljahres eine Woche vor dem Abschluss in einem letzten symbolischen Akt seine Haare erneut knallblau färbte. Anne schilderte lachend, wie sein Schopf bei der Abschlussfeier herausgeleuchtet hatte. Da sie sich der Liebe zwischen ihnen wieder sicher war, konnte sie sich über dieses harmlose Aufbegehren gegen die Autorität amüsieren.
Wie sehr Sie und Ihr Sohn sich auch in Temperament, Interessen oder Aussehen gleichen mögen, Sie können keinesfalls davon ausgehen, dass er die Welt durch die gleiche Brille sieht wie Sie,

wenn es um sein Autonomiestreben – um das Recht, selbst zu entscheiden – und um sein Bedürfnis geht, sich aus seiner Abhängigkeit und von deren Kronzeugin zu lösen: seiner Mutter.

Mütter als Lehrerinnen für emotionale Kompetenz

Eine Mutter besitzt enorme psychische Macht. Die emotionale Bindung eines Mannes an seine Mutter ist wahrscheinlich die am tiefsten verwurzelte Bindung in seinem ganzen Leben. Für viele Jungen ist ihre Mutter die einzige Person, der sie vertrauen können. Wenn ein Junge keine derartige Beziehung zu seiner Mutter hat, kann dies einen verheerenden Verlust für ihn darstellen.

Andrew und seine Eltern kamen eines Nachmittags zu einer Familienberatung. Von dem Augenblick an, in dem der lebhafte 14-Jährige den Raum betreten hatte, bewegte er sich umher, öffnete und schloss Schränke und Türen, hampelte auf seinem Stuhl herum, blätterte in Papieren auf dem Schreibtisch. Seine Mutter bat ihn, sich zu setzen, was er tat, doch dann begann er, mit dem Fuß zu wippen und gegen ihr Bein zu stoßen. Das war ihr lästig, doch statt ihn zurechtzuweisen, nahm sie einfach seinen Fuß in die Hand und hielt ihn fest, während sie weitersprach. Im Nu wurde Andrew ruhiger. Die fürsorgliche Geste seiner Mutter beruhigte ihn und machte es ihm möglich, etwas zu dem Gespräch beizutragen, als er an der Reihe war.

Wir baten einmal zwei etwa 13-jährige Jungen, deren gute Beziehung zu ihrer Mutter uns bekannt war, dieses Verhältnis zu beschreiben. Altersentsprechend verwendete keiner der beiden das Wort *Liebe*. Doch beide schilderten einen unbeschwerten Umgang mit ihrer Mutter, und einer brachte es schließlich so auf den Punkt: »Sie trifft den Nagel fast immer auf den Kopf.« Damit meinte er nach eigenem Bekunden, dass sie ihn meistens verstand. Den »Nagel auf den Kopf« zu treffen heißt für eine Mutter oftmals, die schwierige Unterscheidung zwischen dem, was ihren Sohn emotional bewegt, und ihrem eigenen Gefühlsleben zu treffen.

Dan über Dougs Mutter: Der Ausgleich zwischen Ängsten und Bedürfnissen

Dawn suchte mich auf, nachdem sie sich vor einigen Monaten von Rick getrennt hatte. Wie sie mir berichtete, hatte die über Jahre zunehmende Kälte und Gleichgültigkeit Ricks ihre Entscheidung zur Trennung und Einreichung der Scheidung herbeigeführt. Was ich zu diesem Zeitpunkt nicht wusste, war, dass damit für Dawn ein langer innerer Kampf begann, der sie schließlich vor eine der schwierigsten Entscheidungen im Leben stellte: einen Sohn loszulassen.

Anfangs sprachen Dawn und ich ausführlich über ihre emotionale Loslösung von ihrem Exehemann. Obwohl sein Verhalten Dawn zur Scheidung getrieben hatte – sie hatte herausgefunden, dass er sich in den letzten Jahren zahlreiche Seitensprünge geleistet hatte –, stritt er nicht mit ihr darüber und schien sogar erleichtert, dass es endlich so weit gekommen war. Trotzdem wollte er sie nicht loslassen – sie beschrieb dies als den Eindruck, als sähe er in ihr so etwas wie sein Eigentum und er dürfe jeden ihrer Schritte kontrollieren. Er bedrohte sie beispielsweise am Telefon und warf ihr vor, ihre Unterhaltsforderungen für sie und ihren Sohn seien unfair. Das brachte sie zur Weißglut, und dass er sie immer noch so weit treiben konnte, machte sie noch wütender. Außerdem wollte sie damit aufhören können, sich über sein in ihren Augen leichtfertiges Verhalten aufzuregen – er ging mit zehn und 20 Jahre jüngeren Frauen aus, und wie ihr zu Ohren gekommen war, benahm er sich wie ein Mann in der schlimmsten Midlife-Crisis. Sie wollte ihren Schuldgefühlen und Grübeleien, ob alles besser verlaufen wäre, wenn sie etwas anders gemacht hätte, ein Ende setzen. Doch meistens sprach sie über ihren 13-jährigen Sohn Doug, dessen Schulleistungen abgesackt waren und der mit Wut und Verwirrung auf die anstehende Scheidung reagierte. Es fiel ihr zuweilen sogar schwer, nicht mehr über Doug zu reden und sich auf sich selbst und ihre eigenen Probleme zu konzentrieren, unter anderem auf Fragen wie ob sie wieder in ihren Beruf als Krankenschwester einsteigen sollte, ob sie wieder mit Männern ausgehen wollte, wie sie auf die Avancen der Ehemänner ihrer Freundinnen reagieren sollte und wie es um ihre Beziehung zu ihrer Mutter stand, die ihr, wie sie glaubte, die Schuld an der Scheidung zuschob und die immer noch engen Kontakt zu Rick hielt.

»Ich mache mir Sorgen um Doug«, gestand sie eines Tages. »Manchmal sehe ich Ricks Naturell bei ihm durchschimmern, oder ich bekomme einen sexistischen Spruch von ihm zu hören, der direkt Ricks Mund entsprungen sein könnte, und dann kriege ich Angst. Ich will nicht, dass er sich an Rick ein Vorbild nimmt und glaubt, so müsste ein Mann sich benehmen. Ich möchte ihn davor bewahren, so zu werden wie sein Vater.«

»Wie sieht es mit dem Sorgerecht aus? Kämpft Rick immer noch darum, dass er Doug bekommt?«

»Es ist ein neuer Gerichtstermin anberaumt worden, aber mein Anwalt sagt, dass er keine Chance hat. Er hat mir sogar erzählt, dass Ricks Anwalt ihn zu überreden versucht, die Sache fallen zu lassen – da er nur Geld zum Fenster hinauswirft.«

»Klingt als ob er auf jede nur mögliche Weise mit Ihnen in Kontakt zu bleiben versucht.«

»Es ist schrecklich. Aber ich werde nicht nachgeben. Ich finde, wenn er Doug jedes zweite Wochenende bei sich hat, dann ist das mehr als genug. Ich will Doug seinen Vater nicht vorenthalten, aber der Gedanke, dass er dort ist, macht mich wahnsinnig. Soweit ich weiß, ist Ricks Wohnung eine Art Karikatur von einem Playboy-Penthouse, und ich kann nur ahnen, welchem Einfluss Doug dort ausgesetzt ist. Und ich weiß, dass Rick Doug furchtbare Lügen über mich erzählt und von ihm erwartet, dass er für ihn spioniert, dass er ihn ausfragt, mit wem ich ausgehe, ob Männer anrufen und so weiter. Ich wünschte, er würde begreifen, dass es schlecht für Doug ist, zwischen allen Stühlen zu sitzen.«

Dawn sah sich mit der quälenden Aussicht konfrontiert, vor der viele allein erziehende Eltern stehen: qua Gerichtsentscheid verpflichtet zu sein, ihren Sohn einem Menschen zu überlassen, dessen Einfluss sie für schädlich hielt. Das ist ungefähr so, als befehle man der Mutter eines 4-Jährigen, ihn zum Spielen auf eine viel befahrene Straße hinauszuschicken.

Doch Rick war immer noch sein Vater, und Doug musste sich eines Tages damit auseinander setzen, was für ein Mensch sein Vater war. Das würde geschehen, wenn Doug dazu bereit war, doch Dawn war klar, dass Doug im Augenblick eine möglichst gute Beziehung zu seinem Vater brauchte. Obwohl sie das wusste, wollte sie Doug vor einem Mann schützen, dessen schlechte Seiten sie nur zu deutlich sah.

Im Laufe der nächsten Jahre rappelte sich Dawn allmählich wieder auf. Sie arbeitete halbtags, ging eine feste Beziehung mit Bob ein, einem Mann, den sie durch ihre Kirchengemeinde kennen gelernt hatte, und schloss so etwas wie einen Burgfrieden mit ihrer Mutter. Rick hatte weniger Scherereien gemacht. Fast hätte er wieder geheiratet und aufgehört, Dawn ständig zu bedrängen. Doch jetzt fing er wieder damit an; er griff wieder in seine alte Trickkiste – Telefonterror, Lügen und gehässige Versuche, Doug und sie auseinander zu bringen. Eines Tages gelang ihm das.

»Doug will zu Rick ziehen.«

»Warum?«

Dawn wischte sich die Tränen aus den Augen. »Ich weiß es nicht. Ich glaube, Rick hat ihm fürchterliche Sachen über mich erzählt. Vielleicht findet er auch die Idee toll, in einer Umgebung zu leben, in der er keine Regeln befolgen muss. Es wird immer schwieriger, seine Aufmerksamkeit auf die Schule oder auf seine häuslichen Pflichten zu lenken.«

»Glauben Sie, dass Doug wirklich ausziehen wird?«

»Oh ... das ist so ... schlimm. Ich glaube, vielleicht muss er das tun, wissen Sie? Rick ist der einzige Vater, den er hat. Doug will an ihn glauben. Manchmal glaube ich, ich halte ihn zu sehr fest. Er denkt vielleicht, dass ich zu abhängig von ihm bin, dass ich mich zu sehr um ihn kümmere, dass er Angst hat, mich zu verletzen, wenn er auszieht.«

Dawns erste Regung war, Doug um jeden Preis festzuhalten. Sie wollte glauben, dass sie ihn halten und ihm helfen konnte, mit dem Kummer fertig zu werden, unter dem er so sichtbar litt. Doch sie sah auch die andere Seite der Medaille. Er war fast 16, und er würde bald aufs College gehen; ihre Beziehung würde sich in nächster Zukunft ohnehin ändern. Er würde immer noch den zentralen Platz in ihrem Herzen einnehmen, aber den in ihrem Alltag konnte – und sollte – er nicht mehr haben. Und er musste seinen Vater verstehen können. Obwohl Rick seine Rolle als Ehemann miserabel gespielt hatte, wusste Dawn, dass Dougs Beziehung zu seinem Vater nicht so schlecht gewesen war wie ihre und dass es ein Fehler wäre, sie zu untergraben. Außerdem fiel es ihr immer schwerer, Dougs Sprüche zu ertragen, in denen die hedonistische, sexistische Lebenseinstellung seines Vaters widerhallte. Als er sie fragte, ließ sie ihn ziehen.

»Ich erklärte ihm, dass ich ihn vermissen würde, dass er aber die Freiheit habe zu gehen. Ich dachte auch, ich sollte ihm sagen, dass ich ihn, egal was er auch täte, immer lieben würde. Ich weiß, dass er eine sichere Zuflucht in seinem Leben braucht, und die bin ich.«

Er blieb nur vier Monate fort. »Mein erster Gedanke war, dass er vielleicht wieder zu mir zurückwollte, als ich sah, wie schwer es ihm fiel, nach dem Besuch bei mir wieder zu gehen«, erzählte Dawn. »Manchmal wenn er mit mir redete, sah ich seine Unterlippe zittern. Es war sehr schwer für ihn. Doch er musste mit eigenen Augen sehen, wie sein Vater lebte, um zu begreifen, wie sinnlos ein solches Leben war. Ich weiß, dass ihm sein Vater keinerlei Grenzen setzte, und als seine Noten dann wirklich in den Keller rutschten, sah er ein, wohin das führte. Ich war überrascht, dass er nur vier Monate für diese Einsicht brauchte. Ganz ehrlich, ich hätte nicht geglaubt, dass er ein so gutes Urteilsvermögen besaß.«

Etwas mehr als ein Jahr später war ich Gast auf Dawns und Bobs Hochzeit. Als Dawn mich erblickte, nahm sie mich gleich beiseite und sagte: »Schauen Sie ihn sich an – ich bin so stolz.« Sie sprach nicht von ihrem neuen Ehemann Bob. Sie zeigte auf Doug. Da fiel mir auf, dass ich ihn schon lange nicht mehr gesehen hatte. Er war jetzt ein junger Mann. Er ging aufs College und zeigte endlich Leistungen, die seiner Begabung entsprachen. Er hatte nicht mehr diesen zornigen, grüblerischen Gesichtsausdruck, den ich von früher kannte. Er lächelte und wirkte ausgeglichen.

Nach der Feier stand er auf und brachte einen Trinkspruch auf Braut und Bräutigam aus. Ich erinnere mich nicht mehr an den Wortlaut, aber ich weiß noch, dass er sich nach seiner Rede zu seiner Mutter hinunterbeugte und sie küsste. Für Mutter und Sohn war es ein schwieriger, aber bewusst und entschlossen vollzogener Übergang gewesen, und jetzt hatten beide viel zu feiern.

Mütter und Söhne im Konflikt: Wenn Erwartungen zu Hemmschuhen werden

Die Mutter eines Jungen sieht sich zwei geschlechterspezifischen Schwierigkeiten gegenüber, die die Beziehung zu ihrem Sohn beeinträchtigen können: Wenn sie selbst keine Brüder hat, glaubt sie vielleicht, zu wenig über das Wesen von Jungen zu wissen. Wenn sie mit Jungen oder Männern problematische Erfahrungen gemacht hat, können diese auf ihre Sichtweise abfärben. Wie gut es einer Mutter gelingt, ihren Sohn als eigenständigen Menschen wahrzunehmen und die Kluft zwischen den Geschlechtern zu überbrücken, hängt sehr stark damit zusammen, wie gut es ihr gelingt, ihn zu verstehen, auf ihn einzugehen und insbesondere sich an ihm zu freuen.
Tom, sechs Jahre alt, hatte Lernschwächen und Schwierigkeiten mit der Impulskontrolle. Seine Mutter Alice war deswegen äußerst besorgt und hochgradig ängstlich, doch zugleich fast fatalistisch in ihrer Einschätzung der Lage, so als ob ihrem kleinen Sohn schon nicht mehr zu helfen wäre.
Alices Kindheit war überschattet von einem schwer wiegenden Ereignis, das sich unauslöschlich in ihr eingegraben hatte: dem Tod ihres Bruders. Er war schwer drogenabhängig gewesen und kam ums Leben, als er auf einer nächtlichen Spritztour mit seinem Motorrad gegen einen Baum prallte. Er hatte in seiner Kindheit unter ähnlichen Lernschwierigkeiten und Verhaltensproblemen gelitten wie Tom, und Alices gesamte Kindheit war von Sorgen um ihren Bruder geprägt gewesen. Nun nagte diesel-

be verzehrende Angst um ihren eigenen Sohn an ihr, noch verschärft durch das Gefühl, mit Tom werde es ein schlimmes Ende nehmen und sie sei außerstande, das zu verhindern.
Nachdem sie den wahren Ursprung ihrer Ängste herausgefunden und gelernt hatte, die Geschichte ihres Bruders und die Lebensumstände ihres Sohnes zu trennen, konnte Alice die Bedürfnisse ihres Sohnes klarer wahrnehmen und direkter und sinnvoller auf ihn eingehen. Sie sorgte dafür, dass Tom Förderunterricht bekam, und konnte im Verlauf des Schuljahres adäquat auf seine Bedürfnisse reagieren. So gelang es ihr, die Verdrängungsmechanismen – die emotionale Zerrbrille – abzulegen, durch die ihre Familie das selbst gefährdende Verhalten ihres Bruders gesehen hatte. Indem sie auf die Bedürfnisse ihres Sohnes reagierte statt auf ihre eigenen Ängste, konnte sie ihn bestmöglich schützen.
Durch ihre Einstellung zu Männern vermittelt eine Mutter ihrem Sohn ebenfalls, welche Gefühle sie ihm gegenüber hegt. Wenn eine Frau von ihrem Mann oder Exmann enttäuscht ist und ihrem Sohn dies zu verstehen gibt, untergräbt sie nicht nur dessen Beziehung zu dem einzigen Vater, den er hat, sondern übt unterschwellig auch an ihm selbst Kritik.
Eine Mutter, die es genoss, gemeinsam mit Brüdern aufzuwachsen, begrüßt es vielleicht, dass ihr Familienleben wieder durch den Elan von Jungen bereichert wird. Sie lässt ihren Sohn spüren, dass seine Lebhaftigkeit sie nicht irritiert und dass er liebenswert ist. Wenn dagegen ihr Bruder ihr schlimmster Peiniger war, empfindet sie möglicherweise starke Wut oder Abwehr, wenn ihr Sohn leichtfertig mit den Gefühlen anderer umgeht.
Jede Mutter eines Jungen steht vor der Aufgabe, all die Facetten des Lebens und Denkens zu verstehen, die ihr selbst nicht aus persönlicher Erfahrung zugänglich sind: Warum können Jungen nicht stillsitzen? Warum beißen sie ihr Brot in Revolver- oder Dolchform zurecht? Warum denken sie nicht öfter über die Folgen einer Handlung nach, bevor sie handeln? Warum erzählen sie nicht mehr von sich?
Wut, Bewegungsdrang, Schweigen und körperliche Risikobereitschaft sind Eigenschaften von Jungen, für die Frauen Verständ-

nis aufbringen müssen. Fran machten die Tobsuchtsanfälle ihres 5-jährigen Sohnes zu schaffen. Wenn es ihn überkam, riss er alle Kleider aus den Schubladen und pfefferte seine Spielsachen quer durch sein Zimmer. Jedes Mal wenn ihr kleiner Sohn so einen Wutausbruch hatte, überschrie sie ihn und verbannte ihn in ein abgelegenes Gästezimmer im ersten Stock des Hauses, doch neuerdings schien sich die Verbannung als Querschläger zu erweisen: Er missachtete offen ihren Befehl, in dem Zimmer zu bleiben, und kam noch aggressiver zurück. Was war nur los mit ihm, wollte sie wissen, dass er sich so wild, so rücksichtslos, so ungehorsam aufführte?

Fran hatte Angst vor ihrem Sohn, ohne sich dessen bewusst zu sein. Sie glaubte, einen echten »Wilden« vor sich zu haben, und neigte zu übermäßig repressiver Bestrafung, wogegen sich der Junge noch heftiger wehrte, um die Verbindung zu ihr, die er brauchte, aufrechtzuerhalten. Was sie vor sich hatte, war nur ein 5-jähriger Junge, dem sie Grenzen setzen musste. Sie aber sah in ihm ein Ungeheuer. Sie hatte nicht viel Erfahrung mit kleinen Jungen, und eigentlich hätte sie sich vor Augen halten müssen, dass er noch klein war. Doch weil dieses 5-jährige Kind ein Junge war, gelang ihr das nicht.

Welche Ängste oder Erwartungen eine Mutter in Bezug auf das Leben mit Jungen auch hegen mag, ob sie sie nun ausspricht oder nur für sich denkt, sie vermittelt sie auf jeden Fall und beeinflusst so die Einstellung ihres Sohnes zu sich selbst sowie die Qualität der Mutter-Sohn-Bindung.

Rhonda, Mutter zweier prächtiger Söhne im College-Alter, erinnert sich, wie verschieden ihre beiden Söhne als Kinder gewesen waren und dass sie mit dem älteren, Jonathan, der ihr ähnelte und redselig und offen war, sehr viel besser zurechtkam. »Er kam nach Hause und erzählte alles von A bis Z, was er den Tag über erlebt hatte – wem er begegnet war, was er gemacht hatte.«

Mark, ihr jüngerer Sohn, war stiller, schien zu wissen, was sich gehörte, erzählte aber meist recht wenig von der Schule oder seinen Freunden. Er war zurückhaltender und nachdenklicher, wie sein Vater. Zwei Monate nach seinem Eintritt ins College machte er mit seiner High-School-Freundin Schluss, erzählte jedoch seinen Eltern nichts davon. Rhonda erfuhr es erst, als sie die Mutter des Mädchens zufällig beim Einkaufen traf. Rhonda rief Mark an, um ihn zu fragen, warum er es ihr nicht erzählt hatte. Mark erwiderte, dass es ihm Leid täte, dass er die Sache aber nicht so wichtig genommen hätte. Er meinte, er hätte es ihr schon irgendwann gesagt, und versuchte, sie folgendermaßen zu beschwichtigen: »Ich verspreche dir, dass ich anrufen werde, sollte ich eines Tages durchbrennen und heiraten.« Rhonda war gekränkt, weil Mark ihr nichts von der Trennung erzählt hatte, und versuchte ihm nachträglich noch Schuldgefühle einzuflößen.

Mark hatte nicht mit der Neuigkeit hinter dem Berg gehalten, um seiner Mutter wehzutun. Dennoch verletzte sie sein Stillschweigen. Als ihre gekränkte Reaktion ihm signalisierte, dass er etwas falsch gemacht hatte, dass er ihren Erwartungen nicht entsprochen hatte, konnte er das nicht verstehen und fühlte sich zu Unrecht kritisiert. Weil Rhonda sein Handeln nach weiblichen Maßstäben beurteilte – in diesem Fall, dass sie zu Recht erwarten durfte, einen derart wichtigen Vorfall sofort mitgeteilt zu bekommen –, musste sie zwangläufig eine Enttäuschung erleben.

Jede Frau, die die Geschlechterkluft überbrücken möchte, muss wissen, dass »drüben« auf der anderen Seite anders gedacht und gelebt wird und ihre Sichtweise als Frau ihr nicht immer ein klares Bild von den Motiven ihres Sohnes vermittelt. Es ist ein Fehler, den Rückzug eines Sohnes genauso zu interpretieren wie den einer Freundin. Hilfreich ist dagegen, seine Reaktionen zunächst einmal als Ausdruck seiner Perspektive als Junge zu begreifen und dann erst im Zusammenhang der jeweils besonderen Mutter-Kind-Beziehung. Wenn eine Mutter ein Verhalten als mangelnde Rücksicht missdeutet und gekränkt oder zornig reagiert, verschlimmern sich die Missverständnisse, und die Beziehung leidet.

Fast jeder Mutter fällt irgendwann auf, dass ihr Sohn plötzlich vor offenen körperlichen Zeichen der Zuneigung zurückschreckt. Und fast jede Mutter berichtet, dass es ihr irgendwann unangenehm wird, ihren Sohn zu umarmen, zu küssen oder zu liebkosen wie früher, als er noch kleiner war. Mütter und Söhne erleben diesen Übergang völlig unterschiedlich.

In einer Elterngruppe schildert Sandy, Mutter dreier Kinder, die Hemmungen vor körperlichem Kontakt mit ihrem 13-jährigen Sohn, die sie neuerdings empfindet: »Die Kinder waren es von klein auf gewöhnt, zu mir ins Bett zu schlüpfen, um zu kuscheln und zu reden. Das war schon immer so. Doch jetzt, wo Bryant 13 ist, kommt mir das nicht mehr richtig vor. Ich fühle mich nicht mehr wohl dabei. Mir kommt das ihm gegenüber unfair vor. Er kann doch nichts dafür, dass er 13 ist. Aber es ist mir einfach unangenehm.«

Gefragt, was sie befürchte, fährt sie fort: »Ich weiß es nicht. Er war immer ein verschmustes Kind, aber jetzt denke ich ›Er berührt mich. Wie wirkt das auf ihn?‹ Solche Gedanken gehen mir jetzt im Kopf herum, und ich möchte doch unser Verhältnis nicht kaputtmachen; das alles verunsichert mich jedenfalls gewaltig. Ich glaube, ich habe Angst, dass er sich irgendwann mit Gedanken herumschlagen muss, mit denen er vielleicht nicht fertig wird. Ich habe Angst, dass er nicht normal aufwächst, und ich möchte, dass die Beziehung zwischen uns angemessen ist. Nicht dass er irgendwas falsch machen würde, wirklich nicht. Bloß ich mache mir diese Sorgen. Ich weiß nicht, wovor ich Angst habe, außer, dass ich nichts falsch machen will.«

Manche Mütter fürchten, dass der körperliche Ausdruck von Zuneigung einen Jungen zum Homosexuellen oder »Mamakindchen« machen könnte oder dass ihre physische Nähe »falsche Signale« vermitteln oder missgedeutet werden könnte, insbesondere von einem heranwachsenden Sohn, dessen Sexualität eine immer wichtigere Rolle in seinem Leben spielt. Viele Mütter erklären uns, sie wollten ihren Sohn nicht vor anderen Jungen in Verlegenheit bringen und ihn dadurch zur Zielscheibe von

Hohn und Spott machen. Alle diese Meinungen oder Ängste beeinflussen das Leben eines Jungen, doch wie dieser Einfluss aussieht, unterscheidet sich häufig stark von den Mutmaßungen einer Mutter.

Liebevolle Berührungen spielen in der Entwicklung von Säuglingen und Kindern eine wichtige Rolle, und wie die Forschung gezeigt hat, haben sie auch später noch eine wichtige Funktion als Ausdruck von Liebe und Fürsorge zwischen Eltern und ihren älteren Kindern.[2] Die meisten Mütter behalten eine gewisse körperliche Nähe zu ihren heranwachsenden Töchtern. Bei Jungen sieht die Sache anders aus. Die meisten Mütter von Söhnen merken, dass ihnen diese fürsorglichen körperlichen Gesten einem Sohn gegenüber peinlicher werden und sie sie seltener zeigen, wenn der Junge acht oder neun wird, doch am krassesten tritt die Veränderung zutage, wenn seine Adoleszenz einsetzt.

Maureen, Mutter eines 17-Jährigen, erinnert sich noch an den Tag, an dem ihr körperliche Gesten der Zuneigung plötzlich unangenehm waren: »Es war der Tag, an dem ich ihn anschaute und erkannte, dass er mich mit seinen 15 Jahren überragte und mit seinen Haaren auf der Brust und dem Flaum im Gesicht praktisch ein jüngeres Ebenbild meines Mannes war. Danach war es mir peinlich, ihn noch so wie früher in die Arme zu schließen.«

Sandy schildert, dass ihr 10-jähriger Sohn ihr immer noch einen Kuss gibt, wenn er das Haus betritt oder verlässt und auch zwischendurch, um seine Zuneigung zu zeigen, und dass er sich beim Zubettgehen immer noch gerne den Rücken streicheln lässt. Doch sie beginnt das zurückzuschrauben. »Ich weiß, dass bald die Zeit kommt, wo ich das nicht mehr tue. Es gehört sich einfach nicht, seinen 16-jährigen Sohn noch so zu umarmen und zu knuddeln. Ich will nicht seltsam sein. Ich glaube nicht, dass ihm das jetzt im Augenblick irgendwas ausmacht, aber ich versuche, das immer öfter zu lassen. Ich möchte es gar nicht erst dazu kommen lassen, dass er mich bittet, damit aufzuhören.«

Wie viele andere Aspekte des mütterlichen Verhaltens bleibt auch körperliche Nähe für einen Jungen sein Leben lang wichtig. Bei einem 5-Jährigen mag sie anders aussehen als bei einem 15-Jährigen, doch das, wofür sie steht – für eine liebevolle Verbindung –, bleibt dasselbe. Diese Botschaft hat keinen Pferdefuß. Die einfache physische Zuneigung einer Mutter, sofern diese respektiert, was einem Jungen angenehm und unangenehm ist, birgt keine unterschwelligen Gefahren. Sie hat keinen Einfluss auf die sexuelle Orientierung eines Jungen. Sie führt weder in eine inzestuöse Beziehung noch in eine gestörte Sexualität, noch schwächt sie das Männlichkeitsgefühl eines Jungen.

Der 13-jährige Aaron war als Kind ein zärtlicher Junge gewesen. Wenn seine Mutter Hope ihn vor der Schule absetzte, pflegten sie noch rasch eine Umarmung und einen Kuss auszutauschen. In der 4. Klasse fiel Hope auf, dass die meisten Mütter seiner Klassenkameraden dies nicht mehr taten, doch sie bot ihm die Umarmung weiterhin an, und Aaron gab sie weiterhin zurück. »Als er zehn war, fuhren wir an seinem ersten Schultag in der 5. Klasse vor dem Gebäude vor. Er griff nach seinem Rucksack und seinem Klarinettenkoffer, und dann entstand eine peinliche Pause – er beugte sich nicht zu mir herunter, um mich zu umarmen –, und wir blickten uns eine Sekunde lang an, und dann brachen wir in Gelächter aus, und ich scheuchte ihn weg. Wir riefen uns ein ›Tschüs‹ zu, und ich wusste, das war es jetzt. Das war das neue ›Umarmung-und-Kuss-Ritual‹«, erzählt sie.

Ihr Ritual hatte sich verändert. Zu Beginn jedes Schultages tauschten sie ein Lächeln und einige nette Abschiedsworte aus, und damit war's gut. Nach etwa einer Woche hatte Aaron sich auf eine neue Art von Nähe eingependelt, die ihm behagte. »Nach der Schule kam er herein, und etwas später nachmittags suchte er meine Nähe und bat um eine ›Energiestoßumarmung‹«, erzählt seine Mutter. Seither sei die Bitte um eine »Energiestoßumarmung«, so fährt sie fort, zu einem Kürzel geworden, nicht nur als improvisierter Ausdruck der Zuneigung, sondern gelegentlich auch als Hinweis darauf, dass ihr Sohn einen besonders anstrengenden Tag gehabt hatte und eine zusätzliche Aufmunterung brauchte.

Wenn Jungen vor offenen mütterlichen Zärtlichkeiten zurückschrecken, dann gewöhnlich deshalb, weil sie sich dadurch an die Zeit der Abhängigkeit als »kleiner Junge« erinnert fühlen – und die möchte jeder Junge möglichst hinter sich lassen. »Zärtlichkeiten sind irgendwie peinlich, also wenn dich zum Beispiel deine Mutter in aller Öffentlichkeit küsst«, erklärt der 19-jährige Matt. Es käme ihm sogar schon »ein bisschen seltsam« vor, so Matt weiter, irgendjemandem zu erzählen, dass man seine Mutter liebe. Dennoch genoss er es, wenn ihm seine Mutter vor dem Einschlafen den Rücken massierte. Sie hörte damit auf, als er in der 9. Klasse war und länger aufblieb als sie; obwohl er die Nähe vermisste, verlor er kein Wort darüber.

Jungen verlieren im Allgemeinen kein Wort darüber. Das ändert nichts daran, dass Jungen die Art fürsorglicher Berührungen, die eine Mutter geben kann, brauchen und wünschen, ob der körperliche Ausdruck zwischen einem Jungen und seiner Mutter nun in Form behutsamer Umarmungen oder spielerischer Rangeleien weiterhin stattfindet oder nicht. Seine Mutter ist eine der wenigen Frauen, die einem Jungen den emotionalen Trost körperlicher Wärme in einem nichtsexuellen Zusammenhang zu geben vermag. Jungen müssen Gelegenheit haben, diese Art Zärtlichkeit zu erleben, wenn sie später diese Sprache sprechen sollen. Andernfalls überließen wir ihr Zärtlichkeitstraining Sportlehrern, Ringkampfgegnern und zufälligen Sexualpartnern.

Unterschiedliche Mütter, unterschiedliche Botschaften

Wir verbringen mit unseren Kindern viel Zeit auf Spielplätzen, und die Unterschiede im Mütterverhalten, die wir dort beobachten, spiegeln sich in einem ähnlich breiten Spektrum von Reaktionen, wenn die Jungen älter werden und ihre Aktivitäten auf Schule, Sport und eigene Interessen ausdehnen. Da gibt es die ängstlichen, allgegenwärtigen »Gluckenmütter«, die beim geringsten Anzeichen von Schwierigkeiten herbeieilen, oder die Mütter, die ihrem Sohn praktisch nie von der Seite weichen, auch wenn er alt und vernünftig genug ist, um alleine zurechtzukommen. Dann gibt es die Mütter, die niemals eingreifen, selbst wenn ihr Sohn eindeutig in Not ist oder wenn er andere terrorisiert. Es gibt die Mütter, die ihre Aufgabe angehen wie ein Spiel

– sie sind ganz bei der Sache, machen eifrig mit und scheinen ungeheuren Spaß an ihrem Buben zu haben –, und die Mütter, die aus einer gewissen Entfernung aufmerksam zuschauen, gelegentlich herüberwinken oder ein paar Worte mit ihrem Sohn austauschen und ihm erlauben, ganz nach Wunsch seinen wechselnden Interessen nachzugehen. Die meisten dieser Mütter bewegt derselbe Wunsch, nämlich ihren Jungen zu einem glücklichen, erfolgreichen Mann heranwachsen zu sehen. Es gibt nicht die eine, richtige Art und Weise, Mutter zu sein, und es gibt Mütter, die zu ihrem Sohn im Säuglingsalter eine wunderbar harmonische Beziehung haben, von der dann im Teenageralter kaum noch etwas übrig bleibt. In anderen Fällen gilt das Umgekehrte. Doch wenn wir am Spielplatzrand sitzen und diese Vielfalt beobachten, können wir uns des Gedankens nicht erwehren, wie sehr sich doch die Lektionen, die diese Jungen lernen, voneinander unterscheiden.

Der 16-jährige Lewis gehörte der Hochbegabtengruppe seiner High School, der Tennismannschaft und dem Debattierclub an, und er arbeitete aktiv in seiner Kirchengemeinde mit. Er liebte seine Freundin und ihre warmherzige, freundliche Familie und verbrachte den größten Teil seiner Freizeit in ihrem Haus. Er vermied es sogar nach Kräften, sich zu Hause aufzuhalten. Seine Mutter berichtete ihren Bekannten zwar stolz von seinen Leistungen, wenn sie seinen Spielen im Stadion zusah und im Supermarkt des Viertels einkaufen ging, doch wenn sie mit Lewis alleine war, stellte sie unablässig sein Urteilsvermögen in Frage und kritisierte seine Entscheidungen, ob es nun um Kleidung, Essen, schulische Pläne oder Hausaufgaben ging.

Eines Tages schilderte mir Lewis die unaufhörliche Kritik seiner Mutter und fragte eindringlich: »Sie hat nie ein gutes Wort für mich. Warum geht eine Mutter so mit ihrem Sohn um?«

Die Vorstellung, dass seine Mutter ihn für unfähig oder nicht liebenswert hält, tut einem Jungen weh. Solche gekränkten Jungen begegnen uns in der Schule häufig, wenn dort scharfer Wettbewerb herrscht und die Mutter den Bemühungen ihres Sohnes kritisch gegenübersteht oder sich übermäßig um ihn ängstigt.

Dan über Jerry: Wenn die Mutter vermittelt, dass sie nicht an ihren Jungen glaubt

Es war im Frühling vor Jerrys erstem Jahr auf einer privaten High School, bei der ihn seine Eltern nach einer enttäuschenden Junior-High-School-Karriere auf einer anderen Privatschule angemeldet hatten. Seine Mutter, Anwältin von Beruf, hatte um eine Besprechung mit den Fachlehrern, dem Betreuungslehrer für die Eingangsklasse und mir gebeten. Sie war der Meinung, die Lehrer an der früheren Schule hätten Jerry nicht genügend gefordert, sein besonderes Bedürfnis nach klaren Strukturen nicht erkannt und ihm nicht die Unterstützung gegeben, die Jerry brauchte, um die von ihnen eindeutig festgestellte, leichte Lernschwäche zu überwinden, die ihn an bestmöglichen Leistungen hinderte.

Jerry, ein schlaksiger, gut gekleideter Junge, trat respektvoll ein, obwohl klar zu sehen war, dass ihn die Besprechung ärgerte und er sich befangen fühlte. Seine Mutter nahm Platz, zog den Stuhl neben sich zurück und wies Jerry an, sich ebenfalls zu setzen. Er ließ einen raschen Blick über den Tisch schweifen, als ob er nach anderen Möglichkeiten suchte. Seine Augen blieben an einem Stuhl auf der anderen Seite hängen, doch es standen Hindernisse im Weg, und so ließ er sich neben seiner Mutter nieder. Der Betreuungslehrer stellte sich und alle anderen Anwesenden vor und fragte Jerry, ob er schon Gelegenheit gehabt habe, sich das Gebäude anzusehen.

Jerrys Mutter antwortete und erklärte, ihr Terminplan sei so eng, dass sie ihn nicht habe früher herbringen können, sie hofften jedoch, nach der Besprechung noch einen Rundgang machen zu können. Wenn während dieses Gesprächs eine Frage an Jerry gerichtet wurde, antwortete stets sie oder beendete seinen Satz, wenn sie glaubte, er drücke sich nicht klar genug aus.

Im Verlauf des Schuljahres und bei allen folgenden Beratungsgesprächen setzte sich dieses Muster fort. In der Familientherapie beendete Jerrys Mutter seine Sätze, und er sagte nichts mehr. Sie machte ihm klar, dass sie ihm nicht zutraute, Anwalt seiner Gefühle zu sein, woraufhin er sich immer mehr zurückzog und immer passiver und schweigsamer wurde.

Abgesehen davon, dass Jerrys Mutter ihn bevormundete, bestand die Wirkung auf Jerry – wie es bei den meisten Kindern der Fall gewesen wäre – in heilloser Verwirrung. Er kannte seine Mutter nur so und wusste, dass ihm dies, als er noch jünger war, geholfen hatte. Wenn sie die ganze Zeit nur sein Bestes gewollt hatte, wie konnte sie dann jetzt etwas falsch machen? Und trotzdem fühlte er sich mit 14 Jahren fähig, für sich selbst zu sprechen, und wollte über sein schulisches Schicksal selbst entscheiden. Die ständige Einmischung seiner Mutter war in seinen Augen ein »Misstrauensvotum«. Infolgedessen empfand Jerry Unfähigkeit und Hoffnungslosigkeit – und Wut auf seine Mutter.

Zwischen konstruktiver Fürsprache und destruktiver Manipulation eines Jungen kann ein schmaler Grat liegen. Ein Junge muss lernen können, wie die Welt funktioniert, ohne dass er das Gefühl bekommt, es ginge um Leben oder Tod. Eine Körper- oder Lernbehinderung bildet dabei eine zusätzliche Hürde, doch die Lernaufgabe bleibt letztlich im Wesentlichen dieselbe: Er muss lernen, seinen eigenen Standpunkt zu vertreten und Fehlschläge hinzunehmen. Dazu braucht er eine Umgebung, die ihm ein angemessenes Maß an Sicherheit vermittelt. Es ist in vieler Hinsicht besser, einen Jungen als Acht- oder Neuntklässler auf die Nase fallen zu lassen, damit er etwas über Konsequenzen lernt, statt ihm immer nur den Weg zu ebnen und ihn nicht darauf vorzubereiten, Verantwortung für sich selbst zu übernehmen, wenn er erwachsen wird.

Verlorenen Jungen Halt geben: Bindungen stärken

In der Geschichte Peter Pans ist Niemalsland die Heimat der Verlorenen Jungen, einer wilden Horde kleiner Waisenknaben. Als sie die kleine Wendy gefangen genommen haben, sind sie vor Freude ganz aus dem Häuschen, so verzweifelt sehnen sie sich nach einer Mutter, die ihnen – so stellen sie es sich vor – Lieder vorsingt, Geschichten erzählt und einfach für sie da ist, wie es Mütter mit ihrer Liebe, ihrer Weisheit und ihrem Trost eben tun. Dieses Bild wird zwar häufig als sentimentaler Kitsch abgetan, doch in der Literatur und im Leben ist die emotionale Präsenz einer Mutter, die es beschreibt, sehr real und außerordentlich wichtig für einen Jungen. Ohne sie ist er in der Tat ein »verlorener Junge«.

Wenn ein Junge die emotionalen Stürme der Adoleszenz und die Kultur der Grausamkeit durchlebt, tut eine Mutter gut daran, auf diese Bindung zu bauen und einerseits ihrem Sohn das Gefühl zu vermitteln, dass er geliebt und anerkannt wird, und andererseits seinen Horizont zu erweitern – ihm zu weitsichtigeren, tieferen oder neuartigen Einsichten zu verhelfen –, sodass er durchdachtere Entscheidungen treffen kann. Wir haben Mütter erlebt, die dieses Band zu ihrem Sohn dadurch stärken, dass sie beispielsweise mit ihm Probleme besprechen, bestimmte moralische Werte oder Erwartungen immer wieder betonen oder ihm einfach ihre Zuneigung zeigen – ihm zuhören, ohne ihn zu verurteilen oder sein Problem lösen zu wollen, ihm seine Leibspeise kochen, sein Lieblingsspiel mit ihm spielen, sich über einen Film oder ein Buch mit ihm unterhalten oder ihn mit einem Geschenk überraschen, das eine besondere Bedeutung für ihn hat. Das simple Wissen, dass er auf dieses emotionale »Basislager« bauen kann, kann einem Jungen neue Hoffnung oder genug Energie einflößen, um ein Problem selbst zu lösen.

Darryl, 12 Jahre alt – ein guter Schüler und ein sanfter, gutmütiger Junge –, machte seiner Mutter Jan eines Nachmittags eine wütende Szene, weil sie ihm das Versprechen abverlangte, regelmäßiger zu üben, wenn sie seine Klavierstunden weiter bezahlen sollte.

»Nichts mache ich richtig! Ich kann es keinem recht machen – niemandem – ich bin ein totaler Versager!«, schrie er.

Jan war verblüfft ob dieser untypischen Reaktion, doch statt selbst zornig auf diesen Ausbruch zu reagieren, setzte sie sich neben ihn, äußerte die Vermutung, dass ihm wohl etwas Schlimmeres als das Klavierüben auf der Seele liege, und fragte, ob er irgendwelche Probleme in der Schule habe. »Nein«, fauchte er.

Daraufhin machte sich Jan über sich selbst lustig, parodierte ihre diktatorische Ankündigung hinsichtlich des Klavierübens, und nach einem befreienden Gelächter erzählte ihr Darryl, dass ihn die »Idiotenbande« – die tonangebende Clique – mit ihren Hänseleien in der Schule fertig machte.
»Du bist so toll – weshalb sollten sie dich denn auslachen?«, rief seine Mutter aus. Darryl ratterte die ganze Liste herunter: sein Haar, seine T-Shirts, seine Trainingshosen, seine Socken, seine Schuhe, seine Lieblingsbücher, seine guten Noten – einfach alles an ihm. Er wollte dem gern ein Ende machen, wollte sich aber nicht prügeln, und er wusste, dass jedes Widerwort gegen ihn gewendet werden würde. Er wusste sich keinen Rat mehr und fühlte sich in einer ausweglosen Falle, denn wenn er es seinen Peinigern heimzahlte, würde er sich seiner Einschätzung zufolge nur einen Verweis einhandeln.
Seine Mutter fand das ebenso ungerecht wie Darryl und fragte ihn, ob er eine andere Möglichkeit zu handeln sah. Darryl verneinte – und, nein, er wollte nicht, dass sie den Lehrer anrief. Am folgenden Tag überlegte Jan lange, ob sie den Lehrer heimlich anrufen oder die Sache auf sich beruhen lassen sollte, wie Darryl es verlangt hatte. An diesem Nachmittag kam Darryl heim und verkündete, das Problem sei gelöst. Er hatte sich selbst und seinen schlimmsten Peiniger zu einem Vermittungsgespräch angemeldet, um den Konflikt zu lösen. Als das Büro des Rektors eine Nachricht ins Klassenzimmer schickte, die die beiden Kontrahenten von ihrem »Schulgerichtstermin« in Kenntnis setzte, versprach der Peiniger einfach, er werde seine Schikanen künftig unterlassen, was er auch einhielt. Seine Gefolgschaft suchte sich zudem andere Zielscheiben. Darryl war beim Erzählen deutlich anzumerken, dass er stolz war, den Konflikt selbst gelöst zu haben.
Mütter unterschätzen häufig, wie wertvoll die emotionale Unterstützung ist, die sie ihrem Sohn geben, wenn sie einfach zuhören, seine emotionale Last mittragen, ihrem Vertrauen in ihn Ausdruck geben und ihm zur Seite stehen, wenn er die Lösung seiner Probleme in die eigene Hand nimmt. Dieser vertraute emotionale Kontakt, wie immer er auch aussehen mag, öffnet

einer Mutter auch dann den Zugang zu ihrem Sohn, wenn einmal ein ernstes Gespräch über schwer wiegendere Probleme vonnöten sein sollte.

Charlottes Sohn Ron war 15, gerade in die High School gekommen und bis über beide Ohren verliebt in Pearl, ein Mädchen, das neu an seiner Schule war. Pearl hatte Ausstrahlung, war hübsch und erwiderte seine Gefühle, und bald waren die beiden unzertrennlich. Charlotte sah es nicht gern, dass Ron so völlig in dieser Beziehung aufging. Er hatte keinen Appetit mehr und schien teilnahmsloser und distanzierter als je zuvor. Noch mehr beunruhigten sie jedoch Indizien in Pearls Verhalten und Aussehen, die dafür sprachen, dass sie Drogen nahm. Ron stritt das ab und verweigerte jedes Gespräch darüber.

Eines Tages rief der Schulleiter Charlotte an und berichtete ihr, dass Pearl unter Verdacht stehe, in der Schule mit Drogen zu handeln, und von der Polizei verhört würde und dass auch Ron vernommen werden sollte. Charlotte war erschrocken und fuchsteufelswild zugleich. Sie und ihr Mann fuhren Ron also zum Polizeirevier und hörten die ernüchternden Fakten aus Pearls eigenem Mund: Sie war Heroinkonsumentin und -dealerin. Und Ron hatte gelogen. Er wusste über ihren Drogenkonsum Bescheid und hatte selbst zu Beginn ihrer Beziehung eine Zeit lang Heroin genommen. Er hatte jedoch bald damit aufgehört und war jetzt fest entschlossen, Pearl von ihrer Drogensucht zu befreien. Pearl wurde stationär in eine Therapieeinrichtung in einer anderen Stadt eingewiesen. Charlotte hielt es für wichtig, sofort etwas zu unternehmen, damit Ron seine eigenen Interessen wiederentdeckte und optimistischer in die Zukunft sah.

Sie und ihr Mann vermieden es sorgfältig, sich ihren Sohn zum Gegner zu machen; sie erklärten ihm vielmehr in ausführlichen Gesprächen, dass sie ihn liebten und auf seinen guten, anständigen Charakter vertrauten. Ron hatte seiner Mutter und seinem Vater immer sehr nahe gestanden, und seine Eltern sprachen über die Werte der Familie und dass die Drogen und die Lügen Ron in Widerspruch zu seinem eigenen Empfinden von Richtig und Falsch gebracht hatten.

Charlotte vermied es auch, Kritik an Pearl zu üben. Ihr war klar, dass der verliebte Ron sich dann nur gezwungen fühlen würde, seine Liebste und die bessere Zukunft, die er sich für sie beide vorstellte, zu vertcidigen. Stattdessen legte Charlotte Ron in ruhigen Worten ihre Sichtweise als Frau und Mutter dar, erläuterte die wahrscheinliche Denkweise eines jungen Mädchens in bestimmten Situationen und half Ron, sowohl Pearls Schwierigkeiten als auch die tiefere Bedeutung ihres verletzenden und selbstschädigenden Verhaltens zu verstehen. Und sie entlockte Ron, was er über dieses Problem dachte, und eröffnete ihm auf diese Weise die Möglichkeit, sich über seine Gefühle klar zu werden und über sie zu reden, ohne seine Liebe oder seine kurzsichtigen Entscheidungen verteidigen zu müssen.

Während sich Ron in den nächsten Wochen mit diesen Gefühlen beschäftigte, normalisierte sich allmählich wieder seine Weltsicht, die die Drogen, der drogenabhängige Freundeskreis und die Liebesbeziehung aus dem Lot gebracht hatten. Ron erneuerte alte Freundschaften und nahm Aktivitäten wieder auf, die ihm früher Spaß gemacht hatten. Und er begann ans College zu denken und daran, dass er seinen Notendurchschnitt verbessern musste, um auf die Schule seiner Wahl gehen zu können.

Charlotte bemühte sich sehr, für Ron da zu sein, wenn er Gesellschaft oder ein Gespräch brauchte oder um ihn irgendwohin zu fahren und um ihm alle Unterstützung zu geben, die er brauchte, um sein Leben in Schule und Gemeinde wieder in Ordnung zu bringen. Nachdem mehrere Monate verstrichen waren, beschloss Ron schließlich, seine Beziehung zu Pearl zu beenden. Diese Entscheidung fiel ihm nicht leicht, aber es war *seine* Entscheidung. Dazu beigetragen hatten die verlässliche Unterstützung und der emotionale Beistand seiner Mutter, durch die es Ron möglich wurde, sich über seine Bedürfnisse und Wünsche klar zu werden und eine vernünftige Entscheidung für sich zu treffen.

Dan über seine Mutter: Raum schaffen für andere Beziehungen

Meine erste Liebe war nicht einmal ein Mädchen, sondern nur ihr Bild. Ich ging in die 7. Klasse. Sie saß im Schulorchester neben mir. Und man glaube es oder nicht, ich trug ihr nach der Schule die Schulbücher nach Hause. Wir besuchten dieselbe Tanzstunde, und ich glaube, wir waren beide froh, dass uns immer ein Partner sicher war, wenn Damen- oder Herrenwahl angesagt war. Wir tauschten nicht einen Kuss aus. Und ich stellte mich nie ihrer Mutter vor, aber meiner Mutter zeigte ich sie einmal in unserem Jahrbuch. Ich weiß noch, dass es kein besonders gutes Bild war. Sie war zwar hübsch, gehörte aber nicht zu den drei anerkannten Schönheiten der Klasse.

»Wie findest du sie?«, fragte ich meine Mutter.

»Sie ist sehr fotogen.«

»Was bedeutet das?«

»Das bedeutet, dass sie sich gut fotografiert, dass sie auf Bildern gut aussieht.«

»Heißt das, dass sie hübsch ist?«

»Nein … das heißt nur, dass Bilder von ihr meistens gut werden.«

»Findest du sie hübsch?«

»Schon, ja.«

Ich glaube, damals war mir nicht klar, was ich von meiner Mutter hören wollte, als sie die winzige Abbildung eines Mädchens betrachtete, das ich verehrte. Vielleicht wünschte ich mir ein Wort der Bestätigung, ein Vertrauensvotum. Ich erinnere mich noch, dass mich ihre recht zurückhaltende Reaktion ein wenig überraschte, wenn auch nicht gerade kränkte.

Diese Zurückhaltung zeigte sie gegenüber allen meinen High-School-Experimenten mit Liebesbeziehungen, und sie behielt sie bis weit in meine College-Jahre hinein bei, obwohl ich wusste, dass sie gegen einige meiner studentenbewegten, politisch radikalen Freundinnen sehr große Vorbehalte hatte. Diese war ein wenig genussfreudiger, als meine Mutter verkraften konnte. Jene machte ihr viel Kummer, weil sie eine Putzfrau beschäftigte. Die Untreue einer anderen lief den innersten Überzeugungen meiner Mutter direkt zuwider und weckte ihren Wunsch, mich vor dem Kummer, den mir eine unzuverlässige Partnerin machen würde, zu bewahren. Ich erfuhr erst viel später von diesen Gefühlen, lange nachdem sich meine Wege und die der Mädchen getrennt hatten. Genauso wenig wusste ich, dass meine Mutter die eine Frau, die ich beinahe geheiratet hätte, sehr gern gemocht hatte; doch als ich die Beziehung beendete, hatte sie meine Entscheidung niemals in Frage gestellt. Ähnlich reagierte sie auf die Mädchen und Frauen, die im Leben meiner beiden Brüder auftauchten.

Als ich sie neulich nach alldem fragte und ihr sagte, dass ich es gut fand, wie sie mit meinen Frauenbeziehungen umgegangen war, barg das, was sie zu sagen hatte, wieder eine Überraschung für mich: »Als ich erkannte, dass ich nur Söhne haben würde, wurde mir klar, dass ich mit den Frauen, die ihr heiraten würdet, zurechtkommen musste oder ich würde euch vielleicht verlieren. Du kennst doch diesen Bibelspruch: ›Darum wird ein Mensch Vater und Mutter verlassen und seinem Weibe anhangen‹«, sagte sie. »Ich wollte nicht, dass das passiert.«

Und so bewahrte sie in all den Jahren und bei all den Freundinnen die Ruhe und zeigte zuverlässig eine Reaktion, die keine verurteilte und stets nur leicht variierte – weder lautes Jubelgeschrei noch harsche Ablehnung. Sie gab mir zu verstehen, wenn auch nie mit Worten, dass ich – nicht sie – meine Freundinnen aussuchte und dass sie, wenn sie gemischte Gefühle hatte, sich einfach immer auf meine Seite stellte.

Wenn uns eine Mutter und ihr Sohn begegnen, die im Einklang miteinander stehen, dann sehen wir eine Mutter, die willens ist, in Kindererziehung etwas zu sehen, das man üben muss – wie Meditation oder Yoga –, und die bereit ist, die Welt mit den Augen ihres Sohnes zu sehen, um seine Bedürfnisse zu verstehen. Diese Bereitschaft, von einem Kind zu lernen, ist die wichtigste Elterneigenschaft überhaupt. Für die Mutter eines Sohnes ist sie umso wichtiger, als sie besonders viel zu lernen hat, was die Selbst- und Weltsicht eines Jungen angeht. Wenn sie dieses »Zen in der Kunst des Bemutterns« übt, dann kann sie die Beziehung zu ihrem Sohn selbst dann stärken, wenn die physische Distanz zwischen ihnen wächst.

Michael über Ethan, Tyler und Susan: Lektionen im Loslassen

Mir wurde das außerordentliche Privileg zuteil, Susan in ihrem letzten Lebensjahr therapeutisch begleiten zu dürfen. Sie starb mit 47 Jahren an Bauchspeicheldrüsen- und Leberkrebs. Etwa 18 Monate vor ihrem Tod rief sie mich an und eröffnete mir, sie wolle die Therapie wieder aufnehmen und bis zu ihrem Lebensende fortführen. Obwohl wir über vieles sprachen, diskutierten wir oft darüber, wie sie ihren Söhnen – dem 23-jährigen Ethan und dem 19-jährigen Tyler – helfen konnte, sich auf ihren Tod vorzubereiten. Da Susan geschieden war, musste sie diese Aufgabe größtenteils alleine lösen, auch wenn sie ihre Freundinnen um Mithilfe bat, damit ihre Söhne lernten, wie man sein Leben organisiert und einen Haushalt führt.

Ihr Verhältnis zu ihren Söhnen war sehr eng; Ethan hatte einen Großteil des Frühjahrs bei ihr verbracht und während seines letzten Jahres auf dem College dreimal pro Woche bei ihr übernachtet. Tyler hatte sein erstes Jahr auf einem weiter entfernten College abgeschlossen. Alle drei hatten die Sommerferien miteinander verbracht, und Ethan hatte beschlossen, bis zum Tod seiner Mutter in ihrem Haus zu wohnen; Tyler hatte vor, im Herbst wieder auf sein College zurückzukehren.

Ende Juli lief Tyler, gewöhnlich der gemäßigtere von beiden, türenknallend durchs Haus, bekam Tobsuchtsanfälle wegen Vorhangstangen und Schranktüren und allem anderen, was ihm in den Weg kam. Schließlich beratschlagten Ethan und seine Mutter, was wohl den jüngeren Bruder so aufbringen mochte. Ethan schlug Tyler danach vor, sich für das nächste Jahr vom College beurlauben zu lassen und ebenfalls im Haus zu bleiben. Innerhalb einer Stunde war Tyler wie ausgewechselt, und später sprach ihn seine Mutter darauf an.

»Tyler«, sagte sie. »Ethan hat mir erzählt, dass du daran denkst, dich beurlauben zu lassen und diesen Herbst nicht aufs College zurückzukehren.«
Tyler nickte bejahend und fügte dann hinzu: »Mutter, wann wirst du sterben?«
»Ich weiß es nicht genau«, sagte sie. »Warum?«
»Weil ich allen auf dem College erzählt habe, dass du diesen Sommer sterben wirst und dass ich im Herbst wieder zurückkomme. Und du bist diesen Sommer nicht gestorben.«
»Nein, offensichtlich nicht.«
»Also«, fuhr Tyler fort, »wenn du diesen Sommer nicht stirbst, musst du bis zum nächsten Sommer warten.«
»Tyler, ich weiß nicht, ob ich so lange warten kann.«
»Dann musst du in den Ferien sterben«, sagte Tyler, »– aber nicht in den Weihnachtsferien, weil wir dann jede Weihnachten traurig wären, weil wir an dich denken würden und daran, dass du da gestorben bist.«
Susan bedachte, dass Tyler mit seinen 19 Jahren noch einen begrenzten Horizont hatte, und erwiderte: »Ich glaube nicht, dass ich es einrichten kann, während der Ferien zu sterben. Möchtest du dich für das nächste Jahr vom College beurlauben lassen, um hier bei mir und Ethan zu bleiben?«
Deutlich erleichtert rief Tyler aus: »O ja, sehr gerne.«
Tylers Sorge, ob sich Susans Todeszeitpunkt in seinen Terminplan »einfügen« würde, war nichts anderes als einer der vielen Versuche, mit denen die Brüder eine Situation, die in Wahrheit einem emotionalen Absturz ins Bodenlose entsprach, in den Griff bekommen wollten. Wenn Susan bei solchen Anlässen auf die untergründigen Gefühle ihrer Söhne einging, half sie ihnen damit, ihre Ängste abzubauen, und gab ihnen Kraft für die bevorstehenden schweren Tage. Indem Susan nach Tylers Wünschen fragte und ihn als Berater ansprach, erlaubte sie ihm, einem Gefühl Ausdruck zu geben, das bis zu diesem Zeitpunkt die emotionale Triebkraft hinter seinem Jähzorn gewesen war.
In den Märzwochen nach der Computertomographie, bei der sich herausstellte, dass der Krebs in Susans Leber gestreut hatte und ihr Tod unausweichlich war, wurde Ethan reizbar und knall-

te mit Türen. Eines Tages erzählte er seiner Mutter, er plane jetzt für nach ihrem Tod »eine Reise nach Tibet oder so was«, und fragte sie, ob dafür noch genug Geld vorhanden sei. Statt empört zu reagieren, erkannte Susan den Wunsch, der hinter diesem Reiseplan steckte, nämlich vor dem Kummer davonzulaufen, und das schnitt ihr ins Herz. Sie sprachen lange darüber, was ihr Tod für ihn bedeutete, und Ethan vermochte schließlich zuzugeben, dass er wahnsinnige Angst davor hatte und fürchtete, den Schmerz nicht ertragen zu können, wenn es dann so weit war. Er sah in der Tibetreise eine heilsame, wenn auch einsame Fahrt, die ihn sofort auf andere Gedanken bringen würde. Susan verhalf ihm behutsam zu der Einsicht, dass es unmöglich war, seinen Gefühlen zu entkommen – und dass das auch so sein musste. Er musste sie durchleben und verstehen und sie schließlich überwinden. Sie erklärte ihm, dass sich dieses Verlustgefühl nie ganz verflüchtigen würde, jedoch die tröstliche Erinnerung an sie auch nicht.

In den Tagen nach diesem offenen Gespräch beruhigte sich Ethan – seine heilsame Reise hatte bereits begonnen –, und er kam nicht mehr auf das Thema zurück.

Als ich Ethan später nach seinem bedeutsamsten Erlebnis mit seiner Mutter vor ihrem Tod fragte, berichtete er mir von diesem Gespräch und fügte nur hinzu, dass er sich wünschte, sie hätten mehr Zeit zum Reden gehabt, auch wenn ihre Kraft zu sprechen stetig schwand. Doch trotzdem glaube er, »das, was einem wirklich hilft, ist das Wissen, dass deine Mutter dich bedingungslos liebt – dass es keine Rolle spielt, ob du einen Oscar kriegst oder ob du als geschiedener Mann mit 55 um zwei Uhr nachmittags in einer Bar hockst und trinkst. Sie liebt dich so oder so. Und genau das hab ich zu ihr gesagt, und sie schaute mich an und sagte: ›Ich liebe dich vorbehaltlos, ganz und gar, von ganzem Herzen.‹«

An einem der letzten Abende, die sie noch zu Hause verbrachte, sang Ethan, wie er erzählte, ihr etwas vor. »Ich wollte eigentlich ›You are my sunshine, my only sunshine ...‹ für sie singen«, sagte er und sang mir die ersten Zeilen des Liedes vor. »Und so weit kam ich, und dann, Sie wissen schon, konnte ich einfach nicht weiter. Und sie, also sie sang mir den Rest des Liedes vor, und ich glaube, das war es, was ich in Wirklichkeit wollte. Ich wollte, dass sie in der Lage wäre, mich zu halten oder zärtlich zu mir zu sein. Und dann, als wir durch waren, sagte sie: ›Das hat wirklich gut getan.‹ Und so war es.«

Susan zeigte ihren Söhnen in ihrem letzten Lebensjahr ihre Liebe in vielfältiger Weise und behielt immer ihre Bedürfnisse im Auge: Sie nahm sie zu Arztbesuchen mit, damit sie möglichst umfassend informiert wurden. Sie ging auf ihre inneren Kämpfe ein und leitete sie an, über Gefühle zu reden, und sie gab ihnen auf diese und andere Weisen ein Leitbild für emotionale Courage, das ihr dauerhaftes Geschenk an ihre Söhne bleiben würde.

In dem bekannten Kinderbuch *Wo die wilden Kerle wohnen* von Maurice Sendak hat ein kleiner Jungen namens Max »nur Unfug im Kopf«, doch als er seiner Mutter droht, sie aufzufressen, schickt sie ihn »ohne Essen ins Bett«. In sein Zimmer verbannt, schläft er ein und begibt sich auf eine Traumreise. Seine wütende Phantasie führt ihn auf eine Insel, wo er einen Kriegstanz mit fürchterlichen Ungeheuern tanzt, die ihn für seine Wildheit loben und ihn bitten, als »König aller wilden Kerle« bei ihnen zu bleiben. Dieses Land der hemmungslosen Wildheit ist ein aufregender Ort für einen Besuch, doch Max möchte nicht dort leben. Er fühlt sich einsam, und seine Reaktion auf die Einladung zum Bleiben ist eindeutig – ein einfaches, im Brustton der Überzeugung geäußertes »Nein!« –, und mit diesem Nein beschließt er, in sein tröstliches Zuhause zurückzukehren, den Ort, »wo ihn jemand am allerliebsten hatte«. Er erwacht beim anheimelnden, tröstlichen Geruch eines warmen Abendessens in seinem Zimmer, wohin ihn – wie wir gerne glauben – eine Mutter geschickt hat, die darauf vertraute, dass ihr »kleines Ungeheuer« nur ein wenig Raum und Zeit brauchte, um wieder zur Vernunft zu kommen.

Der furchtbare kleine Max erinnert uns an Jungen jedes Alters, die sich auf emotionales Neuland wagen, den einen oder anderen Kampf ausfechten müssen und ihre Gefühlsverwirrung häufig hinter einer raffinierten Maske der Wut oder Aggression verstecken. Je weiter sich ein Junge von der schützenden körperlichen Anwesenheit seiner Mutter entfernt und insbesondere wenn er in die Adoleszenz und die Kultur der Grausamkeit, die ihn dort erwartet, eintritt, desto mehr muss er sie in seinem Herzen tragen, gehalten von der Sicherheit, die ihre Liebe ihm gibt, und von der emotionalen Erziehung, die sie ihm zuteil werden ließ. Er muss wissen, dass er in dem Band zwischen seiner Mutter und ihm, wie auch immer es aussehen mag, stets den Ort finden kann, wo ihn jemand »am allerliebsten« hat.

Kapitel 7
In der Festung der Einsamkeit

»I am a rock, I am an island.«
Simon and Garfunkel, I Am a Rock

Die emotionale Abkapselung ist praktisch zum Reflex geworden, wenn ein Junge in die Adoleszenz eintritt. Er hat gelernt, seine emotionalen Bedürfnisse zu verleugnen, und tarnt gewohnheitsmäßig seine Gefühle. Eingeschüchtert durch die ständige Gefahr der Demütigung, die die Kultur der Grausamkeit und der aus ihr folgende Verfall des Vertrauens birgt, schließen Jungen einen psychologischen Kuhhandel ab – einen schlechten –, nämlich lieber wegzutauchen, als noch mehr Schläge einzustecken. Je stärker sich ein Junge unter Druck fühlt, desto stärker zieht er sich zurück.
Heranwachsende Mädchen in der Therapie plagen sich gemeinhin mit zu viel Gefühl. Sie beschäftigen sich zu sehr mit emotionalen Reaktionen, ihren eigenen und denen anderer. Auf heranwachsende Jungen trifft genau das Gegenteil zu. Die Mädchen sind meist froh, wenn sie mit Freundinnen über emotionale Höhen und Tiefen sprechen können; Jungen vermeiden solche Gespräche in aller Regel. Sie schlagen sich allein mit ihren Gefühlen herum, oftmals mit tragischen Folgen. Nur zu oft messen sich Jungen und Männer an einem verklärten Bild der Einsamkeit. In Filmen sehen Jungen Supermans eisigen, arktischen Zufluchtsort – seine abgelegene, hochragende, kristallene »Festung der Einsamkeit«. Wenn die Belastungen des Lebens unter den Sterblichen zu groß werden – der niemals endende Kampf zwischen Gut und Böse und die Verwicklungen der Liebe –, zieht sich Superman in seine Festung zurück, um mit seinen Gedan-

ken allein zu sein. Batman, dem der frühe Verlust der Eltern zusetzt, sucht sein Heil in einem endlosen Kampf gegen das Böse und zieht sich zwischen den Gefechten in die kahle, düstere »Bat-Höhle« zurück, ein unterirdisches Refugium, das voll gestopft ist mit High-Tech-Labors, Computertechnik und schnellen »Bat-Mobilen«, ihm aber keinerlei emotionale Tröstung bietet.

Diese Comic-Helden verlassen und betreten ihre Festungen nach Bedarf. Wenn ein Junge nicht auf sinnerfüllte Beziehungen – zu Eltern, Freunden, Altersgenossen – zurückgreifen kann, ist er den Belastungen der Adoleszenz gegenüber ganz auf sich allein gestellt. Weil viele Jungen nicht auf Hilfe von außen bauen können und von sich aus kaum einen Weg aus ihrem emotionalen Schlupfwinkel finden, laufen sie gänzlich auf Grund, vergraben sich immer tiefer in die emotionale Isolation und errichten immer dickere und höhere Mauern um ihre Gefühle herum, bis überhaupt nichts mehr davon wahrzunehmen ist. Rückzug ist bei Jungen zwischen etwa 11 und 16 Jahren eines der häufigsten Indizien für emotionale Schwierigkeiten und kann ein weiteres Abgleiten in Depression und möglicherweise selbstzerstörerisches Verhalten wie Drogenmissbrauch oder riskantes Sexualverhalten ankündigen.

Einem Jungen, der keinen Zugang zu echter emotionaler Interaktion hat, bleibt auch die Gelegenheit zu wirklichem emotionalem Wachstum verschlossen. Wir alle können nur dann psychisch und persönlich wachsen, wenn wir uns mit dem auseinander setzen, was uns bedrückt, wenn wir dessen Hintergründe verstehen und Lösungsmöglichkeiten dafür finden. Ein emotional isolierter Junge sucht in einer Belastungssituation eher nach einem Sündenbock und schiebt anderen Menschen oder den Umständen die Schuld an seinen Problemen zu. Weder der Junge noch seine Eltern erkennen jedoch, dass dieses Bestreben, sich von der Familie, den eigenen Gefühlen und jedem Nachdenken über den eigenen geistig-seelischen Zustand abzukapseln, in die Erschöpfung führt. Wenn es Jungen gelingt, die Augen vor den eigenen Problemen zu verschließen, machen sie es sich nur noch schwerer.

Martin: Flucht vor psychischem Schmerz – und Wachstum

Martin, ein brillentragender Videotechniker, erinnert sich an sein Leben als Sohn eines Topmanagers – eines Mannes mit hoher Intelligenz und aufbrausendem Temperament – und einer Mutter, die er als pflichtbewusst, aber emotional distanziert erlebte. Die Schule stellte Martin vor höhere Hürden, als sein Vater akzeptieren konnte, weshalb er unnachsichtig Kritik übte. Martin kann sich nicht an ein einziges Gespräch mit seinem Vater erinnern, das versöhnlich begonnen und geendet hätte.

Nach dem Ende der Grundschule begann für Martin eine der schlimmsten Phasen seines Lebens. Seine Noten erreichten allenfalls Durchschnitt, obwohl er sich sehr anstrengte. Er war völlig unsportlich und fühlte sich im obligatorischen Sportunterricht linkisch und gehemmt. Seine Mutter hatte zu Hause zu viel Arbeit mit den 3-jährigen Zwillingsschwestern, um ihn groß zu unterstützen, und seinem Vater und dessen absehbarer Kritik ging er lieber ganz aus dem Weg.

Zwei Jungen in seiner Klasse betrachtete er als »Schulfreunde«: Sie saßen beim Mittagessen zusammen, trafen sich jedoch nie außerhalb der Schule. Martin kam es so vor, als ginge alles in seinem Leben schief; seine Noten, sein soziales Leben und die Missbilligung seines Vaters erinnerten ihn ständig daran, dass er »ein Versager« war.

»Jeden Tag, wenn ich nach Hause kam, ging ich hinauf in mein Zimmer, um zu ›lernen‹, aber das klappte nicht lange. Ich konnte mich nicht auf den Stoff konzentrieren. Also saß ich da und hasste mich – ich hasste mich *wirklich* – und grübelte darüber nach, was für ein Versager ich war. Mir ging im Kopf herum, dass mein Vater explodieren würde, wenn er von der letzten schlechten Note erfuhr.«

Als seine Selbstvorwürfe unerträglich wurden, zog sich Martin buchstäblich zurück – in eine Ecke des Dachbodens, wo er mit seinem Taschenmesser Kerben für die restlichen Tage des Schuljahres in einen Dachbalken schnitzte. Er hockte stundenlang hinter dem winzigen Dachlukenfenster und starrte auf die Menschen und die Welt unter ihm herab, in dem Gefühl, dass sie an ihm vorübergingen. Dann entdeckte er eine Kiste mit der *Playboy*-Sammlung seines Vaters und begann sexuellen Phantasien nachzuhängen, was ihm eine gewisse Erleichterung von seinen quälenden Gefühlen verschaffte.

»Ich verbrachte ganze Nachmittage da oben und verlor mich für Stunden in erotischen Träumereien«, erzählt Martin. »Anfangs war das toll, doch nach einer Weile fand ich es selbst als Teenager ziemlich erbärmlich, dass ich dasaß und es mit diesen Zeitschriften ›machte‹. Das war wahrscheinlich die einsamste Zeit meines Lebens; die Phantasien waren für mich eine Art Krücke, die ich verzweifelt brauchte. Ich weiß nicht, ob es irgendwem je aufgefallen ist, dass ich nicht da war. Niemand stellte Fragen oder sprach mich darauf an. Obwohl mein Vater in Bezug auf meine Noten immer noch ein Pulverfass war, kam mir das im Nachhinein nur noch wie Hintergrundrauschen vor. Mit meinen Nachmittagen auf dem Speicher blockte ich das alles ab.«

Im letzten Schuljahr vereinbarten seine Eltern auf Anraten des Betreuungslehrers für Martin einen Termin beim Schulpsychologen. Der ermutigt ihn dazu, berufsbezogene Interessen zu verfolgen, die schließlich in eine Stelle als Videotechniker bei einem lokalen Fernsehsender münden. Da er sich jedoch weiterhin in sexuelle Phantasien flüchtet, jetzt noch begünstigt durch eine Sammlung von Pornovideos, bleiben seine Beziehungen zu Frauen stets an der Oberfläche stecken. Als Martin 28 ist, spürt eine Freundin, wie sehr Martin leidet und wie das sein Leben beeinträchtigt, und drängt ihn, die Therapie wieder aufzunehmen.

Oft ist es jemand anderes – ein Lehrer, ein Elternteil, ein Freund –, der erkennt, dass mit dem Jungen etwas nicht stimmt, und der für Hilfe von außen sorgt. Doch selbst solche anteilnehmenden Menschen zögern unter Umständen, in die Festung der Einsamkeit eines Jungen einzudringen, weil viele normale Teenager in diesem Alter mehr Privatsphäre wollen. Eltern stehen dem Rückzug ihres Jungen häufig ratlos gegenüber, weil sie nicht wissen, ob dieser Rückzug normal oder Anzeichen einer Störung ist.

Leider ist das Bild des missgelaunten Jugendlichen so vertraut, dass es als »normal« gilt. So konnte die Großmutter eines 16-jährigen Jungen, der fünf Familienmitglieder umgebracht hatte, zu einem Zeitungsreporter sagen, ihr Enkel sei »genau wie jeder andere Junge in diesem Alter gewesen« … »er war still; er blieb die meiste Zeit in seinem Zimmer. Er hörte Musik.« Den Lehrer eines 15-jährigen Jungen, der sich selbst tötete, verfolgt die Erinnerung an einen Jugendlichen, der »für sich blieb und zuweilen verstimmt wirkte, aber auch nicht mehr als viele andere Jugendliche seines Alters«.

Eltern fragen uns häufig, ab wann das zunehmende Bedürfnis ihres Sohn nach mehr Zeit für sich selbst und sein Rückzug vom Familienleben auf ein bedenkliches Ausmaß von Isolation hinweisen. Die normale Entwicklung in der Adoleszenz bringt es mit sich, dass Jungen die eine oder andere demonstrative Unabhängigkeitserklärung abgeben – geschlossene Türen, Respektlosigkeiten als Ausdruck von Autonomiebestreben und der Wunsch, mehr Zeit mit den Freunden als mit der Familie zu verbringen. Der Wunsch eines Jungen nach mehr physischer und emotionaler Privatsphäre ist in dieser Zeit stark, und dass er verstärkt eigenen Interessen nachgeht, ist nur natürlich.

Wir empfehlen Eltern allerdings, nach Warnzeichen Ausschau zu halten, die anzeigen, dass ein Junge in emotionale Isolation abgleitet: anhaltende Verdüsterung der Stimmung, Rückzug von Freunden, absackende Noten. Jedes dieser Zeichen sollte die Alarmglocken schrillen lassen, und die Eltern sollten nicht zögern, Hilfe anzubieten oder zu suchen. Allerdings ist uns bewusst, dass diese Warnsignale nicht immer auftreten. Manche Jungen verschanzen sich dauerhaft in ihrer Höhle und verkümmern psychisch. Diese Jungen stellen Erwachsene vor eine knifflige Aufgabe: Sie müssen sowohl seine Selbständigkeit fördern als auch gegen den Rückzug und die Isolation einschreiten. Dies kann schwierig sein, wenn einem Jungen die Sprache fehlt, mit der er erklären könnte, wovor er sich versteckt, wenn er nicht darüber sprechen will oder kann, was ihn belastet.

Dan über Tony:
Wenn Worte nicht die ganze Wahrheit erzählen

Tony ist gerade 17 geworden. Er geht in die 10. Klasse einer High School, die sowohl für ihre hohen Leistungsanforderungen als auch für ihr anspruchsvolles Sportprogramm bekannt ist. Tony verfügt über beeindruckende sprachliche Fähigkeiten und ist zudem ein herausragender Fußballspieler. Er ist groß und trägt sein aschblondes Haar über der Stirn lang, sodass es häufig sein rechtes Auge verdeckt. Wenn er spricht, ist sein Blick gewöhnlich auf seine Nike-Turnschuhe gerichtet. Er spricht mit leiser Stimme, und manchmal sind seine gemurmelten Worte kaum zu verstehen. Wenn er lebhafter wird, was selten geschieht, blickt er zuweilen auf und stellt Blickkontakt her. Tony ähnelt einem Reisenden, der draußen vor einer Tür steht und in der Kälte friert, aber nicht einzutreten wagt.

Es ist April, und die Vornoten werden besprochen. Tony wurde zur Beratung geschickt, weil sich seine Noten verschlechtert haben. Da sich weder seine Eltern noch sein Betreuungslehrer erklären können warum, haben sie mich hinzugezogen. Bei der Durchsicht von Tonys Schulakte stelle ich fest, dass sich in den Beurteilungen seiner Lehrer eine gewisse Besorgnis wegen der Kluft zwischen seiner Begabung und seinen schulischen Leistungen ausdrückt.

»Ein paar von deinen Lehren finden, dass ich mit dir reden sollte.«

»Ja. Dachte ich mir schon. Mein Vater sagte mir, dass ich zu Ihnen kommen muss.«

»Erzähl mir mal, was los ist.«

»Ich bin zur Zeit echt schlecht in Englisch.«

»Erzähl mir mehr.«

»Ich glaube, ich werde in diesem Fach durchrasseln.«

»Warum?«

»Also, ich sollte da so einen großen Aufsatz schreiben, und ich hab es nicht geschafft, und jetzt ist die Note für dieses Halbjahr im Eimer.«

Ein solches Versagen gäbe in anderen Fällen vielleicht keinen Anlass zu Besorgnis, doch Tonys Testwerte sind immer sehr

hoch gewesen. Insbesondere das Lesen ist immer seine Stärke gewesen; mit den Ergebnissen, die er hier erzielt, gehört er zu den zwei Prozent der besten Schüler des Landes. Doch das Problem liegt nicht darin, dass Tony diesen einen Aufsatz nicht fertig gestellt hat. Tony hat sich das ganze Jahr über kaum am Unterricht beteiligt – in Englisch noch weniger als in den anderen Fächern, aber doch mehr oder weniger quer durch die Bank. Mangelnder Leistungswille dieser Art treibt Lehrer gewöhnlich auf die Palme: Sie nehmen dieses Verhalten persönlich. Aus ihren Bemerkungen geht hervor, dass sie Tony mögen, jedoch von ihm enttäuscht sind. In der Beurteilung seines Englischlehrers in der 9. Klasse ist zu lesen: »Im Unterricht höre ich von Tony nicht mehr so viel wie früher. Seine schriftlichen Arbeiten hat dies nicht beeinträchtigt, doch mehr Mitarbeit würde ihm helfen, seinen Horizont noch mehr zu erweitern.« Sein Betreuungslehrer fasst das 9. Schuljahr so zusammen: »Ich befürchte, dass Tony, obwohl Bemühungen zu erkennen sind, im Begriff ist, den Anschluss zu verlieren, und dass er wahrscheinlich ziemlich frustriert ist.«
»Magst du Englisch? Ist Mr. Roberts ein guter Lehrer?«
»Ja, ich mag Englisch und all das, aber der Unterricht ist irgendwie langweilig. Die Bücher, die wir lesen müssen, sind so blöde. Die Bücher handeln alle irgendwie von dem Mist, den wir mit den Indianern gebaut haben, oder sie sind von einer Frau oder einem Schwarzen, die sich unterdrückt fühlten. Sie sind einfach nicht gut.«
»Welche Bücher gefallen dir denn?«
»Stephen King ist ziemlich cool.«
Bei einem Gespräch gemeinsam mit seinem Vater wirkt er besonders bedrückt, weil das 11. Schuljahr entscheidend ist fürs College. Sein Vater schildert die aktuelle Situation, was das Fußballspielen angeht. Tony hatte schon in der 1. Klasse der High School den Sprung in die Schulmannschaft geschafft, und sein Vater glaubt, dass er genügend Talent hat, um ein Fußballstipendium an einem guten College zu bekommen.
»Doch mit diesen Noten vermasselt er sich das«, resümiert Tonys Vater. »Die guten Schulen werden ihn sich nicht mal anse-

hen. Mit dem Geld, das ich in Fußballtrainingslager gesteckt habe, hätte ich mir einen Cadillac kaufen können, und jetzt ist es wohl für die Katz gewesen.«

Er sagt das alles so, als ob Tony nicht im selben Raum säße.

Dass er sich so wenig um Tonys Gefühle schert, ist schockierend. Tonys Vater scheint ihn nur noch wie ein Stück Handelsware zu betrachten.

Im Rahmen meiner psychologischen Begutachtung gebe ich Tony ein Bild von einem Stapel auf meinem Schreibtisch – die Darstellung eines leger gekleideten Mannes, der allein, gegen eine Wand gelehnt dasteht – und bitte ihn, darüber ein paar Sätze zu verfassen. Seine Geschichte ist gut geschrieben, enthält wenig Rechtschreib- oder Grammatikfehler, doch ihr Inhalt geht mir unter die Haut:

> John saß seit acht Jahren in einem Bundesgefängnis. Er war kein durchschnittlicher Gefangener. Er war nicht verrückt, und er war nicht einmal schuldig. Er zog nur ruhig sein Ding durch und geriet niemals mit den Wärtern aneinander. Keiner der Insassen kam ihm in die Quere. Nicht einmal die bösartigsten. Er hatte einen guten Freund namens Peter, doch eines Tages töteten ihn die Wärter. Da wusste er, dass er ausbrechen musste oder ebenfalls umkommen würde.

Es liegt auf der Hand, dass sich Tony eingesperrt fühlt und am Verzweifeln ist. Wenn ich ihn anschaue, sehe ich einen Jungen, der eigentlich stocksauer auf seinen Vater oder wenigstens traurig sein müsste, weil dieser so gefühllos und emotional nicht zugänglich ist; ich sehe einen Jungen, der mit seinen Freunden über all das, was sich in ihm anstaut, reden könnte. Stattdessen ist er nur verwirrt. Er weiß nicht, wie ihm geschieht.

»Was glaubst du, warum deine Noten so schlecht sind?«

»Ich weiß nicht. Ich muss mich wahrscheinlich mehr anstrengen, glaube ich. Ich kann ziemlich chaotisch sein. Am Anfang des Halbjahres habe ich mir wirklich Mühe gegeben, aber dieser Aufsatz hat mich echt reingerissen. Ich glaube, eine Elite-Uni ist nicht drin.«

»Wie fühlst du dich bei alldem?«
»Ich weiß nicht. Ich bin meistens ziemlich müde. Ich bleibe lange auf und versuche zu lernen, aber das nützt nichts. Deshalb bin ich in der Schule so müde. Das spornt mich nicht gerade an.«
»Bedrückt dich irgendetwas?«
»Ich weiß nicht. Ich hätte schon gern bessere Noten, glaube ich.«
Dass ein Junge zu derartigen Gesprächen oft so wenig Lust zeigt, frustriert Eltern und Lehrer, die den Eindruck gewinnen, dass er nur mauert – dass er sich weigert mitzuteilen, was er denkt. Häufig jedoch wissen Jungen wie Tony ihre Gefühle gar nicht zu deuten. Ein Junge kann unter einem Todesfall, der quälenden Scheidung seiner Eltern oder sexuellem Missbrauch leiden, und statt darüber zu sprechen, wie schlimm das für ihn ist, sucht er nach einem Problem, das er lösen kann. Findet er eines, dann neigt er dazu, die Gründe dafür außerhalb zu suchen. Im Fall von Tony bedeutet dies, dass er meint, seine Schulnoten hätten sich verschlechtert, weil er sich nicht genügend angestrengt hat. Er vermag nicht den Zusammenhang zu erkennen, der zwischen seiner Unfähigkeit, den Aufsatz fertig zu stellen, und seiner Wut auf seinen Vater besteht.
Dass Jungen sich innerlich vom Lernen verabschieden, kann viele Gründe haben. Wenn ein Junge wie Tony all seine Energie für emotionale Abwehrschilde braucht, also etwa eine Mauer aus Verleugnung errichtet oder starke Affekte unterdrückt, die er nicht herauszulassen wagt, dann bleibt ihm nicht mehr viel Energie für Hausaufgaben. Eine andere Möglichkeit ist die Weigerung, erwachsen zu werden. In dem Wunsch, nicht vorwärts zu gehen, für immer ein Kind zu bleiben, zeigt ein Junge eine andere Facette des Rückzugs in die Festung der Einsamkeit. Gute Noten sind oft begleitet von anderen Erwartungen und einem auf die Zukunft gerichteten Blick, und vor der Zukunft kann sich ein Junge fürchten. In der Schule durchzurasseln bietet ganz sicher eine Möglichkeit, nicht »erwachsen« zu werden.

Immer cool bleiben

Stolz und stoischer Gleichmut treten bei vielen Jungen im Doppelpack auf und verstärken sich wechselseitig. Diese Jungen tun sich nicht nur schwer, etwas von sich preiszugeben, sie ziehen auch einen gewissen Stolz daraus, dass sie nichts preisgeben, dass ihr Mund verschlossen ist. Unter psychischem Druck verhalten sie sich genauso wie der Kapitän der *Titanic*, der auf der Brücke ausharrt und heldenhaft mit seinem Schiff untergeht. Sie wollen stark und tapfer wirken. Das Problem ist natürlich, dass die meisten Jungen nicht auf einem sinkenden Schiff sitzen. Sie haben nur Probleme mit ihrer Jugend, mit ihren hohen Erwartungen an sich selbst, mit dem Bestreben, es ihren Eltern recht zu machen, und damit, dass sie sich selbst noch nicht sehr gut kennen.

Michael über Danny: Stark, stumm – und voller Schmerz

Nach jahrelangen sportlichen Erfolgen bricht Danny mit 15 Jahren als Fußballtorwart ein, und niemand weiß warum. Sein Trainer sieht, dass er Schwierigkeiten hat, vermag ihm jedoch nicht aus dieser Phase herauszuhelfen. Danny macht sich Vorwürfe wegen seines Leistungstiefs. Zugleich sacken auch seine Noten ab; zuvor hatte er vorwiegend Zweien bekommen. Dannys Vater ermutigt ihn, mich aufzusuchen, in der Hoffnung, ich könnte das Ruder herumreißen. Danny gibt sich durchaus selbstsicher, als wir uns zu dem Gespräch niedersetzen, und gegen Ende unserer ersten Sitzung ist klar, dass er nicht klinisch depressiv ist; er ist eher zu sehr »auf Zack«. Er ist jedoch entmutigt und sehr frustriert wegen der Ereignisse des vergangenen Jahres und spricht darüber, als würde er die Leistung eines anderen Spielers von der Seitenlinie aus kommentieren: »Ich weiß, dass ich ein besserer Torwart bin als zur Zeit«, versichert er. »Es ist, als ob ich auf dem Spielfeld irgendwie abgelenkt wäre, und wenn ich nicht so gut bin, wie ich sollte, werde ich wütend, und dann werde ich noch schlechter.«

Die Wut über sein sportliches Versagen greift auf andere Bereiche über und stört ihn beim Lernen und in seiner Aufmerksamkeit im Unterricht. Die hohen Erwartungen seiner Eltern verschärfen den Druck noch, aber das Verhältnis zu ihnen ist in seinen Augen völlig in Ordnung: »Es ist, als spielten wir in derselben Mannschaft«, meint er. »Ich kann mit ihnen reden.« Er berichtet, sein Vater habe ihm erklärt, dass Rückschläge normal seien, aber eine Prüfung für den Charakter darstellten – eine, die Danny »mit Glanz bestehen« würde. Doch diese Ermutigung hilft ihm nicht. Im Gegenteil, Danny kommt sich doppelt schlecht vor, weil er Eltern enttäuscht, die so eindeutig hinter ihm stehen. Er verspricht ihnen immer wieder, dass sich seine sportlichen oder schulischen Leistungen verbessern werden, doch die Wende kommt nicht.

»Ich möchte die Vergangenheit einfach hinter mir lassen und nach vorne schauen und wieder mein Bestes geben«, erklärt mir Danny.

Doch statt über die Zukunft zu sprechen, forschen Danny und ich in der Vergangenheit nach der Quelle seiner Unkonzentriertheit. Sie ist nicht schwer zu finden. Zwei scheinbar belanglose Ereignisse im letzten Jahr sind die Ursache.

Im Herbst hatte Danny mit Freunden in der Turnhalle herumgealbert und sich einen Wadenmuskel gezerrt. Er hatte versucht, einen Basketball mit einem Sprung von einem Stuhl aus in den Korb zu werfen. Wegen der Verletzung konnte er zu Beginn der Saison an drei entscheidenden Spielen nicht teilnehmen; seine Mannschaft verlor alle drei, hätte sie aber gewinnen können, wäre Danny dabei gewesen. Die Verletzung heilte gut aus, doch er schalt sich einen Idioten und war wütend auf sich. Seitdem macht er sich ständig selbst herunter.

Die zweite Enttäuschung war eigentlich eher ein Nicht-Ereignis, das dennoch zu einer Quelle von Scham und Selbstverachtung wurde. Danny hatte im vorigen Herbst zu Beginn seines zweiten High-School-Jahres probeweise in der Eishockey-Schulmannschaft gespielt. Obwohl er sportlich sehr begabt ist und schon in der 1. Klasse Eishockey gespielt hatte, schüchtern ihn die Größe und die Kraft einiger älterer Mitspieler während dieses ersten Trainings ein, und praktisch zum ersten Mal in seinem Leben fühlt er sich unsicher. Trotzdem steht er die Testspiele durch. Er spielt passabel, bleibt jedoch unter seinen Möglichkeiten. Danach eröffnet Danny dem Trainer, er habe beschlossen, nicht mitzuspielen.

Nach eigener Einschätzung jedoch hatte er gekniffen. Als ihn seine Eltern am Abend fragen, wie die Spiele gelaufen seien, versucht Danny, sich über seine heimlichen Gedanken hinwegzusetzen, und sagt ihnen halbwegs die Wahrheit – dass er nur einen Blick auf die bulligen Typen geworfen, die sich für die Mannschaft bewarben, und beschlossen habe, sich auf Fußball zu spezialisieren und im Frühjahr Baseball zu spielen. Was er ihnen nicht sagt, ist etwas, das er im Augenblick nicht über die Lippen bringt: dass er sich für einen Feigling und Drückeberger hält und sich dafür verabscheut. Als er seine Eishockeyknieschützer an diesem Tag ablegt, glaubt er sie ein für alle Mal an den Nagel zu hängen. Eishockey – der Sport, den er seit seinem achten Lebensjahr betreibt, der ihm während der gesamten Schulzeit bis in die 9. Klasse immer Freude gemacht hat – erinnert ihn nur noch an diese Demütigung.

Im folgenden Jahr behält Danny all diese schlimmen Gefühle, die an ihm nagen, für sich. Er spricht mit niemandem darüber, denn anderen oder sogar sich selbst einzugestehen, wie mies er sich fühlt, wäre nur ein weiteres Zeichen von Schwäche, und das kann er sich nicht mehr leisten. Und Hilfe sucht er nicht, um mit seiner Wut oder seinen Selbstvorwürfen fertig zu werden, sondern um bessere Noten zu erreichen und besser Fußball zu spielen. Mit der Zeit jedoch kommt Danny dahinter, dass die Coolness, in der er sich übte, nur den Schmerz zugedeckt und ihn daran gehindert hat, konstruktiv damit umzugehen.

Mehr als alles andere braucht Danny eine Nische mit vertrauensvoller Atmosphäre, um sein Gefühl, ein Feigling zu sein, und seine unaufhörlichen Selbstvorwürfe abzuschütteln. Es hat mehr als ein Jahr gedauert, bis er mit jemandem darüber redet, weil er den Weg in die Isolation anstelle des Gesprächs gewählt hat. Wir führen nur vier Gespräche miteinander, doch sie öffnen ihm die Tür. Die seelische Last, die ihn fast ein Jahr lang bedrückt hat,

fällt von ihm ab; seine Konzentration auf dem Spielfeld und im Klassenraum verbessert sich.
Danny ist motiviert durch seinen Wunsch, seinen gewohnten Optimismus und Schwung wiederzugewinnen, und er vermag mit Hilfe seiner neu gewonnenen Einsichten über die enttäuschenden Erlebnisse hinwegzukommen. Doch für viele Jungen und Männer bildet dieser stoische Gleichmut immer noch den Kern ihrer emotionalen Isolation von Freunden und Familie und ihrer Selbstverachtung, der sie von innen her stets neue Nahrung geben.

Die Kehrseite der emotionalen Isolation: Angriff als Abwehr

Emotionale Isolation hat viele Gesichter. Manchmal tritt sie in der Maske von Wut, Sarkasmus oder Feindseligkeit auf – Jungen, die meinen, fast nichts und niemandem Achtung entgegenbringen zu müssen, während in Wirklichkeit sie selbst es sind, die sich für nicht achtenswert halten. Weil sie sich elterlicher Kritik oder überzogenen Erwartungen ausgesetzt fühlen oder weil sie spüren, dass ihre Altersgenossen die Macht haben, sie zu demütigen, tauchen diese Jungen nicht still und leise weg, sondern legen sich eine auf Konfrontation abzielende »scheißegal«-Haltung zu. Diese Jungen sind am schwierigsten zu erreichen. Ihr Verhalten stößt andere dermaßen vor den Kopf, dass sie sich damit nicht viel Sympathie erwerben.

Dan über Ken und Ascher: Den Schild beiseite legen

Ascher war ein sozialer Paria auf der ganzen Linie. Linkisch, emotional unreif und ohne alle Umgangsformen hatte er keinerlei Chance, in eine Clique aufgenommen zu werden. Von seinen ersten Schultagen an galt er bei seinen Klassenkameraden als komischer Vogel, und diesem Etikett entwuchs er nicht nur nicht, sondern als Siebtklässler trug er es wie ein Ehrenabzeichen. Er hatte eine gute Eigenschaft, die ihn rettete: Er war intelligent und gut in der Schule – doch damit prahlte er, bis seine Klassenkameraden ihn verachteten. Er hatte ein Lästermaul – und fand treffsicher den Schwachpunkt der anderen –, und er schärfte seine Zunge wie ein Schwert, um es gegen seine Altersgenossen zu richten. In der 10. Klasse wurde er einem dieser zynischen Radiomoderatoren, die ihre Anrufer erbarmungslos in die Pfanne hauen, immer ähnlicher – er vertrat brutale Ansichten und zog alles in den Dreck, was nicht auf seiner Linie lag. Es war, als ob er aufgegeben und sich geschworen hätte, dieser Kultur, die so grausam mit ihm umsprang, alles auf Heller und Pfennig heimzuzahlen. Zweifelsohne glaubte er, dass er, was seinen sozialen Status betraf, ganz gewiss nichts mehr zu verlieren hatte. Seine Lehrer wunderten sich öffentlich, wieso er keine Prügel bezog.

Aus Gründen, die ich selbst immer noch nicht ganz begreife, mochte ich Ascher recht gern. Teilweise wohl, weil ich sah, dass er nicht so abgrundtief gemein war, wie er hingestellt wurde. Trotz seines knallharten Gehabes nach außen litt er unter seiner Situation als Ausgestoßener. Ich empfand noch mehr Mitleid, als ich von seinen schwierigen Familienverhältnissen erfuhr.

Seine Eltern waren beide völlig unberechenbar. Eine Ungezogenheit, die sie an einem Tag zum Ausrasten brachte, übergingen sie am nächsten mit einem Lachen. Beide waren bis zu Aschers zehntem Lebensjahr schwer alkoholkrank, und das Familienleben zeichnete sich aus durch wütendes Herumgebrülle und zeitweise Vernachlässigung. Ohne jede Geborgenheit zu Hause oder in der Schule wuchs Ascher als eine Art vorstädtisches Wolfskind auf.

In der High School hatte Ascher seine Rolle bis zur Vollendung ausgefeilt. Gleichgültig, wie heftig ihm die Ablehnung entgegenschlug, gleichgültig, wie grausam er verspottet wurde, er steckte nicht zurück. Er traute nicht einem seiner Klassenkameraden, und nicht einmal die kleine Gruppe von Lehrern, die ihn nicht aktiv ablehnte, gab ihm Unterstützung.

Als sein Verhalten immer unerhörter wurde, schickte ihn die Schulleitung zu mir, weniger in dem Bestreben, ihm zu helfen, sondern vielmehr, weil niemand mehr mit ihm fertig wurde.

Es zeigte sich, dass nicht nur ich Ascher mochte, sondern Ascher auch mich mochte. Ich war berechenbar und vertrauenswürdig. Ich hielt stets mein Wort. Ich gab ihm greifbare Zeichen der Zuneigung. Unsere Sitzungen fanden gewöhnlich in der Mittagspause statt, und ich spendierte ihm eine große Pizza, wenn er darum bat, obwohl ich wusste, dass das weit mehr war, als er essen konnte. Ich lieh ihm meinen Walkman. Ich schenkte ihm etwas zum Geburtstag. Ich schaute nach der Schule zu, wie er in seinem einzigen Pflichthalbjahr in der Baseballmannschaft Bälle verhaute. Er hatte meines Erachtens in seiner Kindheit so viel Ablehnung erlebt, dass er diese Dinge brauchte, um glauben zu können, dass ich ihn wirklich gern hatte und ich ein Mensch war, dem er vertrauen konnte. Er wusste sehr gut Bescheid über Politik, und wir diskutierten häufig über die Vorgänge in Washington. Manchmal forderte er mit seiner rechten Rhetorik meine liberalen Empfindlichkeiten heraus, doch ich schluckte den Köder nicht. Ich gab nicht vor, mit ihm einer Meinung zu sein, doch ich hörte zu, ohne schockiert oder entrüstet zu sein wie viele seiner Lehrer, wenn er sie in ähnlicher Weise attackierte.
In den beiden ersten Jahren unserer gemeinsamen Arbeit änderte sich an Aschers Verhalten nicht viel. Obwohl ich mich bei Lehrerkonferenzen häufig immer noch in der Rolle des Verteidigers fand, bewahrten ihn seine guten Noten meist vor harten disziplinarischen Maßnahmen. Aber er hatte immer noch keine Freunde. Er war immer noch allein.
Eines Tages fragte er, ob er jemanden zu einem unserer Mittagessen mitbringen dürfe: »Er heißt Ken. Er braucht Sie mehr als ich. Seine Eltern sind echt durchgeknallt.«
Als wir uns das nächste Mal zum Mittagessen trafen, kam Ken mit.
Ken begrüßte mich mit den Worten: »Ascher hat mir erzählt, dass Sie mir eine Pizza bezahlen, wenn ich Ihnen sage, dass ich verrückt bin.«
»Ich werde dir mal was sagen«, erwiderte ich. »Wie wär's, wenn du nicht verrückt spielst und ich dir trotzdem eine Pizza spendiere?«
Kens Eltern hatten seiner Schilderung zufolge nicht alle Tassen

im Schrank. Sie stritten heftig und lange miteinander, und nach einer solchen Auseinandersetzung pflegte Kens Mutter die Kinder wegzubringen. Ken hatte einen Bruder mit schwerer medikamentenresistenter ADD, der die Familie an den Rand der Verzweiflung trieb. Sein Vater war nach seinem Vietnam-Einsatz beim Militär geblieben und vergaß manchmal, dass er ein Familienleben führen und nicht ein Regiment drillen sollte. Nach dieser ersten Begegnung traf ich Ken nur selten ohne Ascher und umgekehrt.

Jeder hatte in dem anderen seinen Gegenpart gefunden – und zudem einen Freund, der mit ihm durch dick und dünn ging. Ihr Bund war für sie eine Art Bunker, von dem aus sie ihre Geschosse auf die Welt abfeuern konnten. Wenn ich nicht einschritt, konnten sie eine geschlagene Stunde lang geistreich und gescheit, aber giftig über die Mängel ihrer Klassenkameraden, Lehrer und politisch Andersdenkender herziehen.

Doch ich lernte auch die weichen Seiten der beiden kennen. Ken berichtete mir, dass Ascher sehr an seiner Mutter und an seiner Katze hing, und Ascher erzählte mir, dass Ken sich oft über lange, schwierige Zeitspannen klaglos um seinen Bruder kümmerte. Nach einiger Zeit sorgte ihr freundschaftliches Band dafür, dass jeder der Jungen etwas von seinen Ängsten preiszugeben vermochte. Sie rissen Witze darüber, sich Mädchen für den Abschlussball zu mieten oder sich gegenseitig mit den jeweiligen Cousinen zu verkuppeln. Gelegentlich forderte ich sie auf, sich wechselseitig zu analysieren. Sie waren einander so ähnlich. Indem er über seinen Freund sprach, erfuhr jeder etwas über sich selbst.

»Ken, du bist jetzt mal der Seelenklempner. Warum muss Ascher immerzu auf Pedro [einem Klassenkameraden lateinamerikanischer Abstammung] herumhacken?«

»Gut, Dr. K., ich glaube, dass Ascher unsicher ist. Er greift andere an, um seine eigenen vermeintlichen Mängel zu kaschieren. Angehörige von Minderheiten spielen in unserer Gesellschaft schon lange die Sündenbockrolle, wie Sie wissen.«

»Danke für diese präzise Analyse, Ken. Ascher, was meinst du dazu?«

»Vielleicht hat er ja Recht mit dem, was er über mich sagt. Das heißt aber nicht, dass Pedro kein Trottel ist. Und es heißt nicht, dass Ken es nicht genauso macht. Fragen Sie ihn mal, warum er immer Siebtklässler fertig machen muss.«
Schließlich konnten beide Jungen ihre Abwehrhaltung aufgeben. Sie wurden sich der Unsicherheit hinter ihrem Verhalten bewusst, und das verdarb ihnen zunehmend den Spaß daran. Sie konnten sich nicht mehr einreden, dass ihr Zorn gerecht wäre. Und sie brauchten die Konfrontationen mit Lehrern und Kameraden immer weniger. Ihre politische Einstellung änderte sich nicht, doch sie nutzen sie nun konstruktiver, indem sie dem schulischen Debattierclub beitraten. Der Diskussionstrainer fand echtes Gefallen an ihrer Redegewandtheit, und sie erwarben sich die Anerkennung anderer Mitglieder, insbesondere der jüngeren. Sie kamen sogar mit einigen Teilnehmerinnen des Debattierclubs einer Mädchenschule ins Gespräch und hätten es fast zu einem Rendezvous gebracht.
Ascher und Ken waren Extremfälle, doch bei vielen Jungen läuft dasselbe Muster ab. Jungen verwenden Schutzschilde in verschiedener Gestalt, um andere auf Abstand zu halten: Reizbarkeit, Sarkasmus, Lässigkeit, Kaltblütigkeit und anderes. Ob sie nun aggressives Intellektualisieren und Ironisieren einsetzen oder Muskeln und Niedertracht, Jungen wie Ascher und Ken suchen ihre Ängste mit einem aufgeblasenen Bild von Stärke zu tarnen.

Michael über Foster: Hinein in die Festung und wieder heraus

»Das hier ist einzig und allein die Idee meiner Mutter«, sagt Foster beim Platznehmen. »Ich habe überhaupt nichts, worüber ich sprechen möchte. Ich habe irgendwie gar keine Probleme oder so.«
Foster ist ein etwas kurz geratener, pummeliger 13-Jähriger. Er ist der Älteste von vier Geschwistern und hat sich neuerdings aus der kumpelhaften, zuweilen rauen, aber herzlichen Bezie-

hung zu seinen jüngeren Brüdern und Schwestern zurückgezogen, mit denen er immer gern zusammen gewesen ist. Er verbringt weniger Zeit mit seiner Mutter als früher. »Wir waren uns immer viel näher«, erklärt sie. »Ich wüsste gern, was mit ihm los ist, und ich mache mir Sorgen, ob es ihm gut geht.«

Fosters Mutter litt an einer chronischen Nierenkrankheit, die gut unter Kontrolle war, doch trotz der ermutigenden Untersuchungsergebnisse schwelte bei den Kindern stets die untergründige Angst um ihre Gesundheit. Fosters Vater war Unternehmer, allerdings auf dem absteigenden Ast, und der Stress in der Familie nahm zu. Genau zu der Zeit, in der seine Mutter darauf gehofft hatte, dass ihr heranwachsender Sohn und sein Vater mehr miteinander anzufangen wüssten, entlud sich die Belastung in spannungsgeladenen Wortwechseln, abgelöst von Wutausbrüchen oder sturem Schweigen.

Wie Foster nun so in meinem Sprechzimmer sitzt und mit seinem Kuli nervös auf sein Knie klopft, ist klar zu sehen, dass er in Wirklichkeit die Schotten dichtmacht, um nichts von sich und seinem Leben preiszugeben. Er muss sich zuerst entkrampfen, wenn wir in der Therapie Fortschritte machen wollen. Mit Zustimmung seiner Eltern unternehmen wir eine Stippvisite zum Lieblingsladen des Viertels, dem auf Jugendstil getrimmten, in Rosa- und Brauntönen gehaltenen Store 24 auf der anderen Straßenseite. Dort eröffne ich Foster, dass er sich zwei Sachen aussuchen kann. Diesen Kniff wende ich bei Jungen häufig an, zum einen um sie aus ihrer Deckung zu locken und zum anderen um ein unverfängliches Gesprächsthema zu haben. Die Wahl muss vernünftig sein, etwa ein Getränk und Chips oder Kekse. Dennoch bleibt viel Raum für Unsicherheit und Kreativität. Foster überlegt gründlich, kramt lange zwischen den Packungen und wählt dann eine Dose Cola und eine Tüte Gummibärchen. Auf dem Weg zurück zum Sprechzimmer diskutieren wir über die Vorzüge und Nachteile verschiedener Knabbereien wie zwei ausgefuchste Feinschmecker.

Ich weiß, dass Foster zu angespannt ist, um über das zu sprechen, was in ihm vorgeht. Was ihm davon bewusst ist, macht ihm Angst, und was er nur dunkel ahnt, aber nicht begreift, macht ihm noch mehr Angst. Deshalb gebe ich mich für den Anfang mit Süßigkeiten und oberflächlicher Konversation zufrieden. Erst nachdem ich mich mit Foster mehrere Wochen lang über Knabberzeug unterhalten habe (und mich frage, was wohl mein Steuerberater zu Keksen und Chips als Betriebsausgaben sagen wird), nehmen wir die therapeutische »Arbeit« in Angriff, wozu auch Fragen nach seiner Familie gehören. Wir sprechen über den Stand der Dinge daheim, über den häuslichen Who's who, und dann wenden wir uns seinen Gefühlen zu:

»Ich weiß von deiner Mutter und deinem Vater, dass er in geschäftlichen Schwierigkeiten steckt. Weißt du davon?«

»Ja.«

»Machst du dir Sorgen deswegen?«

»Ja, manchmal.«

»Glaubst du, dass er deprimiert ist?«

»Ja … vielleicht … ich weiß nicht, wahrscheinlich.«

»Das macht dir ziemlich Angst, nicht wahr?«

»Ja, aber es geht ihm jetzt wieder besser.«

»Das ist gut. Glaubst du, dass du, als er so unten war, selber ein bisschen Angst hattest und deprimiert warst?«

»Ja, wahrscheinlich. Eigentlich habe ich mir eher Sorgen gemacht.«

»Ist dir schon mal der Gedanke gekommen, er könnte sich umbringen?«

Überrascht blickt er auf.

»Ja, das hab ich schon mal gedacht, aber dann hab ich gedacht: ›Er tut es bestimmt nicht.‹«

Jungen greifen solche Anleitungen oft dankbar auf. Foster tat es jedenfalls. An diesem Tag und in der Folgezeit kommt heraus, dass die Zustände zu Hause Foster sehr zusetzen. Seine eigene Niedergeschlagenheit beunruhigt ihn, und er leidet unter den Sorgen seiner Eltern. In der Therapie erkennt er, dass er zwar nicht viel gegen die Schwierigkeiten, denen seine Familie ausgesetzt ist – und die einen Jungen zutiefst verunsichern müssen –, auszurichten vermag, dass er sich jedoch aus dem Würgegriff seiner Ängste befreien kann, wenn er lernt, ihnen ins Auge zu blicken und über sie zu reden.

Nach etwa viermonatiger Therapie ist Foster voll und ganz aus seiner Deckung herausgekommen. Die Veränderung ist unübersehbar: Die Leichenbittermiene ist verschwunden, und an ihre Stelle sind wieder Lebhaftigkeit und Schwung getreten. Er freut sich auf unsere Sitzungen mit unserem Store-24-Ritual und den »Keks«-Gesprächen. Im Gegensatz zu seinen ersten Terminen brauche ich bei unseren Gesprächen über Gefühle nicht mehr »alles alleine« zu machen. Der therapeutische Rahmen hat geleistet, wofür er da ist: Er hat eine sichere Umgebung geschaffen, in der schwierige Themen zur Sprache gebracht werden können.
Foster tut sich mit einem Freund zusammen, der gerne Skateboard fährt, und sie beginnen gemeinsam zu fahren. Foster bringt es dabei zu einer erstaunlichen Kunstfertigkeit, trotz seiner mangelnden Koordination. Im Laufe des folgenden Jahres arbeiten wir Fosters Gefühle im Zusammenhang mit der Ehe seiner Eltern sowie seine Sorgen um seinen Vater und um die Gesundheit seiner Mutter durch. Unterdessen verbringt er immer mehr Zeit mit seinem Freund. Sie bauen sich eine Rampe, und ihre raffinierten, riskanten Tricks finden ein bewunderndes Publikum aus anderen Jungen. Bald hat Foster eine ganze Gruppe Jugendlicher um sich geschart.
Fosters Mutter kann sehen, wie sein Interesse an Freunden und Aktivitäten, die ihm Spaß machen, neuen Auftrieb erhält; seine Schulleistungen bessern sich. Er geht immer noch weniger auf sie zu als früher und auch nicht mehr mit demselben Nachdruck wie als kleiner Junge, doch sie macht sich weniger Sorgen um ihn.
Leider bestehen die Schwierigkeiten in Fosters Familie weiter. Sein Vaters geht bankrott, und die Familie gerät während seiner Arbeitssuche in finanzielle Nöte. Fosters Mutter springt ein und wird zur Haupternährerin der Familie. Schließlich lassen sich seine Eltern scheiden. Dennoch durchläuft Foster die High School mit gutem sozialen und schulischen Erfolg und schlägt auf dem College einen ähnliche Erfolgskurs ein. Er ist nicht gefeit gegen Enttäuschungen oder Entmutigungen, doch er kann emotionale Herausforderungen jetzt besser bewältigen und sie durchstehen, ohne sich vom Leben zurückzuziehen.

Foster hat gelernt, sich selbst und auch andere in gewissem Umfang zu verstehen, und er hat lebenswichtige Beziehungen aufgebaut und aufrechterhalten. Obwohl das Zusammenleben in der Familie schwierig gewesen ist, hat Foster sich selbst und die Probleme seiner Familie auseinander halten und sich ein eigenständiges Leben aufbauen können; er hält in unterschiedlicher Weise weiter Kontakt zu beiden Eltern.

Fosters neu erworbene emotionale Kompetenz konnte das Geschäft seines Vaters oder die Ehe seiner Eltern nicht retten. Aber sie rettete *ihn*.

Die Trennlinie zwischen einem emotional zurückgezogenen Jungen und einem depressiven Jungen ist nicht immer klar zu ziehen, wie wir im folgenden Kapitel ausführen. Es ist jedoch tröstlich zu wissen, dass man einen Jungen, der sich emotional abgekapselt hat, in vielen Fällen nur davon zu überzeugen braucht, dass er gefahrlos aus der Deckung kommen kann. Das ist nicht immer leicht oder rasch zu bewerkstelligen. Es erfordert, dass ein Junge eine seit Jahren andauernde, falsche emotionale Erziehung und die daraus resultierenden verfestigten Schichten von Einstellungen und Verhaltensweisen aufbricht. Er muss das Vertrauen wiederentdecken. Manchmal muss er durch kluges, geduldiges Zureden der Eltern aus einer Festung herausgelockt oder durch einfühlsame Psychotherapie herausgeholt werden. Doch die Jungen wollen heraus; kein Junge will sich gegen den Rest der Welt allein fühlen oder sein.

Kapitel 8

Depression und Suizid

»In einer wirklich stockdunklen Nacht der Seele ist es immer drei Uhr morgens, Tag für Tag.«

F. Scott Fitzgerald, »The Crack-Up«

Loren war von seinem Wesen her etwa so einnehmend wie ein Hornissennest – der 14-Jährige war aggressiv und reizbar. Im Unterricht zeigte er gute Leistungen, doch ansonsten war er der reinste Giftzwerg. Lehrer betrachtete er als »Vollidioten« und Mitschüler als »Schwachköpfe«. Seine Lehrer hatten ihn als »schwierigen Fall« abgeschrieben – was bedeutete, dass er ein Junge »mit Problemen« war –, und auf Lehrerkonferenzen diskutierten sie, ob man ihn überhaupt auf der Schule halten sollte. Zu Hause führte er sich keinen Deut besser auf. Er zerschlug Einrichtungsgegenstände, wenn er wütend wurde. Und er wurde oft wütend. Seine Eltern gaben sich gegenseitig für die Schwierigkeiten ihres Sohnes die Schuld, was zu Spannungen in der Familie führte. Loren gegenüber schwankten sie zwischen Beschwichtigung, Ermutigung und Unterstützung oder Zorn und Bestrafung, wenn er Mist baute.

Loren war depressiv, und wie bei vielen betroffenen Jungen trat seine Depression nicht in Form einer trübseligen, gedrückten Stimmung auf, sondern als Reizbarkeit. Er mochte sich selbst nicht besonders, glaubte im Grunde auch nicht, dass jemand anderes ihn gern hatte, und er hegte kaum Hoffnung, dass sich das ändern würde. Als die richtige Diagnose gestellt war, wurde er den Sommer über mit Antidepressiva sowie mit Einzel- und Familientherapie behandelt. Zu Beginn des nächsten Schuljahres war Loren wieder gesund. Loren war kein hoffnungsloser Fall, und es hatte auch keine Wunderheilung stattgefunden. Loren war nur ein Junge, dessen Krankheit sich verschlimmert hatte, weil die Menschen in seinem Umfeld so sehr mit deren Symptomen beschäftigt waren, dass sie nicht mehr wahrnehmen konnten, was dahinter steckte.

Die Symptome einer Depression sind bei Jungen häufig schwer zu erkennen oder werden übersehen, weil die Jungen nach außen hin oft nicht traurig oder »deprimiert« *wirken*. Sie geben sich reizbar oder wütend, feindselig oder trotzig. Die Depression eines Jungen wird häufig verkannt, weil er den kulturellen Männlichkeitsnormen entspricht. Stoischer Gleichmut, emotionale Distanz oder sogar ein Rückzug in seine Festung der Einsamkeit sind anerkannte und manchmal sogar bewunderte männliche Verhaltensweisen. Oft fällt uns depressives Verhalten bei Jungen erst dann auf, wenn es sie schließlich Punkte bei Klassenarbeiten oder auf dem Spielfeld kostet oder wenn es sie in Konflikt mit dem Gesetz bringt.

Niemandem behagt die Vorstellung von depressiven oder emotional Not leidenden Jungen. Der Gedanke, dass dies Schimpf und Schande für sie bedeutet, ist uns peinlich oder unangenehm. Wir fühlen uns weitaus sicherer, wenn wir uns einbilden, diese idealisierten »starken« Vater-Azubis würden uns durch ihre Stärke schützen.

Sicher würde kein Elternteil oder Lehrer behaupten, dass eine klinische Depression für Jungen charakterstärkend sei, und dennoch erwartet man von Jungen, dass sie von sich aus »drüber wegkommen«. Viele versuchen, mit ihrer Pein alleine fertig zu werden, denn sie glauben, sie müssten das oder sie könnten es alleine »auf die Reihe kriegen« – obwohl es außerordentlich schwer, wenn nicht sogar unmöglich ist, eine klinische Depression ohne Hilfe zu überwinden.

Wenn ein Junge meint, er müsse seine Gefühle »im Griff« haben, um als männlich zu gelten, dann lebt er in einem unaufhörlichen psychischen Konflikt. Er versucht, Gefühle zu beherrschen, die dafür möglicherweise viel zu stark und kompliziert sind. Wenn sich der Konflikt nicht länger unterdrücken lässt, dann zeigt sich die Niederlage der Psyche in Form einer Depression.

Die Folgen können tödlich sein. Man nehme Depression und die mit ihr verbundene Scham, emotionales Analphabetentum und die unter Jungen so verbreitete Impulsivität; man gebe Zugang zu Waffen und Gewalterfahrungen, ob real oder medial vermittelt, hinzu – und hat ein Rezept für Suizid. Die Statistik zeigt, dass sich im Vergleich zu früheren Generationen heute mehr Junge selbst töten und in einem jüngeren Alter.[1] Die Suizidraten von amerikanischen Teenagern haben sich seit 1950 mehr als verdreifacht. Und diejenigen, die sterben, sind überwiegend Jungen. 86 Prozent der Suizidanten unter den älteren Jugendlichen und 80 Prozent unter den Teenagern sind männlich.

Nicht jeder Junge, der emotionalen Belastungen ausgesetzt ist, entwickelt eine schwere Depression. Doch ob eine Depression nun biologisch oder situativ bedingt ist, der Weg zur Genesung ist für einen Jungen steiniger, weil er emotionale Interaktion verund emotionale Stummheit und stoischen Gleichmut gelernt hat.

Der Adoleszenz-Blues: Stimmungsschwankungen und Trübsalblasen

»Ich weiß nicht, was mit ihm los ist«, sagt Fran über ihren 14-jährigen Sohn Bruce. »Ich glaube, er macht wohl grade so eine Phase durch, aber er ruft seine Freunde nicht mehr an, und er sieht alles nur noch grau in grau. Er interessiert sich nicht mal mehr für Baseball, und das war doch immer sein Ein und Alles. Er fährt mich an, wenn ich danach frage. Mein Mann meint, man sollte ihn in Ruhe lassen – dass er jetzt eben so eine Anwandlung hat und dass es auch wieder vorübergehen wird –, aber ich weiß nicht, was ›es‹ ist. Ich weiß nicht, was ich davon halten soll.«

Manchmal ist die Trennlinie zwischen den üblichen »schlechten Tagen« von Heranwachsenden und einer Depression schwer zu ziehen. Die raschen Veränderungen der Adoleszenz können sich praktisch über Nacht vollziehen, und manchmal stellt ein Junge ganz plötzlich fest, dass ihn mit seinen alten Freunden nicht mehr viel verbindet. Er ist mit einem Mal zu »groß« für eine frühere

Lieblingsbeschäftigung oder findet sie nicht mehr »cool« und lässt sie fallen. Bei vielen Jungen – *bei den meisten Jungen* – sind die Hochs und Tiefs der Adoleszenz eine vorübergehende Erscheinung. Fast alle Teenager wurschteln sich durch ihre Stimmungsschwankungen hindurch, ohne sich selbst oder anderen groß zu schaden. Wie schwer erträglich sie auch sein mag, eine negativistische Haltung ist nicht mit einer Depression gleichzusetzen. Da jedoch die Depressionsrate bei Jugendlichen steigt, müssen wir unsere Aufmerksamkeit auf die Warnsignale richten.
Heutzutage müssen sich Jungen den immer gleichen Herausforderungen der Adoleszenz in immer jüngerem Alter stellen. Die biologischen Veränderungen der Pubertät, die um 1850 etwa mit 16 Jahren eintrat, setzen heute schon im Alter von 12 Jahren oder noch früher ein. Es gibt jedoch keinerlei Anzeichen, dass junge Menschen heute emotional früher reif würden. Die sich verbreiternde Kluft zwischen biologischer und psychischer Entwicklung macht die Adoleszenz zu einer immer belastenderen und risikoreicheren Zeit. Die Jugendlichen kommen früher in Kontakt mit Drogen, Alkohol und riskantem Sexualverhalten, und zu viele Jungen verfügen über mehr Geld und über mehr unbeaufsichtigte Freizeit als frühere Generationen.

Depression: Wenn es ernst wird

Im Alltag ist das Wort *depressiv* zum Synonym für *unglücklich* geworden. Medizinisch gesehen jedoch stellt »Depression« eine genau umrissene Diagnose dar, eine Krankheit mit verschiedenen Schweregraden, mit erkennbaren Symptomen und einer Reihe möglicher Therapien, von verschiedenen Psychotherapien bis hin zu verschreibungspflichtigen Medikamenten, in der Regel eine Kombination aus beidem. Depressive Phasen können Wochen, Monate oder sogar Jahre anhalten. Und eine Depression kann einen Menschen fast aller Tatkraft, Lebendigkeit und Lebensfreude berauben.
Eine Depression kann subjektiv und nach außen hin wie Trauer

wirken: Die Tage verstreichen einer wie der andere grau in grau. Auch die Auslöser können sich gleichen: beispielsweise ein Verlust oder eine Enttäuschung. Doch zu einer Depression gehören weitere Symptome: Sie geht oft einher mit Angst, dem undeutlichen Bedrohungsgefühl, dass um die nächste Ecke etwas Schlimmes lauert. Ein depressiver Mensch fühlt sich oft einsam und ungeliebt und leidet häufig unter Schuldgefühlen, Scham oder dem Gefühl der Wertlosigkeit – er glaubt, dass er irgendwie selbst die Schuld an seiner Lage trägt, weil es ihm grundsätzlich an persönlichem Verdienst mangele. Dieser »depressive Denkstil« erschwert die Genesung und erhöht die Rückfallgefahr. Erfolg ist keine Garantie gegen Depression. Depressive Jungen haben oft alle Vorteile auf ihrer Seite – Intelligenz, Erfindungsreichtum, schulischen und sozialen Erfolg. Dennoch quälen sich diese Jungen, denen es an nichts zu mangeln scheint, unter dem Einfluss der Depression mit Selbstvorwürfen wegen vermeintlicher Schwächen oder Fehlschlägen, oder sie grübeln endlos über erlittene Verluste nach. Die schwere Bürde der Depression fordert ihren Tribut, und da die Depression als Reizbarkeit an die Oberfläche dringen kann, zeigen diese Jungen der Welt das Gesicht des klischeehaften »griesgrämigen Alten«.

Eine Depression wird zwar gewöhnlich durch ein bestimmtes Verlusterlebnis, eine Enttäuschung oder ein Trauma ausgelöst, bei manchen Betroffenen jedoch kommt sie scheinbar aus heiterem Himmel und verwandelt ihre emotionale Landschaft in eine endlose, flache Wüste, in der sie nicht mehr leben, sondern sich nur noch dahinschleppen.

Man unterscheidet zwischen der schwereren Form der Depression und der weniger schweren, aber chronischen Form, die als Dysthymie bezeichnet wird. Beide Formen treten bei Kindern seltener auf; betroffen sind etwa zwei Prozent.[2] Rund sieben Prozent aller Teenager leiden an einer dieser beiden Störungen.

Eine schwere Depression ist gekennzeichnet durch lang anhaltende, täglich erlebte Gefühle der Traurigkeit, Leere oder Reizbarkeit über einen Zeitraum von mindestens zwei Wochen, oft auch länger. Die durchschnittliche Episode dauert etwa acht Monate. Die Betroffenen verlieren meist das Interesse an allen oder fast allen Aktivitäten oder haben keine Freude mehr daran. Sie fühlen sich wertlos, schuldig oder verzweifelt und hoffnungslos. Schlaflosigkeit und Konzentrationsstörungen treten verbreitet hinzu, ebenso deutliche Gewichtsveränderungen. Eine depressive Episode kann unbehandelt dauerhaft fortbestehen oder sich mit der Zeit verschlimmern.

Die dysthyme Störung wird auch als »leichte oder mäßige« chronische depressive Verstimmung bezeichnet, weil die Symptome weniger deutlich ausgeprägt sind und die depressive Verstimmung zwar chronisch und durchgängig besteht (die durchschnittliche dysthyme Periode dauert vier Jahre), aber nicht unbedingt den ganzen Tag oder jeden Tag empfunden wird. Die Betroffenen sind auch zu anderen Stimmungslagen und Reaktionen fähig, doch ihre »Hochs« sind selten, kürzer und weniger »himmelhoch jauchzend«. Sie leiden ähnlich, wenn auch weniger ausgeprägt unter einem niedrigen Selbstwertgefühl, dem Gefühl, nicht geliebt zu werden, und zuweilen unter Wut, Angst oder Reizbarkeit. Die dysthyme Störung bleibt oft mehrere Jahre unerkannt, bis ihre Auswirkungen so problematisch werden, dass sie Aufmerksamkeit verlangen. Eltern von Jungen mit der Diagnose »Dysthyme Störung« äußern häufig, dass sie sich nicht früher um Hilfe für ihren Sohn bemüht haben, weil sie glaubten, dass die Trägheit, die oppositionelle Haltung und der Trübsinn seiner Wesensart entsprächen oder »bei einem Jungen normal« wären.

Zum Glück können viele Jungen von ihrer Depression geheilt werden, wenn sie erkannt wird. Psychotherapie – insbesondere die kognitive Verhaltenstherapie, die speziell auf die Änderung der depressiven Denkweise abzielt – ist häufig hilfreich. Dasselbe gilt für Medikamente, wie Fluctin, Tagonis, Zoloft, Gladem und andere. Eltern und andere Erwachsene, die bei einem Kind oder Teenager eine Depression vermuten, sollten nicht zögern, einen psychiatrischen Fachmann aufzusuchen, insbesondere wenn in der Familie bereits Depression oder Alkoholismus aufgetreten ist.

Eine Depression ist nicht die einzige Erklärung für emotionale

Schwierigkeiten bei Jungen, doch man muss sie immer in Erwägung ziehen, wenn ein Junge Anzeichen von emotionalen oder Verhaltensproblemen zeigt. Wir stellen ihm eine einfache Frage: »Bedrückt dich etwas?« oder »Ist in deinem Leben irgendwas Schlimmes passiert?« Oft genug ist die Antwort ein Ja, und wenn wir das, was »schlimm« ist, dingfest machen können, können wir auch das damit verknüpfte Gefühl zur Sprache bringen – Trauer. Häufig gründet die Depression eines Jungen eindeutig in einem Verlust. Das kann der Verlust eines Elternteils oder einer Freundschaft sein. Oder es ist der Verlust einer Rolle, über die der Junge sich definiert hat, etwa im Sport oder in der Schule, oder sogar der Verlust von Aspekten der Kindheit, der mit dem Erwachsenwerden einhergeht, etwa der freudigen Erregung beim Öffnen von Geburtstagsgeschenken. Es kann auch der Verlust von Anerkennung sein, den ein Junge bei Auseinandersetzungen mit seinen Eltern spürt. Manchmal ist die Ursache nicht so einfach oder eindeutig, doch wenn uns ein Junge erzählt, dass er ständig Gefühle wie Traurigkeit, innere Leere, Verwirrung und Unentschlossenheit verspürt, dann liegt der Gedanke an eine Depression sehr nahe. Wenn ein Junge vereinsamt oder orientierungslos wirkt, muss man unbedingt eingehender untersuchen, was mit ihm los ist.

Dan über Werther: Emotionale Isolation

Alle sind der Meinung, dass mit Werther etwas nicht stimmt. In der Junior High School war er ein Einser-Schüler; jetzt schafft er kaum einen Durchschnitt von Drei. Im Unterricht zeigt er sich lustlos. Manche seiner Lehrer vermuten, dass er vielleicht Drogen nimmt. Bislang vermochte keiner aus ihm schlau zu werden oder zu ihm durchzudringen. Seine Eltern sind besorgt. Sie wissen, dass er seine Chancen auf ein gutes College gefährdet, und in seiner aufstiegsorientierten vorstädtischen Wohngegend gilt das als Todsünde.

Werther betritt leise, mit einem schwachen Lächeln mein Sprechzimmer. Er ist groß und schlank. Sein ziemlich langes, schmutziges, blondes Haar ist ungekämmt, aber nicht zu Stacheln oder einer anderen wilden Frisur hergerichtet. Wir reichen uns die Hände, doch er legt seine Hand nur schlaff in die meine und zieht sie rasch wieder zurück, als ob selbst diese Geste eine große Anstrengung bedeutete. Unsere ersten Sitzungen werden für uns beide zur Geduldsprobe. Bei widerstrebenden Jungen kann ein Therapeut die Therapiestunde dazu nutzen, mit Hilfe von Gesprächen über Sport oder unbeliebte Lehrer einen Rapport herzustellen, doch bei Werther schlägt das nicht an. Er scheint sich für fast nichts zu interessieren. Er mag Musik, doch obwohl ich mich bemühe, mich über die aktuellen Trends auf dem Laufenden zu halten, ist mir seine Lieblingsrockgruppe völlig unbekannt. Er bleibt jedoch höflich und scheint mich angesichts meiner hilflosen Versuche, Kontakt zu ihm herzustellen, fast ein wenig zu bemitleiden. Wir mühen uns weiter ab. Werther braucht einen Monat mit wöchentlichen Sitzungen, bis er sich ein wenig öffnet. Er räumt ein, dass er nachts nicht schläft und morgens nur schwer aus dem Bett kommt. Er sehnt das Ende der High School herbei. Das College hat in seinen Plänen keinen Platz.

»Hast du schon darüber nachgedacht, was du nach der High School machen willst?«

»Ich weiß nicht ... ich würde gern in den Entwicklungsdienst eintreten und nach Afrika oder so gehen. Aber sie würden mich wahrscheinlich gar nicht nehmen; ich glaube, man muss irgendwas wirklich gut können, damit sie einen wollen.«

Nichts von dem, was er mir über sich erzählt, und nichts in seiner Schulakte oder den Gesprächen mit seinen Lehrern oder Eltern fördert einen Grund zutage, der eindeutig erklären würde, weshalb sich Werther so deprimiert fühlt. Dies ist jedoch bei vielen Jungen für ein depressives Verhaltensmuster typisch. Die Diskrepanz zwischen der Befindlichkeit, die ihnen Außenstehende unterstellen (zufrieden und selbstsicher), und ihrem wahren Selbstbild (Versager, die sich dafür entschuldigen sollten, dass sie Sauerstoff verbrauchen), ist der klassische Schatten der Depression. Werther ist eindeutig ein intelligenter, engagierter junger Mann mit großen Entwicklungsmöglichkeiten. Dennoch kann er sich praktisch zu nichts aufraffen.

In einer Lehrerkonferenz steht Werther als »Besorgnis erregender Schüler« auf der Tagesordnung. Die Theorien der Lehrer über ihn gehen auseinander. Manche halten ihn für »faul«, andere für lernbehindert. Manche tippen auf Marihuanakonsum, ein anderer auf chronisches Müdigkeitssyndrom. Niemand denkt an die Möglichkeit einer Depression.
Obwohl ich keinen hieb- und stichfesten Grund für Werthers Depression zu finden vermag – und daher davon ausgehe, dass es wie in vielen Fällen zumindest teilweise eine biologische Grundlage dafür gibt –, hat seine falsche emotionale Erziehung sie unnötig verschlimmert. Durch unsere gemeinsame Arbeit begann Werther ein emotionales Vokabular zu entwickeln, mit dessen Hilfe er seine Gefühle zur Sprache bringen konnte. Auch lernte er mit seinen »weicheren« Gefühlen wie Traurigkeit und Furcht besser zurechtzukommen, so dass seine Scham und sein Selbsthass, die die Depression genährt hatten, nachließen. Von dieser Grundlage aus, gefördert durch die unterstützende Behandlung mit Antidepressiva, die seine Stimmung aufhellten und die therapeutische Arbeit wirksamer machten, gelangte Werther zu neuen Einsichten, die sein Leben in eine andere Richtung lenkten.

Manche Jungen sind ihren eigenen Gefühlen so entfremdet, dass sie wie Werther auf eine mühsame Reise nach innen gehen müssen, um ihre Depression zu verstehen und zu überwinden. Auch Mädchen haben mit solchen Schwierigkeiten zu kämpfen, doch sie sind eher imstande, über ihre Gefühle und Taten sowie deren Gründe zu reden. Dialog und Denkarbeit bieten Gelegenheiten zu persönlichem Wachstum, die Jungen in der stoischen Welt der Männer oft verpassen. Jungen erinnern an das Arbeitspferd Boxer in Orwells *Farm der Tiere*: Je schlimmer die Lage auf der Farm nach der Machtübernahme der Schweine, desto mehr legt es sich ins Geschirr.
Wir erleben viele Jungen, die ihren großen Schmerz mit großer Würde ertragen; sie dulden so gut sie können, kämpfen mit aller Macht, um sich als brave Soldaten zu erweisen, und harren in den Schützengräben aus, bis die Schlacht gewonnen ist. Sie wissen,

dass ihr Vater überarbeitet oder launisch oder feindselig oder alkoholabhängig ist. Sie wissen, dass ihre Mutter sie in ihrer Angst überbehütet und fast erdrückt. Und wenn jemand stirbt oder sonst etwas Schlimmes geschieht, dann ist das natürlich deprimierend. Doch sie versuchen, ihre Gefühle herunterzuspielen. Ein Junge glaubt, er müsse jeden Schlag heldenhaft wegstecken – den seelischen Schmerz hinnehmen – und so tun, als wäre nichts geschehen. Jungen glauben, was sie nicht umbringt, mache sie nur tapferer und stärker – und härter.

Verräterische Verluste pflastern den Weg

Wenn Jungen zu uns in die Praxis kommen, dann meistens, weil ihre Eltern sich Sorgen wegen möglicher emotionaler Folgen eines traumatischen Ereignisses machen – oft der Scheidung der Eltern oder des Todes eines geliebten Menschen. Ihr Gefühl trügt sie nicht: Eine Scheidung, ein Todesfall oder ein anderer Verlust, eine Veränderung der Lebensumstände kann eine depressive Störung auslösen. Bei den meisten Jungen, die wegen einer Depression zu uns kommen, hat sich in der jüngeren Vergangenheit etwas Derartiges ereignet. Viele depressive Männer haben in ihrer Kindheit oder Adoleszenz einen solchen Schicksalsschlag hinnehmen müssen, ohne dass die Depression vergangen oder behandelt worden wäre. Jungen, deren Eltern sie zur Therapie bringen, haben Glück.

Michael über Jody: Ein Sohn, der um den geliebten Vater trauert

Jody kam das erste Mal mit 12 Jahren zu mir, vier Jahre nachdem sein Vater an Krebs gestorben war. Er war ein kleiner, schmaler Junge mit dunklem, gepflegtem Haar, doch traurigen, müden Augen. Er ging wie unter einer schweren Last. Jody hatte seinen Vater abgöttisch geliebt, und sein Vater hatte ihn geliebt. Sie hatten sich miteinander identifiziert und zahlreiche Interessen geteilt. Nach dem Tod seines Vaters verfiel Jody in eine schwere Depression, was jedoch anfangs gegenüber der mehr nach außen gerichteten Trauer seiner Mutter und seiner Schwester unerkannt blieb.

In der Therapie schälte sich heraus, dass Jody einen wahren emotionalen Heißhunger nach einem Vater hatte, doch er verweigerte sich jeder engeren Beziehung zu irgendeinem erwachsenen Mann in seinem Umfeld – Lehrer, Onkel, Freunde der Familie. Jody signalisierte mir zudem klar und deutlich, dass er nichts wollte, was an eine Vater-Sohn-Beziehung erinnerte. Ein Kontakt zu einer Vaterfigur hätte ihn in einen heftigen Loyalitätskonflikt gestürzt, weil er darin einen Verrat und eine Verleugnung seiner großen Liebe zu seinem Vater gesehen hätte. Jody hielt seinem Vater die Treue, indem er sich solche Kontakte untersagte. Er hielt die Fackel für seinen Vater hoch.

Ich sehe heute noch den Schmerz in seinen Augen. Doch die Trauer um seinen Vater war nur die Hälfte dessen, was Jody niederdrückte. Die andere Hälfte war seine Einsamkeit; seine Traurigkeit war wie ein Kraftfeld, das ihn von anderen Menschen trennte. Weil bei einem Jungen keine Trauer erwünscht ist, wollen die Menschen sie nicht sehen und sich auch nicht damit auseinander setzen, und dieser Junge war so traurig, dass einem schon das Herz brach, wenn man ihm nur gegenübersaß. Sein Schmerz war so sehr mit Händen zu greifen, dass man am liebsten aus dem Raum gelaufen wäre. Und da saß ich nun – ein »Gefühlsjunkie«, ein Psychologe, der so etwas kennt und gelernt hat, dabeizusitzen und damit zu arbeiten –, und selbst ich wäre am liebsten aus dem Zimmer gelaufen. Wenn die Intensität des Schmerzes in diesem Jungen schon mich fast in die Flucht trieb, dann kann man sich vorstellen, wie es den anderen Menschen in Jodys Umfeld erging.

Wie Freud schreibt, litten viele seiner Patienten an »unterdrückter Trauer« – Trauer, die keinen Ausdruck gefunden und nicht alle Stadien der Trauerarbeit durchlaufen hat. Betroffen sind sowohl Männer als auch Frauen, doch kulturell bedingt tragen Männer – und ebenso Jungen – ein größeres Risiko für einen unvollständigen Trauerprozess. Warum? Weil Trauern nicht stark oder männlich wirkt. Wer trauert, wirkt schwach und verletzlich und abhängig. Trauern bedeutet, ganz in seiner Liebe und in der schmerzlichen Sehnsucht nach der verstorbenen Person aufzugehen. Viele Männer können jedoch eine derartige Hilflosigkeit nicht aushalten; sie verlernen das schon als Jungen. Gefangen in der Falle des »Großen Unmöglichen«, das einem Jungen die Freiheit vorenthält, seinen Gefühlen Ausdruck zu verleihen, zu trauern und getröstet zu werden, können Jungen wie Jody sich mit ihrem Kummer isolieren, und wenn sie in eine Depression verfallen, möchte niemand in ihrer Nähe bleiben.

Michael über Daryl: Wut, Angst – und Verzweiflung

Daryl war ein hoch gewachsener, kräftiger Junge. Nichts an ihm wirkte depressiv. Man hätte ihn einfach für einen von Natur aus stillen Zeitgenossen halten können, für einen, der nicht viel Worte macht, was er wirklich nicht tat. Der 14-Jährige war ein fleißiger und strebsamer Schüler an einer öffentlichen Schule mit sehr hohen Leistungsanforderungen und bekam vorwiegend Einsen und Zweien. Er galt – bis vor kurzem – als braver Junge, als einer der umgänglichsten in seiner Klasse. Doch seine schulische und soziale Bilanz stand nicht mehr im Einklang mit seinem immer längeren Strafregister im Büro des Rektors. In den letzten vier Monaten hatte sich Daryl mehrere Verweise und einen befristeten Unterrichtsausschluss eingehandelt, weil er einen Lehrer übel beschimpft hatte. Er war dabei ertappt worden, wie er bei einem Test in Naturwissenschaften von einem anderen Schüler abschrieb, er hatte einen Klassenkameraden eingeschüchtert und zwei Mädchen aus seiner Klasse gegenüber unflätige, abfällige Bemerkungen gemacht. Als ihm seine Mutter eines Morgens vorwarf, er nehme die Schule nicht ernst genug, hatte er sie angeschrien und beschimpft. Da schickte ihn sein Vater zu mir.

Über Daryls Familienverhältnisse wusste ich dies: Er war das jüngste von drei Kindern, und sowohl sein älterer Bruder als auch seine Schwester gingen auswärts aufs College. Die Familie bewohnte ein bescheidenes Haus in einem ruhigen Wohnviertel.

Trotz dieser wohlgeordneten äußeren Umstände ging es im Haus fast ständig drunter und drüber. Sein 52-jähriger Vater betrieb ein kleines Geschäft, einen Verleih von Großraumlimousinen. Seine Mutter war eine schwächliche Frau, deren Gesundheit sich aufgrund einer jahrelangen Magersucht stetig verschlechterte. Daryls Mutter nahm an den Therapiesitzungen nicht teil, nur sein Vater. Dieses ungewöhnliche Fernbleiben verblüffte mich, denn normalerweise kommen die Mütter zu familientherapeutischen Sitzungen.

Daryl, ein großer, schlanker, etwas linkischer Junge, schien sich ganz in sich selbst zu verkriechen, als er neben seinem Vater Platz nahm. Er wirkte müde und gab zu, dass sein Selbstwertgefühl und seine Stimmung aufgrund der jüngsten Schwulitäten in der Schule im Sinken begriffen waren. Er führte diese jedoch auf »falsche Entscheidungen« zurück und betrachtete sie als Abweichungen von seinem üblichen Verhalten.

»Ich komme meistens gut klar, aber manchmal bin ich einfach von der Rolle, und dann mache ich was Blödes.«

Er hatte in Englisch einen Aufsatz über die Kurzgeschichte »Der Hungerkünstler« von Kafka geschrieben. Es lag auf der Hand, dass er dabei den Gesundheitszustand seiner Mutter im Hinterkopf hatte.

»Machst du dir Sorgen um deine Mutter?«

»Eigentlich nicht. Na ja, manchmal. Wenn sie ins Krankenhaus muss oder so.«

»Was beunruhigt dich?«

»Ich weiß nicht. Einfach, dass sie immer krank ist.«

»Macht dich ihr Zustand traurig?«

»Ja, irgendwie schon, glaube ich. Manchmal jedenfalls.«

»Manchmal traurig und manchmal ...?«

»Manchmal macht sie mich wütend. Sie ist zu krank, um irgendwas zu tun, aber sie ist nicht zu krank, um zu jammern und mich zu kritisieren.«

»Redest du mit deiner Mutter über ihre Krankheit oder deine Sorgen?«

»Nein«, erwiderte er achselzuckend. »Da gibt es nichts zu sagen.«

Natürlich gab es da jede Menge, das gesagt und gehört werden musste. Daryl hatte Fragen, die er stellen musste, Gefühle, denen er Ausdruck geben musste, aber keine Sprache, mit der er über diese Gefühle zu reden wusste, und der jetzige Zeitpunkt war sehr ungünstig, um von sich aus damit zu beginnen. Es war klar, dass ihn der Gesundheitszustand seiner Mutter unablässig quälte – er fürchtete tagtäglich, sie könnte sterben –, und das machte ihn tieftraurig. Wenn seine Mutter und sein Vater über irgendetwas von Belang uneins waren und wussten, dass er in der Nähe war, dann verließen sie unter dem Vorwand das Haus, noch irgendwohin fahren zu müssen, wie Daryl erzählte. Doch er wusste, dass sie im Auto stritten, und befürchtete, sie könnten einen Unfall bauen. Oft wartete er im Wohnzimmer am Fenster, bis er die Scheinwerfer des Wagens wohlbehalten in der Zufahrt auftauchen sah. Daryl wusste, dass seine Eltern häufig Auseinandersetzungen wegen seiner schulischen Leistungen hatten, und seine Angst um sie drückte sich in der Furcht vor einem Unfall aus; tiefer saß jedoch die viel beunruhigendere Angst vor einem Scheitern der Ehe – und vor seiner Rolle im elterlichen Konflikt.

Obwohl Daryl auf intellektueller Ebene verstand, welche Qualen Magersüchtige ausstehen müssen, war er wütend auf seine Mutter, weil sie immer weiter hungerte, und bekam dann Schuldgefühle wegen dieser Wut. Ähnlich wie das Kind einer Alkoholikerin hatte er das Gefühl, menschlich versagt zu haben, weil es ihm nicht gelungen war, ihr selbstzerstörerisches Verhalten zu ändern, und dasselbe Versagen warf er auch seinem Vater vor.

Doch Daryl war außerstande, über seine Hoffnungslosigkeit oder seine Sehnsucht nach einem »normalen« Leben, wie es in seinen Augen die anderen führten, zu reden. Er hatte sich fest vorgenommen, »stark« zu sein – was für ihn hieß, seine Trauer nicht zu zeigen –, um seiner Mutter, seines Vaters und seiner selbst willen. Wenigstens das stand in seiner Macht. Er konnte noch mehr daransetzen, seine Trauer unter der Decke zu halten. Er konnte eine glänzende Fassade aus schulischem Erfolg aufrechterhalten, selbst wenn das abschreiben bedeutete. Und er konnte sich unterschwellig mit der Krankheit seiner Mutter befassen – indem er seinen Sorgen um sie in einem Schulaufsatz Ausdruck gab. Wenn die innere emotionale Spannung übermächtig wurde, schuf er sich ein Ventil; er wurde entweder ausfällig oder aggressiv gegenüber Lehrern und Mitschülern oder beging Verzweiflungstaten wie abzuschreiben, um seine Noten zu halten.

Ich zog Papier und Bleistift hervor, schrieb »Liebe Mutter« auf das Blatt und fragte Daryl, was er seiner Mutter schreiben würde, wenn er seinen Gedanken und Gefühlen offen Ausdruck geben könnte. Anfangs weigerte er sich und behauptete, er wisse nicht, was er sagen solle. Doch dann brach es aus ihm heraus. Zuerst entschuldigte er sich dafür, dass er sie angebrüllt und beschimpft hatte. Er erklärte, es tue ihm Leid. Ich schrieb alles nieder. Und er wolle versuchen, rücksichtsvoller zu sein. Er hoffe auch, dass sie rücksichtsvoller mit ihm umginge. Ich schrieb weiter mit, was er sagte, als ob er mir diktierte.

In früheren Zeiten, als die meisten Menschen Analphabeten waren, musste jemand, der einen Brief zu schreiben hatte, einen Lese- und Schreibkundigen aufsuchen, ihm erklären, was in dem Brief stehen sollte, und dann schrieb diese Person den Brief für ihn. Genauso verfuhren wir. Hier saß ein Junge, der keine Ahnung hatte, wie er darlegen sollte, was er empfand, und er brauchte Unterstützung und Anleitung – einen Übersetzer, der ihm half, sich seiner Gefühle bewusst zu werden und sie zu artikulieren, um sie schließlich verstehen zu können. Er brauchte den Brief an seine Mutter nicht abzuschicken. Doch er musste ihn »schreiben«, um seine Gedanken und Gefühle zu sortieren, damit sie ihm selbst überhaupt zugänglich wurden. Wichtig an diesem Brief war für Daryl, dass er sich alles von der Seele geredet hatte. Vielen Jungen geht es wie Daryl; ihre Gefühle sind übermächtig, doch ihnen fehlt die emotionale Kompetenz, mit deren Hilfe sie sie verstehen oder nutzen könnten. Sie brauchen Hilfe bei der elementaren Aufgabe, zu erkennen, was sie empfinden; erst dann können sie überlegen, was sie nun damit anfangen.

Von der Depression zum Suizid: Ein einsamer, zorniger, trauriger Weg nach ganz unten

Unsere Kultur behandelt Suizide von Jugendlichen als unvorhergesehene Einzelfälle, jeder ein erschütterndes, trauriges Ende eines problembeladenen Lebens. Die Statistik enthüllt jedoch beunruhigende Zusammenhänge, die nahe legen, dass die Gründe für Selbsttötungen bei Kindern und Jugendlichen so unerfindlich nicht sind. Insbesondere die Zahlen bei Jungen unterstreichen die Dringlichkeit dieses Problems. Aus einer der eindringlichsten Statistiken zu Teenagern und Depression geht hervor, dass zwar doppelt so viele Mädchen wie Jungen Suizidversuche unternehmen, dass jedoch mehr Jungen tatsächlich von eigener Hand sterben. Jedes Jahr kommt es unter den 15- bis 19-Jährigen in den Vereinigten Staaten zu durchschnittlich 1890 Suiziden; davon entfallen 1625 auf Jungen. Die neuesten Zahlen für 10- bis 14-Jährige zeigen eine jährliche Rate von 330 Suiziden, 253 davon bei Jungen. Für jede Altersstufe in der Kindheit und Adoleszenz übersteigt die Zahl der Selbsttötungen von Jungen bei weitem die der Mädchen.[3] Dass sich Kinder überhaupt zur Selbsttötung genötigt sehen, ist eine Tragödie. Doch dass die große Mehrzahl von ihnen Jungen sind, ist ein Warnsignal, dass die emotionale Widerstandsfähigkeit von Jungen stärker gefährdet ist.

Nach Ansicht einiger Fachleute könnte der Geschlechterunterschied bei den Suizidversuchen nur ein statistisches Artefakt sein: Frauen leugnen solche Versuche auf Nachfragen einfach seltener ab, und in Wahrheit versuchen Männer und Frauen gleich oft, sich umzubringen. Andere Experten verweisen auf den Umstand, dass Jungen zu Methoden greifen, die häufiger zum Tod führen (etwa 60 Prozent der männlichen Betroffenen erschießen sich, dagegen nur 40 Prozent der weiblichen); aufgrund ihrer größeren Entschlossenheit und »wirksamerer« Methoden sterben mehr Männer und fallen daher aus der Kategorie der Suizidversuche heraus. Da Mädchen eher Tabletten schlucken – eine Methode, die Zeit für Rettungsmaßnahmen lässt –, lautet eine andere Erklärung, dass Suizidversuche bei

Mädchen häufiger Hilferufe sind und sie im Grunde gar nicht sterben wollen. Jungen schämen sich eher ihrer emotionalen Verwundbarkeit und wählen häufiger eine Methode, bei der sie keine Hilfe brauchen oder sich zu lange in dem ihnen fremden Reich starker Gefühle aufhalten müssen. Dies ist einer der Gründe, warum selbst schwächste Andeutungen einer Selbsttötungsabsicht – bei jedem, insbesondere aber bei einem Jungen im Teenageralter – ernst genommen werden müssen.

Michael über Keith: Mit Suizidabsichten scherzt man nicht

Gegen Ende seines ersten High-School-Jahres ließ Keith einen Zettel unter seinen Freunden herumgehen, auf dem er ankündigte, er werde sich am Ende des Schultages von einer Brücke stürzen. Die Mitteilung enthielt zudem einige außerordentlich bösartige Attacken auf seine Eltern und jede Menge Beschimpfungen. Zwei seiner Freunde brachten den Zettel sehr erschrocken zu mir. Ich ging sofort los und holte Keith aus dem Geschichtsunterricht heraus, um mit ihm darüber zu reden.

Er bot einen bemerkenswerten Anblick – hätte man ihn etwas aufpoliert, wäre er ein ganz ansehnlicher junger Mann von der kantigen Sorte gewesen. Doch Keith wollte einen völlig anderen Eindruck vermitteln. Er trug zwar das von der Schule vorgeschriebene Button-down-Hemd, hatte jedoch die Ärmel mit einer Zickzackschere abgeschnitten. Sein Haar war kurz und ordentlich geschnitten, aber knallrot gefärbt. Und eine Augenbraue war gepierct. Piercing ist an und für sich kein Gefahrenzeichen bei einem Jungen; für viele Jugendliche hat es dieselbe Bedeutung wie lange Haare in den 60er Jahren. Bei Keith jedoch war es eines von mehreren Signalen für eine ausgeprägte Oppositionshaltung.

Er kochte vor Wut, dass der Zettel in meine Hände gelangt war, und wollte natürlich wissen, welcher seiner Freunde ihn »verpfiffen« hatte. Er versuchte mich mit der Behauptung abzuwimmeln, es sei als Scherz gemeint gewesen. Obwohl er wortgewandt und manchmal überzeugend argumentierte, nahm ich den

Zettel im wahrsten Sinn des Wortes todernst und rief seine Eltern an.

Als ich endlich Keith' Mutter, eine viel beschäftigte Justiziarin, erreichte, war ihre Verärgerung sofort spürbar. Sie versicherte mir, dahinter stecke nur der schwarze Humor ihres Sohnes, mehr nicht. Sie appellierte an mich, nicht so überzureagieren, dass die Schulleitung auf ihn aufmerksam wurde. Völlig verblüfft von ihrer Reaktion erklärte ich ihr, dass jede Suiziddrohung ernst genommen werden müsse und dass ich nicht zulassen würde, dass ihr Sohn die Schule verließ, bevor nicht sie und ihr Mann zu einem Gespräch mit mir und ihrem Sohn gekommen wären. Zähneknirschend erklärte sie sich schließlich bereit, mit Keith' Betreuungslehrer und mir zu sprechen. Bei dem Gespräch verlangte sie den Zettel zu sehen, warf einen kurzen Blick darauf und knüllte ihn zusammen.

Auch Keith' Vater verhielt sich ablehnend. Als ich ihn fragte, ob es Familienangehörige mit Depression gegeben habe, gestand er, dass er an einer chronischen dysthymen Störung litt und Medikamente nahm. Er bestand jedoch darauf, dass dies nur ihn etwas anginge und »nichts mit Keith' blöden Scherzen zu tun« hätte. Damit konnte er Recht haben, doch bei Depression sind genetische Dispositionen nachgewiesen. Der Vater war ebenfalls Rechtsanwalt. Wie mir der Schulleiter berichtete, hatte er gehört, dass Keith' Vater »ernsthafte Schwierigkeiten mit der Steuerfahndung« habe und dass ein Untersuchungsverfahren liefe. Seine Karriere stand auf der Kippe.

Zweifelsohne wurzelten die Wut, die sichtbar in der Mutter kochte, und die Verleugnung des Vaters in familiären Problemen. Da beide so sehr mit ihrem Beruf beschäftigt waren, konnten sie der Tatsache, dass auch Keith Probleme hatte, schlicht und einfach nicht ins Auge sehen.

Die Eltern nickten unsere Therapieempfehlungen ab und nahmen Keith mit nach Hause, kamen diesen Empfehlungen aber nicht nach. Sie schickten Keith im folgenden Jahr auf eine andere Schule. Dort unternahm er einen ernsthaften Suizidversuch.

Er wurde stationär aufgenommen und rückte in der längst überfälligen Therapie damit heraus, dass er zwischen seinem achten und zehnten Lebensjahr von einem Onkel missbraucht worden war. Dieser hatte ihn bedroht, falls er etwas davon erzählen sollte, und so hatte der verängstigte Junge sein quälendes Geheimnis vier Jahre mit sich herumgetragen. Seine Eltern, denen der Schock endlich die Augen öffnete, wie unglücklich ihr Sohn war, erinnerten sich, dass Keith sich irgendwann von einem heiteren, übermütigen Jungen zu einer trübsinnigeren, zynischeren Ausgabe seiner selbst gewandelt hatte. Sie hatten geglaubt, das sei »normal bei Jungen«, doch als sein Auftreten immer übler wurde, erregte das ihren Unwillen, und sie setzten ihn immer stärker unter Druck.

Der Zettel, den Keith an jenem Tag seinen Freunden zuschob, war ein Hilferuf, und als niemand auf seine emotionale Not einging, lebte er damit weiter, bis er glaubte, sie nicht mehr ertragen zu können. Er musste erst einen Suizidversuch unternehmen, damit seine Eltern ihm Aufmerksamkeit schenkten, damit er das quälende Geheimnis, das sich während der wichtigsten Jahre seiner Jugend so verheerend auf seine Gefühlswelt ausgewirkt hatte, ans Licht bringen konnte.

Selbst Jungen, die einen Suizidversuch überleben, bewahren zuweilen weiterhin Schweigen über die Gefühle, die sie dazu trieben, den Tod mehr zu suchen als das Leben, wie uns Jay Callahan berichtete, ein Suizidforscher, der fast ein Jahrzehnt lang mit Suizidüberlebenden in psychiatrischen Notaufnahmen gearbeitet hat. Insbesondere heranwachsende Jungen bezeichnen den Versuch meist als Ausdruck einer »ganz miesen Situation«, und möchten es damit gut sein lassen.

»Es wäre schön, wenn wir uns einbilden könnten, dass man aus einem Suizidversuch auch eine positive Lehre ziehen kann«, erklärt Callahan, »doch meistens sind die Betroffenen einfach nur erleichtert, dass sie es nicht geschafft haben – wie ein Junge, der einen anderen zu einer Prügelei provoziert, aber froh ist, wenn dessen Freunde ihn zurückhalten.«

Die Psychotherapeuten haben eine gute Methode zur Abschätzung des Suizidrisikos. Sie ist überhaupt nicht kompliziert. Wenn wir von einschlägigen Indizien erfahren – wie der leicht hingeworfenen Bemerkung eines Jungen, mit allem Schluss zu machen, einem Zettel wie dem von Keith, einem Englisch-Aufsatz, kurzum allem, was darauf hindeutet, dass ein Kind Selbsttötungsgedanken hegt –, dann sprechen wir zuerst mit dem Betreffenden darüber. Wir halten Ausschau nach Gefahrensignalen wie Drogenkonsum, einer kürzlich erlittenen Enttäuschung oder Veränderungen wie Trennung von der Freundin oder Scheidung der Eltern oder Problemen mit der sexuellen Identität. Zwar sind hierzu genaue Zahlen nur sehr schwer zu ermitteln, doch die Belastung, in einem feindseligen Umfeld mit einem möglichen Schwulsein zurechtzukommen, ist ein bedeutsamer Risikofaktor für Suizid.[4] Genau wie ein Junge schließlich bereit ist, auf Nachfrage von seinem Kummer zu erzählen, erbringt eine direkte Frage nach Suizidgedanken in aller Regel eine ehrliche Antwort. Wir fragen den Jungen ganz offen: »Denkst du daran, dich umzubringen?« Lebenswichtig zu wissen ist Folgendes: Je präziser die Suizidgedanken und -pläne eines Jungen sind, desto wahrscheinlicher wird er versuchen, sie in die Tat umzusetzen.

Dan über Jihan: Ein Junge mit einem Plan

Ich begleitete Jihan von seinem ersten Tag als Siebtklässler bis zum High-School-Abschluss. Er hatte auf diesem Weg einige sehr steinige Abschnitte durchstehen müssen und war einmal stark suizidgefährdet. Jihan war der sehr gut aussehende Sohn eines bikulturellen Elternpaares und hatte einen ausgeprägten Sinn für Humor. Seine Klassenkameraden kannten an ihm nur diesen Humor, nicht aber den Kummer, der sich dahinter verbarg. Beide Eltern stellten sehr hohe schulische Erwartungen an ihn. An der Schule, die er besuchte, herrschte starker Leistungs- und Konkurrenzdruck, und er musste viele Hausaufgaben machen. Trotz seiner Intelligenz war Jihan kein Schüler, der schnell lesen konnte oder dem die Arbeit rasch von der Hand ging, und dies sorgte zusammen mit seinem stundenlangen Schulweg dafür, dass er sich fast das ganze Schuljahr lang auf einer Aufholjagd befand. Wenn Jihan bei einem Test schlecht abschnitt, bestand das Heilmittel seiner Eltern darin, wie Jockeys im Finish »dem Pferd die Peitsche zu zeigen«. Sie schimpften ihn aus und zwangen ihn, praktisch seine gesamte Freizeit über den Schulbüchern zu verbringen. Jihan arbeitete hart, zumindest zeitweise, doch in manchen Fächern, insbesondere Spanisch und Naturwissenschaften, schaffte er nur mit Mühe eine Drei.

Und sozial litt er ebenfalls. Als Schüler mit einem Stipendium für Farbige an einer überwiegend weißen Schule bildete Jihan eine Zielscheibe für die Mehrheit. Für die weißen Schüler war er wegen seiner braunen Haut »schwarz«; für die schwarzen Schüler gehörte er weder zu ihnen noch zu den anderen. Er fiel zudem aus der gut situierten Schülerschaft heraus. Er besuchte die Schule mit Hilfe eines Stipendiums, das viel versprechende Angehörige von Minderheiten mit geringem Einkommen fördern sollte und den Bustransport von dem Innenstadtbezirk, in dem er wohnte, hinaus in eine wohlhabende Gegend mit stattlichen Villen einschloss. In den Osterferien, wenn viele dieser Jungen nach Aspen oder in einen tropischen Club Med verreisten, blieb Jihan in der Stadt.

Während seines ersten Jahres auf dieser Schule verhedderten sich die verschiedenen Stränge dieses Problemknäuels so sehr, dass Jihans Leben zu einem gordischen Knoten wurde. Seine Noten waren katastrophal. Sein Stipendium und seine Busfahrkarte gerieten in Gefahr. In der Ehe seiner Eltern kriselte es, und Jihan litt unter der Spannung zwischen ihnen. Jihan sah schlecht aus, und ich machte mir Sorgen. Es ist schwer zu erklären, was diese Sorge jeweils im Einzelnen hervorruft. Das kann die Haltung eines Jungen sein, sein Tonfall oder seine Energielosigkeit. Ich habe einmal an einem Seminar einer klinischen Psychologin und sehr erfahrenen Suizidexpertin teilgenommen. Als wir sie drängten, uns das Prinzip zu verraten, nach dem sie einen stark suizidgefährdeten Teenager von einem nicht gefährdeten unterschied, sagte sie: »Vertrauen Sie Ihrem Bauch.« Wenn ich mir Jihan in dieser kritischen Phase anschaute, dann grummelte es in meinem Bauch heftig. Trotzdem überraschte mich seine Antwort auf meine Frage, ob er einen Suizidplan habe.

»Wie würdest du es machen?«

»Ich würde einfach zum nächsten Bahngleis gehen und mich vor den erstbesten Zug legen.«

»Meinst du das ernst?«
»Verdammt ernst.«
Wenn man einen 15-jährigen Jungen an einem beliebigen Tag fragen würde: »Denkst du daran, dich umzubringen?«, würden Forschungsergebnissen zufolge 14 Prozent mit »Ja« antworten.[5] Die anschließende Frage – »Hast du einen Plan?« oder »Wie würdest du es machen?« – ergibt einen Hinweis darauf, wie häufig und konkret diese Gedanken sind. Jihan hatte zwar noch kein Datum und keine Uhrzeit ins Auge gefasst oder mir von einer versteckten Waffe oder Schachtel mit tödlichen Tabletten erzählt, doch der Plan mit dem Zug schien mir real genug, um seine Eltern zu verständigen.
Glücklicherweise nahmen Jihans Eltern die Drohung ernst und verstärkten ihre Bemühungen, ihm zu mehr sozialer Unterstützung in der Schule und in seinem Wohnviertel zu verhelfen. Sein Vater versuchte, mehr mit ihm zu reden, emotional verfügbarer zu sein und weniger Kritik an ihm zu üben. Und wir kamen weiterhin von Zeit zu Zeit zu einem Gespräch zusammen, was Jihan einen sicheren Hafen in der Schule gab, einen Zufluchtsort, an dem er ungehindert über seine Lage sprechen und emotionale Überlebensstrategien entwickeln konnte. Man weiß nie, ob ein Junge sich getötet *hätte* oder nicht, doch ich glaube, dass Jihan am Rand des Abgrunds gestanden und nur auf den leichten Schubs eines schlechten Tags gewartet hatte.

Unbehandelte Depression: Ein Tor zur schiefen Bahn

Wenn eine Depression nicht therapiert wird, verschlimmert sie sich gewöhnlich und setzt einen Jungen einem viel höheren Suizidrisiko aus. Sehr häufig führt sie auch zu Drogenmissbrauch: Bei fast einem Drittel aller depressiven Jugendlichen liegt zusätzlich eine Abhängigkeit von Alkohol oder Drogen vor. Und Drogenkonsum und Kriminalität gehen Hand in Hand. Nicht selten kommt es vor, dass ein depressiver Junge in der Schule oder draußen auf der Straße in Schwierigkeiten gerät. Wenn sich

ein Junge von hilfsbereiten Eltern und Freunden abgekapselt hat, sucht er mit viel größerer Wahrscheinlichkeit Hilfe in der Flasche, dem Joint, bei Pillen oder dem Vergessen eines Todes von eigener Hand. Man muss kaum erwähnen, dass fehlende Unterstützung es sehr viel schwerer macht, eine Depression und das damit zusammenhängende Verhalten zu überwinden.
Ohne eine Therapie kann sich eine depressive Episode über drei bis sechs Jahre – die gesamte Adoleszenz eines Jungen – hinziehen, und das bringt schwere »Nebenwirkungen« mit sich. Eine negative Wechselbeziehung mit der Umwelt oder überhaupt keine Beziehung hemmt wichtige emotionale und soziale Reifungsprozesse. Die langfristigen Auswirkungen bestehen nicht nur in einem größeren Risiko für noch schwerere Depressionen in der Folgezeit, sondern auch in der dauerhaften Erinnerung an die Kindheit als einer traurigen Zeit sowie in einer pessimistischen Lebenseinstellung.

Eine Depression wird bei Männern häufig als »larvierte Depression« bezeichnet, doch dieses Bild führt in die Irre. Nach unserer Erfahrung verbergen die meisten Jugendlichen ihre Depression nicht mit Absicht; wenn überhaupt, dann verbirgt ihre Depression *sie* – hinter Traurigkeit, Wut, Destruktivität oder Drogen. Ein Junge, der unter einer Depression leidet, mag nach außen vorsätzlich schroff, feindselig oder mürrisch wirken, doch in Wahrheit ist er krank – er ist depressiv – und kann sich einfach nicht anders geben. Die Maske, die er aufsetzt, besteht aus dem, was bei seinem Versuch herauskommt, eine klinisch manifeste Gemütsstörung als »normales« Jungenverhalten zu tarnen. Besser geht's nicht.

Kapitel 9

Alkohol und Drogen:
Die emotionale Leere füllen

»[Wir] übernahmen (...) die althergebrachte Ansicht, wonach ein Mann zu sein bedeutet, ›etwas vertragen‹ zu können, und wir wurden süchtig danach, uns zuzudröhnen.«

Geoffrey Canada, Reaching Up for Manhood

In einer Schulstunde im Rahmen einer Anti-Drogen-Kampagne sollen Achtklässler ein halbes Dutzend Ziele oder Träume niederschreiben, die sie in ihrem Leben verwirklichen wollten. Es kommen die üblichen Wunschträume – Starathlet, Lehrer, Politiker, Wissenschaftler –, und es kommen ein paar anrührend persönliche, etwa der Wunsch, einen kranken Vater oder eine kranke Mutter gesund zu machen. Die Lehrer lenken die Klassendiskussion auf die Bedrohung, die Alkohol und Drogen für die Realisierung solcher Lebensträume darstellen. Ein Thema, das Erwachsenen auf den Nägeln brennt, für die meisten Teenager jedoch völlig abstrakt ist. Auf die Frage, warum ein junger Mensch angesichts derart hochfliegender Zukunftshoffnungen beschließen mag, zu trinken oder Drogen zu nehmen, antwortet ein Junge auflachend: »Weil das eine *später* ist und das andere *jetzt*.«

Die Gegenwart ist das, was in der Adoleszenz zählt, und das »Jetzt« birgt eine Unmenge von Gründen für Alkohol- und Drogenkonsum. Wenn man einen Jungen in der 3. Klasse fragt, ob er glaubt, dass er später, wenn er in die höheren Klassen geht, viel trinken wird, wird er das verneinen. Wenn man Fünft- und Sechstklässlern dieselbe Frage stellt, erklärt nur einer von zehn, dass er in der Junior High School Bier trinken wird, und das auch nur aus Neugierde. Doch wenn die Jungen dann in die 7. und 8. Klasse gehen, ändert sich ihre Einstellung. In einem subtilen psychologischen *Pas de deux* erliegt der Junge nunmehr den ihm zuvor unbekannten Genüssen, die Alkohol und Drogen vermitteln können. Zugleich neigt er immer weniger dazu, diese Substanzen für schädlich zu halten. Genauso wie Drittklässler fast einhellig der Meinung sind, dass sie keinen Alkohol trinken werden, ist es fast unvermeidlich, dass ein älterer Junge es schließlich doch tut.[1]

Wenn ein Junge die 10. Klasse erreicht, besteht eine hohe Wahrscheinlichkeit, dass er schon einmal betrunken gewesen ist. Da auch der Marihuanakonsum wieder auf dem Vormarsch ist – unter Jungen in der 8. Klasse hat er sich in den vergangenen fünf Jahren verdreifacht –, hat der Junge ziemlich wahrscheinlich auch schon gekifft, und je gebildeter seine Eltern, desto wahrscheinlicher. Mehr als 30 Prozent aller Jungen in der 10. Klasse geben an, im vergangenen Jahr Marihuana geraucht zu haben. In der 12. Klasse ist die Wahrscheinlichkeit von Alkohol- oder Marihuanakonsum noch größer. Nahezu vier von zehn High-School-Absolventen haben in ihrem letzten Schuljahr Haschisch geraucht. Zwei Drittel aller männlichen High-School-Absolventen waren schon einmal betrunken. Fast 40 Prozent haben im vergangenen Monat Alkohol konsumiert. 7 Prozent der Jungen in diesem Alter rauchen jeden Tag Gras. Viele haben sowohl Alkohol als auch Hasch probiert, oftmals in Kombination.[2]

Und das betrifft nur die »weichen« Drogen. Wie sieht es bei den »harten« aus?

In noch größerem Ausmaß als bei Marihuana und Alkohol gilt für illegale Drogen, dass Männer sie mit größerer Wahrscheinlichkeit konsumieren als Frauen. Zwar ist der Konsum bei diesen »härteren« Drogen wie Heroin, Kokain, Crack, Lösungsmitteldämpfe und LSD insgesamt geringer (so haben 81 Prozent aller Jugendlichen im letzten Jahr der High School Alkohol ausprobiert, 14 Prozent LSD und 7 Prozent Kokain), doch bei Jungen weitaus höher als bei Mädchen. Im Abschlussjahr der High School konsumieren mindestens 1,5- bis 2,5-mal mehr Jungen als Mädchen Drogen. Der Anteil von Jungen dieses Alters an den Gewohnheitskonsumenten dieser Drogen ist noch größer.

Ganz der Welt des »Hier und Jetzt« verhaftet, orientieren sich die Möchtegern-Männer in der 7. und 8. Klasse an dem Verhalten der Männer und Jugendlichen in ihrem Umfeld. Sie beobachten, wie andere Jungen, vielleicht ein »frühreifer« Freund oder ein älterer Bruder oder Cousin oder auch Männer, die ihnen in den Medien und in Film und Fernsehen begegnen, Alkohol oder Drogen zu sich nehmen, und das offenkundig mit Genuss. Den Abstieg, den ihnen die Anti-Drogen-Kampagnen in Zeitungen, im Fernsehen und in der Schule immer warnend vor Augen gehalten haben, bekommen sie dagegen selten zu Gesicht. Sie sehen einen Mann, dem sie gleichen möchten, Alkohol trinken oder Drogen nehmen, und sie werden wahrscheinlich versuchen, diese Person nachzuahmen.
Sportlich interessierte Jungen probieren meist zuerst Alkohol, da unter den »Sportskanonen« im Allgemeinen Alkohol die Droge Nummer eins ist. Neuere Studien an College-Studenten ergaben beispielsweise, dass Athleten meist weit mehr trinken als Nichtathleten.[3] Das überrascht nicht allzu sehr, wenn man bedenkt, dass jeder sportbegeisterte Junge Tausende von Bierwerbespots sieht, wenn er die Spiele seiner Lieblingsmannschaft im Fernsehen verfolgt. Die wiederholte Verknüpfung von Sport und Bier, deren Zeuge der Junge wird, sorgt dafür, dass er beides nahezu gleichsetzt. Die Ziele der werbenden Firmen: Bier mit dem Prestige des Profisports zu durchtränken, Biertrinken als so ungefährlich wie ein Spiel der deutschen Fußballnationalmannschaft darzustellen und Markentreue als Erweiterung der Loyalität zur Lieblingsmannschaft zu etablieren. Manche Schulsportler rauchen auch Haschisch und nehmen andere Drogen, doch es sind eher Jungen in sozialen Randbereichen – etwa Skater oder Snowboarder, kaum aber Fußballer –, die die offenbar weniger gebräuchlichen Drogen wie Haschisch, halluzinogene Pilze oder LSD reizen. Zwar gibt es Ausnahmen, doch nach unseren Erfahrungen hat ein High-School-Junge, der lange Haare hat und Phish oder Grateful Dead mag, sehr wahrscheinlich ja zu Drogen gesagt.

Dan über Drogenkonsumenten in der High School: Wie es anfängt

Randy, Devon und Tan, im 1. High-School-Jahr, sitzen in einem leeren Klassenraum und reden über Alkohol und Haschisch. Die Schule ist zu Ende, und ein Klassenkamerad interviewt sie für ein Referat über dieses Thema; ihnen wurde Anonymität zugesichert.

»Wann habt ihr angefangen, Gras zu rauchen?«

»Also, zum ersten Mal hab ich zusammen mit meinem Bruder und seinem Freund Gras geraucht, als sie mit der High School angefangen hatten und wir in der 8. Klasse waren«, sagt Randy. »Ich hab zwei Joints geraucht, aber ich bin nicht mal high geworden. Ich hab im Sommer noch ein paar Mal gekifft, aber so richtig angefangen hab ich ungefähr nach der Hälfte der 9. Klasse.«

»Kiffst du jetzt oft?«

»Mindestens zwei- oder dreimal pro Woche«, erwidert Randy.

»Warum kiffst du?«

»Es hilft mir beim Relaxen, auf Partys oder so«, sagt Randy, »einfach rumzusitzen.«

»Wann hast du angefangen, Alkohol zu trinken?«

»Im Sommer vor der 10. Klasse«, erwidert Randy, »aber ich hab nur ungefähr an jedem dritten Wochenende getrunken. Aber etwa ab Mitte der 10. Klasse habe ich dann jedes Wochenende getrunken.«

»Du trinkst also einmal pro Woche?«

»Ich weiß nicht. Manchmal trinke ich am Freitag- und Samstagabend und am nächsten Wochenende überhaupt nicht, aber ich schätze so einmal pro Woche.«

»Wie viel trinkst du denn jedes Mal?«

»Vielleicht sechs oder sieben Dosen Bier«, sagt Randy.

»Was gefällt dir daran?«

»Es macht Spaß.«

»Wie meinst du das?«

»Ich weiß nicht«, meint Randy. »Ich kann das einfach nicht erklären, glaub ich.«

Devin berichtet, dass er in der 10. Klasse zum ersten Mal Alkohol probiert hat und jetzt jedes Wochenende trinkt.

»Was gefällt dir am Alkoholtrinken?«

»Ich mach es nur so aus Spaß«, erklärt Devin. »Ich hab nichts anderes zu tun.«

Tan erzählt, dass er früher mehr getrunken hat – jeden Freitag- und Samstagabend, jedes Mal eine ganze Sechserpackung –, jetzt aber nicht mehr »so viel« trinkt. Warum?

»Ich glaub, ich hab gemerkt, dass ich mich wegen beschissenen Sachen blöd angestellt hab. Also hab ich alles lockerer genommen. Ich trinke nur noch etwa einmal im Monat, wenn überhaupt.«

»Was gefällt dir daran?«

»Es macht einfach Spaß, du merkst den ganzen Scheiß nicht mehr so«, meint Tan.

»Du meinst, eine Möglichkeit, vor Problemen wegzulaufen?«

»Nein, verdammt! Nein! Ich will bloß mit Freunden zusammen sein und einen draufmachen«, sagt Tan mit viel Nachdruck, aber wenig Klarheit. »Am Anfang hab ich gern so viel getrunken, weil es neu war. Jetzt trinke ich nur noch auf Partys. Ich glaube, ich weiß gar nicht, warum ich es mag. Bei einem der letzten Male, wo ich getrunken habe, bevor ich alles lockerer genommen habe, war ich mit ein paar Freunden zusammen, und wir konnten niemand auftreiben, der das Bier bezahlte, also gingen wir ›Garagenhüpfen‹ – wir durchsuchten Garagen in der Nachbarschaft nach Bier und klauten es dann –, und beinahe hätte uns so eine abgedrehte Mutter mit 'ner Schaufel erwischt. Wir verdrückten uns im Wald hinter der Tankstelle, und ich hab gesoffen, bis ich kaum noch stehen konnte.«

Wie Randy werden die meisten Jungen von einem älteren Jungen in das Trinken eingeführt, und sie finden Geschmack daran. Hank, ein Ingenieur Mitte 40, erinnert sich an den Nervenkitzel der ersten Erfahrungen mit Alkohol, den so viele Jungen empfinden, aber nicht in Worte fassen können: »Ich war in der 7. Klasse und wollte mit meinem Freund und seinem Vater am Strand übernachten. Ich kaufte eine Flasche Bacardi von einem anderen Typen in meiner Klasse und verstaute sie ganz unten in

meinem Rucksack. Als der Vater meines Freundes sich zum Schlafen in den Wohnwagen verzogen hatte, schlichen wir uns mit dem Rum und einem Sechserpack Cola an den Strand. Keiner von uns beiden hatte schon mal Alkohol getrunken, nicht mal Bier, also improvisierten wir. Wir reichten uns abwechselnd die Flasche, nahmen lange Züge dieses schrecklich schmeckenden Rums und spülten ihn mit Cola runter. Wir kippten die halbe Flasche, bevor wir merkten, dass wir besoffen waren. Ich weiß noch – obwohl ich in dieser Nacht schließlich ohnmächtig wurde –, dass ich mich fühlte, als hätte ich ein großes Geheimnis gelüftet. Etwa wie: ›Jetzt kapier' ich das! Deshalb trinken die Erwachsenen immer was vor dem Essen. Das ist ein *tolles* Gefühl!‹ Und das war es wirklich.
Wir torkelten runter zum Strand, uns aneinander festhaltend, bis zu einer Stelle, wo ein paar ältere Jugendliche eine Lagerfeuerfete feierten. Obwohl wir mehrere Jahre jünger waren, setzten wir uns sofort neben zwei Mädchen und quatschten sie an, rückten ihnen sogar auf die Pelle. Sie merkten, dass wir betrunken waren, und verscheuchten uns, doch das machte uns nichts aus. Wir waren spitzenmäßig drauf.«
Für viele Jungen im Teenageralter tauchen diese ersten Rauscherlebnisse die Welt in ein anderes Licht. Ein Junge, der seine Angst mit flüssiger Courage herunterschluckt, verspürt Erleichterung. »Man fühlt sich stark, irgendwie unbesiegbar«, erklärt uns ein alkoholabhängiger Jugendlicher in der Therapie. »Man kann alles sein, alles machen, was man sonst nie könnte, und man braucht nicht an die Folgen zu denken.«
Alkohol beeinflusst verschiedene Strukturen im Gehirn, die mit dem Ausdruck und der Empfindung von Emotionen zu tun haben. Eine bekannte Wirkung von Alkohol ist die Angstdämpfung. Das Ethanol in alkoholischen Getränken besitzt ähnliche pharmakologische Eigenschaften wie die Benzodiazepine, also angstlösende Medikamente wie Valium.[4] Im Leben eines Jugendlichen erzeugt so vieles Angst – er darf seine Gefühle nicht zeigen, muss den unmöglichen Maßstäben der Männlichkeit genügen und will sich nicht den Spott der grausamen Gleichaltrigenkultur zuziehen. Ein Junge, der diesem Druck standhalten

kann, der sich sicher ist, dass er mithalten kann, ist die große Ausnahme. Im Widerspruch zu dem großspurigen oder coolen Gehabe nach außen führt der Durchschnittsjunge in der Adoleszenz innerlich einen fortwährenden Krieg gegen Furcht und Angst. Für Jungen, die sich mit diesen Herausforderungen des Erwachsenwerdens konfrontiert sehen, kann Alkohol wie Balsam wirken und prompte, tröstliche Erleichterung bringen. Alkohol kann dafür sorgen, dass er, wie Tan es so treffend ausdrückte, »den ganzen Scheiß nicht mehr so merkt«.

Alkohol und Drogen: Ein männlicher Übergangsritus … ins Nirgendwo

Alkohol befreit einen Jungen auch von der Scham und der Angst, die er empfindet, wenn er sich für »klein« hält. Die jugendliche Kultur der Grausamkeit nimmt jeden Jungen aufs Korn, der im Rennen um Männlichkeit zurückfällt, und Trinken bringt ihn nach vorn, gleichauf mit den *echten Männern*. Für Jungen sind rauschhafte Erlebnisse, insbesondere aber Alkoholkonsum, aufgeladen mit einer Bedeutung, die weit über bloßes »Spaßhaben« hinausgeht. Der erste Rausch eines Jungen ist ein Übergangsritus. Wie der Verlust der Unschuld oder die Führerscheinprüfung verleiht die Fähigkeit, zu »trinken wie ein Mann«, einem Jungen eine Art Geschlechtsstolz. Der Druck, zu trinken – und tüchtig zu trinken – ist extrem stark. Wir kennen einen jungen College-Studenten asiatischer Abstammung, der Rugby spielte und an den fast rituellen Saufgelagen nach den Spielen teilnahm. Er tat dies, obwohl er wusste, dass ihm wie vielen Asiaten ein alkoholabbauendes Enzym fehlte. Er wurde deshalb schneller betrunken und litt am nächsten Tag weitaus stärker unter Katererscheinungen als seine Mannschaftskameraden. Doch ihm war es wichtig mitzuhalten, und so tat er es.

»Nicht dass dir jemand einen Joint in die Hand drückt und dir sagt, dass du den rauchen musst«, berichtet ein anderer Junge. »Es ist deine eigene Entscheidung – aber wenn die Jungs eine

Tüte rumgehen lassen, möchtest du dabei sein.« Mädchen haben ihre eigenen zweifelhaften Gründe, Alkohol zu trinken, doch der, eine »richtige« Frau zu sein, gehört nicht dazu. »Zu feige« zum Trinken zu sein, hat für ein Mädchen einfach nicht dasselbe psychologische Gewicht.

In Jäger- und Sammlergesellschaften konnte ein Junge der Gemeinschaft seinen Wert als Versorger oder Beschützer beweisen; er konnte seinen Nutzen für den Stamm zeigen, indem er einen Büffel oder Löwen erlegte. Die jüdische Bar-Mizwa, die evangelische Konfirmation und andere religiöse Riten markieren den Eintritt eines Jungen in das Erwachsenenalter; mit ihnen wird feierlich anerkannt, dass der Junge in die religiösen Grundlagen eingeweiht ist und als vollwertiges »erwachsenes« Mitglied der Religionsgemeinschaft gilt. Leider wirkt sich diese religiöse Mündigkeit nicht auf seinen Status in der Kultur insgesamt und ganz gewiss nicht in der säkularen Subkultur der Jungen aus. Da heute keine Stammeskriege mehr geführt werden, besteht ein Mangel an sinnvollen modernen Männlichkeitsriten. Ein Junge mag heutzutage den Eindruck gewinnen, dass ihm nur hochriskantes Trinkverhalten oder Drogenkonsum bleibt, um mittels dieser »Mutprobe« die Anerkennung oder die Kameradschaft anderer Jungen zu erringen.

Die Geschichten, die Jungen über ihre Besäufnisse erzählen, sind ihre »Kriegsgeschichten«, nur sind die dramatischen Augenblicke der Wahrheit, in denen man am Rand des Abgrunds steht, in denen man an die Grenzen der eigenen Stärke und Zähigkeit stößt, in denen sich erweist, wer der Stärkste und Verwegenste ist, etwas anderer Art. Und jedes Mal, wenn diese trinkenden Jungen aufs Neue »in die Schlacht ziehen«, scheint noch mehr Imponiergehabe und noch größere Tollkühnheit gefordert.

Jungen lernen schon von ihren ersten Mutproben auf dem Spielplatz an, dass die Bereitschaft, Risiken einzugehen, einen Teil dessen ausmacht, was es bedeutet, ein Mann zu sein. Für heranwachsende Jungen bilden Alkohol- und Drogenkonsum die nächste Sprosse auf der natürlichen Stufenleiter der Risikobereitschaft. Geoffrey Canada beschreibt das in seinem Buch *Reaching Up for Manhood* so: »Als wir heranwuchsen, machten meine Freunde und ich alle möglichen riskanten Sachen. Wir sprangen von Dächern, kletterten über Stacheldrahtzäune, bewarfen uns mit Steinen. Später übernahmen wir die althergebrachte Ansicht, wonach ein Mann zu sein bedeutet, ›was vertragen‹ zu können, und wir wurden süchtig danach, uns zuzudröhnen. Wir wussten, dass wir, um diesen Rauschzustand zu erreichen, Risiken eingehen mussten, doch Risikobereitschaft war schon längst Bestandteil unseres Lebens geworden.«[5]

Als ein 22-jähriger »College-Junge« in New York bei einem Saufgelage seiner Studentenverbindung im Fluss ertrank, startete das College eine aggressive Anti-Alkohol-Kampagne. Doch auch nach deren Ende war die Tradition des Alkoholmissbrauchs an der Schule quicklebendig. Wie ein Erstsemester einem Reporter der *New York Times* berichtete, hatte an seinem zweiten Abend ein Mitbewohner seines Wohnheims stolz verkündet, er habe fünf Tequila und zwei Bier getrunken.[6]

»Dann geben sie damit an, wie schlimm sie gekotzt haben«, erklärte er, »um zu zeigen, wie viel sie trinken und sich trotzdem auf den Füßen halten können und nicht abkratzen.«

Dumme-Jungen-Streiche

Peter, mittlerweile 19 Jahre alt, traf sich einmal mit Freunden zu einer Saufparty an einem einsamen Strand. Da verfielen seine Freunde auf die Idee, sich ein wenig auf seine Kosten zu amüsieren.

»Wir waren sinnlos besoffen«, erinnert er sich. Seine Freunde holten einen alten Campingstuhl aus dem Kofferraum ihres Wagens, banden ihn mit einem gefundenen Seil darauf fest und knebelten ihn mit einem T-Shirt. Sie wollten sich schier ausschütten vor Lachen über ihren witzigen Scherz und trugen Peter mitsamt dem Stuhl bis zur Wasserlinie. Dort setzten sie ihn ab und gingen zum Wagen zurück, während Peters erstickte Schreie hinter ihnen verhallten. Nach etwa einer Viertelstunde warf eine Welle Peters Stuhl um, so dass er nun kopfüber im Wasser lag.

»Wenn meine Freunde sich nicht umgedreht und gesehen hätten, dass ich nicht mehr da war, wäre ich jetzt tot«, erzählt er. »Als sie endlich zu mir hergerannt kamen, war ich schon so lange unter Wasser, dass ich es kaum noch ein paar Sekunden länger ausgehalten hätte.«

Eine der gefährlichsten Auswirkungen von Alkohol auf das Gehirn liegt darin, dass er das Urteilsvermögen praktisch außer Kraft setzt. Ganz platt gesagt: Je mehr ein Junge trinkt, desto dümmer wird er. Im Rausch können sich Jungen unbesiegbar, unsterblich und außerhalb des Geltungsbereichs der Gesetze fühlen. Eine Bemerkung, die wir in Montagvormittagsitzungen mit Jungen häufig zu hören bekommen, lautet: »Ich kann gar nicht glauben, dass ich das getan habe.«

Bei heranwachsenden Jungen ist jedes Trinken ein »Problemtrinken«.[7] Wenn Jungen Alkohol trinken, dann fast immer bis zum Exzess. Weil sie sich den üblichen Herausforderungen ihrer betrunkenen Altersgenossen, »sich noch ein Bier reinzuziehen«, stellen zu müssen meinen, *trinken* Jungen im Teenageralter nicht Alkohol, sondern sie missbrauchen ihn. Nicht, dass Erwachsene keinen Alkoholmissbrauch betrieben; viele Jungen übernehmen ihr Trinkverhalten von ihren Eltern oder anderen Erwachsenen. Doch während viele Erwachsene ein Glas Wein oder Bier zum Essen trinken können und dieses Maß nie überschreiten, zeichnet sich das typische Trinkverhalten eines heranwachsenden Jungen eher durch periodische, hochriskante Totalbesäufnisse aus als durch stetigen, mäßigen Konsum.

Mit hohem Alkoholkonsum geht hochriskantes Verhalten einher. Wie Statistiken zeigen, fahren vier von zehn Jungen im Abschlussjahr der High School unter Einfluss von Alkohol Auto. Drei von zehn haben schon bis zur Besinnungslosigkeit getrunken. Männliche Jugendliche unter 18 Jahren werden zehnmal häufiger als weibliche wegen eines Alkohol- oder Drogendelikts inhaftiert. Fachleute für Gesundheitfragen halten den Alkoholkonsum von Jugendlichen auch deswegen für Besorgnis erregend, weil er sehr häufig und direkt verantwortlich ist für Verletzungen und Todesfälle unter Jugendlichen durch Verkehrs- und Badeunfälle, Zigarettenrauchen, Drogenkonsum, Geschlechtskrankheiten, Gewalt und Suizid. Alkoholkonsum in jüngeren Jahren führt zu einem doppelt hohen Risiko für eine HIV-Infektion: Die betroffenen Jungen haben mehr Sexualpartner und benutzen seltener Kondome.[8]

Von Jungen in der High School bekommen wir unzählige Geschichten über Alkoholkonsum und Beinahe-Todesfälle wie auf der Strandparty mit Peter zu hören. Ted, 17 Jahre alt, schlief auf der Heimfahrt von einer Party am Steuer des Wagens ein. Er erwachte jäh, als sein Auto von der Straße abkam und auf die Seite kippte. Vor anderen prahlte er damit, dass er bei alldem die Dose Bier, die er in der Hand hielt, nicht verschüttet habe. Ein anderer Junge, 16 Jahre alt, erzählt, dass er beinahe in ein alkoholbedingtes Koma gefallen wäre, nachdem er Wodka »getrichtert« hatte. »Trichtern« bedeutet, wie der Name schon sagt, dass dem Betreffenden der Schnaps durch einen Trichter direkt in die Speiseröhre gegossen wird, um das zeitraubende Schlucken zu umgehen. Glücklicherweise war einer seiner Freunde noch so weit bei Sinnen, dass er merkte, dass diese Ohnmacht nicht normal war, und den Notarzt rief.

Für viele Jungen sind derartige »Großtaten« Zusammengehörigkeitserfahrungen, deren sie sich noch Jahre später gerne erinnern. Für viele Männer verlieren sie nie ihren Reiz. Wer in ein solches Verhaltensmuster hineinrutscht, bei dem »verwächst« es sich nicht unbedingt. Mehrere College-Freunde, die jetzt alle Ende 30 und sehr erfolgreiche Geschäftsleute sind, treffen sich einmal im Jahr, mieten sich eine Großraumlimousine und lassen sich bis zum Umfallen voll laufen. Wie Weltkriegssoldaten, die sich aneinander klammerten, wenn rings um sie deutsche Bomben einschlugen, klammern sich diese Männer aneinander, während sie die Straße entlangtorkeln. Auf ihrer Sauftour statten sie gelegentlich einem Bordell oder einem Stripteaseclub einen Besuch ab. Letztes Jahr war der Höhepunkt ihrer Tour eine Fahrt zu ihrem alten College, wo sie am Haus der damals rivalisierenden Studentenverbindung die Fenster einwarfen. Jedes Jahr lassen sie ihre früheren Abenteuer im Rausch des nächtlichen Geschichtenerzählens wiederauferstehen – ihre »Kriegsgeschichten«.

Falsche Freunde: Wenn die einzigen Kumpels Saufkumpane sind

An manchen Schulen dürfen die Schüler Fotos von Ereignissen, an die sie sich besonders gerne erinnern, zu den Jahrbüchern beisteuern. Nicht selten erblickt man darin das folgende klassische Bild: eine gesellige Runde von sechs oder acht Jungs mit strahlenden Gesichtern, die Arme um die Schultern der Nebenmänner gelegt. Sie sind natürlich schwer angeheitert, vielleicht zusätzlich noch high. In der Kultur der heranwachsenden Jungen gelten Alkohol und Drogen als Grundlage des »Gut-drauf-Seins« und dienen dazu, einige der aufgebauten emotionalen Barrieren niederzureißen. Obwohl beim Trinken Emotionen an die Oberfläche kommen können, ist es nichtsdestotrotz eine männliche Beschäftigung, weshalb dieser Verstoß gegen das Coolness-Gebot entschuldbar ist. Der Betreffende ist nicht schuldfähig: Fast alles, was man(n) unter Alkoholeinfluss tut, lässt sich am nächsten Tag leichthin abtun; es ist daher ungefährlich und erlaubt, eine Zeit lang Nähe zu spüren. Das betäubt vorübergehend den Schmerz der Isolation und Einsamkeit.

Alkohol ist ein Schmerzmittel – gegen alle Arten von Schmerz –, da er das Subsystem im Gehirn beeinflusst, das opiatähnliche, schmerzstillende Substanzen, Endorphine, erzeugt.[9] Menschen, die sich beim Sport total verausgaben, kennen dessen Wirkungen, weil dann Endorphine ausgeschüttet werden. Weniger bekannt ist, dass dieses Opiatsystem auch etwas mit dem Tastsinn zu tun hat und daher teilweise auch die emotionale Bindung steuert.

Dieser Tastsinn schützt uns nicht nur in sehr realer Weise vor Schmerz – wir ziehen unsere Hand zurück, wenn wir die Hitze einer Flamme spüren –, sondern vermittelt uns auch Trost und Geborgenheit, ob wir nun als Säugling gewiegt werden, ob uns eine Geliebte oder ein Geliebter liebkost oder ob sich eine mitfühlende Hand auf unsere Schulter legt, wenn wir Kummer haben. Alle Arten von Berührungen rufen die Ausschüttung dieser natürlichen schmerzstillenden Opiate hervor. Wenn ein Kind sich das Knie aufschlägt und zu seiner Mutter läuft, vermittelt ihm ihre Berührung nicht nur auf psychologischer Ebene Beruhigung und Geborgenheit, sondern sie lindert auch buchstäblich den Schmerz.

Jungen, die keine liebevollen, tröstenden Berührungen erfahren – weil sie Körperkontakte aus Angst, Scham oder Wut meiden –, suchen und finden in der Flasche Linderung, aber keine echte Heilung. Sie lernen, »es zu nehmen wie ein Mann« und es mit sich auszumachen. Statt genügend emotionalen Mut und Vertrauen aufzubringen, um zugeben zu können, dass sie über ein Problem gerne sprechen oder einfach nur die Nähe eines anderen spüren würden, schenken sie sich ein Glas ein, und dann noch eines und noch eines, bis der Schmerz der emotionalen Vereinsamung betäubt ist.

Jungen sind auch nur Menschen: Sie suchen die Nähe untereinander und vor allem die Nähe zu Mädchen. Alkohol erleichtert ihnen den Umgang mit Gefühlen und sozialen Situationen. Allerdings ist das ein Scheintrost, da Alkohol sinnvolle Kommunikation und ein echtes Gefühl von Sicherheit oder Kompetenz ausschließt. Alkohol und Drogen bauen Angst und Hemmungen ab, und der Rausch vermittelt ein warmes, kuscheliges Gefühl, doch die Wirkung verfliegt bald und führt in die Abhängigkeit.

Alkohol und Drogen bieten Jungen eine Fluchtmöglichkeit vor den Irrungen und Wirrungen der Gefühle, weil sie die Aufmerksamkeit auf das Trinken oder den Drogenkonsum lenken. Es ist leichter, die ganze Woche zu überlegen, wo man Bier kaufen und mit seinen Freunden trinken wird, als sich einer kritischen Prüfung der eigenen emotionalen Reife zu unterziehen. Doch die versäumten emotionalen Lektionen verschärfen nur die Schwierigkeiten, die Jungen ohnehin damit haben, Lebensereignisse und andere Menschen zu verstehen und angemessen mit ihnen umzugehen. Einfacher ausgedrückt, wenn man betrunken oder zugekifft und hauptsächlich damit beschäftigt ist, bei Bewusstsein zu bleiben, erwartet niemand mehr tiefsinnige Gedanken von einem. In den Augen eines Jungen, der unter sozialen, emotionalen oder sexuellen Hemmungen leidet, gewinnt die geisttötende Beschäftigung, Etiketten von Bierflaschen zu pulen, ziemlich große Attraktivität. Es ist eine gewaltige Aufgabe, sich den emotionalen Unwägbarkeiten eines ganzen Abends mit Mädchen oder Freunden auszusetzen, soziale Unsicherheit heraufzubeschwören und die eigenen Reaktionen auf diese Unsicherheit auszuhalten, also möglicherweise Empfindungen wie Traurigkeit, Entfremdung oder Ablehnung zu verspüren.

Die Forderung, dass ein Junge seine Gefühle im Griff, *unter Kontrolle* haben sollte, erweckt in ihm häufig das Empfinden, einer Aufgabe gegenüberzustehen, der er nicht gewachsen ist. Wenn sich ein Junge in dieser Lage sieht, macht ihm Alkohol das emotionale Leben viel leichter, weil er mit benebeltem Hirn nicht gerade zu differenziertem Denken fähig ist. Andererseits stellt das Kunststück, sich *unter Alkoholeinfluss* körperlich unter Kontrolle zu behalten, eine physische Leistung dar und somit eine anerkannt mannhafte Tat. Wenn einer zu viel getrunken hat, dann erfordert *das* seine gesamte Aufmerksamkeit. Niemand erwartet noch etwas anderes von ihm.

Genau wie sich das Alter und die Wachstumsbedingungen eines Baumes im Muster seiner Wachstumsringe niederschlagen, lässt sich die Einschränkung des emotionalen Wachstums eines Jungen oft zu der Phase zurückverfolgen, in der er mit Alkohol oder Drogen angefangen hat. Die stecken gebliebene emotionale Entwicklung, die bei vielen Männern erkennbar ist, ist der verborgene Preis des Missbrauchs. Und dieser Preis ist höher, als die meisten Jungen ermessen können, eben weil ihnen die dazu notwendige emotionale Erfahrung und Reife fehlen.

Alles im Griff – doch um welchen Preis?

Sich seinen Ängsten zu stellen und zu versuchen, sie zu meistern ist harte Arbeit. Statt diese Arbeit auf sich zu nehmen, sucht sich ein Junge, der gewohnheitsmäßig Drogen oder Alkohol konsumiert, eine sichere Nische, gewöhnlich eine Clique ihm sehr ähnlicher Jungen, in der sein Drogen- oder Alkoholmissbrauch nicht in Frage gestellt wird. So kommen zwar Jungen auf vielen verschiedenen Wegen und mit vielen verschiedenen Erwartungen zu Alkohol und Drogen, doch als Konsumenten schlagen sie alle dieselbe Straße voller emotionaler Umleitungen und gefährlicher Sackgassen ein. Genau wie es vielen Eltern schwer fällt, Traurigkeit und Depression bei Jungen zu akzeptieren, bereitet ihnen die Einsicht Schwierigkeiten, dass Jungen zunächst einmal aus denselben Gründen zu Alkohol und Drogen greifen wie Erwachsene: Die Wirkungen sind angenehm, und sie lenken von den Kümmernissen des Lebens ab.

Doch was auch immer sich Jungen von Alkohol und Drogen versprechen, die adoleszenzübliche Selbstüberschätzung in Verbindung mit der vernunftbeeinträchtigenden Wirkung dieser Substanzen macht sie für die realen Gefahren blind. Jungen, die Drogen und Alkohol konsumieren oder missbrauchen, balancieren auf einem schmalen Grat, doch sie spüren ausschließlich das berauschende Gefühl, ganz oben zu sein – aber keine Angst vor dem Absturz.

Michael über Ted: Ein junger Alkoholiker blickt zurück

Ted ist 18 und Sohn eines College-Professors und einer Schulpsychologin, die mehr als fünf Jahre lang die Augen vor seinem Alkoholproblem verschlossen hatten. Nach drei Verhaftungen und mehreren dramatischen Zusammenbrüchen, die in einer Notaufnahme endeten, stellten ihm seine Eltern ein Ultimatum: Entweder er hörte mit dem Trinken auf und durfte weiter zu Hause wohnen, oder er musste ausziehen.

Auf seinem mühsamen Genesungsweg hat Ted gelernt, über sein Problem zu sprechen. Wenn Jungen auf Alkohol oder Drogen sind, sind sie in der Regel außerstande, vernünftig über ihr Problem nachzudenken. Doch Ted ist auf dem Wege der Besserung; er möchte erzählen, was er durchgemacht hat, und anderen Jungen helfen, klüger zu sein als er. Beim ersten Eindruck verblüfft Ted durch seine Ausstrahlung. Er sieht sehr gut aus, ist sehr redegewandt, sehr beliebt bei Mädchen. Er spricht mit Bedacht, voller Engagement und dem Wunsch, zu helfen. Natürlich hat das, was er mir erzählt, etwas von der Bekennerattitüde der

Meetings der Anonymen Alkoholiker. Wie sollte es auch nicht? Er hat mittlerweile an zahlreichen AA-Treffen teilgenommen. Ich hatte eine Stunde für das Gespräch mit Ted eingeplant; es werden schließlich zweieinhalb. Er erzählt fesselnd, und seine Geschichte ist Mitleid erregend. Ich bin ihm dankbar, dass er sie mir erzählt hat.

Ted trank in der 7. Klasse zum ersten Mal Alkohol und begann im selben Jahr Marihuana zu rauchen. Im ersten Jahr auf der High School war er Alkoholiker. Wie Ted seine Reise in den Alkoholismus schilderte, begann sie aus purer Neugier und nur so zum Spaß und kam durch die tatkräftige Unterstützung seiner Kumpel so richtig in Fahrt. Sie tranken gemeinsam und kümmerten sich umeinander, wenn einer von ihnen besinnungslos oder krank wurde. Diese Fürsorge und Bindung wäre ohne Alkohol als dem »Klebstoff«, der sie zusammenhielt, gar nicht zustande gekommen. Unter Alkoholeinfluss konnten diese Jungen miteinander über Gefühle reden – wenn auch von Alkohol oder Drogen benebelte Gefühle –, und sie konnten eine körperliche Nähe und Kameradschaft teilen, die sie in nüchternem Zustand verlacht hätten.

Wie die meisten Jungen mit 13 Jahren dachte Ted nicht über die Gründe für seinen Marihuana- und Alkoholmissbrauch nach. »Ich trank einfach, um betrunken zu werden. Es ist schwer zu sagen, warum. Ich glaube, ich trank, um zu vergessen, aber nicht, um etwas Bestimmtes zu vergessen. Ich habe eigentlich nie weiter über die Gründe nachgedacht als bis dahin, dass ich das Gefühl echt gut fand. Ja, ich habe getrunken, weil ich das Gefühl von Betrunkensein mochte. Ich weiß noch, dass ich dasaß und bei mir dachte: ›Versuch dir wegen irgendwas Sorgen zu machen. Jetzt versuch dir wegen irgendwas Sorgen zu machen. Denk an irgendwas und versuch dir deswegen Sorgen zu machen.‹ Aber ich konnte es einfach nicht, weil ich ganz im Augenblick lebte und tat, was ich wollte, und das machte mich unglaublich glücklich. Es war dieses unerschütterliche Gefühl, dass man irgendwie alles machen konnte und alles sein konnte und alles egal war, auch wenn man am nächsten Morgen aufwachen und denken würde: ›O Gott, was hab ich gestern Abend nur angestellt?‹ oder so. Zumindest in dem Moment konnte man irgendwie tun und fühlen und sagen, was man wirklich dachte. Ich war irgendwie verrückt; es machte Spaß; ich machte Sachen, die ich normalerweise nicht gemacht hätte, wenn ich nicht besoffen gewesen wäre – Sie wissen schon, einfach ein bisschen freier leben.

Trinken ist fast so was wie eine Flucht. Du kannst sein, was du sein willst, und wachst auf und merkst, welche Folgen es hat, aber es ist irgendwie nicht so. Zum Beispiel wenn meine Freunde zu mir kommen und mir erzählen, dass sie mit einem Mädchen rumgemacht haben, das ich nicht so besonders attraktiv fand. Wenn sie dann sagen: ›Ich war so hackezu‹, dann kann ich sagen: ›Alles klar‹, und dann kann ich denken, so viel ich will, dass das bloß eine Ausrede war; wenn sie nüchtern gewesen wären, wäre es etwas anderes für mich gewesen. Selbst wenn ich wollte, dass es keine Ausrede wäre, so weiß ich doch, dass man sich blödere Sachen leisten darf, wenn man betrunken ist.

Ich glaube, einer der Gründe, warum ich trank und warum viele Leute trinken, ist, dass es dir praktisch eine Entschuldigung dafür gibt, zu handeln, ohne nachzudenken. Es wird irgendwie akzeptiert, wenn man trinkt und sich dann blöd verhält. Die Leute dürfen rumlaufen und Mist bauen und sagen: ›Ich war eben betrunken‹, und dann ist das okay. Damit kommt jeder durch.«

Ted wusste ganz genau, dass der Alkohol ihm als bequeme – und sozial akzeptierte – Entschuldigung diente, sich der Verantwortung für sein Handeln zu entziehen. Er wurde in eine Schlägerei verwickelt oder war brutal zu einem Mädchen oder stellte irgendeine der Dummheiten an, die Jungen so einfallen können, und er wurde nicht dafür zur Rechenschaft gezogen; er sah sich also auch nicht veranlasst, sein Tun kritisch zu überprüfen oder sich das nächste Mal reifer zu verhalten. Er hatte eine Entschuldigung für ewig währendes Pubertieren.

Von Drogen und Alkohol fünf Jahre lang aufs Abstellgleis geschoben, schien Ted in einen tiefen Dornröschenschlaf gefallen zu sein und all diese Jahre seines Lebens versäumt zu haben, einschließlich der emotionalen Lernerfahrungen, die mit Freundschaften, Liebesbeziehungen und dem Einüben von Arbeit und persönlichen Werten verbunden sind. Jetzt gibt es viel an emotionalem Lernstoff nachzuholen, und man kann nicht für das Examen büffeln oder mogeln, um ein »Befriedigend« zu kriegen. Wenn Jungen zu Alkohol oder Drogen greifen, suchen sie nach einer emotionalen Bindung, doch Trinken und Drogenkonsum entfernen sie nur noch weiter von ihrer eigenen Gefühlswelt und jedem Einblick in die Emotionen anderer. Und es besteht nicht nur die Gefahr der Abhängigkeit. Für jeden Nervenkitzel, den Alkohol und Drogen den Jungen bieten, haben sie einen Preis zu zahlen, dessen Höhe sie nicht überblicken können – in Form versäumter Gelegenheiten, emotionale Reife zu entwickeln.

Dan über Eric: Ein Junge auf der Flucht

Im Sommer vor seinem ersten Jahr auf der High School, als Eric 15 wurde, rauchte er mit seinen Freunden fast täglich Haschisch. Er war in diesem misslichen Alter, wo man zu jung ist, um eine sinnvolle Arbeit zu finden, noch nicht Auto fahren darf, sich aber zu alt fühlt für ein Sommerlager. Er machte die üblichen Gelegenheitsjobs wie Rasenmähen beim Nachbarn, die ihm etwas Geld zusätzlich zu seinem recht üppigen Taschengeld einbrachten. Einer seiner Freunde verfügte ebenfalls über Geld, und solange die Finanzen reichten, konnten sie für Nachschub sorgen.

Erics Eltern wussten, dass er Marihuana probiert hatte, doch sie wussten nicht, wie oft er kiffte. Da sie selbst auf dem College Marihuana geraucht hatten, akzeptierten sie bis zu einem gewissen Punkt, dass auch er es versuchte. Etwas anderes wäre ihnen wie Heuchelei vorgekommen. Zugleich war ihnen, die in den 60er Jahren volljährig geworden waren, klar, wohin Drogenkonsum führen konnte. Sie waren unsicher, wie weit sie ihre Toleranz gehen lassen sollten. Seine Mutter glaubte gern, was Eric ihr erzählte – dass er zum ersten Mal Haschisch probiert habe, als jemand es zu einer Party mitbrachte, und dass er danach noch ein- oder zweimal gekifft und gemerkt habe, dass es das nicht besonders brachte. Das war eine Halbwahrheit, die Eric selbst glauben wollte. Doch dann geriet Eric in einen anderen Freundeskreis. Als seine Haare länger wurden und er sich übergroße, sackartige Jeans kaufen ging und noch vor der ersten Mannschaftsaufstellung aus den Basketballprobespielen ausstieg, begannen sich seine Eltern zu fragen, wie viel er wohl in Wahrheit konsumierte. Zu diesem Zeitpunkt schickten sie ihn zu mir. Vielleicht machte Eric nur eine Phase durch, doch sie wollten es keinesfalls darauf ankommen lassen.

Eric und ich kamen auf Anhieb sehr gut miteinander aus. Wir hegten beide eine kennerhafte Bewunderung für die Spielweise von Larry Bird und Michael Jordan, und wie es bei vielen Männern und Jungen der Fall ist, diente der Sport als leicht zugängliche Brücke zwischen uns. Wir kamen bald über das Thema Basketball hinaus, und Eric zeigte sich bereit, mir etwas über seine Drogengewohnheiten zu erzählen.

»Was hast du am Samstagabend gemacht?«

»Ich bin mit John und Toby weg gewesen.«

»Was habt ihr gemacht?«

»Bloß so rumgehangen.«

»Seid ihr high gewesen?«

»Ja, wir gingen zu der Party von Tim [ein anderer Klassenkamerad] und zogen mit diesem Typen, der immer dieses unglaubliche Gras anschleppt, einen durch.«

»Wer war noch da?«

»Hauptsächlich Jungs aus meiner Schule.«

»Sonst noch jemand?«

»Ja, nachdem wir gekifft hatten, kamen diese echt heißen Mädchen von Concord vorbei. Die hab ich noch nie vorher getroffen.«

»Hast du mit ihnen geredet?«

»Nein, wir haben nur relaxt und Musik gehört.«

Im nächsten Monat ging Eric mit einem Mädchen, das er auf einer anderen Party kennen gelernt hatte. Sie war drei Jahre jünger als er und ging noch nicht auf die High School. Unsere Gespräche drehten sich jetzt hauptsächlich um diese Beziehung. Er fand sie sehr schön, und sie begannen miteinander zu schlafen. Stolz berichtete er mir, dass sie noch Jungfrau gewesen war. Doch mir war klar, dass einer der Gründe, weshalb Eric so für sie schwärmte, darin lag, dass sie für ihn nicht bedrohlich war. Er

hatte in der Beziehung die Fäden in der Hand. Sie schwebte im siebten Himmel, dass sie mit einem Jungen aus der High School ging, und ließ sich ehrfürchtig in seine Welt einführen – eine Welt, zu der natürlich das Kiffen gehörte.
Daher provozierte ich ihn ein wenig damit: »Glaubst du, du würdest noch mehr auf Elissa stehen, wenn sie in deinem Alter wäre?«
»Vielleicht. Meine Freunde ziehen mich ja schon damit auf, dass ich pädophil wäre. Und sie ist echt schwer auszuhalten, wenn sie mit ihren Freundinnen zusammen ist. Sie sind unglaublich albern. Sie sitzen bloß rum und kichern über das blödeste Zeug.«
»Macht dir das genauso viel aus, wenn du high bist?«
»Mir macht überhaupt nichts viel aus, wenn ich high bin. Das ist ja das Tolle daran. Nichts juckt dich mehr. Wenn du wegen irgendwas Blödem nervös bist, dann rauchst du, und plötzlich vergisst du es entweder, oder du findest es lustig. Und auf einer Party kannst du einfach dasitzen und dir die Musik reinziehen und den ganzen Scheiß vergessen.«
Im Laufe der nächsten Monate führten wir weitere Gespräche – über seine Freunde, die im Vergleich zu anderen Schülern unentwegt kifften, über Elissa und warum er sich zu einem so jungen Mädchen hingezogen fühlte. Eric arbeitete sich an diesen Fragen wirklich schwer ab. Er führte Streitgespräche mit sich selbst, und ich hörte zu. Er vertrat erst einen Standpunkt und widerlegte ihn dann selbst. Beispielsweise erklärte er, er wisse, dass Haschisch ihn beim Lernen beeinträchtige, behauptete dann jedoch, dass es ihn kreativer mache. Hin und her. Ein ehrlicher Blick auf sich selbst, dann ein Rückzieher. Dann eine weitere Wahrheit. Dies ging eine Weile so weiter; ich konnte zusehen, wie ihm die Beweggründe für sein Verhalten immer deutlicher vor Augen rückten. Dann betrat Eric eines Tages mein Sprechzimmer und berichtete mir, er habe beschlossen, mit dem Kiffen aufzuhören, und er habe mit Elissa Schluss gemacht.
»Was ist passiert?«
»Ich weiß nicht. In meinem Kopf hat es einfach irgendwie geklickt.«
»Weswegen?«

»Ich weiß nicht. Es war irgendwie komisch. Diese Mädchen kamen mir auf einmal wie Idioten vor, und ich dachte: ›Was mach' ich eigentlich hier?‹ Wissen Sie, ich hatte irgendwie Angst, dass mit mir vielleicht was nicht stimmt oder so. Es ist schwer zu erklären. Mir drehte sich alles irgendwie, als ob mein Gehirn zu schnell liefe und ich käme mit dem Denken nicht nach. Aber es war auch wie: Ich muss hier raus. Ich erfand irgendeine Ausrede, und als ich draußen war, kam ich nach einer Weile wieder auf den Teppich.«

»Und da hast du beschlossen, mit dem Kiffen aufzuhören?«

»Nein. Erst am nächsten Abend, als Toby losgehen und einen durchziehen wollte und ich bloß dachte: ›Das ist idiotisch. Ich brauche das nicht.‹«

»Und wie läuft es jetzt?«

»Okay. In der Schule geht es jedenfalls besser. Ich vermisse das Kiffen nicht besonders. Ich glaube, ich werde wahrscheinlich wieder mal kiffen, aber ich mache mal eine Weile Pause, vielleicht so lange, bis die Schule fertig ist.«

Eric blieb für den Rest des Jahres ziemlich clean, und im Frühjahr begann er mit einem Mädchen von einer anderen Schule zu gehen, das eher seinem Alter entsprach. Mit seiner relativen Enthaltsamkeit waren nicht alle Probleme Erics gelöst. Beispielsweise hatte er im letzten Schuljahr aufgrund einer wenig ratsamen Sturheit einen Zusammenstoß mit einem Lehrer, der ihn beinahe den Abschluss gekostet hätte. Doch er lernte aus seinen Fehlern. Er bemühte sich, sich seinen Problemen zu stellen, statt vor ihnen davonzulaufen. Hätte Eric so weitergemacht wie zuvor, hätte er am Tag des Abschlusses nicht unbedingt viel anders dagestanden. Vielleicht wäre er auf das College gekommen, das auf seiner Wunschliste an zweiter und nicht an erster Stelle stand. Vielleicht wäre das Mädchen, mit dem er zum Abschlussball ging, nur eine Eintagsfliege und »nichts Ernstes« gewesen. Die Unterschiede wären nicht sehr ins Auge gefallen, im Lauf der Zeit jedoch deutlicher hervorgetreten. Die physischen und psychischen Kosten von Alkohol und Drogen summieren sich langsam und hinterhältig wie Schulden auf dem Konto. Die Ausgaben in jedem einzelnen Monat erscheinen nicht übermäßig hoch. Dann wacht man eines Tages auf und stellt fest, dass man jahrelang abzuzahlen hat, bis das Konto wieder auf null ist, dass ein Großteil des Monatsgehalts für Überziehungszinsen und Tilgungen draufgeht, von denen man sich nichts kaufen kann. Solange unsere Kultur die traditionelle emotionale Isolation von Männern bewahrt und ihr Vorschub leistet, so lange sorgt sie für erhöhte Nachfrage auf dem Alkohol- und Drogenmarkt der Jugendlichen. Ohne die elementaren emotionalen Kompetenzen, die sie brauchen, um bessere Entscheidungen zu treffen, wird diese Nachfrage nicht abflauen. Der Eintritt in diese Welt der emotionalen Fluchten ist für alle Jungen einfach; diejenigen ohne die emotionalen Kompetenzen, die ihnen einen Halt geben könnten, finden manchmal nur schwer einen Weg hinaus.

Kapitel 10

Das versteinerte Herz:
Beziehungen zu Mädchen – erst liebevoll, dann lieblos

»And maybe I'm amazed at the way I really need you.«
Paul McCartney, Maybe I'm Amazed

»Komm, Romeo! Hervor, du Mann der Furcht!
Bekümmernis hängt sich mit Lieb an dich,
und mit dem Missgeschick bist du vermählt«.
William Shakespeare, Romeo und Julia, 3. Akt, 3. Szene

Jeder Junge ist potenziell ein einfühlsamer und umsichtiger Liebhaber. Doch zunächst einmal ist er ein Junge, und die Geschichte seiner Sexualität und seines sexuellen Erwachens setzt ein, lange bevor Mädchen ins Spiel kommen. Die Sexualität von Jungen wurzelt zweifellos in biologischen Trieben, doch das schließt emotionale Intimität und tief gehende Liebesbeziehungen nicht aus. Es setzt jedoch voraus, dass ein Junge den Weg von der Simplizität des Sex zur Komplexität von Beziehungen geht, und darin liegt die Herausforderung für jeden Jungen – und für viele Männer, die Mühe haben, über die einsame Befriedigung durch lieblosen Sex hinaus und zum Glücklichsein in einer intimen Partnerschaft zu gelangen.
Irgendwo zwischen gefühlvollen Romanzen und gefühllosen Kontakten spielen sich die Geschichten aller Jungen ab, die diesen Übergang vollziehen – oder wie in vielen Fällen beides gleichzeitig haben wollen. In dieser Zeit des Umbruchs tritt ein komplexes Bild des Seelenlebens von Jungen zutage, welches einerseits bestätigt, dass sie zu Fürsorge und Liebe imstande sind, aber andererseits illustriert, wie viele Jungen in ihrem stürmischen Drängen nach sexuellen Erfahrungen Mädchen wehtun können. Die meisten Jungen gehen mit dem Bedürfnis, sowohl zu lieben und geliebt zu werden als auch sexuelle Erfüllung zu finden, in »Liebes«-Beziehungen hinein. Dass es vielen Jungen – sogar den meisten – alles andere als leicht fällt, solche Beziehungen anzuknüpfen, lässt sich darauf zurückführen, dass in ihrem

Inneren Konflikte zwischen verschiedenen starken Kräften toben und ihre emotionale Erziehung sie nur dürftig auf Beziehungsarbeit und Intimität vorbereitet hat.
Jeder Mann erinnert sich an das körperliche und emotionale Durcheinander seiner sich entfaltenden Sexualität – an die doppelte Qual von Begehren und Angst –, doch die wenigsten Frauen erfahren ein Wort darüber. Für die meisten Mütter, deren Sohn in die Pubertät eintritt, beginnt sich seine Sexualität sichtbar zu entwickeln – sein Bart sprießt, seine Schultern werden breiter, seine Stimme wird tiefer –, es bleibt jedoch fast völlig im Dunkeln, was die Erwartungen, Hoffnungen, Ängste und emotionalen Konflikte betrifft, die jeden Jungen umtreiben. Den meisten Mädchen teilt sich die Sexualität eines Jungen in diesen körperlichen Merkmalen und einem verstärkten Interesse am anderen Geschlecht eindeutig mit. Doch welche Gefühle hinter seinem Verhalten stehen, bleibt verborgen und für die Mädchen, die es naturgemäß auf dem Hintergrund ihrer besonderen, weiblichen sexuellen und emotionalen Entwicklung wahrnehmen, eine Frage der Interpretation. Selbstverständlich gibt es Jungen, wahrscheinlich mindestens zwei Prozent, die sich nicht zu Mädchen hingezogen fühlen und auch niemals so empfinden werden. Für sie ist das Erwachsenwerden in einer Umgebung, die Homosexualität ablehnt, immer noch eine verwirrende und quälende Reise, trotz der größeren sexuellen Toleranz unserer Tage. Als Therapeuten haben wir noch wenig Erfahrungen mit Problemen im Zusammenhang mit Homosexualität gesammelt. Deshalb beschränken wir unsere Diskussion über Liebe, Sexualität und Romantik auf einen heterosexuellen Kontext. Wir sind uns jedoch bewusst, dass viele der in diesem Kapitel angesprochenen Probleme alle gleichermaßen betreffen und dass alle Jungen zu einer erfüllten Liebesbeziehung finden können.
Was sich in Jugendlichen abspielt, ist ein verschlungenes Epos über Sexualität und Intimität, getragen von der Spannung, die die Ängste, Hoffnungen und Sehnsüchte von Jungen hervorrufen. Sie stehen in einer emotionalen Tradition, die heute nicht weniger gültig ist als vor 400 Jahren, als Shakespeares Romeo dem intensiven, impulsiven Verlangen heranwachsender Jungen

nach einer Liebesbeziehung Ausdruck gab. Wie Romeos Sehnsucht nach Julia – die einer Romanze mit einem anderen Mädchen auf dem Fuße folgte – strotzen die ersten romantischen Erfahrungen der meisten Jungen vor emotionaler Dramatik. In unserer Arbeit mit Jungen werden wir Zeugen ihrer Qualen, ihrer Kämpfe, ihrer Unwissenheit, ihrer manchmal unrealistischen Hoffnungen. Wir sehen nur zu deutlich, dass es ihnen an dem Vertrauen und der Liebe mangelt, die sie bräuchten, um ihr Leben ins Lot zu bringen.

Was Jungen wollen

In dem Moment, in dem man Einblick in die Hoffnungen und Ängste eines Jungen gewinnt, beginnt man zu verstehen, womit er sich herumschlägt, wenn er mit seiner aufkeimenden Sexualität zurande zu kommen sucht. Er sieht sich mit inneren Bedürfnissen und Wünschen konfrontiert, die er miteinander in Einklang bringen muss: Er will Sex, er will Liebe, er will männlich sein – und bei alldem will er nicht zurückgewiesen oder verletzt werden. Damit steht er vor einer Angst einflößenden emotionalen Herausforderung, denn jedes dieser Bedürfnisse ist mit schwer wiegenden Hindernissen und Folgen verknüpft.

Ein Junge will lieben und geliebt werden

Jungen sehnen sich nach emotionalen Bindungen, doch sie haben kaum Gelegenheit, sie einzuüben. Vor der High School haben sie den Großteil ihrer Zeit mit ihren Freunden verbracht, haben Wettkämpfe ausgetragen, sich gegenseitig aufgezogen oder sind in der Phantasie oder im Spiel in die Rolle »großer Männer« geschlüpft. Wenn sie älter werden, finden viele eine Art künstlicher Nähe während gemeinsamer Besäufnisse. Jungen wünschen sich Beziehungen zu Mädchen, doch meist sind sie so wenig vertraut mit emotionaler Kommunikation, dass sie sich nicht einmal vorstellen können, was Intimität bedeutet. Sie haben kaum gelernt, andere zu »verstehen«, aus Gesprächen, Gesichtsausdrücken oder Körpersprache emotionale Signale »herauszulesen«. Empathie zu zeigen ist schwer, wenn man nicht zu verstehen vermag, was eine andere Person fühlt, und weil Jungen nicht dazu angehalten und ermuntert werden, ihr Einfühlungsvermögen zu entwickeln, interpretieren sie soziale und sexuelle Signale von Mädchen oft falsch: Sie können sich nicht vorstellen, was ein Mädchen wohl denkt oder will. Nur allzu leicht verheddern sie sich in dem verschlungenen emotionalen Labyrinth einer intimen Beziehung und entscheiden sich lieber für puren Sex statt emotionaler Intimität oder sie stecken einfach ganz auf und sagen sich: »Ach zum Teufel damit, das ist zu kompliziert. Gehen wir lieber ein paar Körbe werfen.«

Ein Junge will seine sexuellen Impulse ausleben

Jungen haben starke sexuelle Bedürfnisse, und ihre ersten sexuellen Lektionen finden im Geheimen statt. Ihre Sexualität – die körperliche Entwicklung und die mit ihr verbundenen Empfindungen – nimmt schon vor der Pubertät immer größeren Raum in ihrem Leben ein. Zwar gibt es Unterschiede in der Stärke des »Sexualtriebs« von Jungen, doch in der Adoleszenz denkt ein Junge oft an Sex. Sofern es irgendeinen Unterschied zwischen männlicher und weiblicher Sexualität gibt, dann vielleicht den, dass Jungen leichter erregbar sind als Mädchen. Dies könnte teilweise darauf zurückzuführen sein, dass ihre Welt erfüllt ist von sexualisierten Frauenbildern – von den Titelblättern der Illustrierten über *Baywatch* oder Werbespots im Fernsehen und die Sirenengesänge der Anzeigen für Porno-Sites im Internet, auf die sie beim Surfen stoßen, bis hin zu den Mädchen, die sie Tag für Tag im Unterricht sehen und die mit kurzen Röcken und engen Pullovern stolz ihre erblühende Weiblichkeit zur Schau stellen. Selbst wenn sie es wollten, würde es Jungen schwer fallen, sexuelle Gedanken zu unterdrücken. Um mit dieser Erregung zurande zu kommen, masturbieren fast alle Jungen, und zwar regelmäßig.

Weil die Masturbation einen festen Bestandteil der Erfahrungswelt eines heranwachsenden Jungen bildet, ist er sozusagen ein Veteran der sexuellen Lust, bevor er überhaupt Gelegenheit zu sexueller Aktivität mit einer Partnerin bekommt. Wenn ihn sein Begehren nach einer mit reifer Sexualität verknüpften Liebe weitertreibt, muss er sich auf eine heikle Brücke wagen – von einer zutiefst privaten, befriedigenden und kontrollierbaren Phantasietätigkeit hin zu einem realen Mädchen, das ihn mit seiner eigenen, unbekannten sexuellen und emotionalen Landschaft konfrontiert. Was den Erfolg angeht, versagt die Masturbation praktisch nie. Mit einem Mädchen wird das, was vorher so einfach war, plötzlich unendlich kompliziert – körperlich und seelisch. Mit der Kompliziertheit geht auch die Möglichkeit von Frustration oder Versagen einher, und wenn ein Junge nicht gelernt hat, mit diesen Gefühlen anders fertig zu werden, dann reagiert er unter Umständen mit Feindseligkeit oder Wut auf ein Mädchen.

Ein Junge will männlich sein

Bei alldem möchte ein Junge dem Bild des kompetenten, unabhängigen Mannes entsprechen, das seine Altersgenossen und seine Kultur ihm verkaufen. Doch Teile dieses Bildes stehen im Widerspruch zu den Eigenschaften, die er für eine erfüllte Beziehung braucht. Im Grunde ist es gerade dieser Wunsch, kompetent, stark und unabhängig zu sein, der Jungen dazu veranlasst, sich vor der wechselseitigen Abhängigkeit und dem Vertrauen, die den Kern jeder intimen Beziehung ausmachen, in Acht zu nehmen. Von Kindesbeinen an und während der Adoleszenz hämmert die durch und durch männliche Kultur der Grausamkeit jedem Jungen das Gebot ein, stark zu sein, sich nicht verletzlich zu zeigen. Abhängigkeit von Mädchen – ihnen »nachlaufen« – zieht den Spott der Gruppe auf sich. Jungencliquen üben in dieser Weise Druck aus, um den Verlust eines Mitgliedes zu verhindern – ob es sich um einen geschätzten Saufkumpan oder einen zufällig aufgelesenen Basketballkumpel handelt. Wenn Jungen in Gruppen auftreten, überschütten sie auch Mädchen mit Hohn, um stärker zu erscheinen oder mit der

coolen Überheblichkeit des »Wer braucht die denn schon?« ihr Gesicht zu wahren.
Der Grund, weshalb ein Junge die Abhängigkeit von einem Mädchen scheut, liegt in der Furcht vor ihrer Zurückweisung und der damit einhergehenden Pein und Demütigung. Das Streben eines Jungen nach Stärke hat weniger mit Muskelkraft als mit Seelenstärke zu tun; dazu kommt noch, dass er, wenn er sich von einem Mädchen abhängig macht – für ein Lächeln, Liebe, Sex, Selbstachtung –, ihr damit die Macht gibt, ihn in tiefste Verzweiflung zu stürzen.

Wie ein Junge diese drei Herausforderungen an sein Gefühlsleben meistert – Intimität, Lust und Stärke –, entscheidet über die Qualität seiner engen emotionalen Beziehungen. Jeder Junge schreibt auf seinem Weg zum Mann seine eigene individuelle Geschichte der emotionalen Erfahrungen und der Herzensbildung. Es gibt viele Jungen, die gut auf liebevolle intime Beziehungen vorbereitet sind, weil sie selbst in einer liebevollen Beziehung zu einem Elternteil emotionale Bindung erfahren haben und ihre Eltern ihnen vielleicht eine gute, lebendige Ehe vorgelebt haben. Diese Jungen betrachten eine solche Beziehung als machbar und glaubwürdig – etwas, dem sie nacheifern können. Leider sind sie nicht die Mehrheit. Der Mehrheit fehlt das Rüstzeug, um sich auf den verschlungenen Pfaden einer Liebesbeziehung zurechtzufinden. Ihnen wurden die elementaren Fähigkeiten vorenthalten, die emotionale Kompetenz ausmachen: Empathie, ein Gewissen, das Vokabular für angemessenen emotionalen Ausdruck sowie das Wissen, dass wechselseitige emotionale Abhängigkeit eine Stärke darstellt und keine Schwäche.
Wenn wir sinnvoll über die Sexualität und Romantik im Leben von Jungen sprechen wollen, dann müssen wir eventuelle sexuelle Machtspielchen, Geschlechterhass oder Abwehr beiseite lassen und nur auf das hören, was die Jungen selbst zu sagen haben. Bei unseren Gesprächen erfahren wir, dass viele von ihnen Mädchen gegenüber eine ehrfürchtige Scheu empfinden, dass sie neugierig auf Sex und Mädchen ihnen ein Rätsel sind, dass ihnen ihre eigene Unerfahrenheit Furcht einflößt und sie sich ihrer

selbst häufig unsicher sind. Ihr Weg folgt einer Entwicklung, die sie von der sexuellen Bewusstwerdung bis zu Beziehungen führt – von der einsamen Praxis zur Partnerschaft – und damit in die inneren Kämpfe, die damit verbunden sind. Unterwegs gelingt es den meisten, irgendeine Form von Junge-Mädchen-Beziehung zustande zu bringen, vom Gruppenrendezvous über schwärmerisches Verliebtsein bis zum »festen Miteinandergehen« und zur leidenschaftlichen Liebesaffäre. Eine solche Liebe bis zur letzten Konsequenz erleben viele, noch bevor sie emotional dafür reif sind: Der durchschnittliche Junge hat seinen ersten Geschlechtsverkehr noch als Teenager, oft vor seinem 16. Geburtstag. Einige geraten unterwegs aber auch auf Abwege und lassen sich sexuell ziellos treiben, werden zu halbherzigen Partnern, die wenig verlangen und genauso wenig geben. Andere verlegen sich auf die sexuelle Ausbeutung von Mädchen, werden gedankenlose, lieblose Partner. Und wieder andere – sehr viele sogar – streben dem Erwachsenendasein auf einem steinigen Pfad entgegen: stets in der Hoffnung auf Liebe und Geborgenheit, doch leider behindert von ihrem eigenen emotionalen Analphabetentum.

Ob aus einem Jungen ein herzensguter, hingebungsvoller Liebhaber und Sexualpartner oder ein herzloser Ausbeuter wird, hängt von ihm selbst ab, seinen früheren Erfahrungen, seinem sozialen Umfeld, dem »Script«, das seine Altersgenossen ihm vorschreiben, und der Mädchenkultur um ihn herum. Angefangen von seinen frühesten geschlechterbezogenen Erfahrungen und den ersten Regungen von Lust und Neugier in der Adoleszenz entwickelt ein Junge seine eigene Ansicht über das, was Beziehungen und Sexualität ausmacht.

Jonathon: Das Erwachen eines jungen Mannes

Ein College-Student im Abschlussjahr, den wir als intelligenten, Anteil nehmenden und umsichtigen jungen Mann kennen, beschreibt uns seine sexuelle Laufbahn: »Die Mädchen in der

7. und 8. Klasse waren ›voll geil‹, aber weil ich klein war, stand es mir nicht zu, dementsprechend zu handeln. Doch es kursierten Geschichten, zum Beispiel ›Lynn‹ habe ›Josh‹ erklärt, sie werde mit ihm schlafen oder dass dieser es mit jener tun würde. Alle redeten über das Sexualleben aller. Mein Freund John war schon früh entwickelt, und er hatte schon mal im Kino einen runtergeholt bekommen oder so, und alle Mädchen redeten ständig über Sex – *ständig*. Da war ein Mädchen, Emily, die dauernd davon sprach, dass sie immerzu wollte, und sie begann mit diesem Typ zu gehen, und sie hatten angeblich *fünfmal am Tag Sex*, und das in der 8. Klasse. In der *8. Klasse*.«

»Wie war es in der High School?«

»Die bestaussehenden Mädchen in der Eingangsklasse sind hinter den Jungs im vorletzten und letzten Jahr her. Wissen Sie, die Jungs in der Eingangsklasse sind noch in der Entwicklung oder haben sie grade hinter sich und sind noch in diesem blöden Stadium. Aber dann gibt es da noch Typen, die vom ersten Tag an blendend aussehen, und die kriegen all die Tussis in der High School, und man hasst sie mit aller Inbrunst, Sie wissen schon. Oder man hat Manschetten, und dann ist man echt im Arsch.

Ich weiß noch, dass ich mich vor den Mädchen fürchtete. Ich war noch in der Entwicklung, und mein Aussehen war mir peinlich, und alles veränderte sich, und es war für mich völlig unvorstellbar, eine Freundin zu haben. Ich habe mich ein paar Mal mit einem Mädchen getroffen, aber da ist nicht viel passiert. Aber ich hatte viele Freunde, bei denen es prima lief. Mein bester Freund, Ned, wohnte in der Innenstadt. Er schlief im vorletzten Schuljahr mit einem Mädchen. Ich nicht. Ich war nicht drin in der Frauenszene an der High School. Ich hätte zwar gerne, schaffte es aber nicht.

Erst als ich aufs College ging. Und da ging es ganz anders ab. Es gab mehr Frauen als Männer, ich hatte mein Muffensausen verloren, und dann war es plötzlich, als wäre der ›Sexrausch‹ aus dem zweiten High-School-Jahr wieder da, nur dass jetzt die Typen auch mitmischten. Und in meinem ersten Jahr auf dem College war ich bestimmt mit zehn verschiedenen Frauen zusammen.«

»Alle schliefen mit allen?«

»Also, je nachdem. Wenn man gut aussah oder Sportler war oder ein lustiger Typ, konnte man an den Wochenenden ganz sicher mit einer zusammen sein. Da gab es diesen echt coolen Club, und so ziemlich alle liefen spätabends da ein, und man hatte praktisch die Garantie auf einen echt engen Tanz mit einer Frau und mehr.«

»Was bedeutet zusammen sein? Heißt das Verkehr?«

»Zusammen sein heißt, jemandem näher kommen. Händchenhalten ist kein Zusammensein. Mindestens Küssen ist Zusammensein. Es kann auch Geschlechtsverkehr sein. Manche stiegen gleich miteinander ins Bett. Ich hatte mit den Mädchen, mit denen ich zusammen war, nicht gleich Sex. Für mich war neu, überhaupt bei alldem mitzumachen. Wissen Sie, ich war ja ganz neu.«

»Was wollten Sie erreichen? Welches Ziel hatten Sie?«

»Ich wollte ... ich wollte ...«

»Flachgelegt werden? Verkehr haben?«

»Ja ... also eigentlich nicht. Ich wollte, dass mein erstes Mal schön sein sollte, weil mir so viele erzählt haben, dass es das bei ihnen nicht war. Es war nicht so, dass alle sagten: ›Ich will mit dir schlafen‹, aber es gab Momente, da hätte ich es wahrscheinlich so weit treiben können, aber ich wollte, dass mein erstes Mal schön würde.«

»War es das?«

»Ja, es war toll. Es war in meinem zweiten Jahr auf dem College. Ich machte eine Zelttour mit und traf Shannon, ein Mädchen im Abschlussjahr. Sie war die Leiterin des Wanderclubs. Wir verstanden uns auf Abhieb. An diesem Wochenende knutschten wir in einem Zelt miteinander herum, und als wir zurück im College waren, trafen wir uns ab und zu und knutschten rum. Sie wusste nicht, dass ich noch ›Jungfrau‹ war, und an meinem Geburtstag bekochte sie mich ganz toll, und danach tranken wir Wein und kuschelten ... und dann sagte sie zu mir: ›Möchtest du, dass ich ein Kondom hole?‹ Und ich war drauf und dran, ihr zu beichten, dass ich noch Jungfrau war, oder zu sagen: ›Bist du sicher, dass du das möchtest‹, aber dann dachte ich, es stimmt

einfach alles, ich finde es echt pima. Ich hatte dieses Mädchen wirklich gern. Ich stand auf sie; sie war toll. Und sie wollte es; es war nicht so, dass ich sie hätte überreden müssen. Wir hatten uns vom ersten Tag an miteinander wohl gefühlt. Wir zogen uns an diesem ersten Tag, als wir wieder zurück auf dem Campus waren, nackt aus, also völlig nackt. Obwohl wir noch keinen Sex gehabt hatten, hatten wir trotzdem viele andere Sachen gemacht. Wir schliefen dreimal miteinander, lauter verschiedene Stellungen. Und sie sagte: ›Ich bin froh, dass ich mit jemandem zusammen bin, der weiß, was er tut.‹ Da erzählte ich ihr, dass das mein erstes Mal war. Und sie glaubte mir nicht. Sie sagte: ›Ja, aber sicher doch …‹, und ich sagte: ›Nein, ehrlich.‹ Zuerst war sie geschockt, dann fühlte sie sich geehrt, und dann sagte sie: ›Ich bin froh, dass du es mir vorher nicht gesagt hast, weil ich wahrscheinlich nicht mit dir geschlafen hätte, wenn ich das gewusst hätte.‹ Mädchen denken genauso darüber, also, dass das erste Mal was ganz Wichtiges ist.
Doch dann änderte sich meine Einstellung. Vor einem Monat traf ich mich mit einem Mädchen nur wegen Sex. Ich meine, das spielte die wichtigste Rolle. Sie würde Ende April nach San Francisco gehen. Sie wusste, dass ich meinen Abschluss machte. Ich akzeptierte das. Ich fragte sie: ›Bist du sicher, dass du das willst, weil ich am Ende des Semesters gehen werde?‹ Sie sagte: ›Ja.‹ Sie sah das ganz cool.«
»Sind Mädchen romantischer als Jungs?«
»Die Jungs können es sich erlauben, nicht romantisch sein zu müssen, deshalb sparen es sich viele Typen. Weil Jungs hier gefragt sind, braucht man sich nicht die Mühe zu machen, einer Frau nachzulaufen. Wenn man aber erst offiziell mit einer geht, ist es anders; ich glaube, dann tun sie schon ein bisschen verliebter. Aber wenn man sich mit vielen Frauen trifft, muss man nicht verliebt tun.
Verliebt war ich in Steffi. Ich war verknallt bis über beide Ohren, so sehr, dass es schon fast ungesund war. Ich dachte, wenn sie mich nicht liebte, würde ich nie wieder eine andere lieben. Sie hatte im ersten College-Jahr einen Freund. Dann hatten wir im zweiten und vorletzten Jahr diese verrückte Beziehung: Wir

knutschten rum, aber wir waren nur wirklich gute Freunde, die miteinander rumzogen, aber nicht miteinander gingen. Dann wurde es irgendwie kompliziert, deshalb haben wir Schluss gemacht. Das war wahrscheinlich gut so, weil ich so verrückt nach ihr war, aber jetzt gehe ich mit Gail und habe mit Ellen Schluss gemacht, mit der ich Sex hatte. Und es würde mich nicht fertig machen, wenn plötzlich Gail und ich nicht mehr zusammen wären.

Doch in meinem ersten Jahr hatte ich das Ziel, mit Mädchen zusammen zu sein. Ich hatte das zuvor nicht gemacht, und ich war wirklich wild entschlossen. Ich ging in die Clubs. Ich dachte: ›Welche kann ich nach Hause bringen?‹ Es war aufregend, weg von daheim zu sein. Ich ging auf Partys, und ich hatte wahnsinniges Selbstvertrauen. Ich ging mit meinem Zimmergenossen Peter zu einer Party, und ich war ziemlich betrunken, und ich setzte mich einfach neben so ein gut aussehendes Mädchen und quatschte sie an. Eine Stunde später saßen wir auf einer Bank drunten am Teich und hielten Händchen. Dann gingen wir zurück auf mein Zimmer und knutschten rum. Und jetzt kommt das Problem. Sie wollte mit mir gehen, aber ich hatte das nicht geschnallt. Hatte ich ihr vielleicht einen Zettel an die Tür gehängt? Das war mein erster offizieller Flirt auf der Schule. Aber ich kannte die Spielregeln nicht. Sie wartete irgendwie darauf, dass ich sie einlud, und sie verließ sich darauf, dass wir zusammen ausgehen würden, und sie war echt sauer auf mich. Am nächsten Wochenende knutschten wir wieder rum, und viele von ihren Freundinnen glaubten, wir würden miteinander gehen, aber dann landete ich drei Wochen später bei einer ihrer Freundinnen, und sie rastete aus und war am Boden zerstört und so. Ich glaube, es kränkte sie oder so was. Sie war außer sich. Und ich raffte es einfach nicht. Ich kapierte es nicht. Ich wusste nicht, dass sie eine Beziehung wollte. Ich hatte noch keine gehabt, und ich, also wissen Sie, ich weiß auch nicht. Seitdem lasse ich mich auf keine mehr ein.«

In diesem freimütigen Rückblick schildert Jonathon eine längere, in gewissem Grad einseitige Liebesbeziehung, ein sehr glückliches erstes Mal mit einem Mädchen, das er »gern hatte«, aber nicht liebte und eine Reihe von »Zusammensein«-Erfahrungen. Seine Geschichte verdeutlicht viele Aspekte der männlichen Sexualität – seinen Wunsch, zu zeigen, dass er »gut im Bett« ist, dass er »weiß, was er tut«; seine emotionale Ahnungslosigkeit und seinen Mangel an Einfühlungsvermögen nach seinem »ersten offiziellen Flirt« im College; seine Bevorzugung bloßer Abenteuer als Flucht vor der emotionalen Komplexität einer Beziehung; die Stärke seines sexuellen Begehrens; und seine Verliebtheit und Liebesfähigkeit. Dies alles sind mächtige Kräfte, mit denen sich sexuell aktive Jungen auseinander setzen müssen, selbst wenn sie noch jünger sind als Jonathon. Jungen haben alle Hände voll zu tun, wenn sie diesen verschiedenen Kräften nachgeben. Sie wünschen sich Beziehungen, wollen sich aber auch männlich verhalten. Und diese beiden Wünsche können in Konflikt miteinander geraten, wenn das Männlichkeitsbild eines Jungen emotionale Öffnung und Anteilnahme ausschließt. Den Weg eines attraktiven Jungen, der in dieser Weise maskulin ist, pflastern unter Umständen viele zerbrochene Mädchenherzen.

Eine mit uns befreundete Medizinerin, zu deren Patienten viele heranwachsende Mädchen gehören, beschreibt diese als im Umgang mit Jungen »emotional ungeschützt«. Mädchen glauben dem Jungen fast immer, wenn er behauptet, dass er sie liebt oder dass er noch nie zuvor Verkehr gehabt hat. Sie glauben auch dann noch an seine Liebe, wenn die medizinische Krise überstanden ist – sei es eine Schwangerschaft, Abtreibung oder sexuell übertragbare Krankheit. »Man unterstellt Mädchen heutzutage, sexuell abgeklärter und den Jungen gleichwertiger zu sein als früher«, erklärt sie. »Doch Mädchen sind immer noch verwundbarer, weil sie immer noch an Beziehungen glauben.«

Die Gedanken- und Achtlosigkeit von Jungen, was Beziehungen betrifft, sowie ihr eklatantes Interesse an Sex sind legendär. Und wie in den meisten Legenden steckt auch darin ein Körnchen Wahrheit; zudem bestätigen Jungen und Männer dieses Bild von ihnen.

Ein Mann um die 40 meinte zu uns: »Wenn ich daran denke, was ich in der High School so alles angestellt habe, bekomme ich Angst um meine Tochter.« Ein anderer Freund erklärte an sei-

nem 45. Geburtstag: »Ich lasse es allmählich langsamer angehen. Ich denke jetzt nicht mehr pausenlos an Sex. Das ist irgendwie erleichternd.« Wieder ein anderer Mann, dessen Ehe durch seine Untreue gefährdet war, stieß mit 50 folgenden Stoßseufzer der Erleichterung aus: »Ich denke nicht mehr mit meinem Penis.«
Dass viele Jungen ohne jedes Interesse an Liebe auf puren Sex aus sind und einer zynischen, ausbeuterischen Einstellung huldigen, ist nicht von der Hand zu weisen. Doch die meisten Jungen sind nicht von vorneherein zynisch oder verschlossen.

Jungen sind von Natur aus liebevolle Partner

Alle Kinder, also auch Jungen, kommen mit dem Bedürfnis zur Welt, zu lieben und von ihren Eltern geliebt zu werden. 40 Jahre Forschung über emotionale Bindung zeigen uns, dass Kinder ohne eine solche Bindung schwere emotionale Schäden erleiden oder sogar sterben. Doch von der Forschung einmal abgesehen ist es Allgemeingut und klinische Erfahrung, dass Menschen praktisch universell geliebt werden wollen. Kleine Jungen sind genauso niedlich und bezaubernd und anerkennungsbedürftig wie kleine Mädchen, und ihr Wunsch, zu lieben und geliebt zu werden, wurzelt genauso tief wie der von Mädchen.
Die Rolle des Liebhabers üben kleine Jungen an ihrer Mutter. Sie umarmen ihre Mutter, küssen sie, kommen mit ihren Erlebnissen und Fundstücken zu ihr. Eine Grundschullehrerin, die mit ihren Schülern selbst verfasste Bücher verlegt, stellt fest, dass fast jedes Kind – auch die Jungen – in der Widmung seine Mutter erwähnt und ihr eine einfache, aber ernsthafte Liebeserklärung macht.
In der frühen Kindheit dürfen Jungen ihre Liebe umfassender zeigen, weil sie noch keine Angst haben müssen, damit möglicherweise ihre Abhängigkeit auszudrücken. Die frühe Mutter-Kind-Beziehung ist ein Prolog für alles, was zur Intimität Erwachsener gehört: sich tief in die Augen schauen, Liebkosungen

und sinnliche, wenn auch nicht sexuelle Freuden aller Art. Als Säuglinge und Kleinkinder sind Jungen praktisch völlig abhängig, und sie lieben ohne jede Einschränkung die Frau, die ihnen ihre Liebe als Mutter zurückgibt und dabei ein Leitbild für alle späteren Liebesbeziehungen vermittelt.

Später dann übertragen Jungen einen Teil ihrer Liebe zu ihrer Mutter auf Mädchen. Manche Jungen erinnern sich, dass sie sich im Kindergarten in ein Mädchen verknallt haben; andere berichten uns, dass sie, bevor sie 13 waren, »nicht einmal hätten sagen können, was ein Mädchen ist«. Doch irgendwann einmal erklären uns alle Jungen, mit denen wir reden, dass die Liebe in ihrem Leben einen Stellenwert hat. Sie jagen nicht nach Mädchen wie nach Trophäen; sie möchten ihre Zuneigung gewinnen, und der Gedanke, Eindruck auf ein Mädchen zu machen, damit es sich in sie verliebt, versetzt sie in Hochspannung. Jungen, die schon zwei Monate vorher über den Abschlussball reden, stecken voller romantischer Hoffnungen – und schmieden keine finsteren Pläne für sexuelle Eroberungen. Sie sind begierig darauf, sich zu verlieben.

Viele Jungen wünschen sich zudem die Sicherheit einer festen Beziehung, weil sie das Ritual von Flirten und Verabreden ängstigt. Ein Mann blickt zurück auf eine Liebesbeziehung, die auf der High School begann und bis in sein zweites Jahr auf dem College hielt. Er bezeichnet seine Beziehung zu dieser bestimmten Frau als »so tröstlich, so wunderbar. Dieses Flirten und Miteinanderausgehen war so schrecklich. Ich wollte sichergehen, dass wir zusammengehörten, dass wir eine feste Beziehung hatten. Es spielte keine Rolle, was sexuell lief.«

Doch Jungen erleben auch sexuelle Erregung – und das häufig. Diese starken Empfindungen sind nicht immer willkommen. Der Zustand ähnelt der Situation, hungrig und ohne einen Pfennig in der Tasche vor einem Restaurant zu stehen. Fast alle Jungen lernen, diese Nöte zu lindern, wenn sie allein sind. Darin liegt Trost und Scham zugleich. Viele Jungen sehnen in ihrer Vorstellung den Tag herbei, »wenn sie größer sind« und mit einem echten Mädchen Sex haben können statt mit dem Playgirl des Monats. Der Rektor einer Privatschule für Jungen, an der wir als

Berater tätig gewesen sind, fasste die »Wahrheit der Jungen« in Worte, als er über ihr Schweigen, was ihr Gefühlsleben anlangt, bemerkte: »Jungen wollen niemanden an ihr Gefühlsleben heranlassen, weil es so dicht an ihrem Masturbationsleben liegt.«
Die Eltern eines 13-jährigen Jungen wollten in einem Beratungsgespräch klären, warum ihr Sohn sich neuerdings weigerte, über »persönliche« Dinge zu sprechen. Seine Mutter fragte: »Warum redet er nicht mehr mit mir? Warum bekomme ich nur noch einsilbige Antworten von ihm?«
Als wir die Vermutung äußerten, dass der Junge vielleicht den Wunsch nach mehr Selbständigkeit, nach einer Privatsphäre ganz allgemein und nach einer Privatsphäre für seine Selbstbefriedigungsphantasien im Besonderen entwickle, da wies diese intelligente, gebildete Mutter den Gedanken halb im Scherz weit von sich: »O nein, das macht er noch nicht.« Ihr Mann dachte laut nach: »Schau'n wir mal, 7. Klasse ... Also ich habe in der 7. Klasse ziemlich häufig masturbiert.« Der Mutter war diese Äußerung ihres Mannes peinlich. Doch diese zeigte deutlich, dass er zu den mutmaßlichen Erfahrungen seines Sohnes einen persönlichen Bezug herstellen konnte.
Eine andere Mutter eines 13-jährigen Jungen fragte uns um Rat, als sie entdeckte, dass ihr Sohn, der in letzter Zeit immer verschlossener geworden war, regelmäßig eine Porno-Site im Internet aufrief – im Computerzeitalter das Gegenstück zu dem unter der Matratze versteckten *Playboy*. Wir wollen Pornographie im Internet nicht entschuldigen, doch als wir ihr auseinander zu setzen begannen, wie sich sexuelle Neugierde und Selbstbefriedigung in das allgemeine, normale männliche Entwicklungsschema einfügen, zuckte sie zusammen und unterbrach uns: »Können wir diese Details nicht überspringen, und Sie sagen mir gleich, was ich jetzt unternehmen soll?«
Wir könnten »diese Details überspringen«, aber wer die sich entwickelnde Sexualität eines Jungen und ihre Rolle in späteren Liebesbeziehungen verstehen will – insbesondere Mütter, die ihre Söhne verstehen möchten –, muss über einige Details Bescheid wissen.

Unter Männern kursiert folgender Witz: Studien haben ergeben, dass 95 Prozent aller Jungen masturbieren und 5 Prozent lügen. Wenn ein Junge nicht schon vor der Pubertät die Masturbation ausprobiert hat, dann entdeckt und praktiziert er sie sehr wahrscheinlich in der frühen Adoleszenz. Wann ist das? Zella Luria von der Tufts-Universität erklärt, dass die meisten Eltern mit ihren Jungen über die Selbstbefriedigung sprechen, wenn diese 13 sind, und damit etwa zwei Jahre zu spät kommen.

Ein Mann Ende 30 erinnert sich, wie er mit 13 war: »Ich war wie alle anderen, glaube ich. Bis zum Alter von etwa 16 hatte ich zu viel Angst vor Mädchen, um meine sexuellen Wünsche in die Tat umzusetzen. Es war einfacher, sich nachts einen runterzuholen und tagsüber den Mädchen nachzugucken. Das erste Mal, ob Sie es glauben oder nicht, passierte es eines Nachts, während ich im Bett las, fast von selbst. Ich war 13, und ich war felsenfest überzeugt, die Onanie erfunden zu haben.«

Die Masturbationserfahrungen eines Jungen bedeuten nichts anderes, als dass er in seinem Kopf eine Bibliothek sexueller Erinnerungen anlegt, lange bevor er in der Adoleszenz sexuelle Erfahrungen mit einer Partnerin macht. Er steuert und beherrscht diese Phantasien. Er kann jede Nacht mit dem attraktivsten Mädchen der Schule, der heißesten Filmdiva, der besten Freundin seiner Mutter oder einer seiner Lehrerinnen Sex haben. All diese Frauen sind verrückt nach ihm und tun bereitwillig alles, was er verlangt. Dieser Drang, in einer sexuellen Begegnung die Kontrolle auszuüben, ist für manche Männer der Beweggrund, sich käuflichen Sex bei einer Prostituierten zu verschaffen, ein fast ausschließlich männliches Verhalten.

In der Adoleszenz wacht ein Junge praktisch jeden Morgen mit einer Erektion auf. Sie tritt ein, ob er nun gut oder schlecht aufgelegt ist, ob er in die Schule muss oder frei hat. Er erlebt eine Erektion jedoch so, dass sie ihn unaufgefordert überkommt, aber mit Aufforderungscharakter – sie lockt ihn mit einem Lustversprechen. Viele Jungen glauben sogar, dass ihr Penis eine Art eigenes Bewusstsein hat – er hat quasi seinen eigenen Kopf.

Jungen haben Spaß an ihrem Sexualorgan. Doch dieses Gefühl bedeutet nicht immer: »Guck mal, was ich kann!«, sondern oft-

mals: »Guck mal, was *er* kann!« – worin sich nochmals widerspiegelt, dass ein Junge sein sexuelles Werkzeug als genau das sieht: als Objekt, als Ding.
Was man vielleicht nicht so ohne weiteres erkennt, wenn man Männern die Verdinglichung von Sexualität vorwirft – dass sie sie eher als isolierte Aktivität denn als eingebettet in eine Beziehung betrachten –, ist die erste Erfahrung von verdinglichter Sexualität im Leben eines Jungen, die in der Erfahrung seines eigenen Körpers wurzelt, in der Erfahrung, einen Penis zu besitzen, der eine Art Eigenleben führt.

Sexuelle Neugierde und sexuelles Experimentieren

Die gesunde männliche Sexualität wird von kulturellen Normen geformt, erwächst jedoch aus der natürlichen Neugier, der biologischen Energie und der schlichten Entdeckerfreude. Gesunde Mädchen und Jungen kommen mit demselben Maß an sexuellem Interesse und Forscherdrang auf die Welt. Wenn einem Mädchen keine Hemmungen anerzogen werden, ist es genauso wissbegierig und gespannt wie ein Junge. Die meisten Mädchen reagieren auf soziale Signale, wenn bestimmte Verhaltensweisen jenseits des Erlaubten liegen. Doch die Grenzen sind interpretationsfähig, wenn man die heutigen, in hohem Maße sexualisierten Medien und die sexualisierte Kultur sowie den Sexualkundeunterricht in den Schulen bedenkt. Infolgedessen sind die meisten heranwachsenden Mädchen sexuell aufgeklärt, und viele sind sexuell aktiv, sogar aggressiv, und sie konfrontieren die Jungen heutzutage mit Aussichten und Gelegenheiten, wie sie sich ihre Vorväter nur erträumen konnten. Jungen, die traditionell weniger durch soziale Restriktionen in ihrer sexuellen Aktivität eingeschränkt werden, können sich heute in noch weiter gesteckten Grenzen bewegen, und wenn sich eine Gelegenheit bietet, dann stürzen sie sich Hals über Kopf in sexuelle oder quasisexuelle Abenteuer.
Die größere körperliche Nähe und der unbefangenere Umgang

von heranwachsenden Jungen und Mädchen miteinander machen sich in der Pubertät bemerkbar und schlagen sich in der Atmosphäre der Mittelstufe nieder.
Bei einem Besuch der Saint George's School in Tacoma im Staat Washington an einem warmen Herbsttag vor mehreren Jahren entfaltet sich die folgende denkwürdige Szenerie. Ein Fluss fließt mitten durch den Campus, und an diesem sonnigen Nachmittag lassen sich die Kinder mit aufgeblasenen Reifenschläuchen den Fluss hinunter durch das Schulgelände treiben. In jedem Reifen liegen zwei oder drei High-School-Schüler in allen erdenklichen Positionen und Kombinationen: zwei Jungen und ein Mädchen, zwei Mädchen und ein Junge, manchmal drei Mädchen oder zwei Jungen – die Jungen vermeiden es, nur mit Jungen zusammenzukommen. Der entspannte Körperkontakt, der Spaß daran, sich übereinander legen zu müssen, die unbefangene Sexualität, die das Baden im Fluss »sicher«, weil platonisch macht, bereitet ihnen sichtlich Vergnügen. Für alle Beteiligten ist dies ein Vorläufer intimerer sexueller Kontakte. Wahrscheinlich haben einige der Jugendlichen schon sexuelle Erfahrungen gemacht. Für die anderen jedoch ist dieser Körperkontakt in der Gruppe eine Übung. Wenn sich Kinder in der Schule so setzen dürfen, wie sie wollen, lehnen sie sich häufig aneinander.
Auf dem emotionalen Spielfeld jedoch zeigt sich die Kluft zwischen der emotionalen Erziehung von Mädchen und Jungen in neuer Weise. In den Augen eines kaum in die Pubertät eingetretenen Schuljungen wirken Mädchen im Allgemeinen reifer, stärker und selbstsicherer. Ein Großteil dieses Eindrucks wird durch ihre aufblühende Sexualität hervorgerufen.
Mädchen kommen ein bis zwei Jahre früher in die Pubertät als Jungen, also mit etwa zehn oder 11 Jahren. Die Entwicklung ihrer sekundären Geschlechtsmerkmale und das Längenwachstum setzen früher ein als bei Jungen. Bei diesen zeigen sich mit 12 bis 13 Jahren erste Anzeichen der Pubertät. Man braucht sich nur eine 7. Klasse anzuschauen – große Mädchen mit sprießenden Brüsten neben kleineren Jungen mit hohen Stimmen –, und der Entwicklungsabstand springt einem in die Augen. Wenn wir bei unserer Arbeit an Schulen mit Achtklässlerinnen sprechen und

sie fragen, ob sie sich auf die High School freuen, dann kommt beispielsweise: »O ja, wir können es kaum erwarten, hier rauszukommen und wirkliche Jungs kennen zu lernen.«
Einen 13-jährigen Siebtklässler ekelt es an, wie sehr sich die »Mädchen verändert« haben. Sie sind nun keine unkomplizierten Kumpels mehr wie früher, sondern wurden in der 7. Klasse zu »hochnäsigen, gemeinen« Geschöpfen. »Sie hatten Respekt vor anderen Leuten und taten nicht so, als ob sie das Beste auf der ganzen Welt wären. Jetzt ist es irgendwie, als ob sie glauben, sie wüssten alles, und sie verhalten sich wirklich sehr komisch. Als hätten sie sich aus einem Trainingsbuch abgeguckt, wie sie sich anziehen, wie sie gehen, wie sie ihr Haar frisieren müssen. Und sie machen es alle gleich. Das ist ja das Komische. Und dann reden sie darüber, wer mit wem geht und wer verrückt ist nach wem und noch blöderes Zeug – wer wen *geküsst* hat und so –, und sie machen es *überall*. Sie machen es mitten auf dem Korridor in den Pausen! Erst sind es zwei, dann kommen fünf dazu, und bald stehen sie da in einem großen Klumpen zusammen und reden ganz laut über all das. Die ticken doch nicht mehr ganz richtig.«
Bei Jungen setzt das Interesse an Mädchen zu unterschiedlichen Zeitpunkten ein, doch in der 7. oder 8. Klasse äußern die meisten Neugier, und jeder Junge, der nicht wenigstens Interesse heuchelt, läuft Gefahr, als »Versager« oder »Schwuler« abgestempelt zu werden. Und wenn sie dann so weit sind, zumindest sofern sie gut aussehen, leiden sie keinen Mangel an interessierten Mädchen, die heute aufgrund eines veränderten Sittenkodex sexuell selbstbewusster sein dürfen – etwas, das für Jungen sowohl eine Herausforderung als auch eine Erleichterung darstellt.
Jonathon, der College-Absolvent, erinnert sich an die wechselseitige sexuelle Neugierde und spielerische Atmosphäre in seiner gemischten 8. Klasse und schildert eine typische Balgerei, »bloß dumme Spielchen, die wir veranstalteten, wenn ein paar Mädchen zu meinem Freund nach Hause kamen«. In diesem sexuell aufgeladenen Ringkampf, so sagte er, »fassten die Mädchen uns an, und wir die Mädchen, Sie wissen schon, da *unten*. Und die Jungs fassten die Mädchen auch an die Brüste, und das war

cool, wissen Sie, es war keine Belästigung oder so. Es war okay für sie.«

Hier haben wir den aggressiv-spielerischen Ringkampf zwischen Jungen und Mädchen, der als »Vorspiel« für eine direktere sexuelle Aktivität dient. Doch selbst in diesen frühen, übermütigen Augenblicken läuft ein Machtspiel ab, inszenieren Jungen ihr Dominanzstreben, zum einen, um als Herr der Situation zu erscheinen, zum anderen und bedeutenderen aber auch, um die Gefahr zu bannen, von Mädchen zurückgewiesen und gedemütigt zu werden.

Die Kultur der Grausamkeit als Autorin des männlichen sexuellen Skripts

Wie bei Jugendlichen üblich, schreiben die Gleichaltrigengruppe und die gesellschaftlichen Klischees über männliche und weibliche Sexualität einem Jungen in gewissem Umfang vor, wie er sich auf sexuellem Gebiet zu verhalten hat. Je nach seiner Wohngegend, seiner Schule und seinem ethnischen oder religiösen Hintergrund erlernt er ein sexuelles Skript, an dem er sich unter Umständen sein Leben lang orientiert, ob es seinen aktuellen Lebensumständen angemessen ist oder nicht. In der frühen Adoleszenz, also bevor Jungen reale sexuelle Erfahrungen mit Partnerinnen machen, beginnen sich ihre Phantasievorstellungen von der Sexualität zu verfestigen. Oft haben diese Phantasien mit Macht zu tun – etwa die Vorstellung, dass ein Mann in der Lage sein müsse, eine Frau zu unterwerfen.

Ein Großteil dieser Dominanzphantasien wurzelt in Angst oder Furcht vor Zurückweisung, genau wie die männliche Aggression. Darüber hinaus spielt Dominanz für Jungen eine wichtige Rolle für ihr Bild nach außen; sie verleiht eine Aura des sexuellen Stolzes, die in den Augen anderer Jungen die eigene Männlichkeit beweist. Dies spiegelt sich in den großspurigen Prahlereien von heutigen Jungen, die uns daran erinnern, dass wir vor Jahrzehnten in unserer eigenen Jugend selbst so angegeben ha-

ben. Dieses Maulheldentum fand sogar den Weg in ein paar sehr realistische Filme über heranwachsende Jungen.
So schildert der Film *This Boy's Life*, nach Tobias Wolffs Erinnerungen an seine Jugend, dieses Verhalten sehr genau. Zwei Jungen treffen sich auf der Straße, und einer fragt den anderen (dargestellt vom 14-jährigen Leonardo DiCaprio) nach seiner Verabredung am Abend zuvor:
»Na, gestern Abend bei Wanda gewesen?«, fragt der Freund.
»Mhm«, erwidert DiCaprio.
»Ist was gelaufen?«
»Mhm.«
»Hast du sie rumgekriegt?«
»Mhm.«
»Hast du's gebracht?«
»Ich hab sie gevögelt, bis sie Nasenbluten kriegte«, sagt DiCaprio.
Worauf sein Freund spöttisch meint: »Alles klar.«
Dann gehen sie zu einem der Jungen nach Hause, um sich *Superman* im Fernsehen anzuschauen. Als die Sendung beginnt, stöhnt DiCaprio theatralisch: »O Lois, o Baby, komm her, ich hab hier 15 heiße Zentimeter, die auf dich warten.« Darauf hämisch sein Freund: »Hättest du wohl gerne.« »Lois, ich will dich so sehr … ich bring's besser als Superman.«
Die Stimme des Erzählers kommentiert: »Wir mussten eine Weile schmutziges Zeug reden. Das war eine Formalität, wie wenn man sich in der Kirche mit Weihwasser bekreuzigt. Danach hielten wir den Mund und guckten den Film. Wir wurden weich, wir gaben nach. Wir schauten uns Supermans idiotische Abenteuer mit ihren beschissenen Plots an, und wir lachten nicht darüber.«
Die Kultur der Grausamkeit macht die Jugendlichen glauben, sie müssten sich als Machos gebärden und frauenverachtende Sprüche loslassen – um zu demonstrieren, dass sie stark sind. All das hat nichts mit echtem Verständnis für oder Wissen über Mädchen und Frauen zu tun. Ein Großteil dieses Gehabes ist eine Reaktion auf die beeindruckende körperliche Gegenwart, die soziale Macht und die wahrgenommene sexuelle Aggression her-

anwachsender Mädchen. Halbwüchsige Jungen reden viel darüber, dass und wie sie Mädchen und Frauen beeindrucken, sie verblüffen, sie anbaggern, mit ihnen schlafen und sie auf andere Weise »übermannen«. Ein Gutteil dieser Angeberei ist, wie jeder Mann später zugeben wird, bloßes Große-Töne-Spucken aus Unsicherheit heraus. Solche Aufschneidereien erzählen sich Jungen Jahre vor ihrem ersten Geschlechtsverkehr, und die meisten Jungen haben keinerlei Absicht, tatsächlich in dieser Weise mit Mädchen umzugehen.

Warum machen Jungen das? Warum reagieren sie so auf das Thema Sexualität? Die Antwort liegt darin, dass sie früh lernen, Mädchen als fremde Wesen zu betrachten, dass sie ungeheuer unter Leistungsdruck und Versagensangst stehen und dass dic Kultur der Grausamkeit die Jungen bestraft, wenn sie Verletzlichkeit zeigen, und sie zwingt, feminine Eigenschaften abzuwerten, um so ihr maskulines Image zu stärken.

Die Angst, zu versagen, verfolgt Jungen auf Schritt und Tritt, am meisten jedoch vielleicht auf sexuellem Gebiet. Jeder Mann kennt diese Angst; eine Frau muss sie durch die Brille eines Jungen sehen. Selbst als Anfänger glaubt er, es »bringen« zu müssen, um seine Partnerin zufrieden zu stellen. Es fängt damit an, ob er »gut küsst« oder nicht. Wenn er älter wird, liegt die Latte höher. Er muss einen hochkriegen und halten. Er darf nicht zu früh kommen – was mit 17 ein ganz reales Problem ist –, und er darf nicht zu spät kommen. Seiner Vorstellung nach muss er der tolle Liebhaber sein und sie die passive Empfängerin. Warum? Weil das in seinen Masturbationsphantasien immer so war, weil seine Sexphantasien bei seinen einsamen sexuellen Abenteuern mit Machtphantasien verschmolzen. Und zusätzlich glaubt er, diesen Akt ganz locker nebenbei vollziehen zu müssen, und das auch noch gut. Doch das kann er nicht, weil er Angst hat und unerfahren ist – und dann merkt er, dass seine Partnerin der Meinung ist, das Ganze solle ein Gemeinschaftsprojekt sein. Ihm fällt ein Stein vom Herzen. Aber bedeutet das nicht, dass er ein weniger männlicher Mann ist? Möglicherweise. Und wenn er es bei dem einen Mädchen bringt, bei einem anderen aber keine Erektion bekommt? Vielleicht haben die *Mädchen*

Macht über *ihn*. Vielleicht ist er doch kein so toller Hecht. Solche Gedanken gehen einem Jungen durch den Kopf, und das macht ihn fertig.

Die Kultur der Grausamkeit droht obendrein noch mit Strafe: Ein Junge darf anderen Jungen gegenüber nicht eingestehen, dass er Angst hat, verletzt oder traurig ist, auch wenn ihm so zumute ist. Wütend oder feindselig sein dagegen ist in Ordnung, wie die Montagmorgenprotzerei mit sexuellen Eroberungen, die herabsetzenden Bemerkungen über Mädchen und das »Die sind doch bloß zum Ficken da«-Getue zeigen. Für Jungen hat Leistung oberste Priorität; ironischerweise jedoch ist das Unterfangen, bei dem ein Versagen in irgendeiner Hinsicht unvermeidbar ist – Sex und Intimität –, gerade dasjenige, bei dem ein Junge ein Versagen keinesfalls einräumen darf.

Jungen schleppen nicht nur eine enorme Versagensangst mit sich herum, sondern wenn sie tatsächlich versagen, beim Sex oder in der Liebe, müssen sie lügen – oder es zumindest verschweigen, um Demütigung der schlimmsten Sorte zu vermeiden.

Intimität in einer Beziehung mit einem Mädchen erfordert Sensibilität, Respekt und Zärtlichkeit. Etwa zur gleichen Zeit, in der Jungen sich sexuell entwickeln und Interesse an Mädchen zu zeigen beginnen, werden sie der Kultur der Grausamkeit unterworfen, in der alles um Stärke, Dominanz und Leugnung von Empfindlichkeit kreist. Hier lernt ein Junge systematisch, zärtliche Gefühle als »weibisch« anzusehen und sie aus ebendiesem Grund zu scheuen. Die Kultur der Grausamkeit stellt Verletzlichkeit als fremdartig – als unerwünscht feminin – dar und definiert das letzte Ziel einer sexuellen Beziehung als Unterwerfung. Darin besteht die »Machtlektion« der Kultur der Grausamkeit. Ein Junge, der unter ihrem Einfluss steht, wertet Mädchen und Frauen ab, um seine Angst vor ihnen im Zaum zu halten. Wenn er gezwungen ist, mit ihnen zu reden und zärtlich zu sein und »richtig« zu küssen, wird all dies zum Risiko, und seine Erfahrung mit Risiken hat ihn gelehrt, dass er, sollte er den Ansprüchen nicht genügen, für sein Versagen in die Pfanne gehauen wird. Deshalb wirkt eine Zurückweisung im Rahmen einer Junge-Mädchen-Beziehung »entmannend«. Mädchen werden also

zum Hauptfeind, weil sie die Macht besitzen, den am tiefsten demütigenden psychischen Schmerz zuzufügen.
Die Kultur der Grausamkeit lehrt Jungen, dass im Reich der Männer feminine Eigenschaften verachtenswert sind. In dem Maße, in dem ein Junge diese Einstellung übernimmt und Qualitäten wie Zärtlichkeit und Verletzlichkeit an sich selbst verabscheut, beginnt er Teile von sich wie auch von Mädchen zu hassen. In den Augen eines solchen Jungen und seiner gleich gesinnten Kumpels bilden Mädchen die niedrigste Kaste in der sozialen Stufenleiter, Freiwild zum beliebigen Gebrauch oder Missbrauch. Hinter dieser Machohaltung steckt eine tiefe Angst vor Mädchen und Frauen. Zuweilen stößt dieses übertriebene Männlichkeitsgehabe auf Anerkennung: Vielen Jungen gelingt es, Mädchen durch »Bösesein« zu schockieren und zu beeindrucken. Neben seinem Begehren empfindet ein Junge Furcht vor Mädchen, weil sie über diese große Macht zur Zurückweisung verfügen. Angst hindert ihn daran, äußere Signale zu erkennen, und seine Versagensangst im Zusammenhang mit Mädchen verzerrt seine Wahrnehmung ihrer selbst und der Signale, an denen er sich orientieren könnte, um Beziehungen befriedigender zu gestalten. Wenn Jungen kein Einfühlungsvermögen lernen, dann neigen sie eher dazu, auf Zurückweisung oder Frustration mit der Entwertung von Mädchen und Frauen zu reagieren.

Michael über Jerry: Junge Liebe und frühes Leid

Jerry, ein Mann Ende 50, erinnert sich, dass er in der 5. Klasse die Platten von Carole King und Carly Simon hörte, allerdings nur, wenn er allein in seinem Zimmer war. »Ich versteckte die Platten, wenn meine Freunde zu mir kamen, weil sie nicht cool waren«, erzählt er. Er war ein weichherziger, zartbesaiteter Junge, ein Romantiker, doch das Gebot, sich cool zu geben, stand sogar schon in diesem frühen Alter seinem Interesse für Mädchen und für die Liebe im Weg.
»Ich habe immer schon die Liebe geliebt – ich liebe diese weibliche Energie«, resümiert er seine Romanzen mit Mädchen von der 1. Klasse an. Er erinnert sich an seinen ersten Kuss, mit

einem Mädchen aus der 4. Klasse auf einer Baustelle neben seinem Elternhaus. Mit 13 machte er seine erste sexuelle Erfahrung mit einem 12-jährigen Mädchen, das er anbetete. Mag sein, dass Eltern eines Mädchens in diesem Alter einen 13-jährigen für ein wildes Tier halten, doch etwas objektiver gesehen war er ein verliebter Junge, der ein Mädchen gefunden hatte, das ihm dieselbe Zuneigung und aufblühende Leidenschaft entgegenbrachte.

»Ich war hin und weg von ihr. Ich liebte sie wirklich«, meint Jerry. »Ihre Eltern gingen oft aus, und beide waren berufstätig. Als wir das erste Mal bei ihr allein waren, gingen wir hinauf auf den Speicher und schliefen miteinander. Es war toll. Wir hatten drei Jahre lang eine sexuelle Beziehung. Wir waren sehr erfinderisch. In diesem Alter ist es schwierig, einen geeigneten Ort zu finden. Wir redeten fast jeden Tag miteinander. Wir waren unzertrennlich.« Sie schauspielerten beide gern und machten gemeinsam bei einer Kindertheatergruppe mit. Jerry war seiner Freundin treu und wiegte sich in dem Glauben, dass sie ihm ebenso die Treue hielt. Er irrte sich.

»Eines Tages benahm sie sich seltsam, und ich fragte sie warum, und da sagte sie mir, dass sie mit einem Freund ihrer Schwester geschlafen hätte«, berichtet er. »Ich war furchtbar verletzt. So gekränkt. Ich betrank mich und forderte diesen großen Jungen, mit dem sie geschlafen hatte, zum Kampf. Er machte mich nach Strich und Faden fertig.«

Jerry fühlte sich zutiefst getroffen und gedemütigt, und er brach lieber mit dem Mädchen, als einen Versuch zur Rettung der Beziehung zu machen. Er traf sich nicht mehr mit ihr, und in seinen Augen hatte er damit einen sauberen Schlussstrich gezogen. Doch die Wirklichkeit sah anders aus, weil der Vertrauensbruch und die Verknüpfung von Intimität mit Betrug seine Einstellung zu allen Frauen veränderte, die danach in sein Leben traten und eine Liebesbeziehung im Sinn hatten. Jerry verlor sein früheres Interesse an Intimität in ihrer vollen Bandbreite: Er suchte nur noch Zuflucht im Sex und in der angenehmen, unverbindlichen Gesellschaft von Frauen, die er immer noch genoss und suchte. Sex war eine feine Sache. Musik und Drogen machten sie noch besser. Liebe? Daran wollte er gar nicht erst denken. »Ich ging mit vielen Mädchen aus und schlief mit vielen«, sagt er. »Ich kapselte mich ab. Nach dieser Geschichte war ich immer auf der Hut. Ich weiß noch, dass ich dachte: ›*Ich werde nicht zulassen, dass das je wieder passiert.*‹ Ich würde mich nicht mehr binden. Zwischen 16 und 18 Jahren hatte ich was mit vielen Mädchen. Verliebt war ich schon, aber in mir drin war eine kalte Stelle. Ein Mädchen gab es, bei der ich merkte, dass es für mich ernst wurde, aber ich machte einen Rückzieher, weil sie zu sehr klammerte; es machte mir Angst, dass sie mich so brauchte.«

Frappierend an Jerrys Geschichte ist, auf welche eingeschränkte und klischeehafte Weise er mit dem Betrug umging – ihm fiel nichts anderes ein, als den Kerl, der mit seiner Freundin geschlafen hatte, zum Kampf herauszufordern und danach jahrelang emotionale Intimität zu meiden, trotz seiner sexuellen Beziehungen zu zahlreichen Mädchen und Frauen. Er hatte soziale und sexuelle Kontakte zu Frauen, wurde jedoch nicht mit der Kränkung und den für Liebesbeziehungen typischen Irrungen und Wirrungen fertig und zog sich für etliche Jahre in sich selbst zurück. Glücklicherweise trugen ihm die rein sexuellen Beziehungen schließlich nur noch Langweile und das Gefühl von Einsamkeit ein, und Mitte 20 stürzte er sich mit Leib und Seele in die Ehe.

Manche Jungen, die mit einer Kränkung oder den schmerzhaften Herausforderungen einer Beziehung nicht fertig werden, reagieren anders: Statt sich in sich selbst zurückzuziehen, gehen sie zum Angriff über.

Ausbeutung: Jungen, die Mädchen benutzen

Ein Freund, der in seinem letzten Jahr auf der High School Football spielte, erzählte uns folgende Begebenheit: Eines Tages brüstete sich ein anderer Spieler der Mannschaft: »Letzte Nacht habe ich eine gevögelt, und ich musste sie nicht mal küssen.« Im selben Augenblick, in dem unser Freund das hörte, schoss ihm der Gedanke durch den Kopf: »So bin ich nicht. Ich bin eine andere Sorte Mann als dieser Typ.« Es gibt einen Unterschied zwischen Männern, die Probleme mit Beziehungen haben, Männern, die Intimität wollen, sie jedoch nicht immer erreichen, und Männern, die Frauen benutzen und ausbeuten, um ihre rein sexuellen Gelüste zu befriedigen und dabei sicherzustellen, dass sie alles im Griff haben, dass ihnen die Macht über die Beziehung nicht aus den Händen gleitet. Manchmal liegt in diesem Verhalten so etwas wie Rache für frühere Kränkungen. Und manchmal gucken sich diese Männer den Umgang anderer Männer mit Frauen ab.

Einen Extremfall stellen Männer dar, die selber sexuell missbraucht wurden. Sexueller Missbrauch von Jungen kommt seltener vor als sexueller Missbrauch von Mädchen, und obwohl die Täter in beiden Fällen überwiegend Männer sind, tragen Jungen neben der Last des Missbrauchs oft auch noch schwerer an der Last des Schweigens und der Scham. Die Forderung nach stoischem Gleichmut und die Scham über den homosexuellen Kontakt hindern sie sehr oft daran, von dem Missbrauch zu erzählen. Missbrauchte Jungen bilden zwar eine Minderheit, doch ihre Fähigkeit zu erfüllter Sexualität und Intimität wird durch den Missbrauch schwer beeinträchtigt, oft mit lebenslangen Folgen. Genau wie Mädchen sind Jungen, die einschlägige Erfahrungen machen mussten, anfälliger für schwere psychische Erkrankungen wie posttraumatische Belastungsstörung, Depression und Persönlichkeitsstörungen. Das Empfinden, Opfer zu sein, das Gefühl, der eigene Körper gehöre einem nicht, und ein tiefes Misstrauen gegen Intimität sind die Folgen von Missbrauchserfahrungen. Da Jungen und Männer eher dazu neigen, psychischem Schmerz in destruktiver Weise Ausdruck zu verleihen, überrascht es nicht, dass die meisten Sexualstraftäter in ihrer Kindheit selbst sexuell missbraucht wurden. Nicht alle Opfer fügen dieses Trauma später anderen zu, doch viele bestrafen sich fortgesetzt selbst, indem sie sich normale Sexualität und Intimität vorenthalten.

Manche Männer waren als Jungen nicht ausreichend sportlich, sexuell entwickelt, stark oder nach den üblichen Maßstäben attraktiv, um auf Mädchen zu wirken, insbesondere in den Eingangsklassen der High School. Die Jungen, die nicht den gängigen Attraktivitätsmaßstäben entsprachen, mussten sich gedulden, bis sie so weit waren und Mädchen sie anziehend fanden. Möglicherweise mussten sie andere Methoden entwickeln, um mit Mädchen zu kommunizieren oder ihre Aufmerksamkeit auf sich zu ziehen. Sportlichen Jungen, Jungen, die das konventionelle männliche Schönheitsideal verkörpern, fällt es leicht, ihre Popularität auszunutzen. Das ist zwar verständlich, ja sogar unvermeidlich und überwiegend harmlos, kann jedoch einen jungen Sportler zu einer zerstörerischen Einstellung gegenüber Frauen verleiten.

Am schlimmsten ist die Situation, wenn Jungen systematisch das Einfühlungsvermögen ausgetrieben wird, wenn sie lernen, Macht auszuüben, wenn sie sich wiederholt in Situationen finden, in denen sie für Mädchen keine Empathie aufzubringen brauchen, oder wenn ihnen systematisch eingeimpft wird, Mädchen auszubeuten. Dann wird das Drama »Das Recht des Prinzen« im sexuellen Bereich inszeniert, und es ist ein widerwärtiges Stück. Zwar mag diese Vorstellung viele Jungen faszinieren – man bedenke die so verbreiteten machtbezogenen Masturbationsphantasien –, doch es sind meist die Sportler, insbesondere prominente und erfolgreiche High-School- oder College-Athleten, denen eingetrichtert wird, sie hätten einen Anspruch auf das sexuelle Interesse von Mädchen und Frauen.

Im schlimmsten Fall kann die kulturelle Verehrung junger Sportler sich zu der Situation zuspitzen, die Bernard Lefkowitz in seinem Buch *Our Guys: The Glen Ridge Rape and the Secret Life of the Perfect Suburb*[1] schildert. Das Buch untersucht einen Kriminalfall, der tatsächlich stattfand: Vier Football-Spieler einer High-School-Mannschaft wurden der gemeinschaftlichen Vergewaltigung eines geistig behinderten Mädchens, das sie von Kindesbeinen an kannten, angeklagt. Das Mädchen war in einen Keller gelockt, zu oralem Sex gezwungen und dann mit verschiedenen Objekten, unter anderem einem Baseballschläger, penetriert worden. Nachdem bekannt geworden war, dass die Jungen eine derartige Tat begangen hatten, verteidigten viele der Honoratioren der Gemeinde – ebenso zahlreiche Eltern, Lehrer, Pfarrer, Freundinnen und andere – die Täter aufgebracht als »brave Jungs«, deren Leben durch diese »Tragödie« ruiniert würde. Wie Lefkowitz anmerkt, nahmen nur sehr wenige Partei für das Mädchen, und ebenso wenige äußerten Zweifel am Moralempfinden der Jungen, die die Vergewaltigung begangen hatten. Die meisten Erwachsenen entschuldigten sie mit psychologischen Argumenten: Die Jungen waren »überdreht«; das Mädchen habe ihnen Avancen gemacht. Die Botschaft: Jungen sind nicht für das verantwortlich, was geschieht, wenn ein Mädchen mit ihnen in einen Keller steigt, nicht einmal, wenn das Mädchen geistig zurückgeblieben ist.

Diese Jungen galten in ihrer Kleinstadt als »die Sportskanonen«, die regierenden Könige der Gesellschaft. Sie waren keine besonders herausragenden Sportler, wurden jedoch in der Stadt am meisten verehrt; sie waren auch keine herausragenden Schüler, doch ihre sportlichen Referenzen gaben ihnen sicheres Geleit in den Notenheften ihrer Lehrer. Trotz ihres Mittelmaßes in vielerlei Hinsicht bewiesen sie großes Geschick bei der Installierung eines Kastensystems, indem sie bestimmte »Arten« von Mädchen zu sexuellen Eroberungen und zur Förderung ihres sozialen Status benutzten. Sie hatten sexuelle Verfügungsgewalt über eine Kategorie unsicherer Mädchen – viele von ihnen erst 13 und 14 Jahre alt –, die sich verzweifelt um ihre Aufmerksamkeit bemühten, um ihre eigenen sozialen Hoffnungen zu befördern. Diese Mädchen wurden bei Partys mit nach oben genommen, um für oralen Sex und andere sexuelle Dienste zur Verfügung zu stehen. Unten hielten sich die angesehenen Mädchen auf, die so genannten »Kleinen Mütter«, sozial voll integrierte Cheerleaders, die für die Sportskanonen schwärmten, von denen jedoch keine Erfüllung ihrer sexuellen Forderungen erwartet wurde. Lefkowitz schreibt: »Wenn man zu den Sportskanonen gehörte, waren diese Mädchen [die Kleinen Mütter] einfach perfekt. Anders als echte Mütter oder Schwestern waren sie nicht streng oder kritisch. Da ihnen die Mutterrolle zugewiesen war, galten sie nicht als potenzielle Sexualpartnerinnen. Für einen halbwüchsigen Jungen, der sich seiner sexuellen Leistung unsicher ist, war das Letzte, was er sich wünschte, seine Leistung bei einem Mädchen unter Beweis stellen zu müssen, das im ganzen Bekanntenkreis von seinen eventuellen Mängeln im Bett erzählen konnte.«

Doch sogar die Kleinen Mütter wurden im tiefsten Grunde verachtet. Eine von ihnen meinte über die Geringschätzung seitens der Sportskanonen: »Das musste man eben in Kauf nehmen, wenn man mit diesen Jungs zusammen war. ... Es war, als ob [sie] nicht wüssten, wie man mit anderen umgeht.« Doch weil sie Sportskanonen waren, brauchten sie nicht zu lernen, wie man in respektvoller oder intimer Weise mit anderen umgeht. Und weil niemand von ihnen verlangte, verantwortungsvoll, moralisch oder charakterlich einwandfrei zu handeln, glaubten sie sich dazu berechtigt, alles zu tun, was sie wollten und mit wem sie wollten.

Die Atmosphäre in Athletenkreisen, die Jungen vermittelt, sie dürften sich alles herausnehmen, bildet zwar einen besonders fruchtbaren Nährboden für sexuelle Ausbeutung, doch keine Gruppe von Jungen ist von einem derartigen Verhalten ausgenommen. Fast täglich finden sich in den Zeitungen Belege für das Wirken dieser schlimmsten aller möglichen Einstellungen. Lefkowitz schreibt: »Brutalität gegenüber Frauen gilt in den Augen vieler Jungen als Übergangsritus. Das ist tief in unserer Kultur verwurzelt.«

Weniger extreme, aber grundsätzlich ähnliche Bedingungen bestehen bei jedem Jungen und leisten beispielsweise dem Erzwingen von Sex, zuweilen als *date rape* – Vergewaltigung beim Rendezvous – bezeichnet, Vorschub. Dieses gegenwärtig intensiv diskutierte Problem greift an den weiterführenden Schulen und Universitäten um sich, denn junge Menschen geraten mit ihrem Wunsch nach Intimität und Ausleben ihres Sexualtriebs häufig in Situationen, in denen sich die Gelegenheit ergibt, ein Mädchen auszunutzen. Oft entstehen diese Situationen, wenn ein oder beide Beteiligte so viel getrunken haben, dass ihr Urteilsvermögen getrübt ist, und am Morgen danach, wenn eine junge Frau mit dem Gefühl erwacht, ausgenutzt worden zu sein, stellen sich Selbstzweifel und Selbstvorwürfe ein.

Der junge Mann ist wahrscheinlich seinem eigenen Skript gefolgt, das ihm Machtausübung und Eroberung vorschreibt, ohne in der Situation oder im Allgemeinen auf die visuellen und emotionalen Signale zu achten, die die junge Frau ausgesendet haben mag. Wenn die Kultur seiner Bezugsgruppe oder Gemeinschaft keine höheren Erwartungen an sein Betragen stellt, kann sogar ein verantwortungsbewusster Junge in Situationen geraten, in denen er es für sein kulturell verbrieftes Recht hält, sich sexuell aggressiv zu verhalten: Das Mädchen hat getrunken. Sie hat geflirtet und ihn allem Anschein nach zum Sex aufgefordert. Er ist betrunken oder steht unter dem Einfluss von Alkohol und Drogen. Er ist sexuell erregt, und sein Wunsch nach rascher Befriedigung ist stärker als sein Bestreben, sich zurückzuhalten. Seine Kumpels warten auf die Vollzugsmeldung. Unter solchen Umständen liegt Ausbeutung für jedermann zum Greifen nah, und ein Junge, der ständig darauf zurückgreifen kann, weiß bald, dass ihm keine Grenzen gesetzt sind.

Wenn behauptet wird, dass ein Junge »wissen sollte«, wann ein Mädchen keinen Sex will, wird zu viel – und nicht genug – von Jungen verlangt. Wenn die emotionale Erziehung eines Jungen ihn für emotionale Signale und Achtsamkeit blind gemacht hat, ist eine andere, direktere Art der Unterweisung nötig, um ihm die Grundlagen zu vermitteln: Wenn du erregt bist, kannst du nicht einfach über ein Mädchen herfallen. Wenn du weißt, dass du die Kontrolle über dich verlierst, wenn du Alkohol trinkst, dann trinke nicht oder wenigstens nicht viel. Wenn das Urteilsvermögen eines Mädchens aufgrund von Alkohol, Drogen oder emotionaler Verletzlichkeit getrübt ist, dann nutze die Situation nicht aus. Die Jungen und Mädchen auf der High School, ebenso die jungen Männer und Frauen auf dem College müssen miteinander über solche Situationen sprechen, *bevor* sie entstehen, um Empathie füreinander zu lernen.

Menschen, die Jungen großziehen, tragen die Verantwortung, sie in erster Linie zu guten, verständnisvollen Partnern für Mädchen und Frauen zu erziehen. Das ist zu schaffen, und zwar von Vätern, die in der Familie Respekt vor Frauen vorleben, von Müttern, die ihren Söhnen die Sichtweise von Mädchen nahe bringen, und von allen Menschen im Umfeld eines Jungen, die ihn lehren, seine Bindung an andere als positiv zu sehen. Was keinesfalls funktioniert, ist, dieses Bedürfnis nach Führung und Leitung zu ignorieren, Jungen sich selbst zu überlassen, bei demonstrativem Machtgehabe und Skrupellosigkeit alle Augen zuzudrücken und Mädchen und Frauen zu zwingen, den Preis für diese kulturelle und elterliche Vernachlässigung zu bezahlen. Einem Jungen ist schlecht gedient, wenn man die Weichen so stellt, dass seine Beziehungen immer in Sackgassen münden, und ihn verurteilt, wenn er in die falsche Richtung abbiegt, wo doch alle Wegweiser in seinem Leben ihn dorthin führen.

Schuld und Reue: Der Weg zur Reife

Wie viele Männer betrachtet Geoff, ein politischer Berater Anfang 40, das Ausnutzen von Mädchen als »eine Phase, die ich durchgemacht habe«. Als Junge war er gern in Gesellschaft von Mädchen und wusste sie zu nehmen, und infolgedessen fühlten sie sich zu ihm hingezogen.

»Ich konnte gut mit Mädchen reden, und ich konnte gut zuhören«, berichtet Geoff. »Ich dachte mir, wenn sie das wollen, dann sollen sie es kriegen. Das war doch ganz leicht. Ich hatte es vor allem auf Sex abgesehen, doch ich habe nie ein Mädchen oder eine Frau kennen gelernt, die einen guten Zuhörer nicht belohnt hätte. Schwierig war das Reden nach dem Sex. Sogar das Zuhören nach dem Sex ging mir furchtbar auf den Geist. Sie glaubten, ich sei absichtlich gemein, wenn ich danach nicht mit ihnen redete, aber um die Wahrheit zu sagen, ich wollte bloß, dass sie den Mund hielten. Was blieb denn noch zu sagen? Insbesondere wenn ich eine demütigende Schlappe erlitt – wenn ich entweder impotent war oder zu früh kam. Es war mir peinlich, und ich war wütend. Ich wusste, dass ich es versiebt hatte. Da lag ich dann: ein High-School-Junge, der an seinem Image als cooler Typ, der alles im Griff hatte, feilte, und dann passierte so etwas, und ich konnte keineswegs mehr so tun, als ob ich alles im Griff hätte.

Also ließ ich es natürlich an dem Mädchen aus. Ich schottete mich ab und weigerte mich, auch nur ein Wort zu sagen. Und wenn ich den Mund doch aufmachte, kamen Gemeinheiten heraus, die mir noch jetzt peinlich sind. Sogar Mädchen gegenüber, an denen mir etwas lag. Immer wenn es aus irgendeinem Grund einen Gefühlsschlamassel gab, fühlte ich mich in die Enge getrieben und schlug zu – nicht körperlich gewalttätig, sondern mit verletzenden oder grausamen Worten. Nur um mich aus dieser unangenehmen Klemme herauszukämpfen. Ich wollte keiner wehtun. Wenn ich jetzt darüber nachdenke, wie ich als Teenager mit einigen der Mädchen umgesprungen bin, schäme ich mich in Grund und Boden. Ich wünschte, ich könnte zurückgehen und mich bei ihnen entschuldigen. In moralischer Hinsicht war ich wirklich klein und mickrig!«

Dennoch ließ Geoff schließlich von seinem offen manipulativen Verhalten ab. Teilweise ging diese Veränderung einfach darauf zurück, dass er erwachsen wurde. Alle Therapeuten machen die Erfahrung, dass Menschen danach streben, besser zu werden, als sie sind. Ohne diese Motivation wäre keine Psychotherapie möglich. Wenn ein heranwachsender Junge psychisch nicht zu schwer geschädigt ist, wird er reifer werden, wenn das dritte und vierte Lebensjahrzehnt heranrücken. In der Kriminologie ist es eine gesicherte Tatsache, dass die meisten Kriminellen (in der überwiegenden Mehrheit Männer) keine Straftaten gegen die Gesellschaft mehr begehen, wenn sie die 30 überschritten haben. Niemand weiß genau, warum das so ist, doch es gilt auch für »Beziehungsvergehen«. Wenn Jungen älter werden, gehen die meisten auch weniger ausbeuterisch und lieblos mit Mädchen um.

Ein anderer Mann, heute ein treu sorgender Ehemann und Vater, schildert eine ähnlich selbstbezogene Jugend mit später Reue: »Meine Befriedigung sicherzustellen war das Einzige, was mich interessierte, und Sex war das Befriedigendste überhaupt. Sex war unkompliziert, wenn man sich nicht auf Gefühle einließ. Sex war einfach, und das in einer Zeit, wo eine ganze Menge anderes in der Schule und zu Hause nicht einfach war. Sex, Bier, Musik: Das war alles, was ich wollte!«

Warum also machte er nicht so weiter?
»Ich weiß es nicht«, meint er. »Meine Interessen veränderten sich.«
Genau wie diese Einsicht in Jungen, deren Eltern sie zu emotional ganzen Männern erziehen, früher reift, gibt es unserer Überzeugung nach in jedem Menschen, in jedem Jungen etwas, das nach Wachstum strebt, etwas, das besser sein will. Auf diesem Weg entscheiden sich manche Männer für die Macht, manche für die Intimität, und viele zappeln sich dazwischen ab. Manche lernen ihre Lektionen in Sachen Beziehungen; andere lernen sie nie. Manche der Lektionen sind klar und einfach; andere sind komplizierter. Eines jedoch ist unabdingbar: Wir müssen sie den Jungen erteilen, damit sie teilhaben können an der wesentlichsten Erfahrung des Menschseins, an der Freude einer Liebesbeziehung, ohne andere dabei zu verletzen.

Kapitel 11

Wut und Gewalt

»Das größte Mittel gegen Zorn ist Aufschub.«

Seneca, Über den Zorn

Wir begegnen vielen zornigen Jungen. Manche von ihnen kommen zu uns in Therapie, geschickt von Lehrern oder Eltern, die durch ihr aggressives Verhalten oder die unterschwellige Wut oder Gewalttätigkeit in ihren Schulaufsätzen aufgeschreckt wurden. Wir hören auch viel über sie aus dem Munde ihrer Opfer. Wir sehen andere zornige Jungen: den kleinen Tyrannen, der andere Kinder im Park schikaniert, den Punk, der Passanten im Einkaufszentrum anpöbelt, den stumm und finster vor sich hin brütenden Jungen, das Pulverfass kurz vor der Explosion.

In ihrer brachialsten Form drückt sich Wut als Gewalttätigkeit aus, und wie jedermann sonst bekommen wir die schlimmsten Auswüchse tagtäglich in den Nachrichten vorgesetzt. Nur wenige Bilder dürften mehr unter die Haut gehen als diejenigen von Jungen, die andere Menschen, darunter Kinder, Lehrer und ihre eigenen Eltern erschossen, erdrosselt, erstochen oder ihnen auf andere Weise Gewalt angetan haben. Ob diese Meldungen nun aus Jonesboro in Arkansas kommen, wo zwei 11- und 13-jährige, mit Schusswaffen bewaffnete Jungen im Schulhof das Feuer auf ihre Schulkameraden eröffneten, oder aus den Slums von Chicago, wo ein 10- und ein 11-Jähriger einen 5-Jährigen aus dem Fenster einer Wohnung im 15. Stock in den Tod auf dem Asphalt stürzten – jeder Gewaltakt verstärkt das sich abzeichnende beunruhigende Bild von Jungen als einer Klasse von Gewaltverbrechern.

Jeder vertritt eine andere Theorie über die Ursachen von Gewalttätigkeit bei Kindern. Als Gründe für den beängstigenden Anstieg von Gewalt bei Kindern gelten die Verherrlichung von Gewalt in der Massenkultur, der in den USA einfache Zugang zu Waffen, die Herkunft aus einem sozial und wirtschaftlich benachteiligten, gewaltgeprägten Viertel sowie die immer längeren Zeiten mit unzureichender Aufsicht, die durch das Verschwinden der Zwei-Eltern-Familie bedingt sind. Dies alles sind sicher bedeutsame Faktoren. Kriminologen und andere Sozialwissenschaftler haben viel über die Faktoren, die Menschen für Gewaltkriminalität anfällig machen, in Erfahrung gebracht. Jedoch hilft uns all dieses Wissen wenig, wenn es vorherzusagen gilt, ob und wann eine *bestimmte* Person einen anderen Menschen angreifen oder sich an fremdem Eigentum vergreifen wird. Zudem können all diese Faktoren den eindeutigen Befund, dass Gewalttäter überwiegend *männlich* sind, nicht erklären.

In den vorherigen Kapiteln haben wir eine Reihe von Unterschieden zwischen Jungen und Mädchen beleuchtet, in denen sich die falsche emotionale Erziehung von Jungen und die dadurch hervorgerufenen Schäden ausdrücken. Im Vergleich zu Mädchen haben und verursachen Jungen in der Grundschule mehr Probleme. Sie ziehen disziplinarische Maßnahmen an wie ein Magnet; als Jugendliche trinken sie früher und mehr Alkohol und fahren häufiger betrunken Auto; ihre Suizidrate ist höher. Doch nirgends zeigt sich der Unterschied zwischen Jungen und Mädchen krasser als beim Einsatz körperlicher Gewalt, ob gegen Personen oder Sachen. Nirgends tritt klarer hervor, dass die emotionale Erziehung, die unsere Kultur Jungen angedeihen lässt, nicht nur ihnen einen schlechten Dienst erweist, sondern uns allen.

Dramatische Statistiken bestätigen, dass Jungen insgesamt aggressiver und gewalttätiger sind.[1] Von allen von Jugendlichen begangenen Tötungsdelikten entfallen etwa 95 Prozent auf männliche Täter. In jüngster Vergangenheit schnellten die Gewaltverbrechen von Jugendlichen, Tötungsdelikte, schwere Körperverletzung und Vergewaltigung, die in den Vereinigten Staaten fast ausschließlich von Jungen begangen werden, sprunghaft in die Höhe. In Europa steigt die einschlägige Jugendkriminalität ebenfalls.[2] Auf jede der Tragödien, von denen wir aus der Zeitung erfahren, kommen viele andere, weniger sensationelle, doch die meisten lassen sich auf einen gemeinsamen Nenner bringen: zornige Jungen, die Menschen in ihrem Umfeld verletzen oder ihr Eigentum zerstören.

Manchmal stoßen wir bei unserer Archäologie des Lebens eines gewalttätigen Jungen auf extreme Bedingungen, etwa jahrelange unbeschreibliche Misshandlung. Andere – ob sie getötet, geprügelt oder vandalisiert haben – haben einen massiven Vertrauensbruch seitens einer Bezugsperson erlebt; Beschämung durch strenge oder überkritische Eltern oder Lehrer; Demütigung unter den Händen grausamer Altersgenossen oder im Auf und Ab der sozialen Beziehungen, der sportlichen Wettkämpfe oder der schulischen Leistungen. Kurzum, sie leiden unter den Missgeschicken und Mühseligkeiten, die das Leben vielen von uns dann und wann auferlegt. Der Unterschied zwischen den Jungen, die gewalttätig werden, und denen, die es nicht werden, geht darauf zurück, dass den gewalttätigen ausreichende psychische Kompetenzen fehlen, um ihre emotionalen Reaktionen unter Kontrolle zu halten.

Trotz der eindeutigen Anzeichen für ein gravierendes Problem neigt unsere Gesellschaft dazu, die Gewalt unter Jungen so lange zu übersehen, bis dramatische Zwischenfälle wie die Schulmassaker die Öffentlichkeit aufrütteln. Selbst dann noch greift eine Art kultureller Verleugnung, eine aufgeregte, doch wirkungslose Talkshow-Mentalität, die kaum etwas zur Lösung des Problems beiträgt und nur das Gefühl der Gesellschaft von Hilflosigkeit gegenüber gewalttätigen Jungen verstärkt. Eine besorgte Mutter in Colorado schildert in einem Leserbrief an die Zeitung *USA Today*, wie tief sie die eskalierende Gewalt und deren Einfluss auf ihren eigenen Sohn beunruhigt: »Wenn wir uns wirksam mit der Gewalt auseinander setzen wollen, müssen wir den Kern des Problems erkennen und ins Visier nehmen, und das, meine Freunde, besteht darin, dass wir eine Nation von Jungen haben, die ihrer Wut die Zügel schießen lassen. Bevor jetzt jemand ›männerfeindlich‹ schreit – ich habe einen 11-jährigen Sohn und mache mir Sorgen um ihn und die eskalierende Gewalt, auf den Schulhöfen in Arkansas und Kentucky bis hin zu dem Basketballfeldern der so genannten Profis … Wir müssen den Jungen beibringen, dass die Beherrschung der eigenen Wut nicht bedeutet, ein Feigling zu sein, sondern ein zivilisierter Mensch.«[3]

Was ist zu tun? Manche fordern, unsere Jungen härter anzufassen – sie öfter durchzuprügeln –, ähnlich wie die Befürworter der Todesstrafe auf steigende Kriminalitätsraten reagieren. Doch wie wir aufgrund von Forschungsergebnissen und unserer eigenen therapeutischen Erfahrungen mit Jungen wissen, fruchtet die Methode »Knüppel aus dem Sack« nicht; sie macht die Jungen höchstens bösartig.

Unsere Arbeit führt uns in die Innenwelt von Jungen. Dorthin, wo sie die Hand des Schicksals spüren, das das Leben ihnen bestimmt hat – wie ihre Eltern mit ihnen umgehen, in welcher Gegend sie wohnen, wie gut sie in der Schule sind, wie sich ihre Freunde verhalten –, um dann darauf zu reagieren. Hier liegt der Unterschied zwischen einem gewalttätigen Jungen und einem nicht gewalttätigen.

Und somit kommen wir wieder auf die Geschichte zurück, mit der dieses Buch begann – der alttestamentarischen Geschichte von Kain. Hier finden wir viele derselben Aspekte, die typisch sind für das Seelenleben von heutigen Jungen, die mit Gewalttätigkeit auf Bedingungen des modernen Lebens reagieren. In der Geschichte aus der Genesis übermannt Kain die Wut, weil er glaubt, dass Gott, der himmlische Vater, dessen Wohlwollen er sich so heiß ersehnte, ihn missachtet und Abel klar bevorzugt. Kain ist natürlich enttäuscht, und seine Reaktion auf Enttäuschung ist Wut.

Die nächsten Zeilen dieser kurzen Geschichte lassen sich vielfältig interpretieren, Kernpunkt ist jedoch, dass Gott Kain für sein Selbstmitleid und seinen Zorn tadelt: »Warum ergrimmst du? Und warum senkst du deinen Blick? Ist's nicht also? Wenn du fromm bist, so kannst du frei den Blick erheben. Bist du aber nicht fromm, so lauert die Sünde vor der Tür, und nach dir hat sie Verlangen; du aber herrsche über sie.« (1. Mose, 4, 6–7)

Wir wollen Gottes Absicht in diesen biblischen Worten nicht

deuten, doch wir sehen darin eine explizite Aufforderung an Kain, seinen Wutimpuls zu überdenken, wie sehr ihn dieser auch zum Handeln drängen mag, und »fromm« zu sein, was bedeutet, recht zu handeln und über die Wut zu »herrschen«. Zähle bis zehn. Denk nach. Entscheide dich für das »Frommsein«.

Doch Kain hört nicht oder genauer gesagt, er hört nicht, dass es eine gewaltlose Option gibt. Er erschlägt Abel, und Gott verurteilt Kain dazu, für den Rest seines Lebens im Schatten zu leben, »unstet und flüchtig auf Erden«, und den Acker ohne Ertrag zu bebauen; überdies verbannt er ihn in das Land Nod.

Kain quälen Gewissensbisse – »meine Strafe ist zu schwer, als dass ich sie tragen könnte« –, doch es ist zu spät. Die Tat ist getan, der Schaden nicht wieder gutzumachen.

Dies ist auch die Geschichte von vielen heutigen Jungen, deren Scham sich in Wut verwandelt und deren Wut nur allzu schnell in Gewalt umschlägt. Auch sie brauchen umfassendere emotionale Fähigkeiten, um Kränkungen wie die Kritik eines Lehrers, den Tadel eines Elternteils, den Spott eines Klassenkameraden oder die Abweisung durch ein Mädchen zu bewältigen.

Wir als Eltern und Lehrer sind gefordert, sie das Abc der Gefühle zu lehren, weil nur dies sie befähigt, emotionalen Prüfungen standzuhalten, statt sich in gewalttätige Racheakte zu flüchten:

- Im Leben geht es nicht immer gerecht zu. Lerne, damit umzugehen.
- Du kannst nicht einfach auf andere losgehen, wenn du wütend wirst.
- Du musst bedenken, wie sich dein Handeln auf andere auswirkt.
- Sieh keine Bedrohungen, wo keine sind.
- Du musst dir bewusst sein, dass Selbstbeherrschung dich nicht zu einem Feigling macht.

Stattdessen stoßen wir in den aggressiven Jungen, mit denen wir zu tun haben, auf das Vermächtnis von Kain, und die Forschung zu Verbrechen und Gewalt bestätigt uns. Ein Junge, der tief enttäuscht wurde oder sich missachtet fühlt, der beschämt oder frustriert wurde, wird wütend und schlägt zurück. Wie Kain denkt er nicht über die Folgen für sich oder seine Opfer nach. Vielen dieser Jungen tut es hinterher Leid, doch dann ist der Schaden schon geschehen, und ihre Reue bringt niemandem etwas. Ihre Gewalttaten fügen den Opfern irreparablen Schaden zu und schmerzen alle, die Anteil nehmen, in tiefster Seele. Darüber hinaus fallen die Folgen ihrer Gewalttätigkeit auf die Jungen selbst zurück. Wie eine Axt beim Fällen eines Baumes stumpf wird, beeinträchtigt ihre Handlungsweise ihre sozialen und psychischen Konsequenzen.

Der Mechanismus von Ursache und Wirkung lässt sich in der Welt des Sports und in den Lektionen, die er hinsichtlich des Wertes von Selbstbeherrschung erteilt, gut beobachten. Greifen wir als Beispiel Alonzo Mourning heraus, einen viele Millionen schweren Basketballstar, der für die Miami Heat spielte. Er gab ein Interview zu einer tätlichen Auseinandersetzung auf dem Spielfeld, an der er maßgeblich beteiligt war. Gegen Spielende hatte Mourning, außer sich vor Wut, mit Fäusten auf seinen Gegenspieler Larry Johnson, dem er zu brutales Spiel vorwarf, eingedroschen. Johnson schlug zurück; beide wurden für zwei Spiele gesperrt. Unglücklicherweise fiel Mournings Sperre in die Endphase einer wichtigen Play-off-Runde. Wie sich zeigte, wurde seine Mannschaft, die – hätte er mitgespielt – haushoher Favorit gewesen wäre, nach Strich und Faden abgezogen und die Saison war gelaufen. Das Aussetzen der Vernunft für einen Augenblick machte eine ganze Saison harter Arbeit einer ganzen Mannschaft zunichte und enttäuschte zahllose Fans. Mourning räumte später ein, dass er nicht hätte zuschlagen dürfen, dass er seine Mannschaftskameraden im Stich gelassen hatte. Der geprügelte Larry Johnson, der gesperrt wurde, weil er zurückschlug, räumte ein: »Ich hätte es besser wissen sollen. Ich hätte eine Flasche sein und einfach weggehen sollen.«

Die meisten Jungen wollen es nicht riskieren, als Schwächling – als »Flasche« – dazustehen. Und viele wissen nicht, wann sie weggehen sollten. Zu oft liegt zu wenig Abstand zwischen dem Aufflackern von Wut und einer zornigen Reaktion. Die Entscheidung zwischen Zuschlagen oder Weggehen ist manchmal eine Gratwanderung. Der Gewaltausbruch hätte verhindert werden können, wäre nur ein wenig mehr Einfühlungsvermögen, ein wenig mehr Selbstkontrolle, eine ein wenig bessere Einschätzung der Situation, ein bisschen weniger Wut, eine Entscheidung, Worte statt Taten sprechen zu lassen, vorhanden gewesen – oder hätte der Mann die Reife besessen, von einer Tätlichkeit Abstand zu nehmen, ohne sich für eine »Flasche« zu halten. Das ist es, was wir als Eltern und Pädagogen unsere Jungen lehren müssen.

Wenn wir ihnen das beibringen wollen, ist es hilfreich, drei Dinge darüber zu wissen, wie ein Junge empfangene Signale – wirkliche und eingebildete – interpretiert und warum er auf sein Leben und das, was wir ihn lehren, so reagiert, wie er es tut:

1. **Bei Jungen ist das Motiv für Aggression eher »defensiv« als offensiv.** Die Aggression von Jungen erfolgt gewöhnlich als Reaktion auf eine wahrgenommene Bedrohung oder auf Frustration oder Enttäuschung. Gewalttätige Jungen sind keine testosteronstrotzenden Bestien, wie manche behaupten; sie sind verletzliche, psychisch in die Enge getriebene Menschen, die sich durch Aggression zu schützen suchen.
2. **Jungen sind prädestiniert dazu, die Welt als bedrohlichen Ort wahrzunehmen und auf diese Bedrohung mit Aggression zu reagieren.** Weil sie in der ausweglosen Falle zappeln, den unerfüllbaren Anforderungen des überkommenen männlichen Selbstbildes genügen zu müssen, reagieren sie sehr empfindlich auf jede vermeintliche Missachtung. Zudem lernen sie durch ihre Erfahrungen mit der Kultur der Grausamkeit, in ihren Beziehungen mit anderen auf Feindseligkeit gefasst zu sein. Schließlich fällt es Jungen aufgrund ihres emotionalen Analphabetentums schwer, emotionale Signale in sozialen Situationen zu verstehen. Infolgedessen neigen sie leichter dazu, neutrale Situationen als bedrohlich zu deuten.
3. **Jungen wissen häufig nicht, was sie wütend macht, oder wollen es sich nicht eingestehen.** Darin besteht die Kehrseite ihrer Schwierigkeiten, die emotionalen Signale anderer zu verstehen. Aufgrund ihrer falschen emotionalen Erziehung sind sich Jungen der Quelle oder Stärke ihrer angestauten Wut häufig nicht bewusst. Infolgedessen neigen sie zu explosionsartigen Ausbrü-

chen, oder sie lenken ihre Gewalttätigkeit auf ein »neutrales« Ziel – gewöhnlich eine Person, die nicht die eigentliche Ursache der Wut ist.

Gewalt als Panzer

Die Verhaltensforschung befasst sich seit langem mit den unterschiedlichen Arten physischer Aggression von Tieren und untersucht die verschiedenen jeweils beteiligten Hirnstrukturen. So hat die Forschung gezeigt, dass unterschiedliche neuronale Bahnen bei unterschiedlichen Arten von Aggression eine Rolle spielen.[4] Ein Beispiel: das Gehirn verarbeitet Aggression, die auf das Töten eines Beutetieres abzielt, auf anderen Bahnen als Gewalt, die Teil des Dominanzgebarens männlicher Tiere sind. Nur ein Teil dieser Befunde hat Relevanz für die menschliche Aggression. Am bedeutsamsten ist die Unterscheidung zwischen der »Beutegreifer-« oder offensiven Art von Gewalttätigkeit und der reaktiven oder defensiven Aggression. Aufgrund unserer Erfahrungen mit »normalen« Jungen sind wir der Ansicht, dass ein Großteil ihrer physischen Aggression reaktiven Charakter hat. Das heißt, ein Junge nimmt eine Bedrohung wahr – ob eine reale oder eingebildete – und reagiert wie ein in die Ecke getriebenes Tier. Diese Aggression wird also durch ein Schutzbedürfnis oder als Reaktion auf Schmerz ausgelöst.
Jungen fühlen sich in ihren Bemühungen, die Forderungen des »Großen Unmöglichen« zu erfüllen, überaus verwundbar, und das emotionale innere Territorium, das sie schützen müssen, ist groß. Es gilt beispielsweise, das unrealistische Männlichkeitsbild hochzuhalten. Wahrscheinlich am problematischsten ist jedoch ihre niedrige psychische Schmerzschwelle. Jungen, die nicht über gut entwickelte psychische Kompetenzen zur Bewältigung ihrer Gefühle verfügen, sind für emotionalen Schmerz meist äußerst anfällig. Sie können Angst und Traurigkeit – Empfindungen, die enge menschliche Beziehungen oft mit sich bringen – nicht benennen oder bewältigen, weshalb sie stets auf der Hut

sein und sich in Acht nehmen müssen. Wenn sie sich dann doch emotional verletzt fühlen, ist der Schmerz oft jäh und heftig – wie wenn man sich mit einem Hammer auf den Daumen haut – und unmittelbar gefolgt von Wutgebrüll und Eindreschen auf das nächstliegende Ziel.

Viele Umstände können Wut auslösen, doch ein alltäglicher Auslöser in der männlichen Jugendkultur der Grausamkeit sind Minderwertigkeitsgefühle oder Mangel an sozialem Status. Es gibt kaum wissenschaftliche Belege für die zugegebenermaßen populäre Ansicht, dass Jungen mit hohem Testosteronspiegel aggressiv seien und dennoch einen höheren Sozialstatus hätten. Unsere klinischen Erfahrungen widerlegen auch die Vorstellung einer derartigen biologisch bedingten Zwangsläufigkeit. Gewöhnlich ist es nicht der Ranghöchste der Klasse, der andere tyrannisiert oder nach dem Unterricht Prügeleien vom Zaun bricht. Es ist der Junge weiter unten auf der sozialen Stufenleiter, der sich abgelehnt oder beschämt fühlt, der seine Gekränktheit in aggressives Verhalten umsetzt.

Aufgrund klinischer Erfahrungen weiß man, dass Jungen mit einem als Klinefelter-Syndrom bezeichneten Gendefekt zu Aggressivität neigen. Dem Klinefelter-Syndrom liegt eine Trisomie zugrunde, bei der das weibliche Geschlechtschromosom doppelt vorhanden ist (XXY). Die Betroffenen weisen kleine Genitalien und einen Testosteron*mangel* auf. Berichten klinischer Psychologen zufolge, die mit Betroffenen arbeiten, neigen diese zu Hemmungen, insbesondere Jungen unmittelbar vor der Pubertät, die nach dem Sportunterricht mit anderen duschen müssen –, weil die Penisgröße in den Augen von Jungen ein sichtbares Zeichen der Männlichkeit ist. Die betroffenen Jungen geraten besonders oft in Prügeleien, möglicherweise um sich vor dieser schmerzhaften Beschämung zu schützen und zum Teil auch, um sich ihre Männlichkeit zu beweisen.

Forschungsarbeiten von Richard Tremblay an der Universität von Montreal mit normalen 13-jährigen Jungen erhärten ebenfalls die Beobachtung, dass der abgelehnte, unbeliebte Junge am aggressivsten ist. Tremblay beobachtete eine große Gruppe von Jungen vom Kindergartenalter an. Diejenigen, die von Pädagogen und Gleichaltrigen durchgängig als aggressiv beurteilt wurden, waren meist auch diejenigen, die mit Lernschwierigkeiten zu kämpfen hatten und allgemein unbeliebt waren. Das ist nichts Neues; andere Studien bestätigen dieses Ergebnis. Am bemerkenswertesten an Tremblays Arbeit ist jedoch sein Befund, dass die betroffenen Jungen einen *niedrigeren* Testosteronspiegel aufwiesen als die Jungen, die auf der Beliebtheitsskala weit höher standen, aber nicht zu körperlicher Aggression neigten.[5]

Dan über Leif: Austeilen statt einstecken

Leif schien auf der Sonnenseite des Lebens zu stehen – er hatte eine fürsorgliche Mutter, ein wohlhabendes Elternhaus, eine gute Schule. Und er hatte Talent, war sehr intelligent, sportlich und hatte das gute Aussehen seiner Mutter in einer prächtigen Jungenversion geerbt; blond, mit klassischen nordischen Gesichtszügen. Bis zum Alter von etwa acht Jahren deutete nichts in Leifs Verhalten darauf, dass er etwas anderes als glücklich war, und wenn er raufte, dann nur in Form von harmlosen Balgereien mit seinem zwei Jahre jüngeren Bruder.

Doch zu Beginn seines 3. Schuljahres kam ein neuer Junge in Leifs Klasse. Jeffrey war ein Superstar. Er hatte einen messerscharfen Intellekt und stellte Leif als Klassenbesten bald in den Schatten. Auf dem Spielfeld konnte keiner Jeffrey das Wasser reichen. Er lief schneller, warf den Ball weiter und schlug beim paarweisen Basketballspiel alle anderen, eine Ehre, die zuvor Leif gebührt hatte. Wenn es damit genug gewesen wäre, hätte Leif wahrscheinlich damit leben können. Doch Jeffrey wollte darüber hinaus noch im Mittelpunkt der Drittklässlergesellschaft stehen, und er verfügte über die sozialen und politischen Fertigkeiten, das zu schaffen. Geschickt bildete er Koalitionen und förderte seine Popularität, während er die seiner Rivalen subtil untergrub. Sein Talent in Verbindung mit der Beliebtheit, die seine intellektuelle und sportliche Begabung Jeffrey einbrachten, führten dazu, dass er schließlich bestimmen konnte, was cool war und was nicht. Und da Leif sein Hauptrivale um die Position des Alpha-Männchens in der 3. Klasse war, begann er bewusst gegen ihn zu intrigieren. Wenn Leif Ken Griffey Jr. als besten Baseballspieler auf den Schild hob, konterte Jeffrey mit Sammy Sosa. Wenn Leif eine CD der Smashing Pumpkins in die Schule mitbrachte, sorgte Jeffrey dafür, dass seine Lieblingsband Green Day als besser angesehen wurde.

Leif verlor die Fassung, und seine zuweilen unreifen Reaktionen trugen wenig zur Förderung seiner Beliebtheit bei. Er verlor Jeffrey gegenüber die Kontrolle und sagte Dinge, die Jeffrey dann benutzte, um ihn lächerlich zu machen. Als sich die ersten Freunde von Leif abwandten, nahm seine Aggressivität nur noch zu. Seine Mutter brachte ihn zu mir, weil er sich nun ohne Unterlass mit seinem Bruder prügelte. Trauriger Höhepunkt dieser Kämpfe, der das Fass zum Überlaufen gebracht hatte, war ein Faustschlag gewesen, der sie zwang, ihren jüngeren Sohn in die Notaufnahme zu bringen, wo ihm die Unterlippe mit drei Stichen genäht werden musste.

Es war Leif anzusehen, dass er innerlich vor Wut kochte, ganz auf Abwehr eingestellt und tief verletzt war. Und als er mich regelmäßig aufzusuchen begann, verschlimmerte sich zu allem Überfluss auch noch seine familiäre Situation. Sein Vater, der sich kaum um seine Söhne gekümmert hatte – seine Eltern hatten nie geheiratet –, zog wieder in Leifs Heimatstadt, nunmehr entschlossen, für die Unterhaltszahlungen, die er leistete, auch einen Gegenwert zu bekommen. Also ging er daran, das gemeinsame Sorgerecht und Wochenendbesuche von Leif und seinem Bruder zu erzwingen. Das hätte ja ganz nett sein können, wären seine Motive nicht hauptsächlich boshafter Natur gewesen. Wie Leif mir erzählte, liefen ihre Besuche bei ihrem Vater gewöhnlich so ab, dass er sie vor ein ausgeliehenes Video setzte, während er mit einer seiner Freundinnen herumlungerte und Wein trank.

Weil ich Leif so schwer dazu bewegen konnte, über seine Gefühle zu sprechen, unterhielt ich mich oft und lange mit ihm über Sport. Er genoss diese Gespräche durchaus, doch auf einer anderen Ebene war Sport ein »heißes« Thema. Dabei schälte sich sein Drang heraus, besser zu sein, als er war. Leif hatte sich ganz auf seine sportlichen Leistungen als Schlüssel zum Glück versteift. Dahinter steckte ganz klar eine unausgesprochene Annahme: Er glaubte, wenn er Jeffrey beim Basketball schlagen konnte, würde er seine frühere Beliebtheit wiedererlangen. Da Leif das Gefühl hatte, sein schulisches und familiäres Leben sei ihm aus der Hand geglitten, sehnte er sich nach mehr Stärke und Macht. Und wer verfügte über mehr davon als die Sportidole, die zu verehren man ihm beigebracht hatte? Er begann sich wilde Räuberpistolen zusammenzuspinnen und erzählte sie mir in dem glühenden Wunsch, ich möge sie ihm abkaufen. So versicherte er mir, er schaffe »beinahe« einen Treffer in einen Korb in regulärer Höhe. Da er weniger als 1,50 Meter maß, war dies höchst unwahrscheinlich. Er wünschte sich sehnlichst, hart zu erscheinen, und berichtete mir von Prügeleien, bei denen er angeblich ein paar Fünft- oder Sechstklässler »plattgemacht« hatte. Jedes Mal, wenn ich bei Leif endlich Fortschritte erzielte und seine Übertreibungen nachließen oder er in der Schule nicht mehr so viel Ärger bekam, deichselte es sein Vater, dass er die Therapie abbrach, nur um ihn einige Monate später, wenn sein Verhalten sich verschlimmert hatte, wieder zu mir zurückzuschicken.

In der 5. Klasse beschlossen Leifs Eltern, ihn auf eine Schule in der Wohngegend seines Vaters zu schicken. Dieser Wechsel würde ihm gut tun, so meinten sie, und das geringere Schulgeld lockte sie ebenfalls. Doch anstatt an seiner neuen Schule aufzublühen, sackten seine Noten ab, und er wurde zu einem Störfaktor in der Klasse. Meinen Erfahrungen zufolge dauert es ein ganzes Jahr, bis ein Junge in eine neue Klasse integriert ist. Leif verfügte nicht über die Geduld, der anfänglichen Unbill zu trotzen. Da er so sehr unter den erlebten Kränkungen litt, hatte er jegliches Interesse daran verloren, die Anerkennung der Lehrer zu erringen oder für die Schule zu lernen, und weil er von den »braven« Kindern nicht gleich akzeptiert wurde, begann er sich mit den »bösen« herumzutreiben. Er erzählte mir, dass sie zum Spaß mit Schlüsseln Autos zerkratzten oder Nummernschilder klauten. Einmal wurde er erwischt und musste dem Besitzer eines Cadillacs den Schaden ersetzen, doch echte Reue zeigte er nicht. Als er älter wurde, nahm seine Zerstörungswut zu. Er erzählte mir, dass er öffentliches Eigentum mit Graffitis voll malte, und er hatte begonnen, aus Streichholzköpfen und Schießpulver, das er

aus vielen kleineren Feuerwerkskörpern herauspulte, zu Hause Rohrbomben zu basteln.
Als Leifs Vater zu einer anderen Krankenversicherung wechselte, brach Leif die Therapie bei mir ab und suchte von nun an ein kommunales Gesundheitszentrum auf, wo er weit weniger Therapiestunden bekam. So überraschte es kaum, dass sich sein destruktives Verhalten verschlimmerte.
Leif hatte die für einen Jungen schlimmsten Kränkungen in hohen Dosen schlucken müssen: Ablehnung seitens seiner Freunde, ein inkonsequenter und im Allgemeinen desinteressierter Vater und immer weniger Möglichkeiten, über seine quälenden Gefühle zu sprechen. Da Leif weder seinen inneren Aufruhr zu verstehen noch Trost bei Freunden oder seiner Familie zu finden vermochte, schlug sein Schmerz in Wut um, die sich gewalttätig ausdrückte und ihn in einen Teufelskreis aus sozialer und emotionaler Bedrängnis brachte.

Wenn Jungen die Welt als Bedrohung erleben

Wie schon gesagt, ist die Aggressivität von Jungen großenteils eher reaktiv als angeboren. Das heißt, ein Junge nimmt eine irgendwie geartete Bedrohung wahr und beantwortet sie mit Aggression, entweder um die Bedrohung in Schach zu halten oder als Reaktion auf Schmerz. Wenn man diese Zusammenhänge verstehen will, ist es hilfreich zu wissen, was Jungen bedrohlich finden – oder genauer gesagt, warum sie so häufig andere Menschen als bedrohlich wahrnehmen, unabhängig davon, ob sie es wirklich sind.
Zwar fordern Männer heute einander nicht mehr zum Duell wie in vergangenen Jahrhunderten, doch ein zentrales Dogma des traditionellen männlichen Überzeugungssystems lautet, dass ein Mann nach außen hin immer ein Bild der Respekt gebietenden Stärke abgeben muss. Da dies zu einer Frage der Ehre wird, fühlen sich Jungen gezwungen, sich zu wehren, wenn jemand sie »disst«. Jungen, die Hänseleien, Hohn und Spott und das unausgesetzte

»Dissen« der Kultur der Grausamkeit erdulden, haben sich angewöhnt, ständig auf der Hut vor Angriffen zu sein. Wie ein einfaches Lehrbuchbeispiel für psychologische Konditionierung haben Jungen gelernt, die Beziehungen zu Gleichaltrigen mit feindseligen Attacken – meist verbalen, aber auch physischen – zu assoziieren.

Scott, ein angehender Betriebswirt Mitte 30, nahm die Therapie mit dem kurzfristigen Ziel auf, einige Entscheidungen hinsichtlich seiner beruflichen Laufbahn und seiner privaten Beziehungen zu fällen. Während einer unserer Sitzungen erwähnte er, dass er kürzlich mit seiner Verlobten eine Party besucht habe und ihr aufgefallen sei, dass er immer leicht zurückzuckte, wenn jemand in seiner Nähe eine plötzliche Armbewegung machte. Im Gespräch mit ihr fiel ihm ein, dass alle seine Schulkameraden in der 7. Klasse ein Ritual vollzogen hatten: Wann immer sie konnten, schlugen sie einander in einem unbedachten Augenblick auf die Genitalien. Er erinnerte sich, dass er sich immer ein dickes Buch vorhielt, wenn er durch die Schulflure ging, um sich im Falle eines Überraschungsangriffs unterhalb der Gürtellinie zu schützen.

Zusätzlich zu den körperlichen Angriffen in der Schule musste sich Scott zu Hause von Kindheit an bis weit in die High School gegen zwei ältere Brüder seiner Haut wehren. Insbesondere ein Bruder pflegte ihn fast jedes Mal, wenn er in Reichweite seiner Arme kam, in den Magen zu boxen. Scott merkte schließlich, dass er reflexartig seine Bauchmuskeln anspannte, wenn er auf dem Bürgersteig oder in einem Korridor an einem anderen Mann vorüberging. »Es ist verrückt«, stieß er hervor, »als ob ich misshandelt worden wäre oder so. Ich kann nicht glauben, dass mir immer noch Dinge nachgehen, die vor so langer Zeit passiert sind.«

Leider steht er damit nicht allein. Die Kultur der Grausamkeit bürdet dem Leben vieler Jungen und Männer ein derartiges Erbe auf.

Die Kultur der Grausamkeit und ihre falsche emotionale Erziehung lehren Jungen nicht nur vor Schatten zu erschrecken, sondern auch Bedrohungen zu sehen, wo keine sind. Diese emotionale Fehlsichtigkeit lässt Jungen emotionale Signale nur verschwommen wahrnehmen und bewirkt, dass sie die Bedeutung von Handlungen oder Worten anderer falsch oder gar nicht verstehen. Michael Holley, ein Sportkolumnist des *Boston Globe*, berichtet folgendes Erlebnis mit dem Baseballstar Albert Belle, »dem rüdesten Kerl in Amerika«: Ein Sportreporter spricht ihn mit der Frage an: »Wie läuft's?«, und erhält als Antwort: »Du Wichser.«[6] Wenn jemand wie Mr. Belle die Welt als derartig feindselig wahrnimmt, werden seine daraus folgenden Gewalttätigkeiten ein wenig verständlicher.

Der Aggressionsforscher Ken Dodge und seine Mitarbeiter haben nachgewiesen, dass aggressive Jungen häufig die Intentionen anderer missdeuten, feindselige Absichten sehen, wo keine sind, auf die wahrgenommene Bedrohung mit Feindseligkeit reagieren und ihre Aggression als Reaktion auf die wahrgenommene feindselige Aktion für gerechtfertigt halten.[7]

Die Reaktionen eines teilnehmenden Jungen – nennen wir ihn Jack – machen Dodges Experimente anschaulich.

Jack geht in die 3. Klasse. Er und die übrigen Jungen in seiner Klasse haben sich mit Zustimmung ihrer Eltern bereit erklärt, an der Studie teilzunehmen. Sobald die Schule an diesem Tag zu Ende ist, wird Jack, statt nach Hause zu eilen, von einem jungen Mann in einen kleinen Raum mit einem Fernsehbildschirm begleitet. Er erklärt Jack, dass er jetzt ein Video sehen wird, in dem einige Jungen verschiedene Dinge zusammen machen, und dass er dann ein paar Fragen zu dem, was er gesehen hat, beantworten soll.

In der ersten Szene sitzt ein Junge in Jacks Alter auf dem Boden und baut einen Turm aus Holzklötzen. Der Forscher bittet Jack, sich vorzustellen, er sei dieser Junge. Im Video betritt ein weiterer Junge den Raum. Er geht an dem Turm vorbei und wirft ihn um. Den meisten von uns würde es beim Anblick der Videoszene schwer fallen zu entscheiden, ob das Umstoßen aus Unachtsamkeit, purem Zufall oder Absicht geschah. Doch wie antwortet Jack auf die Frage:

»Was ist hier passiert?«

»Der Junge hat dem anderen seinen Turm umgestoßen.«

»Kannst du mir noch etwas anderes darüber erzählen?«

»Ja. Er kam einfach rein und hat ihn ohne Grund umgeworfen. Vielleicht konnte er den anderen Jungen nicht leiden.«

»Wie hast du gemerkt, was passiert ist?«
»Na, er ist einfach vorbeigelaufen und hat es gemacht. Ich konnte sehen, wie er es gemacht hat.«
»Woher weißt du, dass er es mit Absicht gemacht hat?«
»Er konnte den anderen Jungen nicht leiden.«
»Woher weißt du das?«
»Er hat seinen Turm umgestoßen.«
»Was sollte der andere Junge machen?«
»Er sollte ihn nie wieder mit ihm spielen lassen. Oder er sollte warten und dem anderen seinen Turm kaputtmachen, wenn der einen baut.«

Nicht alle Jungen nehmen in diesem Film böse Absicht wahr. Manche schreiben den Zwischenfall dem Zufall zu oder reagieren selbst dann nicht mit Feindseligkeit, wenn sie dem Jungen, der den Turm umwirft, böse Absicht unterstellen. Aggressive Jungen jedoch neigen dazu, neutrale Ereignisse als feindselige Aktionen zu interpretieren.
Genau wie in dieser Studie tragen auch im realen Leben mindestens drei Faktoren dazu bei, dass Jungen emotional mit Aggression reagieren. Wenn sie das Video anschauen, nehmen sie erstens nicht genügend Information über die Absichten des anderen Jungen auf oder nutzen sie nicht ausreichend. Aggressive Jungen wie Jack machen weniger Gebrauch von wichtigen Informationen – das heißt, sie verlassen sich stärker auf ihre Erwartungen als auf relevante soziale Signale, etwa den Gesichtsausdruck oder den Tonfall des anderen Jungen. Zweitens nehmen sie in einer uneindeutigen Situation eher eine feindselige Absicht wahr. In anderen Videos, die einen Jungen zeigen, der helfen will, jedoch scheitert – es geschieht trotzdem etwas Schlimmes, es wird etwa Farbe über ein Bild verschüttet –, vermögen aggressive Jungen in aller Regel ebenfalls nicht das positive Bemühen zu erkennen, das der hilfsbereite Junge an den Tag legt; sie sehen nur den Schaden und deuten ihn als Resultat einer feindseligen, gegen sie gerichteten Absicht. Schließlich fallen ihnen eher feindselige Reaktionen auf diese Situation ein. Statt von den Forschern als »sozial kompetent« bezeichnete Reaktionen zu nennen – beispielsweise über

das Problem zu reden und einen Kompromiss oder besseres Verständnis zu erzielen –, verfallen sie eher auf feindselige Reaktionen gegen das andere Kind.
Aus den Wahrnehmungsmustern eines Jungen beim Betrachten dieser Videobänder lässt sich vorhersagen, wie dieser Junge auf eine reale Provokation reagieren wird. Ein Kind, das erwartet, dass andere sich feindselig verhalten, das in ihren Handlungen böse Absichten sieht, das auf diese Feindseligkeit eingeht und sie zurückgibt, schließt den Stromkreis, der aggressives Verhalten speist. In Experimenten, die Jungen mit vermeintlich realen Bedrohungen konfrontieren, reagieren diejenigen Jungen, die auf Aggression gepolt sind, mit noch größerer Feindseligkeit.

Dan über Seth: Die Sicherheit des Schwarzen Gürtels

Seth war ein langer, schlaksiger Schüler im vorletzten High-School-Jahr. Als ich ihn in diesem September nach Schulbeginn zum ersten Mal wieder traf, erkannte ich ihn kaum noch. Er hatte in den Ferien mindestens 15 Zentimeter zugelegt und war jetzt einer der größten Jungen in seiner Klasse. Er hatte in Erwartung der anstehenden Auswahlspiele für die Football-Mannschaft den Sommer über beharrlich Krafttraining gemacht, verlor allmählich alles Jungenhafte und sah einem Mann immer ähnlicher.
Ich kannte Seth seit seinem Eintritt in die Schule in der 8. Klasse. Ich hatte mehrmals mit ihm gesprochen, als seine Eltern sich getrennt hatten, doch jetzt waren sie wieder zusammen, und obwohl ich mich nicht »offiziell« mit ihm traf, schienen wir uns häufig am selben Ort aufzuhalten – in der Mittagspause irgendwo draußen im Freien, am Spielfeldrand oder als Teil einer informellen Gruppe, die sich an vielen Tagen nach der Schule immer am selben Platz bildete. Zuweilen, wie auch an diesem besonderen Tag, passte er mich im Flur ab und fragte, ob ich ein paar Minuten Zeit hätte. Wie es der Zufall wollte, plante ich gerade einen Abstecher in ein nahe gelegenes Café, um rasch einen Aufwachkaffee zu trinken. Ich lud ihn ein, mitzukommen.
Seth war bei den Lehrern nicht gerade der beliebteste Schüler. Er war sehr intelligent, was ihm half, doch wie sein Vater, ein er-

folgreicher Anwalt, verfügte er über eine sehr gewandte und scharfe Zunge, die er zuweilen aus rein sportlichen Gründen einsetzte – oft gegen einen nichts ahnenden Lehrer. In einem Anfall von Frustration über Seths wiederholte Provokationen hatte einmal ein Englischlehrer einen Radiergummi nach ihm geworfen. Die Schule verhängte disziplinarische Maßnahmen gegen den Lehrer; ein mildernder Umstand war jedoch, dass er Seth nicht getroffen hatte. So durfte er dem Kollegium weiter angehören, doch der Zwischenfall sorgte für wachsende Spannung zwischen Seth und ihm.

Auch einige von Seths Mitschülern erklärten mir nur zu bereitwillig, dass sie ihn für eine Nervensäge hielten. Manchen ging besonders Seths ständige Prahlerei mit seinen Fähigkeiten im Taekwondo, das er seit der 2. Klasse betrieb, auf den Geist. Beim Hinsetzen fragte ich: »Was hast du auf dem Herzen?«

»Eigentlich nichts. Ich wollte bloß eine Zeit lang aus diesem Höllenloch raus. Danke für den Kaffee. Ich kann ihn brauchen. Ich habe bis 1 Uhr nachts an diesem blöden Sozialkundeaufsatz für Mr. Stancowski gearbeitet.«

»Worüber?«

»Immigration. Ob wir Quoten einführen sollten oder so. Mr. Stancowski ist so liberal, dass ich kotzen könnte. Diese verdammten Ausländer machen sich im ganzen Land breit, und er will nichts anderes machen, als alle reinzulassen, die reinwollen, und ihnen alles zu geben, was sie haben wollen. Mann, was wir machen müssen, ist, eine riesige Mauer an der ganzen mexikanischen Grenze entlang zu bauen und Maschinengewehrtürme aufzustellen und unseren Jungs Infrarotferngläser zu geben. Und jedes Mal, wenn sie welche sehen, die über die Grenze zu kommen versuchen, sollten sie sie einfach abknallen.«

»Warum stören sie dich so sehr?«

»Mann, die nehmen das ganze Land in Beschlag. Die kommen her, die sind keine Amerikaner, die haben kein Geld, die sprechen kein Englisch, die belasten nur die Wirtschaft und haben eine Million Kinder. Das ist doch lächerlich. Die wollen einfach herkommen und uns verdrängen.«

Wut drückt sich in vielfältiger Weise aus, und Seths Rassismus

war ein weiteres Symptom, eine weitere Ausdrucksform seiner Wut, die ein Ziel suchte.
»Okay, das reicht mir an Rassismus für heute. Wie wär's, wenn wir das Thema wechseln würden? Was hast du am Wochenende gemacht?«
»Ich bin auf die Party bei Marty gegangen.«
»Hat's dir gefallen?«
»Ja, ich hab mit diesem Mädchen, Brenda, rumgehangen. Scheint, dass sie echt heiß auf mich ist. Wir haben nichts gemacht, aber ich werde sie heute Abend anrufen. Sie war Bills Freundin, aber sie steht nicht mehr auf ihn, weil er eine Niete ist. Er verfolgt sie jetzt richtiggehend, weil er weg ist vom Fenster. Sie hat mir erzählt, dass er sie immer noch ständig anruft, und sie sagt bloß ›Na wie geht's?‹ und redet zwei Sekunden mit ihm und sagt dann ›Ich muss los‹. Er rastet bestimmt völlig aus, wenn er erfährt, dass ich bei ihr gelandet bin. Wahrscheinlich dreht er durch und versucht mich umzubringen. Könnte er wirklich. Mann, ich seh' es schon vor mir.«
An dieser Stelle wirkt Seth sehr aufgeregt, und er stellt sich hin und beginnt eine Phantasieszene zwischen ihm und Bill zu spielen.
»›He, Seth, ich hab gehört, du gehst mit Brenda.‹
›Ja, na und? Lass mich in Ruhe!‹
Dann geht er auf mich los und dann – peng!«
Seth demonstriert seinen besten Taekwondo-Tritt, gefolgt von zwei schnellen Schlägen, die Bill wahrscheinlich zum Krüppel gemacht hätten, hätte er sie wirklich abbekommen.
Die Bühne harrte also des Dramas. Angesichts Seths vorgefasster Meinung, dass von Bill Feindseligkeiten zu erwarten seien, lagen die Chancen, dass sie vernünftig miteinander über die Situation reden würden, bei null. Seth würde die Lage, wie sie tatsächlich war, ignorieren und sie durch die Brille seiner Erwartungen wahrnehmen.
Seth war ein gebranntes Kind. Seine Lebenserfahrungen hatten seine Wahrnehmung verzerrt, und er deutete die meisten Signale gewohnheitsmäßig als feindselig. Seths zornige Reaktionen auf die Welt der Leute um ihn herum würde sich durch harte Bestra-

fung nicht ändern: Das Leben hatte ihm bereits schwere Schläge versetzt. Diese Wut abzubauen erforderte »innere Arbeit« – Seth brauchte Hilfe, um in dem, was er empfand, Wut zu erkennen, diese auf ihre Quelle zurückzuführen und erfolgreichere Strategien zur Bewältigung seiner Lebensumstände und Gefühle zu entwickeln.

Den Blick nach innen richten: Die eigenen Gefühle verstehen

Wenn es einem zornigen Jungen schwer fällt, die emotionalen Signale anderer Menschen richtig zu deuten, dann ist das die Kehrseite seiner Unfähigkeit, seine eigenen Gefühle zu verstehen. Wie oben besprochen, kann die innere Landschaft von Jungen, die emotional falsch erzogen wurden, ihnen selbst so fremd sein wie die Nachtseite des Mondes. Infolgedessen wissen Jungen, die wütend oder traurig oder ängstlich sind, oft wirklich nicht warum. Sie mögen eine nicht benennbare Unruhe empfinden, doch häufig können sie die jeweilige Emotion nicht identifizieren und sind erst recht blind für ihre wahre Ursache. Unter solchen Umständen neigt der Mensch dazu, in seiner unmittelbaren Umgebung nach einer Ursache zu suchen. Die Rolle des Sündenbocks wird dann vielleicht einem bestimmten Lehrer, einer Schwester, einem Trainer oder der Freundin übergestülpt. Besonders gefährlich wird es in Fällen, wo sich eine starke, unbewusste negative Emotion angestaut hat, weil diese ständig nach einem Ventil sucht.

Dan über Dale: Verhüllte Wut

In einer Schule ist das Sprechzimmer eines Therapeuten oft ein Provisorium. Die meisten Schulen können es sich nicht leisten, einen festen Raum für einen Psychologen einzurichten, der nur einmal pro Woche anwesend ist. Heute traf ich mich mit Dale in einem alten, selten benutzten Raum an der Rückseite des

Hauptverwaltungsgebäudes. Er war klein und nur mit ein paar alten Möbeln ausgestattet, doch Dale und ich hatten uns dort eine Art Heimstatt eingerichtet. Das Beste an dem Raum war, dass drei seiner Wände aus einer Reihe hoher Fenster bestanden. Es war gegen Ende des Schuljahres und ein schöner Tag, sodass wir die meisten Fenster geöffnet hatten und die frische Luft und den Sonnenschein genossen.

Für Dale ging sein erstes Jahr auf der High School dem Ende zu. Er war einer der intelligentesten Jungen in der Hochbegabtengruppe seiner sehr leistungsbetonten Schule. Seine Noten waren durch die Bank exzellent, außer in Spanisch. Er lag mit seinem Lehrer, der im Ruf besonderer Strenge stand, über Kreuz und war vor kurzem zeitweilig von der Schule verwiesen worden, weil er den Lehrer im Unterricht beschimpft hatte. Die Pflichtbesuche bei mir gehörten zu der Vereinbarung, die ausgehandelt worden war, um einen endgültigen Schulverweis zu verhindern.

Dales Vater war ein erfolgreicher Chemiker in der Forschung, und genau wie er zeigte Dale eine ausgeprägte Begabung für Naturwissenschaften. Doch zum Leidwesen von Dale wollte sein Vater nicht viel mit ihm zu tun haben. Die Ehe mit Dales Mutter hatte in einer schlimmen Scheidung geendet, als Dale etwa sechs Jahre alt war. Sein Vater hatte wieder geheiratet und zwei Kinder mit seiner neuen Frau Eleni. Sie und Dale kamen überhaupt nicht miteinander zurecht, und sie hintertrieb den Kontakt seines Vaters zu ihm, indem sie ihre eigenen Kinder als Keil benutzte, den sie zwischen Dale und seinen Vater trieb.

Noch schlimmer war die Lage, dass Dales Mutter ebenfalls wieder geheiratet hatte, und zwar einen Mann, der 15 Jahre älter war als sie, keinerlei Erfahrungen mit der Elternrolle besaß und besser auch nie hätte machen sollen. Er brachte Kindern nicht das geringste Verständnis entgegen. Er erwartete widerspruchslosen Gehorsam, sowohl von Dale als auch von seiner Mutter. Sie fügte sich ihm, hauptsächlich aus Angst, wie Dale glaubte, und sie stellte sich im Allgemeinen gegen Dale auf seine Seite. Sein Stiefvater war von Natur aus reizbar und wollte nicht, dass der Friede seines Hauses durch Dales Musik oder seine Freunde oder, insbesondere als Dale noch jünger war, durch seine Bemühungen um seine Aufmerksamkeit gestört wurde. Es lag auf der Hand, dass Dale übel dran und zu Recht traurig und zornig darüber war. Doch wenn man ihn darauf ansprach, schien ihm das gleichgültig zu sein. Häufig gab er auf meine Fragen einsilbige, schwammige Antworten wie: »Na und« – als ob er sagen wollte: »Das ist doch keine große Sache.« In einer Sitzung wollte ich ihn mit gezielten Fragen aus der Reserve locken:

»Mann, dein Stiefvater scheint ja ein Albtraum zu sein. Regt dich das nicht auf?«

(*Lacht*) »Eigentlich nicht.«

»Aber er erlaubt dir doch gar nichts. Er ist immer gegen dich.«

»Na und.«

»Na und was?«

»Halt na und.«

In diesem Augenblick verirrte sich eine ziemlich große Wespe in den Raum. Dale schaute zu ihr hin und sagte: »Wissen Sie, als ich noch klein war, haben wir immer Haarspray und ein Gasfeuerzeug genommen und damit Wespen angezündet. Man konnte sie im Flug erwischen und einfach abfackeln.«

»Entschuldige Dale, tut mir Leid, dass ich jetzt den Seelenklempner spiele, aber im Studium haben wir gelernt, dass manchmal Dinge, die scheinbar nichts miteinander zu tun haben, in Wirklichkeit zusammenhängen. Wie unser Gespräch über deinen Stiefvater und deine Erinnerung an das Abfackeln von Wespen. Das gibt mir den Eindruck, dass du in Wirklichkeit auf ihn wütend bist und nicht auf die Wespe.«

»Na und.«

Im Lauf der Zeit gelang es Dale durch unsere Gespräche, über »na und« hinauszukommen und seinem Zorn allmählich Ausdruck zu geben. Trotzdem spielte er die Macht, die die Wut über sein Leben hatte, immer noch herunter. Das musste er auch, oder er lief Gefahr, von ihr überwältigt zu werden. Um Fortschritte zu machen, würde er sich jedoch seinen Gefühlen vorbehaltlos stellen müssen. Dazu wandte ich einen ungewöhnlichen, aber in diesem Fall angemessenen therapeutischen Kniff an. Ich ging mit Dale zu einer leer stehenden viktorianischen Villa in der Nähe. Sie wurde gerade abgerissen, um einer kleinen

Einkaufspassage Platz zu machen, doch es stand noch etwas davon. Es gab sogar noch ein heiles Fenster. Ich erlaubte Dale, seinem Zorn hier Luft zu machen. Ich forderte ihn auf, an seinen Vater, seinen Stiefvater und seine Mutter zu denken und das am Haus auszulassen. Anfangs bewarf er nur das Fenster mit Steinen, doch nach kurzer Zeit stieg ihm die Röte ins Gesicht, und seine Züge verzerrten sich. Wenn ich mir die Szene heute vorstelle, erinnere ich mich noch genau, wie seine körperliche Beherrschtheit von ihm abfiel und er seine Wut explosionsartig an der Ruine austobte. Er griff sich einen dicken Ast und drosch damit auf eine Hausecke ein; er trat gegen die Wände und rammte seine Lanze hinein. Ich glaubte, in seinen Augen einen feuchten Schimmer wahrzunehmen, doch er hielt die Tränen zurück. Nach einer Weile wurde er müde, und seine Raserei ließ nach. Er ließ den Ast fallen und fuhr sich seufzend übers Gesicht.

»Okay, Dale, versuch dich jetzt zu beruhigen. Wir müssen gleich wieder zurück zur Schule.«

Er nickte still und schien ein wenig überrascht über sich selbst.

»Ich glaube, du bist ein bisschen was losgeworden. Vielleicht bist du doch ein bisschen böse auf sie.«

»Sieht so aus, was? Vielleicht hat mir auch einfach nur die Architektur nicht gefallen.«

Im Allgemeinen ist »Dampfablassen« – dem Drang zum gewalttätigen Ausdruck von Wut und Feindseligkeit nachgeben – kein wirksamer Weg, um die zugrunde liegenden aggressiven Impulse zu beseitigen. Bei Dale verfolgte ich die Absicht, ihn zunächst einmal zu dem Eingeständnis zu bewegen, dass er wütend war, was er geleugnet hatte. Um das zu bewerkstelligen, musste ich ihn seinen Zorn »erleben« lassen, ihn spüren lassen, dass dieser real war. Nach und nach vermochte er die wahre Quelle seiner Wut zu erkennen und kam langsam darüber hinweg. Er ließ sie immer weniger an seinen Lehrern aus.

Sein Leben war immer noch kein Zuckerschlecken, doch er hatte eines der wichtigsten Ziele erreicht, die ich ihm gesetzt hatte: Er erkannte jetzt, was ihn zornig machte. Er merkte auch, dass seine Wut etwas Konkretes war – etwas, das sich erkennen, verstehen, bewältigen ließ – und dass sie ihn nicht unbedingt überwältigen musste. Diese unbewusste Angst haben viele Jungen, und aus dieser Angst heraus bemühen sie sich noch mehr, ihre Wut zu unterdrücken. Weil sie nicht gelernt haben, mit starken Gefühlen umzugehen, versuchen sie sie zu leugnen oder zu ersticken. Zumindest ging Dale jetzt mit seinen Gefühlen bewusster um, deshalb hatte sein Zorn weniger Macht über ihn. Er konnte seiner Wut jetzt offen ins Gesicht blicken.

Alkohol: Das Streichholz an der Lunte

Bei Jungen ist die Kombination von Wut und Alkohol eine Garantie für Gewalt.[8] Die Kriminalstatistik spricht hier eine deutliche Sprache. Misshandelte Frauen wissen nur zu gut, dass Trunkenheit häufig der Funke ist, der die Explosion der Gewalt auslöst. Und kein Polizeibeamter wäre überrascht angesichts der Statistik, wonach die Hälfte aller der von Männern begangenen Morde unter Alkoholeinfluss begangen wird. Überraschen dürfte es auch nicht, dass Jungen und Männer in betrunkenem Zustand weitaus häufiger in Schlägereien verwickelt werden, im Gegensatz zu Mädchen, die viel seltener betroffen sind. Beispielsweise gerät ein Schüler der Abschlussklasse der High School in betrunkenem Zustand doppelt so häufig in gewalttätige Auseinandersetzungen. Es ist aber nicht bekannt, welche Rolle die Biologie für den Zusammenhang zwischen Alkohol und Schlägereien spielt und inwieweit er auf Lernfaktoren zurückzuführen ist.

Beispielsweise deutet einiges darauf hin, dass es einen bestimmten Typus des Problemtrinkers gibt, der schon als Teenager exzessiv trinkt und in betrunkenem Zustand weitaus stärker zu Gewalttätigkeit neigt. Diesen Typus des Alkoholikers bezeichnet man manchmal als den »auf Männer beschränkten Typus«, weil praktisch alle Betroffenen Männer sind. Darüber hinaus haben Studien an adoptierten Männern, in deren Stammbaum diese Form des Alkoholismus vorkommt, eine genetisch vererbte Komponente nachgewiesen. Doch wie bereits besprochen, können ererbte Prädispositionen menschliches Verhalten niemals zur Gänze erklären. Der Zusammenhang zwischen der Flasche und den Fäusten eines Jungen ist komplex und nicht völlig geklärt. Welche Ereignisse er in betrunkenem Zustand erwartet, wie sehr er sich verpflichtet fühlt, nach außen hin männliche Stärke zu demonstrieren, und vor allem, ob er gelernt hat, seine Wut im Zaum zu halten – all das bestimmt darüber, ob und wann er zuschlägt, ob betrunken oder nüchtern.

Strategien und Notbremsen: Jungen müssen lernen, Wut zu meistern

In unserer kulturellen Landschaft ist das Bild einer Kindergartenmutter oder einer Grundschullehrerin, die einen kleinen Jungen ermahnt, er solle »reden«, zu einem vertrauten Anblick geworden. Meist tritt diese Ermahnung im Augenblick des Konflikts auf den Plan, wenn Frustration oder Wut einen Jungen bis unmittelbar an die Schwelle zu einem aggressiven Akt gegen ein anderes Kind getrieben hat. Die oder der mahnende Erwachsene drängt den Jungen nicht nur, sich seine Gefühle klarzumachen und ihnen verbal Ausdruck zu geben, sondern hilft ihm auch, den bevorstehenden körperlichen Gewaltausbruch aufzuschieben.

Ein vielfach bestätigtes Ergebnis der Delinquenzforschung ist sicher kein Zufall: Jungen mit mangelnder verbaler Ausdrucksfähigkeit tragen ein erhöhtes Risiko für Aggression und Straffälligkeit. Ein umfassender Überblick über alle einschlägigen psychologischen Studien, die diese Beziehung untersuchten, bestätigt diesen Zusammenhang eindeutig.[9]

Warum?

Eine Interpretation, die sich anbietet, geht dahin, dass verbales Handeln – ein Problem besprechen – als Puffer zwischen Emotion und Aktion, als Bremse für aggressive Handlungsimpulse wirken kann. Wenn man die Fähigkeit eines Jungen, in Worten auszudrücken, was in ihm vorgeht, so weit wie möglich fördert und ihn diese Fähigkeit üben lässt, insbesondere in Bezug auf seine Gefühle, dann kann ihn das davor bewahren, impulsiv zu handeln.

Wie schon bei vielen in diesem Buch angesprochenen Problemen zeigt sich auch bei der männlichen Gewalttätigkeit, dass wir zu einem besseren Verständnis für Jungen gelangen können, wenn wir dieses Problem durch eine andere Brille betrachten. Wenn wir einen Akt der Zerstörungswut oder einen gewalttätigen Ausbruch als Schutzreaktion vor erwartetem Schmerz statt biologisch begründeten Drang betrachten, dann können wir versuchen, diese Furcht zu beschwichtigen. Bei allzu vielen zornigen, gewalttätigen Männern ist der innere Schaden durch zu viele Jahre der Angst, zu viele Vertrauensbrüche, durch ein zu langes Leben unter widrigen Umständen so groß, dass unsere begrenzten psychologischen Heilmittel oft versagen. Wenn wir Jungen davor bewahren wollen, zu solchen Männern heranzuwachsen, müssen wir uns nicht nur bemühen, diese widrigen Umstände zu beseitigen, sondern auch Jungen ihre eigene Innenwelt zugänglicher zu machen, damit sie lernen können, Gewalt zu vermeiden.

Als Therapeuten kennen wir die nachhaltige Heilkraft des »Worte Benutzens«: Sogar wenn es in geringem Umfang und unbeholfen praktiziert wird, lindert das Reden über Gefühle emotionalen Druck und lockert den Griff von Wut und Feindseligkeit. Wenn man einen Jungen zum Reden zu bringen vermag, kann seine Wut an die Oberfläche des Bewusstseins dringen, und wenn sie einmal bewusst ist, verliert sie einen Teil ihrer Macht. Wenn man ihn zu der Erkenntnis zu bringen vermag, was genau ihn wütend macht, dann kann er damit beginnen, destruktive Reaktionsmuster zu ändern.

Kapitel 12
Was Jungen brauchen

»Was ist ein normales Kind? Ist es jemand, der isst und groß wird und freundlich lächelt? Nein, das stimmt nicht. Wenn ein normales Kind Vertrauen zu Vater und Mutter hat, überschreitet es dauernd die ihm gesetzten Grenzen. Im Laufe der Zeit probiert es seine Kräfte aus, etwas zu zerstören, zu erschrecken, niederzudrücken, zu verschwenden, zu überlisten und sich etwas anzueignen … Am Anfang braucht es unbedingt den Umkreis von Liebe und Stärke (mit der daraus folgenden Toleranz), wenn es seine eigenen Gedanken und Vorstellungen nicht zu sehr fürchten soll und dann in seiner emotionalen Entwicklung keine Fortschritte machen kann.«

Donald W. Winnicott, Kind, Familie und Umwelt

Kürzlich unterhielten wir uns mit einer Mutter, einer warmherzigen und klugen Frau, die von ihren vier Kindern und ihrem Mann sichtbar geliebt wird. Sie ist der Inbegriff der patenten Mutter, großzügig mit ihrer Zuneigung und immer im Dienst als bereitwillige Zuhörerin und vertrauenswürdige Vertraute. Ihr Sohn, 13 Jahre alt und in der 7. Klasse, scheint neuerdings zu einem Exodus aufgebrochen zu sein – erstens aus seinem Elternhaus, weil die Schule und außerschulische Aktivitäten ihn bis in die Abendstunden andernorts auf Trab halten, und zweitens aus ihrer Beziehung, die einmal warmherzig und vertrauensvoll war und in der jetzt eine steife und manchmal sogar feindliche Stimmung herrscht. Sie sitzen nicht mehr wie früher miteinander am Küchentisch und plaudern; er zieht jetzt offensichtlich die Unterhaltung mit ihr durch die geschlossene Tür seines Zimmers vor.

»Je älter er wird«, klagt sie, »desto rätselhafter wird er mir. Ich wüsste gerne, ob das nur so eine Phase ist – ob wir es schaffen, uns eines Tages wieder nahe zu stehen. Und ich wüsste gerne, ob das, was ich mache – ihm Respekt und Verantwortungsgefühl beizubringen und ihn einfach zu lieben –, sein Leben positiv beeinflussen wird.«

Aus der Forschung und unserer Praxis wissen wir, dass es in der

Macht aller Eltern liegt – und aller Erwachsenen im Umfeld eines Jungen –, ihm das emotionale Fundament zu vermitteln, das er braucht, um seinen Weg in der Welt zu machen. Was brauchen Jungen, um ein starkes, flexibles Gefühlsleben zu entwickeln, um zu den einfühlsamen Menschen heranzuwachsen, die sie *selbst* gerne werden würden?

Was sie brauchen, und zwar vor allem anderen, ist zunächst einmal, dass man sie durch eine andere Brille sieht, als es die Tradition vorschreibt. Wir als Einzelpersonen und als Gesellschaft müssen unser schiefes Bild von ihnen über Bord werfen, weil es ihre Empfindungsfähigkeit ignoriert oder verleugnet und sogar die Selbstwahrnehmung von Jungen so verzerrt, dass sie glauben, über oder außerhalb der Welt der Gefühle zu stehen. Wir müssen erkennen, wie schädlich es ist, »zu viel und zugleich zu wenig« von ihnen zu verlangen – manchmal mehr von ihnen zu fordern, als sie entwicklungsbedingt zu geben imstande sind, während wir unsere Erwartungen an sie, was Selbstbeherrschung, Einfühlungsvermögen, emotionale Ehrlichkeit und moralische Verantwortlichkeit betrifft, tiefer ansetzen als nötig. Uns sträuben sich die Haare, wenn das destruktive oder enttäuschende Verhalten eines Jungen mit dem Satz »Jungs sind eben Jungs« entschuldigt wird, während die Wahrheit, die in diesen Worten steckt – Jungen *sind* Jungen –, das Bewusstsein stärken könnte, dass Jungen sich zuweilen mit spezifisch männlichen Problemen herumschlagen müssen und dass sie die Liebe, Unterstützung und Anleitung »jungenfreundlicher« Erwachsener brauchen, um differenzierte emotionale Reaktionen auf die Herausforderungen des Lebens zu erlernen. Sie brauchen keine Ausreden, die ihnen die Mühe, gute Menschen zu werden, erspart. In diesem Buch geben wir unserer Hoffnung Ausdruck, dass die Leserinnen und Leser durch unsere Erfahrungen als Therapeuten Jungen mit anderen Augen sehen können und nun daran gehen, ihre tiefstverwurzelten Ansichten über sie zu überprüfen.

Wie kann Eltern und Lehrern dies gelingen? In gewissem Sinn entzieht sich die Antwort einer Verallgemeinerung, so individuell sind die Lebensumstände jedes einzelnen Jungen, seine körperlichen und seelischen Probleme sowie die familiären,

schulischen und sozialen Rahmenbedingungen seines Lebens. »Braucht« dieser Junge mehr Sport? Braucht jener mehr Musik? Braucht er weniger Zeit am Computer? Andere Spiele? Andere Freunde? Höhere schulische Leistungsanforderungen, damit er mehr Fortschritte macht, oder leichtere schulische Lasten, damit er vielfältigere Interessen entwickeln kann? Mehr Routine oder weniger feste Strukturen? Uns ist bewusst, dass dies die eigentlichen Fragen sind, mit denen sich Eltern und Lehrer im Alltag mit Jungen herumschlagen, und die Antworten darauf sind in keinem Buch mit »Rezepten« für »liebe« Jungen zu finden. Was ein »lieber« Junge sein soll, ist von Fall zu Fall anders, und ein jeder von ihnen kann sehr viele verschiedene Wege zu einem sinnvollen und befriedigenden Leben beschreiten.
Die folgenden sieben Grundsätze können Ihnen neue Möglichkeiten eröffnen, die Emotionalität des Jungen in Ihrem Leben zu fördern und zu schützen. Sie sind keine flotten Einzeiler, weil wir glauben, dass solche Parolen an der Komplexität des wirklichen Lebens vorbeigehen. Wir sind schließlich Psychologen, Therapeuten; wir glauben an die Substanz emotionaler Achtsamkeit und emotionalen Wachstums und nicht an Slogans. Das Seelenleben und die Lebensreise eines jeden Jungen sind einmalig, doch was die in diesen sieben Grundsätzen formulierten Bedürfnisse angeht, so haben alle Jungen genau dieselben. Eltern, Lehrer und Institutionen, die ihr Gefühlsleben achten und fördern wollen, sollten sie sich zur Grundlage machen:

1. Gestehen Sie Jungen ein Innenleben zu, billigen Sie ihnen die ganze Bandbreite menschlicher Gefühle zu, und helfen Sie ihnen, ein emotionales Vokabular zu entwickeln, damit sie sich selbst besser verstehen und effektiver mit anderen kommunizieren können.

Diesem Grundsatz liegt das einfache Prinzip zugrunde, dass Sie stets bewusst die Gefühle eines Jungen ansprechen sollten, ob er sich ihrer bewusst ist oder nicht. Sie respektieren diese Emotionen, Sie berücksichtigen sie, Sie beziehen sich auf sie, Sie sprechen über Ihre eigenen. Das funktioniert ähnlich wie eine sich selbst erfüllende Prophezeiung: Wenn Sie sich so verhalten, als ob Ihr Sohn Gefühle *hätte* – wenn Sie davon ausgehen, dass er welche hat, genau wie jeder andere Mensch –, dann wird er bald selbst darauf eingehen.

Statt zu sagen: »Du kannst diesen Herbst bei den Auswahlspielen für die Fußballmannschaft mitmachen oder dich fürs Schultheater bewerben. Was möchtest du lieber?«, könnten Sie ihm erklären: »Ich weiß noch, wie enttäuscht du warst, dass du letztes Jahr keine Rolle im Theaterstück bekommen hast. Möchtest du das Risiko eingehen und dich noch einmal bewerben? Ich weiß auch, dass du schon immer gerne Fußball gespielt hast, aber ich habe das Gefühl, dass du in den beiden letzten Spielzeiten das Interesse daran verloren hast. Was möchtest du denn diesen Herbst machen? Wie wirst du dich zwischen den beiden Möglichkeiten entscheiden?« Die Frage spielt an auf Kummer, innere Konflikte, Risiko, Mut, Komplexität.

Wir kennen eine Schule, eine reine Jungenschule, deren Sportmannschaften traditionell sehr stark sind und die eine »Siegtradition« pflegt. Zu Beginn der letzten Saison stellte sich der Football-Trainer vor seine Spieler und fragte sie: »Was ist meine Aufgabe als Trainer?« Die Jungen gaben vielfältige Antworten: uns etwas beizubringen, uns zu motivieren, uns zu hartem Training anzuspornen. Als sie mit ihrem Latein am Ende waren, sagte der Trainer: »Gut, all das ist richtig, doch ich sage euch jetzt, was meine eigentliche Aufgabe ist. Sie ist, euch zu lieben. Gleichgültig was während der Saison passiert, meine Aufgabe ist, euch zu lieben.« Viele Jungen wanden sich unbehaglich, als er das sagte; sie wussten nichts damit anzufangen. Doch nach einer Saison mit Höhen und Tiefen, spektakulären Siegen und fürchterlichen Niederlagen hielten die beiden Mannschaftskapitäne beim abschließenden Festbankett eine Ansprache, in der sie erklärten, sie seien stolz auf die zurückliegende Saison und sie hätten ihre Mannschaftskameraden geliebt. Alle waren bewegt ob dieser Erklärung und bewunderten diese beiden »harten« Football-Kapitäne dafür, dass sie bei einem Festbankett so etwas aussprachen. Wie viele von den Zuhörern wussten wohl, dass es der Trainer gewesen war, der ihnen durch seine eigene Wortwahl und seinen Trainingsstil die »Erlaubnis« gegeben hatte, sich so auszudrücken, ihnen ein Vorbild dafür geboten hatte, wie ein Mann so etwas sagen kann?

Ein sehr beliebter Lehrer erklärte uns einmal: »Jungen äußern sich offen über ihre Gefühle, wenn man eine sichere Umgebung dafür schafft.«

So etwas ist der Fall in Klassen, in denen die Schüler sich mittels Tagebücher, Aufsätze, Kunstwerke oder Klassendiskussionen mit Emotionen auseinander setzen – mit ihren eigenen, mit denen anderer oder mit denen von Personen in Geschichte oder Literatur. Es kommt nicht selten vor, dass ein Junge, der »nie über seine Gefühle spricht« und stets seine eigene Verletzlichkeit zu verbergen sucht, über die Verwundbarkeit und Ängste eines fiktiven Jungen frei von der Leber weg spricht. Solche Gespräche sind wertvoll; sie bieten eine Möglichkeit, das emotionale Vokabular zu erlernen, das er braucht, um schließlich seine eigenen Gefühle zu verstehen und zum Ausdruck zu bringen.

Eine Grundschule in Virginia veröffentlichte einen Aufsatz, den ein Ächtklässler namens Casey Johnson im Fach Englisch über sein Dasein als sehr erfolgreicher Fußballtorwart verfasst hatte. Casey hatte ihm den Titel gegeben: »Wie es ist, Torwart zu sein«. In dem Aufsatz drückt sich klar aus, dass ein Junge ständig mit der emotionalen Verarbeitung der Ereignisse in seinem Leben beschäftigt ist – selbst wenn alle anderen schwören würden, dass er einfach nur da draußen im Tor steht: »Die Leute sagen immer, dass an einem Tor nicht der Torwart schuld ist, sondern die Mannschaft. Aber wir wissen doch alle, dass sie in Wirklichkeit denken, dass es ein Torwartfehler ist. Ich weiß, dass ich einen Fehler gemacht habe, wenn die andere Mannschaft ein Tor schießt. Waterford hatte Anstoß. Als sie den Ball das Spielfeld runter spielten, rief ich meinen Verteidigern zu, sie sollten den freien Mann decken. Der Spieler von Waterford, der den Ball führte, trickste unseren Abwehrspieler aus, lief noch zwei Schritte und schoss. Ich hechtete los. Ich hörte Jubel. Ich wusste, dass sie ein Tor gemacht hatten. Ich rollte herum und sah den Verteidiger hinten im Tor. Ich hatte meine Mannschaft wieder im Stich gelassen. Ich stand auf und wischte mir den Dreck von Händen und Beinen. Einer meiner Mannschaftskameraden sagte: ›Es ist nicht deine Schuld, Casey. Die Mannschaft hat's verbockt.‹ Ich wusste, dass er dachte, dass ich schuld war, aber ich sagte trotzdem ›Danke‹.«

Die Waterford-Mannschaft erzielt einen weiteren Treffer und schießt schließlich noch ein letztes Tor. Der Junge schreibt: »Ich konnte nicht aufstehen. Mein Gesicht war nass von Tränen und Dreck. Meine Mannschaftskameraden würdigten mich keines Blickes. Sie schauten, als ob sie nichts mit mir zu tun haben wollten. Das Einzige, was mich ein bisschen tröstete, war eine Bemerkung von dem Spieler, der die Tore geschossen hatte. ›Guter Versuch‹, sagte er.«

Ein Lehrer hatte dafür gesorgt, dass Casey den Aufsatz gefahrlos schreiben konnte, die Schule hatte dafür gesorgt, dass er stolz darauf war, und er bekam eine Menge Bestätigung aus den Reihen der Schüler und Eltern. Er war ein zweifacher Held, nicht nur weil er Fußballtorwart war, sondern auch, weil er das, was in ihm vorging, so persönlich und offen beschrieben hatte.

Was macht eine »sichere Umgebung« aus und wie können Eltern sie schaffen? In der Familie bietet alles, was ritualisiert ist, emotionale »Sicherheit«, weil es eine vertraute Zeitnische – einen geschützten Raum – darstellt, in dem kein Leistungsdruck und keine Beurteilung drohen. Viele Mütter bestätigen uns, dass sie zur Schlafenszeit noch einmal mit ihren Söhnen plaudern, ihnen über den Rücken streichen oder die Ereignisse des Tages durchsprechen, insbesondere in den Jahren vor der Adoleszenz. Sie richten ihnen vielleicht das Frühstück oder teilen mit ihnen das Interesse an Büchern, Musik, Sport oder anderen aushäusigen Aktivitäten. Väter berichten uns, dass sie gemeinsam mit ihren Söhnen Reparaturen erledigen oder zum Friseur gehen, mit ihm Bowling spielen, Fahrrad fahren oder wandern oder Modelle bauen. Als Mutter oder Vater können Sie Ihren Sohn zum Fußballtraining fahren oder bei seinen Baseballspielen zuschauen; Sie können morgens gemeinsam die Sportseiten der Zeitung lesen oder am Sonntagnachmittag Puzzles legen. Wenn Eltern während dieser gemeinsam verbrachten Zeit Offenheit, Anerkennung und Zuneigung vermitteln, dann lernt ein Junge, was Beziehungen wert sind.

Viele Menschen glauben, die einzige Möglichkeit, das Interesse von Jungen wach zu halten, bestünde darin, ihnen die klischeehaften »jungentypischen« Vergnügungen und Rollenmodelle zu bieten: harte Leinwandhelden und »eiserne« Athleten. Wenn man sich die Aufmerksamkeit von Jungen bei einer Schulveranstaltung oder -feier sichern will, dann ist ein Profisportler fast immer eine sichere Bank, weil Athleten per se ihren Respekt besitzen. Doch bedeutet das, dass Sportler die *einzigen* Menschen sind, denen sie ihr Ohr leihen? Muss man, um ihr Herz und ihren Geist zu gewinnen, ihre üblichen Interessen ansprechen? Wer das glaubt, bagatellisiert und unterschätzt die spirituellen und intellektuellen Interessen von Jungen.

Ein uns bekannter Schulleiter einer Jungenschule lud einmal einen Franziskanermönch zu einem Vortrag vor der Schüler- und Lehrerschaft ein. Vor dem Referat eröffnete der Ordensmann seinem Gastgeber: »Ich würde gern eine kurze Meditation halten, bevor ich mit dem Referat beginne, und ich möchte am Ende Fragen beantworten.« Der Rektor mühte sich nach Kräften, den Mönch höflich von beiden Vorhaben abzubringen, weil er befürchtete, dass die Jungen darauf nicht gut ansprechen würden. Doch Jungs lieben alles, was neu ist; sie lieben es, Risiken einzugehen; sie lieben Mut; und dieser Mönch hatte all das.

Er stand auf und sagte: »Bevor ich rede, möchte ich gerne mit euch meditieren. Bitte schließt die Augen und legt die Hände auf die Knie.« Alle befolgten die Anweisung, und er führte sie durch die Meditation. Dann sprach er über einige bedeutsame moralische und spirituelle Probleme und schloss mit der Frage: »Habt ihr Fragen an mich?« Ein langes Schweigen trat ein, und dem Schulleiter wurde mehr als mulmig, weil er fürchtete, dass keiner der Jungen einen Funken Interesse bekunden würde und die Schule blamiert wäre. Doch der Ordensmann zeigte sich völlig unbeeindruckt von dem Schweigen. Er stand ruhig da und wartete. Schließlich ging eine Hand nach oben. Mit der bewundernswürdigen Direktheit, die Jungen an sich haben, stellte der Wortmelder die Frage, die wohl jedem Schüler in der Aula auf der Zunge lag: »Wie kommt denn jemand bloß auf die Idee,

Mönch zu werden?« Als der Mönch die Frage ehrlich und unumwunden beantwortet hatte, erhob sich ein Dutzend weiterer Hände. Viele Jungen wollten wissen, was im Kopf des Mönches vorging. Dass irgendeiner von ihnen sich später für ein Leben in spiritueller Kontemplation entscheiden würde, war unwahrscheinlich, doch dass alles, was sich im Innern abspielt, ihre Neugier weckte, lag auf der Hand.

Einer der wichtigsten Beiträge, die Eltern leisten können, besteht darin, mit Jungen über die eigenen emotionalen Erlebnisse zu sprechen. Wenn Sie Ihre Probleme und Gedanken preisgeben, mag Ihr Sohn vielleicht nicht gleich einsichtsvoll darauf reagieren, doch er nimmt diese Erfahrung auf und wird davon geprägt. Oft sind es solche Momente, an die er sich am nachhaltigsten erinnert. Ein Junge unterhält sich vielleicht mit seinem Vater über die Red Sox und erinnert sich vielleicht noch Jahre später gern an die gemeinsamen Stadionbesuche. Doch wovon uns unsere Klienten in der Therapie berichten, sind die Augenblicke, in denen sich der elterliche Vorhang hob, als sie den Mut ihrer Mutter oder die Zärtlichkeit oder die Tränen ihres Vaters wahrnahmen oder als ihr Vater ihnen von den Ängsten und Sorgen, die er um ihn ausgestanden hatte, erzählte und damit Angst als das Gefühl eines »echten Mannes« beschrieb.

Nein, Eltern können einen Sohn nicht mit Geschichten aus ihrer Collegezeit ergötzen. Für einen heranwachsenden Jungen ist sein eigenes Leben viel zu aufregend, als dass er sich solche Geschichten lange anhören würde. Doch als Mutter oder Vater können Sie in einem bedeutsamen Augenblick von den starken Gefühlen berichten, die Sie in einem moralischen Konflikt bewegt haben. Wenn Ihr 15-jähriger Sohn im Moment desinteressiert scheint, dann lassen Sie das Thema fallen, doch geben Sie nicht auf. Auch wenn sein Gesichtsausdruck anscheinend das Gegenteil vermittelt, so wird seine Gleichgültigkeit oder sein Zynismus nicht ewig anhalten, und er will und muss aus seiner ganzen hungrigen Seele heraus wissen, wie er sowohl die emotionalen Herausforderungen des Lebens als auch die sachlichen und sportlichen Ansprüche an ihn bewältigen soll.

2. Akzeptieren Sie die Lebhaftigkeit und den Bewegungsdrang von Jungen und schaffen Sie sichere Orte, an denen sie ihn ausleben können.

Wir besuchten einmal eine Montessori-Schule in Minneapolis in Minnesota, die in dem weitläufigen, alten Gebäude einer öffentlichen Schule mit ihren hohen Decken und breiten Korridoren untergebracht war. Vor jedem Klassenzimmer war auf dem Boden eine Fläche mit Klebeband markiert, innerhalb deren ein Springseil lag. Jeder Schüler und jede Schülerin, den oder die Unruhe plagte, durfte dorthin gehen und Seil springen. Da die Montessori-Methode der individuellen Arbeit und dem kreativen Ausdruck großes Gewicht einräumt, beschäftigen sich selten alle Kinder einer Klasse zur selben Zeit mit derselben Aufgabe. In dieser Schule konnte daher ein Kind den Raum verlassen und sich austoben. Jungen machten von dieser Möglichkeit am häufigsten Gebrauch. Ist so etwas an jeder Schule möglich? Sicherlich nicht. Der gemeinsame Unterricht und die anderen Gruppenaktivitäten in den meisten Klassen sowie die üblichen Vorschriften hinsichtlich Sicherheit und Beaufsichtigung dürften eine solche Lösung für die überwiegende Mehrheit der Schulen ausschließen. Das Prinzip jedoch, Jungen während der Schulstunden die Möglichkeit zu körperlicher Betätigung zu geben, wenn sie sie brauchen, ist äußerst wirksam. Der Rektor einer kleinen privaten Grundschule in Pennsylvania bestätigte uns dies: »Es ist verblüffend, welches Pensum Jungen bewältigen, wenn sie zur Belohung nach draußen dürfen.«

Wenn man Schüler fragt, welches Fach sie am liebsten haben, fragen sie oft zurück: »Sie meinen, außer Sport?« Jungen brauchen Raum zum Laufen, Springen, Rennen, für ihre Energie, ihren Übermut. Sie brauchen ihn in der Schule, und sie brauchen ihn daheim. Ist nicht der Hobbykeller die häusliche Version der Schulturnhalle? Ist nicht ein Haus, in dem alles seinen Platz hat und das keinen Raum für ungefährdetes freies Spielen lässt, für einen Jungen eine Art Folterkammer?

Anne Roche Muggeridge, eine Mutter von vier Söhnen, schrieb in einer Schulzeitung einen Artikel mit der Überschrift »Jungen sollten Jungen sein dürfen«, in dem sie erklärt:

»Stopft Eure Jungen nicht mit Beruhigungsmitteln voll. Macht es wie die Rektoren von altem Schrot und Korn, lasst sie sich einfach austoben. Mein Mann legte jeden Winter in unserem Garten eine Eisbahn an, und alle Jungs aus der Nachbarschaft spielten dort Tag und Nacht. Sie kamen auch herein, um auf die Toilette zu gehen, in Schlittschuhen. Sie spielten im Flur Hockey und benutzen ihr kleines Schwesterchen als Tor. Sie machten den Treppenabsatz kaputt, weil sie ausprobierten, wer von der höchsten Stufe aus über sie wegspringen konnte. Ich vermisse sie. Sie wuchsen zu freundlichen, zuvorkommenden, ehrlichen, lustigen, herzlichen, geduldigen, tapferen und großzügigen Burschen heran. Ich vermisse sie.« (*The Roxbury Latin School Newsletter*, Roxbury, Massachusetts)

Diese Frau schätzt Jungen und bringt ihnen Vertrauen entgegen. Viele Eltern von Jungen nehmen deren Bewegungsdrang und Körpereinsatz bereitwillig in Kauf, manche allerdings auch nicht. Die meisten Lehrer von Jungen schätzen und lieben sie auch, manche jedoch leider nicht. Jungen reagieren überaus empfindlich auf Erwachsene, die der Energie von Jungen kein angemessenes Maß an Toleranz entgegenbringen, und wenn sie spüren, dass eine Person eine niedrige Toleranzschwelle ihnen gegenüber hat, dann nehmen sie das gewöhnlich als Herausforderung.

Der Bewegungsdrang ist nicht nur bei kleinen Jungen ein Problem. Auch Teenager schubsen und drängeln. Wenn wir uns mit einer Gruppe heranwachsender Jugendlicher in einem beliebigen Schulraum zusammensetzen, dann geht selbst etwas so Simples wie die Platzwahl und das Platznehmen unausweichlich unter Körpereinsatz vonstatten. Sind Stühle und Tische vorhanden, dann drängeln sich die Jungen unter lautstarkem Schieben und Schubsen auf die Plätze; gibt es ein Sofa, rangeln sie erst einmal ein bisschen darum, wer wo sitzen darf; lassen wir uns auf dem Boden nieder, gibt es ein Tohuwabohu aus übereinander getürmten Leibern, bis alle den richtigen Platz gefunden haben. Wir sprechen hier nicht von körperlicher Aggression, sondern nur von einer pulsierenden, lebensprühenden Körpersprache, die immer und überall benutzt wird. Sie schlagen sich gegenseitig

die Mütze vom Kopf; sie nehmen die Möbel in Beschlag und scheinen am Esstisch und im Wohnzimmer mehr Raum als nötig zu beanspruchen. Manchmal geben sie nicht auf ihre Schritte Acht, und manchmal macht es ihnen einfach Spaß, ihr Gewicht zu spüren. Ginge Ihnen das nicht ebenso, wenn Sie vor zwei Jahren 45 Kilo gewogen hätten und jetzt 75 Kilo wögen? Jungen macht groß und stark sein einen Heidenspaß!
Und wenn – wie im vorletzten Winter an der Belmont Hill School – auf dem Hügel vor dem Büro des Schulleiters frisch gefallener Schnee liegt und er die Schlitten seiner beiden Kinder draußen hat stehen lassen, na, dann fährt man doch Schlitten, und dann fährt man zu zweit Schlitten, und dann fährt man zu dritt übereinander getürmt auf einem Schlitten, und es ist einem völlig schnurz, dass man graue Flanellhosen und einen blauen Blazer trägt und dass 12 Grad unter Null herrschen. Man zieht den blauen Blazer aus, hängt ihn an einen Zaunpfosten und ist bereit zum Schlittenfahren. Und dann versucht man, möglichst knapp an den Bäumen vorbeizusausen, und dann versucht man, einen Freund unterwegs vom Schlitten zu schubsen. Und die älteren Lehrer sind entsetzt: In ihren Augen ist das eine Verwilderung der Sitten – früher haben Jungen das nicht gemacht (natürlich haben sie es gemacht). Sie haben es gemacht, sie machen es, und sie werden es immer machen. Jungen müssen lernen, ihre Körperkraft so zu beherrschen, dass sie keinen Schaden anrichten, aber sie sollten sich ihres Tatendrangs nicht schämen müssen.

3. Sprechen Sie mit Jungen in deren Sprache – auf eine Weise, die ihren Stolz und ihre Männlichkeit würdigt. Reden Sie offen und direkt mit ihnen; sprechen Sie sie als Berater und Problemlöser an.

Weil Jungen fälschlicherweise beigebracht wird, starke Gefühle und Verletzlichkeit zu fürchten, sollte man in der Kommunikation mit ihnen ihren Wunsch nach Stärke anerkennen und sie nicht beschämen. Sie tun oft so, als seien sie allergisch gegen direkte emotionale Appelle in einer Art, die bei Mädchen wirken können. Wenn wir in therapeutischen Gesprächen einen Jungen

zum Reden bringen wollen, müssen wir häufig anders mit ihm sprechen als mit einem Mädchen.
Mädchen können wir fragen: »Was empfindest du?«, und meist können sie uns das sagen.
An Jungen müssen wir spezifischere Fragen richten: »Ärgert es dich sehr, dass man dich hierher geschickt hat?« »Warum, glaubst du, hat man dich hergeschickt?« »Weswegen machen sich deine Eltern solche Sorgen?« »Findest du, dass es die Situation erfordert, einen Therapeuten einzuschalten?«
Jungen geben vielleicht nur sehr zögerlich Auskunft über ihre Gefühle, Probleme lösen sie jedoch mit Leidenschaft; sie lieben es, um Rat gefragt zu werden. Wir hatten schon viele Jungen, die sich weigerten, bei einer Familientherapie mitzumachen; manche weigerten sich sogar, aus dem Auto zu steigen und auch nur einen Fuß in das Gebäude zu setzen. Was dann in aller Regel funktioniert, ist, hinaus auf den Parkplatz zu gehen und dem Jungen zu erklären: »Hör mal, ich verstehe, dass dir das hier nicht passt und dass du nicht an dieses Zeugs glaubst, aber ich berate deine Eltern, wie sie mit dir umgehen sollen, und ich habe ein ganz mieses Gefühl dabei, wenn du nicht deine Meinung dazu sagst.« Wir hatten Jungen, die zu Beginn des Gespräches rundheraus erklärten, dass sie nicht reden wollen, doch sie reden, wenn man ihnen konkrete Probleme vorlegt, wenn man ihnen nicht das ganze Gewicht des Redens aufbürdet. Bei unserer Arbeit mit Jungen stellen wir häufig fest, dass wir mit Hilfe unserer eigenen Gefühle führen und einem Jungen die Wahl zwischen mehreren Möglichkeiten lassen müssen. Wenn beispielsweise ein Junge eine Situation schildert, die Anlass zu Angst oder Trauer zu geben scheint, sagen wir: »Ich kenne dich nicht gut genug, um zu wissen, was du dabei empfunden hast, aber es scheint mir, dass das ziemlich schlimm für dich war. Ich hätte große Angst gehabt, wenn ich in deiner Haut gesteckt hätte.« Der Junge kann dann immer erwidern: »Nein, das war bei mir nicht so«, woraufhin er überdies wahrscheinlich unseren falschen Eindruck mit weiteren Einfällen korrigiert, auf die wir dann näher eingehen können.
Zu einem Jungen sagt man nicht: »Ich bin sicher, dass du Angst

gehabt hast.« Wenn ein Erwachsener seine emotionalen Karten auf den Tisch legt, und ein Junge sagt daraufhin: »Na ja, also vielleicht hatte ich ein bisschen Angst«, dann kann der Therapeut oder jeder andere Erwachsene mit echtem Einfühlungsvermögen erwidern: »Das kann ich sehr gut verstehen.« Diese Erfahrung, hundertfach wiederholt, kann ihm das Gefühl vermitteln, dass seine Empfindungen begründet sind, dass viele andere Jungen und Erwachsenen sich ebenso verletzlich fühlen wie er.
Wenn Sie etwas über die emotionalen Reaktionen Ihres Sohnes herausfinden wollen, dann fragen Sie ihn danach, was seine Freunde meinen oder ob es eine entmutigende Situation für jemand anderen war:

- Wie hat er seinem Freund geholfen?
- Hätte er in dieser Lage Hilfe brauchen können?
- Wie fand er das Verhalten der Erwachsenen in der Situation?
- Was hätte er Sie gerne tun sehen, wenn Sie die Macht dazu gehabt hätten?
- Glaubt er, dass eine Frau anders mit der Situation umgegangen wäre als ein Mann?

Jungen diskutieren gerne darüber, was männlich und was weiblich ist – Mädchen übrigens auch –, was angeboren und was angelernt ist. Jungen sprechen gerne darüber, was auf sie zutrifft und was nicht. Uns ist noch nie ein Junge begegnet, der auf eine Reihe von Ja-Nein-Fragen nicht geantwortet hätte.
Problematisch an Gesprächen zwischen Jungen und Erwachsenen ist, dass Erwachsene oft ärgerlich werden, weil sie auf eine andere Art der Kommunikation eingestellt sind. Erwachsene setzen in heranwachsende Jungen hohe Erwartungen, weil sie oft so groß wirken und die Privilegien von Erwachsenen für sich verlangen. Doch wenn sie im Reden nicht geübt sind oder wenn sie glauben, Reden sei unmännlich, dann nützt es nichts, mit ihnen zu schimpfen oder von ihnen enttäuscht zu sein. In den Augen des Jungen diskreditiert das den Erwachsenen nur.
Einen Sohn als Berater heranzuziehen heißt nicht, alles zu tun, was er will. Ganz und gar nicht! Es bedeutet jedoch, ein offenes Ohr für ihn zu haben. Es ist von Vorteil, wenn Sie das von seinen

Kindesbeinen an so halten, denn durch dieses gemeinsame Praktizieren von Reden, Zuhören und Beratschlagen lernt Ihr Sohn früh, was vernünftige Entscheidungen auszeichnet und was nicht. Wenn Sie ihm ernsthaft zuhören, wird er auch ernsthaft in sich selbst hineinlauschen.

Ist die Kommunikation mit Jungen zuweilen schwierig? Ja, das ist sie sogar häufig. Ist sie unmöglich? Fast niemals. Nur an die allerzornigsten, verachtungsvollsten und misstrauischsten Jungen kommt man nicht heran. Wenn Sie gewillt sind, um Rat zu fragen, Ihre emotionalen Karten auf den Tisch zu legen und angesichts kurzer Antworten keine Enttäuschung zu zeigen, gelingt die Kommunikation mit Jungen. Vor allem aber müssen Sie vermitteln, dass Sie seinen psychologischen Abwehrmechanismen, seinem Wunsch, stark zu sein, und seinem Bedürfnis, stärker zu erscheinen, als er ist, Respekt zollen. Sie sollten ihm keinen Strick aus seinem Wunsch drehen, ein »richtiger« Junge, von seinen Altersgenossen und vor sich selbst anerkannt, zu sein. Wenn Sie das würdigen, spürt er, dass er nicht so sehr auf der Hut zu sein braucht, und dann wird er auch reden.

4. Lehren Sie Jungen, dass emotionaler Mut Mut ist und dass Mut und Einfühlungsvermögen die Quellen wahrer Stärke im Leben sind.

Wenn Sie mit einem Jungen über Mut sprechen, benutzt er wahrscheinlich irgendwann das Wort *Tapferkeit*, und wenn Sie ihn um ein Beispiel für Tapferkeit bitten, dann bezieht er sich vermutlich auf bekannte Filme oder vielleicht eine heroische Tat, von der er in den Nachrichten erfahren oder in Schulbüchern gelesen hat, vielleicht auch auf einen Klassenkameraden, der sich gegen die Schikanen eines anderen Jungen wehrte. Filme, deren Zielgruppe Jungen sind, halten offenbar nur eine Form von Mut hoch: den, einem körperlich überlegenen Gegner die Stirn zu bieten. Die Bereitschaft, gegen einen Feind zu kämpfen, einen Dinosaurier zu überlisten, ein Alien zu besiegen, einem bewaffneten Schurken ins Auge zu blicken – so definieren die Medien Mannesmut.

Abenteuer- und Kriegsgeschichten sind so alt wie die Menschheit, und Jungen stehen besonders in ihrem Bann. Wenn man beobachtet, wie kleine Jungen sich im Spiel in ihre Helden verwandeln, dann sind die Rollenspielsituationen in aller Regel Kampf- und Kriegsszenarien. Doch das ist nicht alles, was Jungen erleben möchten oder worüber sie etwas wissen wollen. Jungen und Mädchen sind begierig nach Geschichten über emotionalen Mut.

Jeden Januar, wenn in den meisten amerikanischen Schulen das Leben und die Zeit von Martin Luther King Jr. auf dem Lehrplan stehen, bewegt das, was sie über den ermordeten Bürgerrechtler lernen, Jungen und Mädchen gleichermaßen. Kings Mut spricht aus seinen mitreißenden Reden, aus Büchern oder Dokumentarfilmen über die von ihm angeführten gewaltlosen Märsche für Bürgerrechte. Die Kinder werden Zeugen des Mutes nicht nur von King, sondern auch der vielen »gewöhnlichen Menschen« dieser Zeit, die sich in ihren eigenen Lebenszusammenhängen gegen Rassismus zur Wehr setzten. Ähnliche Botschaften von emotionalem Mut vermitteln den Schülern Themen wie die Sklaverei in Amerika, der Holocaust, die Frauenwahlrechtsbewegung in den Vereinigten Staaten und in der Gegenwart die internationale Menschenrechts- und Umweltbewegung.

Das Interesse von Jungen an diesen Themen ist alles andere als halbherzig. Sie lieben Helden; sie alle träumen von Größe. Sie greifen Anregungen bereitwillig auf. Welche Vorbilder bieten wir ihnen?

Außerhalb der Thematisierung von emotionalem Mut in der Schule herrscht ein bedrückender Mangel an Vorbildern oder Gelegenheiten, in denen Jungen emotionalen Mut im alltäglichen Leben erkennen könnten. Insbesondere Männer werden selten wegen moralischer oder emotionaler Furchtlosigkeit gefeiert. Die Männer, die in den Nachrichten auftreten, erscheinen dort, weil sie Macht, besondere Fähigkeiten oder Reichtum repräsentieren; Männer in Unterhaltungssendungen sind entweder alles beherrschende Kampfmaschinen wie Arnold Schwarzenegger, der keine Furcht kennt, oder gutmütige Schwachköpfe wie Dirk Bach in *Lukas*, und im Rahmen einer Comedy-Handlung hat emotionaler Mut keinen Platz.

Am wichtigsten ist jedoch, dass Jungen Vorbilder für emotionalen Mut in ihrem eigenen Leben, nicht nur in den Medien brauchen. Wir müssen für sie emotionalen Mut bei Frauen und Männern, in unseren Familien, bei Kindern und anderen Menschen in unserem Umfeld suchen und erkennen. Im Leben und in der Kunst müssen wir Jungen Leitbilder für männlichen Heroismus geben, die über den muskelbepackten, egozentrischen und simpel gestrickten Helden hinausgehen. Viele Erwachsene beweisen emotionalen Mut in ihrem Beruf oder Privatleben, doch wir erlauben unseren Kindern nur selten, Zeugen zu sein, wenn wir Rückgrat oder moralischen Wagemut zeigen. Wir müssen darüber reden, und wir müssen dem emotionalen Mut der Menschen um uns herum, die diesen in ihrem kleinen, alltäglichen Rahmen beweisen – die einen Vortrag vor der Klasse halten, die trotz einer Behinderung aktiv sind, die eine neue Sprache erlernen, die Hilfe leisten, wenn Wegschauen einfacher wäre –, offen unsere Anerkennung zollen. Wenn wir emotionalem Mut eine Form und ein Gesicht geben – unser eigenes oder das eines anderen –, hinterlassen wir einen unauslöschlichen Eindruck. Jungen können und werden auf diesen wahren, komplexen Mut reagieren.

Mark Twains Definition von Mut, die wir in Kapitel 5 zitierten, lohnt eine Wiederholung: »Mut ist Widerstand gegen Angst, Meisterung von Angst – nicht Fehlen von Angst.« Jungen müssen lernen, dass zu echtem emotionalen Mut bei einem Mann untrennbar dazugehört, Angst und andere Empfindungen von Verletzlichkeit bei sich selbst und anderen zu akzeptieren.

Ein Vater bringt seinen 7-jährigen Sohn Charlie und dessen Freund Jeff, der bei Charlie übernachten darf, zu Bett. Charlie macht gerade eine Phase durch, in der er sich verletzlicher fühlt als sonst: Er fürchtet sich vor vielen Dingen. Charlie hat besondere Angst vor Tornados, weil er in den Nachrichten die Zerstörungen gesehen hat, die ein Wirbelsturm in Nashville in Tennessee angerichtet hatte, und weil dort gute Freunde seiner Familie wohnen. Obwohl Jeff im Zimmer ist, äußert Charlie ohne Zögern seine Angst:

»Papa, ich kann bestimmt nicht schlafen wegen der Tornados.«

»Charlie, heute Nacht gibt es keine Tornados, das verspreche ich.«
»Aber Papa, es gibt doch Tornados.«
»Ich weiß, Charlie, aber nicht in Boston.«
»Ich kann bestimmt nicht schlafen, Papa, ich weiß es ganz genau.«
Jeff, der diesem Gespräch gelauscht und in seinem jungen Leben zweifelsohne auch schon Ängste erlebt hat, wendet sich quer durch den dunklen Raum an Charlie. »Charlie, ich bin gerade versehentlich an die Wand gestoßen. Vielleicht war es das Geräusch, das dir Angst gemacht hat.«
»Nein, Jeff. Das war es nicht. Es sind die Tornados.«
Charlie zollt dem Versuch, ihn zu beruhigen, Anerkennung, doch Jeffs Worte trösten ihn nicht, weil ihm nicht das Geräusch im Zimmer Angst einjagt, sondern der Widerhall der Furcht in seinem Herzen, und seine Gedanken gelten nicht so sehr todbringenden Stürmen als vielmehr lieben Freunden, die er in Gefahr wähnt.
Der Vater versteht, dass der Freund Charlie zu beruhigen sucht, und erkennt, dass seine eigenen Beschwichtigungsversuche nichts bewirkt haben. Daher fragt er: »Würde es dir helfen, wenn ich mich zu dir lege und dich in den Arm nehme?«
»Ja, Papa, aber du musst dableiben.«
Der Vater streckt sich neben seinem Sohn aus und legt einen Arm um ihn. »Ich bleibe, bis ich sicher bin, dass du eingeschlafen bist. Ist das in Ordnung?«
»Ja, Papa. Kannst du mich fester drücken?«

Wir hoffen, dieses Buch hat gezeigt, dass Jungen Ängste haben – nicht nur »ihrem Entwicklungsstand angemessene« vor Gewittern und dunklen Räumen, sondern auch je nach Alter verschiedene Ängste in Alltagssituationen; in dieser Hinsicht unterscheiden sie sich in keiner Weise von anderen Menschen. Jungen haben Ängste, Jungen haben Bedürfnisse, Jungen sind verletzlich, und Jungen haben die Fähigkeit zu starken Gefühlen. Wenn man ihre Furcht anerkennt, dann macht sie das nicht schwach; es befreit sie vielmehr von Scham und stärkt sie. Jungen bleiben

Gefangene dieser Gefühle, solange sie deren Realität leugnen müssen oder von sich selbst verlangen, sie völlig im Griff zu haben. Wenn Jungen und Männer ihre Ängste erbarmungslos verleugnen, nimmt ihnen das ein Stück ihrer Menschlichkeit; zudem ist es anstrengend und erschöpft sie, Furcht zu verleugnen. Wir müssen diese Ängste, die universell sind, anerkennen und uns in sie einfühlen, und wir müssen Jungen lehren, ihre eigenen Ängste und die anderer ernst zu nehmen. Das macht Empathie aus, und wie Charlies Freund Jeff beweist, besitzt jeder Junge die Fähigkeit zur Empathie. Sie brauchen die Erfahrung, dass jemand mit ihnen fühlt, dass sie ihr eigenes Einfühlungsvermögen zeigen können und dass es von ihnen erbeten wird.

Sind Jungen auf besondere Förderung angewiesen, um Empathie zu entwickeln? Wir glauben nicht, dass sie eine besondere Förderung benötigen, allerdings brauchen sie Gelegenheiten, um ihr Einfühlungsvermögen zu zeigen. Meist müssen Jungen einfach nur ermutigt werden, ihre natürliche Fähigkeit zu Empathie zu beweisen. Man braucht einen Jungen nur einmal beim Umgang mit seinem Hund oder seiner Katze zu beobachten; in einer Klasse, die Hamster oder Frösche oder Schlangen hält, reißen sie sich um die Rolle des Pflegers und versorgen das Klassentier mit Begeisterung.

Man kann Jungen mannigfach Gelegenheiten geben, Empathie zu lernen. Sich um Tiere zu kümmern, ist eine Möglichkeit. Sich für Menschen und die Gemeinschaft zu engagieren, eine andere. Jungen jedes Alters brauchen die Chance, sich für Säuglinge, gebrechliche, alte Menschen, die Umwelt, Tiere einzusetzen. Ihr Einfühlungsvermögen zeigt sich in Schulen, die im Rahmen des Lehrplans soziale Dienstleistungen übernehmen; es zeigt sich in Familien, in denen ein Bruder oder eine Schwester auf Fürsorge und Hilfe angewiesen ist.

Wir kennen eine Schule in Chicago, an der die Schüler der Abschlussklasse im Frühjahr die Gelegenheit erhalten, die Schule zu unterbrechen und in einem sozialen Dienst mitzuarbeiten. Die meisten Schüler profitieren von dem Projekt, doch jedes Jahr sind zumindest ein paar Jungen so tief davon bewegt, dass sie in der Nachbereitung, in der sie sich über ihre Erfahrungen austauschen, erklären, sie würden »die Welt jetzt mit anderen Augen sehen«.

»Am Anfang hat es mir gestunken, dass ich mich um diesen geistig behinderten Jungen kümmern musste, weil er nichts machte, was ich sagte, und das war sehr frustrierend«, erzählte ein Junge bei dem Treffen. Im weiteren Verlauf seines Berichts stellte sich heraus, dass das behinderte Kind eine Bindung zu ihm entwickelt und ihn am Ende des sechswöchigen Projekts umarmt hatte. Als er diesen Augenblick beschrieb, schnürte es ihm vor aller Augen die Kehle zu. Offensichtlich war es für ihn eine zutiefst bedeutsame Erfahrung, dass er einem behinderten Kind etwas hatte geben können.

Wie viele unserer High-School-Abgänger haben erfahren, wie es ist, sich um ein behindertes Kind oder einen alten Menschen zu kümmern? Zu wenige, wie wir zu vermuten wagen. Jungen, die solche Erfahrungen gemacht haben, werden einfühlsamer. Je mehr solcher Erfahrungen sie machen, desto einfühlsamer werden sie.

Aufgrund ihrer kulturellen Konditionierung sind Jungen zuweilen darauf angewiesen, dass ihrem Konkurrenzstreben und ihrem individuellen Leistungsdrang Grenzen gesetzt werden. Wir kennen einen Fußballtrainer, der die gesamte Mannschaft zu Sportplatzrunden verdonnert, wenn einer aus seiner Achtklässlertruppe einen Mannschaftskameraden oder einen Gegner während eines Spiels kritisiert oder abwertet. Er verpasst allen zusammen den Denkzettel, weil er allen klarmachen will, wie sehr er eine Mentalität des Gewinnens um jeden Preis ablehnt, und weil er den Gruppendruck dazu nutzen will, die wechselseitige Anmache in Grenzen zu halten. Der Sport, insbesondere der Mannschaftssport, eröffnet uns die Gelegenheit, Einfühlungsvermögen in einer Situation zu lehren, in der Jungen hochmotiviert sind zum Lernen. Jeder, der je am einfühlsamen Wesen von Jungen gezweifelt hat, sollte sich einmal ansehen, welche Fürsorge, Kameradschaft und Loyalität Jungen im Mannschaftssport aufbringen – im Angesicht von Niederlage und Kränkung genauso wie im Rausch des Sieges.

5. Setzen Sie disziplinarische Maßnahmen zur Heranbildung von Charakter und Gewissen und nicht von Feindbildern ein.

Früher oder später bekommt jeder Junge Ärger, ob nun infolge seiner Impulsivität, seines Bewegungsdrangs oder einfach, weil er ein Mensch ist: Es gehört zum Erwachsenwerden einfach dazu. Die disziplinarischen Maßnahmen, die Jungen auf sich ziehen, formen das moralische Fundament ihres späteren Verhaltens. Wir sind überzeugt, dass sie klare, konsequente, nicht aber strenge Maßnahmen brauchen. Der beste Gehorsam beruht auf der Liebe des Kindes zu den Erwachsenen und seinem Wunsch, es ihnen recht zu machen. Wird dieser Impuls geachtet und gepflegt, bewahrt man sich die Liebe und den Respekt der Kinder, und sie bleiben psychologisch zugänglich. Werden sie ungerechtfertigt beschämt, streng bestraft oder Zielscheiben der unbeherrschten Wut von Erwachsenen, reagieren sie auf Autorität bald mit Widerstand statt mit dem Bestreben, sich zu bessern.

In Wahrheit brauchen Kinder, die von Anfang an gut erzogen werden – das heißt, Anleitung statt Strafe erhalten –, immer weniger offene Disziplinierung, je älter sie werden. In unserer Arbeit mit gestörten Jungen bekommen wir häufig die Auswirkungen einer harten Hand zu sehen, und die bedeuten einfach noch mehr Schwierigkeiten und dauerhafte seelische Narben. Aus unserer Arbeit mit Jungen wissen wir zudem, dass sogar erfahrene »Störenfriede« von disziplinarischen Maßnahmen profitieren, die auf echter Führung und Empathie beruhen.

Hören wir uns an, was der Achtklässler Alex, der als Klassensprecher die Abschlussansprache am Ende seiner Schulzeit auf einer kleinen, privaten Grundschule in Middleburg in Virginia hielt, zu sagen hatte. Alex war in jüngeren Jahren ein regelmäßiger Besucher im Büro des Schulleiters gewesen, ein Junge mit einem Hang zu impulsivem, störendem Verhalten.

»Ich war immer der – ich glaube, man könnte sagen –, der aus dem Rahmen fiel«, gestand Alex. »Ich war anders: Ich spielte andere Spiele, ich sah andere Fernsehsendungen, und ich hatte andere Interessen. Aber das war in Ordnung. Mir machte es Spaß.

Es gab einen Menschen, der mich wirklich verstand und meine

anderen Interessen und Ansichten unterstützte«, fuhr er fort und meinte damit den Rektor Mr. Gilford, der, wie er sagte, »überhaupt nicht war wie ein landläufiger Rektor«, sondern vielmehr »mich anscheinend schon vor meinem ersten Schultag kannte«.

Alex schilderte einen Tag in der 1. Klasse, als er ins Dienstzimmer des Schulleiters geschickt wurde: »Als ich zum ersten Mal den Flur entlang zu seinem Büro ging, glaubte ich, das wären meine letzten Schritte, und fragte mich nur noch eines: ›Was wird er mit mir machen?‹ Als ich mich setzte, war das Erste, was er zu mir sagte: ›Hallo, Alex. Wie war dein Tag bis jetzt?‹

Das verblüffte mich aus zwei Gründen. Der erste war, dass er ruhig, nett und freundlich war. Der zweite war das, was er sagte. Ich hatte geglaubt, er würde mir den Kopf abreißen! Es wurde ein entspanntes und angenehmes Gespräch statt einer Strafpredigt.«

Dieser Junge erinnert sich noch sieben Jahre danach, dass er nicht angebrüllt wurde, nicht bestraft wurde. Seine Schilderung zeigt, wie sehr Jungen auf Bestrafung eingestellt sind und wie sehr ein vernünftiges Gespräch die große Mehrheit von ihnen verwandeln kann.

6. Bieten Sie ein Vorbild für eine Männlichkeit, die emotionale Bindung einschließt.

Jungen ahmen nach, was sie sehen. Wenn sie emotionale Distanz, Argwohn und Kälte zwischen Männern beobachten, dann imitieren sie später dieses Verhalten. In westlichen Ländern ist verpönt, was in vielen anderen Kulturen gang und gäbe ist: dass Männer sowohl privat als auch in der Öffentlichkeit körperliche Zeichen der Zuneigung zeigen. Wir kennen einen Mann, der seinen besten Freund stets mit einer Umarmung zu begrüßen pflegte, und diese Szene spielte sich Jahr um Jahr immer wieder in Gegenwart seines Sohnes ab. Es zeigte nicht sofort eine Wirkung auf den Sohn. Dieser machte wie viele Jungen in der Adoleszenz eine Phase durch, in der er keinen Erwachsenen berührte und keine Berührungen von Erwachsenen duldete, weder von seinem Vater noch von einem anderen. Doch jetzt, Anfang 20, umarmt er sowohl seinen Vater als auch, wenn sie sich zufällig begegnen, den Freund seines Vaters. Was lernen Jungen, wenn sie nirgends Männer sehen, die enge Freundschaften pflegen, wenn es im Leben eines Mannes keine greifbaren Vorbilder für Intimität außer mit seiner Frau gibt?

Als Therapeuten behandeln wir viele Männer, die ungeachtet der Gesellschaft anderer Männer einsam sind, und das seit der High School oder ihrer Collegezeit. Viele Männer wissen keine tiefer gehenden Freundschaften anzuknüpfen oder zu pflegen; zu viele Männer wissen sich anderen Männern nicht zu öffnen. Wir haben einen Freund in Chicago, einen Psychiater, der seit mehr als 20 Jahren regelmäßig mit vier Männern Golf spielte, und obwohl sie jede Woche viele Stunden zusammen verbrachten, wussten sie kaum etwas voneinander. Eines Tages kam er nach Hause, um seine Golfschläger zu holen, und seine Frau sagte ihm: »Joe hat gerade angerufen und mitgeteilt, dass er heute wohl nicht zum Golfspielen kommen kann.« »Warum nicht?«, fragte der Psychiater. »Er wird geschieden und kann sich aufgrund der Unterhaltsvereinbarung wahrscheinlich die Clubmitgliedschaft nicht mehr leisten.« Wie vom Donner gerührt, stieß unser Freund hervor: »Er wird geschieden? Ich hatte ja keine Ahnung!« Selbst wenn sich, wie wir meinen, Freundschaft unter Männern nicht unbedingt mit der Elle persönlicher Offenbarungen messen lässt, ist es doch traurig, wenn ein Mann seinen Golfkumpels, mit denen er seit 20 Jahren spielt, nicht einmal erzählen kann, dass seine Ehe in Gefahr ist.

Man muss dem Problem der Einsamkeit von Männern schon bei Jungen vorbeugen. Jungen sollten dazu ermutigt werden, Freundschaften zu knüpfen, zu pflegen und die Konflikte auszutragen, die in diesen Freundschaften aufgrund unterschiedlicher sportlicher Fähigkeiten, Hänseleien und des Wettbewerbs um die Aufmerksamkeit von Mädchen aufbrechen. Nur zu oft fehlen Jungen sowohl die Fähigkeiten als auch der Wille, diese Konflikte zu lösen und die Freundschaften zu bewahren.

Wenn wir mit Frauen darüber sprechen, dass Jungen ein Vorbild für eine Männlichkeit brauchen, in der emotionale Bindungen einen Platz haben, dann hören wir oft ein trockenes Lachen. Wie soll das bei einem Mann aussehen?, wollen sie wissen. Und wie könnten sie als Frauen dazu beitragen?

Erstens, ermutigen und fördern Sie diese Freundschaften. Zweitens, akzeptieren Sie, dass Männerfreundschaften nach außen hin nicht immer so wirken, wie Sie es erwarten oder gerne hätten, und zwar weil die Bindungen von Männern nicht so eng, nicht so verlässlich und viel konkurrenzgeprägter sind als die von Frauen und weil viele ihrer Freundschaften einfach anders sind als Ihre eigenen.

Eine unserer Kolleginnen war der felsenfesten Überzeugung, dass die Freundschaften von Mädchen besser seien als die von Jungen. Ihre Überzeugung kam eines Tages ins Wanken, als sie vier Jungen beim Angeln an einem nahe gelegenen Teich beobachtete. Während sie in der Sonne lag und den Jungen zusah, standen diese einfach nur da, Schulter an Schulter, angelten zwei oder drei Stunden lang und sprachen kaum ein Wort. Sie führten jedenfalls keine durchgängige Unterhaltung. Doch während sie sie so beobachtete, merkte sie, dass zwischen diesen Jungen eine überwältigende Nähe bestand – wie zwischen vielen Jungen und Männern –, die über das Gespräch hinausgeht. Sie spürte, welch wortlose Intimität zwischen ihnen herrschte, wie vertrauensvoll das Schweigen zwischen ihnen war. Sie genossen es, beisammen zu sein, und nur das zählte.

Die meisten Jungen sind gerne in Gesellschaft von Männern. Sie sehen ihren Vätern gerne zu, sie sind gerne mit ihnen zusammen, sie spielen gerne mit ihnen. Doch sie brauchen sie auch, um von Zeit zu Zeit mit ihnen über Nähe zu reden, und das kann Vätern schwer fallen. Es gibt eine Unzahl von Männern, die berichten, dass sie als Junge ihren Vater niemals sagen hörten: »Ich liebe dich.« Also muss man manchmal nachhelfen.

»Vater-und-Sohn«-Programme, wie sie zuweilen von Schulen, Kirchengemeinden und kommunalen Freizeiteinrichtungen angeboten werden, bieten dafür einen großartigen Ansatz. Diese Programme können vom Kindergartenfest bis zu organisierten Abenteuerreisen und Meditations- oder Selbsterfahrungskursen für erwachsene Söhne und ihre Väter reichen. Die guten unter ihnen lassen sich jedoch auf einen gemeinsamen Nenner bringen: Sie reservieren eine Zeit für Vater und Sohn, in der sie zusammen sein können. Sie bringen beide in eine Situation, die Papa aus dem Chefsessel holt und Vater und Sohn zu Partnern macht. Sie bieten freie Zeit für gemeinsame Wanderungen und Erkundungen sowie geplante Zeit für Aktivitäten, die die Bindung – nicht die Konkurrenz oder die Spannungen – zwischen Vater und Sohn verstärken soll. Wenn wir Väter und Söhne bei solchen »Freizeiten« beobachten, sehen wir in der Regel Söhne, die über die ungeteilte und unkritische Aufmerksamkeit ihrer Väter vor Glück strahlen, und wir sehen, wie dankbar die Väter für diese organisierte Gelegenheit sind, mit ihren Söhnen so zusammen zu sein. Das ist wunderschön. Dass das Ereignis vorgeplant ist, nimmt ihm gar nichts. Die Erfahrung der emotionalen Verbindung ist echt, und der Einfluss, den sie auf einen Jungen ausübt, ist ebenfalls echt.

7. Leben Sie Jungen vor, dass es viele Möglichkeiten gibt, ein Mann zu sein.

Im Verlauf unserer jahrelangen Arbeit an zwei Jungenschulen, der Belmont Hill School und der Saint Sebastian's School, kamen viele Jungen in unser Sprechzimmer, setzten sich und sagten: »Ich bin eigentlich kein Saint Sebastian's [oder Belmont Hill]-Junge.« Dass ein Junge glaubt, er müsse eine Sitzung mit der Erklärung eröffnen, er sei anders oder sensibel oder nicht so sportlich wie das Ideal, stimmt uns traurig. Es bedeutet, dass er sich selbst an einem idealisierten Bild von Männlichkeit misst. Sehr wenige Jungen oder Männer sind groß gewachsen, gut aussehend, sportlich, erfolgreich bei Frauen, immer und überall potent und frei von Furcht. Wenn unsere Kultur, wie Mary Pipher in ihrem Buch *Pubertätskrisen junger Mädchen* schreibt, »mädchenvergiftend« ist, weil sie sie lehrt, es gebe nur eine Definition für weibliche Schönheit – und wenn sie sie in Diäten, Essstörungen und ein chronisch niedriges Selbstwertgefühl treibt –, dann müssen wir die Botschaften, die wir Mädchen vermitteln, kritisch prüfen. Darin besteht die große Leistung, die die Forschung über die Stressfaktoren im Leben von Mädchen in den letzten 25 Jahren erbracht hat. Jungen haben unter einer zu

engen Definition von Männlichkeit zu leiden, und es ist an der Zeit, diese Botschaft ebenfalls kritisch zu untersuchen.
Ein liebevoller, freundlicher Mittelstufenlehrer vertraute uns einmal an: »Man macht sich die ganze Kindheit lang Sorgen, ob man es schafft, ein Mann zu werden oder nicht. Wenn man dann ein Mann ist, verbringt man den Rest seines Lebens damit, sich zu fragen, ob *die anderen* glauben, dass man es geschafft hat.« Das Große Unmögliche. Es steht in unserer Macht, es besser zu machen.
Manchmal bekommt ein Mann bei einem Jungen einfach dadurch einen Fuß in die Tür, indem er vermittelt, wie stark er sich für einen bestimmten Gegenstand interessiert. Ein High-School-Lehrer erklärte uns: »Viele Jungen, die in meinen Unterricht kommen, verabscheuen Lyrik aus tiefstem Herzen. Sie wollen nicht damit behelligt werden. Doch wenn ich ihnen zeige, dass Lyrik mir viel bedeutet, beginnen sich manche dafür zu erwärmen, sogar sie zu lieben.«
An irgendetwas hängt das Herz jedes Menschen.
Wir müssen Jungen klarmachen, dass es viele Wege zum Mannsein gibt, viele Arten von Tapferkeit und viele Möglichkeiten, ein guter Vater zu sein, liebevoll und stark und erfolgreich. Wir sollten dem natürlichen Einfallsreichtum und der Risikobereitschaft von Jungen, ihrem Tatendrang, ihrer Kühnheit Anerkennung zollen. Wir sollten dem Künstler und dem Entertainer, dem Missionar und dem Athleten, dem Kämpfer und dem Pfleger, dem Ladeninhaber und dem Weltumsegler, dem Lehrer und dem Manager Beifall spenden. Ein Junge kann auf viele verschiedene Weisen seinen Beitrag zum Leben leisten.
Unsere Jungen wachsen zu Männern heran, die unterschiedlich groß sind, viele unterschiedliche Begabungen haben und vielen unterschiedlichen Tätigkeiten nachgehen. Wir dürfen die vielen Gaben, die sie zu bieten haben, nicht gering schätzen; wir dürfen ihnen nicht das Gefühl geben, dass sie nicht mithalten könnten, und wir auf ihre Leistungen herabsehen. Wir müssen viel von ihnen verlangen, moralisch und spirituell, und wir müssen sie in ihren Bemühungen, unsere Wünsche zu erfüllen, unterstützen. Und wenn sie sich bemühen, unsere Wünsche zu erfül-

len, müssen wir ihnen vermitteln, dass sie uns nicht enttäuschen. Das Einzige, was unseren Söhnen ein ungefährdetes Heranwachsen erlaubt, ist das Wissen, dass wir sie schätzen und lieben und fest darauf vertrauen, dass sie von sich aus zu tüchtigen Männern heranwachsen.

Die menschliche Persönlichkeit und Lebensphilosophie wird geformt von Erfahrungen, zuweilen ganz winzigen, die sich immer wieder wiederholen. Aus diesem Grund brauchen die meisten Menschen, die eine Therapie beginnen möchten, in der Regel eine langfristige Behandlung. Die Probleme dieser Menschen sind schließlich über einen langen Zeitraum hinweg entstanden.
Die Überzeugungen von Jungen – wie sie sein sollten, was Männlichkeit ausmacht und ob sie selbst gute, anständige Jungs sind oder nicht – festigen sich in Hunderten oder sogar Tausenden von Augenblicken, in denen sie erfahren, beobachten und auf Botschaften reagieren, was einen Jungen und was einen Mann ausmacht. Ein Großteil dessen, was sie sehen und hören, ist schmerzlich und verzerrt ihre Wahrnehmung; ein Großteil dessen, was sie erleben, weckt in ihnen den Wunsch, ihr wahres Wesen zu verbergen und der Welt nur eine normgerechte, angepasste Fassade zu zeigen, um nicht anzuecken oder gar angegriffen zu werden.
Die einzige Möglichkeit, einem Jungen eine sinnvollere Lebensperspektive zu eröffnen, besteht in der Vermittlung nachhaltiger Erfahrungen, die ihn auf emotionaler, auf seelischer Ebene ansprechen und ihm zu dem Bewusstsein verhelfen, dass er ein Anrecht auf die gesamte Bandbreite menschlichen Erlebens besitzt. Übernehmen können diese Aufgabe Lehrer, Eltern, Geistliche, Tanten und Onkel. Und erfüllen können sie sie, indem sie einem Jungen bestätigen, dass er in seiner Verletzlichkeit menschlich ist und angenommen wird. Wenn ein Kind – ob Junge oder Mädchen – weiß, dass Mensch sein verletzlich sein heißt, dann besitzt es ein festes Fundament für Tapferkeit, Selbstvertrauen und Schöpferkraft. Es braucht seine Verletzlichkeit nicht vor sich selbst zu verstecken und bleibt daher bewahrt vor tief sitzender Angst oder psychischer Instabilität.

In all unseren Jahren als Therapeuten haben wir nicht einen Jungen kennen gelernt, der sich nicht nach der Liebe seiner Eltern und der Anerkennung anderer gesehnt und der nicht unter ihrem Fehlen gelitten hätte oder bei einem reichlichen Maß davon nicht aufgeblüht wäre. Starke und gesunde Jungen werden stark durch Anerkennung und Bestätigung ihrer Menschlichkeit. Wir alle haben die Chance, jeden Tag etwas dazu beizutragen, jedes Mal, wenn wir mit einem Jungen zusammen sind und die Gelegenheit haben, zu ihm zu sagen: »Ich weiß, wer du bist, und ich freue mich an dir. Du bist ein Junge – voller Leben, voller Träume, voller Gefühl.«

Dank

Dan

Dieses Buch entstand durch eine Diskussion mit meiner Frau Catalina Arboleda, einer hervorragenden klinischen Psychologin, und unserer Freundin Mary Challinor, die mit Josh Horwitz bei Living Planet Books arbeitet. Ich danke Catalina und Mary, dass sie mich ermutigten, dieses Buch in Angriff zu nehmen. Anerkennung zollen muss ich auch dem Schweiß zweier Doktoranden an der Psychologischen Fakultät von Harvard, die sich als tüchtige Forschungsassistenten erwiesen. Eric Petersen war eine große Hilfe beim Sichten der Forschungsliteratur und wies mich auf für Jungen relevante biologische und anthropologische Zusammenhänge hin. Sara Mednick kämmte mit nicht nachlassender Begeisterung die Regale der Bibliotheken von Harvard durch, führte und transkribierte Interviews und wies mich auf wissenschaftliche Quellen hin, die ich sonst vielleicht übersehen hätte. In der Abschlussphase half auch der Harvard-Student Olawunmi Mobolade bei der Literaturrecherche. Ich danke meinen Mitarbeitern vom *Project for Human Development in Chicago Neighborhoods*, insbesondere Tony Earls und Steve Buka, für ihre Unterstützung während der Arbeit an diesem Buch. Ich profitierte von Gesprächen über Jungen mit zwei erfahrenen und fähigen Lehrern an öffentlichen Schulen: meinem Bruder Tim und seiner Frau Jane. Viele Lehrer und Mitarbeiter der Schulverwaltung an der St. Sebastian's School gaben mir im Lauf der Jahre Anregungen. Ich kann sie hier nicht alle namentlich aufführen, doch einige möchte ich erwähnen: Jerry Ward, Alden

Mauck, Charlie Riepe, Mike Lajoie, Leslie Altman, Jean Lynch, Morris Kittler, Michael Nerbone, Pat Colton und Bill Burke. Abgesehen von ihren fachlichen Beiträgen, zu denen viele Diskussionen über die zahlreichen Entwürfe des Textes gehörten, danke ich Catalina Arboleda auch in ihrer Rolle als geduldige Ehefrau und Mutter unserer geliebten Kinder Julia und Diana, denen ich große Dankbarkeit schulde, weil sie oft hintanstehen mussten, während ich an »dem Buch« arbeitete. Diana schulde ich zudem Dank dafür, dass sie mir von ihren Erfahrungen mit Jungen berichtete und mir erlaubte, ihren hoch geschätzten, dem Stein von Rosetta nachgebildeten Bleistiftspitzer zu benutzen.

Michael

Ich habe vom Scharfsinn vieler Schüler, Eltern und Pädagogen an vielen Schulen profitiert. Trotzdem möchte ich fünf Schulgemeinschaften, einer reinen Jungenschule und vier koedukativen Schulen, zu denen ich über viele Jahre hinweg enge Beziehungen unterhielt, besonders danken: Rick Melvoin, dem Schulleiter, sowie dem Verwaltungs- und Lehrpersonal der Belmont Hill School, Belmont, Massachusetts; Betty Brown und dem Kollegium der Langley School in McLean, Virginia; Tom Northrup, dem Kollegium und der Hill-School-Schülerschaft in Middleburg, Virginia; und Catherine Peterson und den Lehrern der Capitol Hill Day School in Washington, D.C. Profitiert habe ich auch von meinen Kontakten zu freien Schulen, die mir meine Arbeit mit Peter Relic, Linda Gibbs und Kathleen Johnson von der *National Association of Independent Schools* vermittelte. Beeinflusst wurde ich darüber hinaus durch die Arbeiten von Richard Hawley und Tony Jarvis und die Veröffentlichungen der *Boys' School Coalition*.

Öffentlich zu sprechen fällt mir leicht, schreiben sehr viel schwerer. Mein geschätzter Freund Ned Hallowell und meine liebe Cousine Bonnie Bryant Hiller, beide erfolgreiche Autoren auf ihrem jeweiligen Gebiet, redeten mir viele Jahre lang zu, ein

Buch zu schreiben. Ich danke ihnen für den Anstoß, den sie mir gegeben haben. Danken möchte ich auch Catherine O'Neill Grace, Dick Barbieri und Michael Brosnan, die mich beim Schreiben der Aufsätze unterstützten, die in dieses Buch einflossen. Dr. Larry Cohen, ein kluger Autor und erfahrener Psychologe, übernahm Recherchearbeiten für mich und spielte für viele meiner Gedanken im Entstehungsstadium die Rolle eines Resonanzbodens. Michelle Anthony, Tom Needham und Ann Northrup lasen Entwürfe des Textes und machten hilfreiche Randbemerkungen. Während des Schreibens unterstützten mich meine Verwandten, insbesondere Amy und Peter Thompson, in großzügiger Weise. Und während dieses ganzen, zuweilen schwierigen Prozesses konnte ich auf die Liebe, das Durchhaltevermögen und die wertvollen Einsichten meiner Frau Theresa McNally vertrauen. Sie und meine Kinder Joanna und Will haben klaglos viele Opfer gebracht, die der Familie eines Autors auferlegt werden. Ich kann ihnen nicht genug danken. Joanna überflog die Fahnenabzüge des Buches und protestierte: »Ich werde nirgends erwähnt!« Das stimmt, es ist ein Buch über Jungen, doch meine Erfahrungen als Vater sowohl eines Jungen als auch eines Mädchens sind in jede Zeile dieses Buches eingegangen.

Schließlich möchten wir fünf Menschen gemeinsam unseren Dank abstatten. Unsere Agentin Gail Ross war eine nie versiegende Quelle der Weisheit, der Erfahrung und des Stils. Wir können uns keine angenehmere und kenntnisreichere Führerin durch das Labyrinth der New Yorker Verlagswelt vorstellen. Danken möchten wir auch unserer scharfsinnigen Lektorin Ginny Faber, die Vertrauen in unsere Vorstellungen setzte und uns durch ständiges Nach- und Hinterfragen zwang, sie besser zu formulieren. Ein gemeinschaftlich verfasstes Buch dieses Umfangs warf eine Unmenge redaktioneller Probleme auf. Ginnys Einsatz ging weit über das Notwendige hinaus, und ihre Wärme und ihr Humor bildeten ein wirksames Gegenmittel gegen die Stresssymptome, die das Bücherschreiben begleiten. Ihr Assistent Jason Zuzga war ein wunderbarer und hochkompetenter Mitarbeiter, insbesondere während der Endphase der Überprüfung der Literaturstellen. Profitiert haben wir auch von seiner Rolle als Leser. Teresa Barker ist eine außergewöhnliche Journalistin und Autorin. Sie hatte die undankbare Aufgabe, unsere unterschiedlichen Schreibstile unter einen Hut zu bringen, und legte ihr Herzblut in diese Aufgabe. Ihre Professionalität beflügelte uns und half uns entscheidend über einige sehr harte Phasen hinweg. Darüber hinaus trugen sowohl Teresas als auch Ginnys scharfsinnige und überzeugende Erkenntnisse als Mütter von Jungen zur Verbesserung dieses Buches bei. Josh Horwitz von Living Planet Books gilt unser Dank für seine unschätzbare Hilfe in jedem Entwicklungsstadium von *Was braucht mein Sohn?*. Um es kurz und bündig zu sagen: Ohne ihn hätte dieses Buch nicht geschrieben werden können. An letzter und wichtigster Stelle möchten wir all den Jungen danken, die während unserer beruflichen Laufbahn mit uns zusammengearbeitet haben. Wir hoffen, dass wir das, was sie uns gelehrt haben, wahrheitsgetreu wiedergegeben haben.

Anmerkungen

Kapitel 1 Wege und Abwege: Wie Jungen ihren Gefühlen entfremdet werden

1 Die Arbeit von Carroll Izard und Mitarbeitern hat unsere Ansichten zu diesem Punkt stark beeinflusst. Die Wissenschaftler skizzierten einige der wichtigen entwicklungsbezogenen Aspekte emotionalen Wissens und zeigten, dass das Fehlen dieses Wissens zu einer Störung normaler sozialer Beziehungen führen kann. Siehe dazu beispielsweise »Deficits in the understanding of emotion expressions and emotion experience could contribute to developmental deficiencies in adaptive social behavior problems«, in: Izard, C., Schultz, D., Ackerman, B. P., »Emotion Knowledge, Social Competence, and Behavior Problems in Disadvantaged Children« (Vortrag auf dem Zweijahreskongress der Society for Research on Child Development, Washington DC, April 1997), S. 4.

2 Eine ausgezeichnete Darstellung, wie sich Jungen von emotional ausdrucksfähigen Säuglingen zu emotional verschlossenen Teenagern entwickeln, bietet Brody, L. R., »Gender, Emotional Expression, and Parent-Child-Boundaries«, in: Kavanaugh, R. D., Zimmerberg, B., Fein, S. (Hrsg.), *Emotion: Interdisciplinary Perspectives*. Mahwah (Lawrence Erlbaum) 1996, S. 139–170. Die Autorin diskutiert beispielsweise eine Studie, in der Erwachsene, die hinsichtlich des Geschlechts der Babys falsch informiert waren, den emotionalen Ausdruck der Kinder beurteilen sollten und dabei Jungen einen reicheren emotionalen Ausdruck zuschrieben. Sie schreibt: »Es scheint eine entwicklungsbedingte Veränderung zu geben, durch die Jungen mit fortschreitendem Alter ihre Emotionen immer weniger in ihrer Mimik ausdrücken, während Mädchen dies immer stärker tun … [Dies geschieht, weil] sich die Sozialisation von Emotionen sowohl durch Eltern als auch durch Altersgenossen für Jungen und Mädchen unterscheidet« (S. 140).

3 Diese Autoren befassen sich mit der Entwicklung von empathischen Gefühlen. Sie unterscheiden zunächst zwischen Mitgefühl, das zu dem Versuch führt, einer leidenden Person zu helfen oder sie zu trösten, und persönlicher Belastung, was bedeutet, dass das Leid eines anderen die Person belastet und sie veranlasst, die belastende Situation zu meiden. Sie sind der Meinung, ob eine Person Mitgefühl empfindet oder sich belastet fühlt, könnte davon abhängen, ob sie ihre emotionale Aufregung zu regulieren vermag. Ihre Forschungsergebnisse stüt-

zen diese Ansicht: »Jungen, die auf den Kummer anderer durch Ausagieren reagierten, empfanden meist mehr persönliche Belastung ... Jungen, die weniger ausgeglichen waren ... versuchten auch eher, dem weinenden Säugling durch Abschalten des Lautsprechers zu entgehen ... Ähnlich versuchten Jungen, die ausgeglichener schienen, häufiger, den Säugling zu trösten, als die weniger ausgeglichenen« (S. 1689). Fabes, R. A., Eisenberg, N., Karbon, M., Troyer, D., Switzer, G., »The Relations of Children's Emotion Regulation to Their Vicarious Emotional Responses and Comforting Behaviors«, in: Child Development 65 (1994), S. 1678–1693.

4 Eine Reihe sehr interessanter Forschungsarbeiten zu den Einflüssen der Umwelt auf das Gehirn befasst sich mit den Auswirkungen längerer Belastungsphasen auf den Hippokampus, eine Hirnregion, die sowohl für die Stressregulation als auch das Gedächtnis eine Rolle spielt. In einer Übersicht über Arbeiten zu den destruktiven und protektiven Aspekten der Steroide der Nebennierenrinde für das Zentralnervensystem zeigen McEwen und seine Mitarbeiter (McEwen, B. S., Angulo, J., Cameron, H., Chao, H. M., Daniels, D., et al., »Paradoxical Effects of Adrenal Steroids on the Brain: Protection versus Degeneration«, in: Biological Psychiatry 31 [1992], S. 177–199), dass der Hippokampus, anders als einige andere Hirnstrukturen, sehr anfällig für eine Schädigung durch die stressbedingte Ausschüttung von Corticosteroiden ist, weil er die höchste Zahl von Corticosteroidrezeptoren im Gehirn enthält. Diese Schädigung verringert unter anderem die Fähigkeit des Hippokampus, die Reaktion auf Stress auf der Hypothalamus-Hypophyse-Nebennierenrinde-Achse (HPA) zu regulieren. Bei Ratten mit geschädigtem Hippokampus neigt die HPA-Achse zu überschießender Steroidausschüttung bei mäßigem Stress und wird nach dem Nachlassen der Stresseinwirkung weniger wirksam abgeschaltet (Sapolsky, R., Krey, L., McEwen, B. S., »The Neuroendocrinology of Stress and Aging: The Glucocorticoid Cascade Hypothesis«, in: Endocrinology Review 7 [1986], S. 184–301). Gedächtnisstörungen sind eine klassische neuropsychologische Manifestation einer Hippokampusschädigung; nachgewiesen sind visuell-räumliche Defizite und Störungen des verbalen Gedächtnisses (siehe Diamond, A., »Rate of Maturation of the Hippocampus and the Developmental Progression of Children's Performance on the Delayed Non-Matching to Sample and Visual Paired Comparison Tasks«, in: Annals of the New York Academy of Sciences 608 [1990], S. 394–426; und Kesner, R. P., Bolland, B. L., Dakis, M., »Memory for Spatial Locations, Motor Responses, and Objects: Triple Dissociation among the Hippocampus, Caudate Nucleus, and Extrastriate Visual Cortex«, in: Experimental Brain Research 93 [1993], S. 462–470). Ein Beispiel aus dem wirklichen Leben schilderte eine wichtige Studie, die bei einer Stichprobe von Kriegsveteranen posttraumatische Belastungsstörung, Hippokampusschädigung und Gedächtnisstörungen miteinander in Verbindung brachte (Bremmer, J. D., Randall, P., Scott, T. M., Bronen, R. A., Seibyl, J. P., et al., »MRI-Based Measurement of Hippocampal Volume in Patients with Combat-Related Posttraumatic Stress Disorder«, in: American Journal of Psychiatry 152 [1995], S. 973–981).

5 Es gibt umfangreiche Forschungsliteratur zu diesem Thema, die in weiten Teilen durch die Pionierarbeit von Eleanor Maccoby und Carol Jacklin angeregt wurde, in: *The Psychology of Sex Differences*. Stanford (Stanford University Press)

1974. Zwei neuere allgemeine Quellen sind: Blum, D., *Sex on the Brain: The Biological Differences Between Men and Women*. New York (Viking) 1997, und Maccoby, E. E., *The Two Sexes: Growing Up Apart, Coming Together*. Cambridge (Belknap Press of Harvard University Press) 1998. Literatur zu spezifischen Geschlechterunterschieden findet sich in den Anmerkungen zu Kapitel 2.

6 Siehe dazu Shibley, J., Hyde, E. F., Lamon, S. J., »Gender Differences in Mathematics Performance: A Metaanalysis«, in: Psychological Bulletin 107 (1990), S. 139–155.

7 Tremblay, R. E., Schaal, B., Boulerice, B., Arseneault, L., Soussignan, R., Perusse, D., »Male Physical Aggression, Social Dominance and Testosterone Levels at Puberty: A Developmental Perspective«, in: Raine, A., Brennan, P. A., Farrington, D. P., Mednick, A. S. (Hrsg.), *Biosocial Bases of Violence*. New York (Plenum Press) 1997. Siehe auch Archer, J., »The Influence of Testosterone on Human Aggression«, in: British Journal of Psychology 82 (1991), S. 1–28. Archer schreibt: »Obwohl für eine breite Palette von Wirbeltiergruppen nachgewiesen ist, dass Testosteron die Aggression erleichtert, gibt es im Hinblick auf Primaten wenig oder keine schlüssigen Belege« (S. 3). Und weiter: »Experimentelle Studien mit Mäusen und Tauben ergaben ebenfalls, dass die frühere Kampferfahrung des Tieres Manipulationen seines Testosteronspiegels überdecken kann. Deshalb muss sogar bei Vögeln und Nagetieren die soziale Erfahrung berücksichtigt werden, wenn man den Einfluss von Testosteron auf Aggression untersucht« (S. 2). Schließlich: »Wir können daher die Schlussfolgerung ziehen, dass der Großteil der begrenzten Indizien bezüglich eines möglichen Einflusses pränataler Androgene auf die Aggression bei Menschen negativ ist« (S. 5).

8 Es handelte sich um 18 hochaggressive vorpubertäre Jungen, die wegen gewalttätigen oder unkontrollierbaren Verhaltens in die Kinderabteilung des Bronx Children's Psychiatric Center eingewiesen wurden. Sie alle zeigten seit mehr als sechs Monaten fortgesetzt hochaggressives und oppositionelles Verhalten. Die meisten hatten Familienangehörige oder Altersgenossen mit Waffen angegriffen, und einige hatten versucht, Geschwistern im Säuglingsalter ernsthafte Verletzungen zuzufügen. Die Autoren fanden keine Unterschiede im Serumtestosteronspiegel (keines der Kinder wies Werte auf, die außerhalb des Normbereichs lagen oder sich von denen einer vergleichbaren Kontrollgruppe unterschieden), weisen aber stattdessen darauf hin, dass die Vorgeschichte der meisten dieser Kinder durch Missbrauch und Vernachlässigung gekennzeichnet war. Sie schreiben: »Was hormonelle Einflüsse angeht, so muss man die erhöhten mittleren Testosteronwerte, die früher bei aggressiven Jugendlichen und Erwachsenen ermittelt wurden, möglicherweise eher als *Wirkungen* denn als Ursachen aggressiven Verhaltens sehen« (S. 1221) und: »Die Befunde sprechen einfach dafür, große Vorsicht walten zu lassen, wenn man aus Studien an Erwachsenen, die Testosteron mit aggressivem menschlichen Verhalten in Beziehung setzen, Schlüsse hinsichtlich der Kausalität (oder biologischen Determiniertheit) zieht« (S. 1222). Constantino, J. N., Grosz, D., Saenger, P., Chandler, D. W., Nandi, R., Earls, F. J., »Testosterone and Aggression in Children«, in: Journal of the American Academy of Child and Adolescent Psychiatry 32 (1993), S. 1217–1222.

9 Es gibt zahlreiche Bücher und Aufsätze über kulturelle Einflüsse auf aggressives

Verhalten. Unseren Standpunkt am nachhaltigsten beeinflusst haben: Briggs, J. L., *Never in Anger: Portrait of an Eskimo Family*. Cambridge (Harvard University Press) 1970; Fry, D. P., »Intercommunity Differences in Aggression among Zapotec Children«, in: Child Development 59 (1988), S. 1008–1019; Denton, R. K., »Surrendered Men: Peaceable Enclaves in the Post Enlightenment West«, in: Sponsel, L. E., Gregor, T. (Hrsg.), *The Anthropology of Peace and Nonviolence*. London (Lynne Rienner) 1994, S. 69–108; Robarchek, C. A., »Ghosts and Witches«, a.a.O., S. 183–196; Turnbull, C. M., »The Politics of Non-Aggression«, in: Monagu, A. (Hrsg.), *Learning Non-Aggression: The Experience of Non-Literate Societies*. New York (Oxford University Press) 1978, S. 161–221.

10 Auf dieser Studie beruhen zahlreiche Veröffentlichungen. Zwei halten wir für besonders wichtig: Pleck, J. H., Sonenstein, F. L., Ku, L. C., Burbridge, L. C., *Individual, Family, and Community Factors Modifying Male Adolescents' Risk Behavior »Trajectory«*. Washington DC (Urban Institute) 1996; Pleck, J. H., Sonenstein, F. L., Ku, L. C., »Masculinity Ideology: Its Impact on Adolescent Males' Heterosexual Relationships«, in: Journal of Social Issues 49 (1993), S. 11–29. Weitere Veröffentlichungen auf der Website des Urban Institute: http://www.urban.org/.

11 Dies diskutieren Lamb, M. E., Ketterlinus, R. D., und Fracasso, M. P., »Parent Child Relationships«, in: Bornstein, M. H., Lamb, M. E. (Hrsg.), *Developmental Psychology: An Advanced Textbook*. 3. Aufl. Hillsdale (Lawrence Erlbaum) 1992, S. 465–518. Beispielsweise beschreiben Eltern (insbesondere Väter) ihre Söhne mit Begriffen wie *kräftig*, *prächtig* und *stark* und ihre Töchter mit Begriffen wie *reizend*, *hübsch* und *zart* (S. 492).

12 Diese Thematik diskutieren Denham, S., Zoller, D., und Couchoud, E. A., »Socialization of Preschoolers' Emotion Understanding«, in: Developmental Psychology 30 (1994), S. 928–936; Dunn, J., Brown, J. R., Maguire M., »The Development of Children's Moral Sensibility: Individual Differences and Emotion Understanding«, in: Developmental Psychology 31 (1995), S. 649–659; Dunn, J., Brown, J. R., Beardsall, L., »Family Talk about Feeling States and Children's Later Understanding of Others' Emotions«, in: Developmental Psychology 27 (1991), S. 448–455. Eine neuere Metaanalyse, das heißt die statistische Auswertung der Ergebnisse einer großen Gruppe von Studien, so als würden deren Daten alle aus einer Studie stammen, erbringt zwei interessante Ergebnisse: dass Mütter mit Töchtern mehr und in unterstützenderer Weise redeten als mit Söhnen und dass Mütter bei ihren Söhnen eine direktere Sprache mit höherem Informationsgehalt verwendeten als bei ihren Töchtern. Leaper, C., Anderson, J., Sanders, P., »Moderators of Gender Effects of Parents' Talk with Their Children: A Meta-Analysis«, in: Developmental Psychology 43 (1998), S. 3–27.

13 Cervantes, C. A., Callanan, M. A., »Labels and Explanations in Mother-Child Emotion Talk: Age and Gender Differentiation«, in: Developmental Psychology 34 (1998), S. 88–98. Diese Studie untersuchte 84 2-, 3- und 4-jährige Kinder zusammen mit ihren Müttern bei einer Sitzung mit gemeinsamem Geschichtenerzählen. Zur Verfügung standen ihnen ein Puppenhaus und Plastikfiguren. Sie sollten damit eine Geschichte spielen, die vier Merkmale aufwies: Die Eltern gehen weg und lassen ein Kind mit einem anderen Betreuer zurück; der Vater stürzt und verletzt sich; der Hund läuft weg; die Eltern kommen zurück. Die

Forscher wollten wissen, wie viele emotionsbezogene Wörter Mütter und Kinder benutzten und ob diese Aussagen (»Er ist traurig«) oder Erklärungen (»Er ist traurig, weil er seinen Hund verloren hat«) darstellten. Frühere Arbeiten weisen auf einen direkten Zusammenhang zwischen der Häufigkeit von emotionsbezogenen Eltern-Kind-Gesprächen und späterem emotionalen Verständnis hin. Zudem ergaben frühere Arbeiten, dass Mütter bei Mädchen eher emotionsbezogene Aussagen verwenden als bei Jungen. Man hat dies so gedeutet, dass Jungen im Hinblick auf Emotionen eher auf eine problemlösende oder emotionskontrollierende Haltung hin erzogen werden (»Der Junge ist traurig, weil er seinen Hund verloren hat; gehen wir ihn suchen.«). Im Gegensatz dazu könnten die Mütter, die bei ihren Mädchen eher direkten Bezug auf emotionale Zustände nehmen, jene dazu ermutigen, sich auf diese Zustände selbst zu konzentrieren, und die Mädchen so auf eine zwischenmenschlich orientierte Haltung mit emotionaler Sensibilität hinlenken. Mit früheren Arbeiten stimmt überein, dass die Mütter von Jungen aller Altersgruppen mehr emotionsbezogene Erklärungen abgaben. Es folgt ein illustratives Beispiel:
Mutter (M) und 3-jähriger Sohn (S)
M: Was meinst du dazu, dass sie [die Eltern] weggehen?
S: Hm, er hat Angst.
M: Er hat Angst? Warum hat er Angst?
S: Er hat keine Angst.
M: Er hat keine Angst? Weiß er, dass Sam gut auf ihn aufpasst [während seine Eltern weg sind]?
S: [nickt]
Man beachte, dass die Mutter das Gespräch über Angst und das Angstempfinden ihres Sohnes vermeidet. Sie erklärt sie ihm weg. Die Qualität der mütterlichen Kommunikation lässt sich nicht durch Gesprächigkeit des Kindes, allgemeine Sprachkompetenz oder die Verwendung emotionsbezogener Sprache durch das Kind erklären.

14 Siehe 1. Buch Moses, Kapitel 4, Vers 2–16. Eine detaillierte Diskussion dieser Geschichte bietet Wiesel, E., in: *Adam oder das Geheimnis des Anfangs: brüderliche Urgestalten*. Freiburg (Herder) 1980.

Kapitel 2 Das hässliche Entlein: Warum kleine Jungen es in der Grundschule schwer haben

1 Siehe Alexander, K. L., Entwisle, D. R., »Achievement in the First 2 Years of School: Patterns and Processes«, in: Monographs of the Society for Research in Child Development 53, 2 (1998), S. 218.

2 Diane Halpern bietet eine überzeugende Diskussion dieses Themas in: »Sex Differences in Intelligence: Implications for Education«, in: American Psychologist 52 (1997), S. 1091–1102. Sie gibt einen Überblick über die Literatur, und obwohl sie einige Unterschiede zwischen Jungen und Mädchen hinsichtlich einiger Intelligenzaspekte feststellt, diskutiert sie diese nicht im Rahmen der Anlage-Umwelt-Debatte, sondern stattdessen anhand eines psychobiosozialen

Modells, das die engen Zusammenhänge zwischen den biologischen Grundlagen der Intelligenz und Umweltereignissen betont: »Eine Prädisposition, gewisse Verhaltensweisen und Begriffe leichter zu lernen als andere, wird bestimmt von vorausgegangenen Lernerfahrungen, den neurochemischen Prozessen, die Lernen überhaupt erst ermöglichen (Ausschüttung von Neurotransmittern), und Veränderungen in der Reaktion auf Lernen [etwa] Veränderungen in Hirnregionen, die während der Ausführung einer Aufgabe aktiv sind« (S. 1092).

3 Diese Befunde diskutieren Huttenlocher, J., Haight, W., Bryk, A., Seltzer, M., et al., »Early Vocabulary Growth: Relation to Language Input and Gender«, in: Developmental Psychology 27 (1991), S. 236–248; und Shaywitz, S. E., Shaywitz, B. A., Fletcher, J. M., Escobar, M. D., »Prevalence of Reading Disability in Boys and Girls: Result of the Connecticut Longitudinal Study«, in: Journal of the American Medical Association 264 (1990), S. 998–1002.

4 Geschlechterunterschiede im Bewegungsdrang untersucht zusammenfassend Kohnstamm, G. A., »Temperament in Childhood: Cross-cultural and Sex Differences«, in: Kohnstamm, G. A., Bates, J. E., Rothbart, M. K. (Hrsg.), *Temperament in Childhood*. New York (Wiley), S. 483–508; und Maccoby, E. E., a.a.O.

5 Neuerdings wird eine Debatte geführt, ob die Prävalenz von ADHD unter Jungen tatsächlich höher ist als unter Mädchen, insbesondere die vorwiegend durch Unaufmerksamkeit gekennzeichnete Form der Störung (d. h. ADHD ohne Hyperaktivität). Wenn die Prävalenzzahlen jedoch nur die Form mit Hyperaktivität erfassen, dann ist die Prävalenz unter Jungen höher. Dies diskutierten ein neuerer Überblick: Acia, E. A., Connors, K. C., »Gender Differences in ADHD?«, in: Developmental and Behavioral Pediatrics 19 (1998), S. 77–83, und eine neuere epidemiologische Studie in Tennessee: Wolraich, M. L., Hannah, J. N., Pinnock, T. Y., Baumgaertel, A., Bown, J., »Comparison of Diagnostic Criteria for Attention-Deficit Hyperactivity Disorder in a County-Wide Sample«, in: Journal of the American Academy of Child and Adolescent Psychiatry 35 (1996), S. 319–324.

6 Dies diskutieren Kagan, J., Snidman, N., »Infant Predictors of Inhibited and Uninhibited Profiles«, in: Psychological Science 2 (1991), S. 40–44.

7 Siehe Safer, J. M., Zito, W., Fine, L., »Increased Methylphenidate Usage for Attention Deficit Disorder in the 1990's«, in: Pediatrics 98 (1996), S. 1084–1088.

8 Die »offiziellen« diagnostischen Kriterien für ADHD finden sich in: *Diagnostisches und Statistisches Manual Psychischer Störungen (DSM IV)* der American Psychiatric Association, deutsche Bearbeitung von Sass, H., et al., Göttingen, Bern, Toronto, Seattle (Hogrefe) 1996. Siehe auch Hallowell, N., Ratey, J., *Zwanghaft zerstreut: ADD – die Unfähigkeit, aufmerksam zu sein*. Reinbek (Rowohlt) 1998.

Kapitel 3 Der Preis der harten Hand

1 In Kapitel 11 seines Buches *Mythos Männermacht*, Frankfurt (Zweitausendeins) 1995, legt Warren Farrell seine Ansicht dar, dass das System Frauen schütze, und fügt unter Hinweis auf diese Statistiken des Justizministeriums hinzu, dass in

North Carolina Verurteilungen wegen Totschlags für Männer zusätzliche 12,6 Jahre Gefängnis nach sich ziehen und dass die Strafen selbst dann länger ausfallen, wenn Straftat und Vorstrafenregister gleichgesetzt werden

2 Dies stammt aus Tabelle E von Austin, J., Krisberg, B., DeComo, R., Rudenstine, S., Del Rosario D., »Juveniles Taken into Custody: Fiscal Year 1993«, Washington DC (Office of Juvenile Justice and Delinquency Prevention) 1995. Aus dieser Tabelle geht hervor, dass die Gerichte unabhängig vom Vergehen bei Jungen öfter Haft anordnen als bei Mädchen. Bei Drogendelikten werden 37 Prozent Jungen inhaftiert, verglichen mit 26 Prozent Mädchen. Dieses Verhältnis einer 1,5fach höheren Inhaftierungsrate bei Jungen gilt für alle Vergehen (22 Prozent männliche Inhaftierte, 15 Prozent weibliche). Interessanterweise hat dieser Geschlechterunterschied dasselbe Ausmaß wie der zwischen Straftaten von Weißen und Farbigen (17 Prozent bei Weißen, 26 bei Farbigen).

3 Diese Daten stammen aus dem U.S. Office for Education, Office for Civil Rights, Elementary and Secondary School Civil Rights Compliance Report, diskutiert in: Gregory, J., »Three Strikes and They're Out: African-American Boys and American Schools' Responses to Misbehavior«, in: International Journal of Adolescence and Youth 7 (1997), S. 25–34.

4 Der vielleicht schärfste Kritiker körperlicher Bestrafung ist Murray Strauss, der über deren schädliche Folgen umfänglich publiziert hat. Sein Buch *Beating the Devil Out of Them: Corporal Punishment in American Families*, New York (Lexington Books) 1994, nennt die Probleme, die durch Prügel und andere Formen körperlicher Bestrafung verursacht werden: erhöhtes Depressions- und Suizidrisiko, Kriminalität, Drogenmissbrauch und masochistische Sexualpraktiken im Erwachsenenalter. In dem Buch berichtet Strauss über die National Family Violence Surveys von 1975 und 1985, aus denen diese Zahlen stammen. In einem anderen Artikel: Strauss, M. A., Sugerman, D. B., Giles-Sims, J., »Spanking by Parents and Subsequent Antisocial Behavior of Children«, in: Archives of Pediatrics and Adolescent Medicine 151 (1997), S. 761–767, beschreibt Strauss die Abnahme der Häufigkeit körperlicher Bestrafung seit den 50er Jahren, behauptet jedoch, dass diese Praxis noch heute verbreitet ist. Die Ergebnisse der Befragung der Einwohner Ontarios berichten MacMillan, H. L., et al., »Prevalence of Child Physical and Sexual Abuse in the Community«, in: Journal of the American Medical Association 278 (1997), S. 131–135.

5 Dies stammt aus der Zusammenfassung des Soziologen Philipp Davis von mehr als 300 Stunden direkter Beobachtung von »in natürlicher Umgebung auftretenden Drohungen«, die er und seine graduierten Studenten zwischen 1989 und 1991 vorwiegend in Einkaufszentren beobachteten. Davis, P. W., »Threats of Corporal Punishment as Verbal Aggression: A Naturalistic Study«, in: Child Abuse and Neglect 20 (1996), S. 289–304.

6 Siehe dazu Trickett, P. K., Kuczynski, L., »Children's Misbehaviors and Parental Discipline Strategies in Abusive and Nonabusive Families«, in: Developmental Psychology 22 (1986), S. 115–123.

7 Dieser Brief wurde an die »Ask Beth«-Kolumne des Boston Globe geschrieben und dort am 12. September 1997 (D15) veröffentlicht. Die Kolumnistin beriet diese Mutter ausgezeichnet und warnte sie unter anderem sowohl vor der Nutzlosigkeit als auch den schädlichen Wirkungen des Anschreiens.

8 Siehe dazu Elder, G. H., Liker, J. K., Cross, C. E., »Parent-child Behavior in the Great Depression: Life Course and Inter-generational Influences«, in: Life-Span Development and Behavior 6 (1984), S. 109–158.

9 Die Arbeiten von Grazyna Kochanska und Martin Hoffman haben unsere Ansichten über die Entwickung des Gewissens einschließlich der Rolle verschiedener Gedächtnisprozesse stark beeinflusst. Siehe dazu Hoffman, M. L., »Discipline and Internalization«, in: Developmental Psychology 30 (1994), S. 26–28; Kochanska, G., »Toward a Synthesis of Parental Socialization and Child Temperament in the Development of Conscience«, in: Child Development 64 (1993), S. 325–347.

10 Aus Goldstein, A. P., *Delinquents on Delinquency*, Champaign (Research Press) 1990, S. 38.

11 Siehe dazu Strassberg, Z., Dodge, K. A., Petit, G. S., Bates, J. E., »Spanking in the Home and Children's Subsequent Aggression Toward Kindergarten Peers«, in: Development and Psychotherapy 6 (1994), S. 445–461.

Kapitel 4 Die Kultur der Grausamkeit

1 Es gibt in zunehmendem Maße Literatur über diejenigen Jungen, die die Auswirkungen der Kultur der Grausamkeit am extremsten zu spüren bekommen: die, die systematisch terrorisiert oder zurückgewiesen werden. Obwohl Ablehnung oder Schikanen in jedem Alter zu Verhaltensproblemen wie Aggression oder Deprimiertheit führen können, fällt bei submissiven Jungen in der 7. oder 8. Klasse, die von ihren Altersgenossen abgelehnt werden, vor allem eine krasse Vereinsamung auf. Teilweise ist es die Angst, dass es einem ergehen könnte wie diesen Jungen, die allen Jungen in diesem Alter das Gefühl von Verwundbarkeit einflößt. Siehe dazu Olweus, D., *Gewalt in der Schule*. Bern (Huber) 19962, 2. Aufl.; Hawker, D. S. J., Bolton, M. J., »Peer Victimisation and Psychosocial Adjustment: Findings with a British Sample« (Vortrag auf der Zweijahreskonferenz der Society on Child Development), Washington DC, 3. April 1997; Parkhurst, J. T., Asher, S. R., »Peer Rejection in Middle School: Subgroup Differences in Behavior Loneliness and Interpersonal Concerns«, in: Developmental Psychology 28 (1992), S. 231–241.

2 Siehe dazu Alferi, T., Ruble, D. N., Higgins, E. T., »Gender Stereotypes during Adolescence: Developmental Changes and the Transition to Junior High School«, in: Developmental Psychology 32 (1996), S. 1129–1137. Wie die Autoren erklären, werden die Einstellungen von männlichen Jugendlichen zu Geschlechterrollen rigider, obwohl ihre fortschreitende kognitive Reifung ihnen größere Flexibilität in ihren geschlechterbezogenen Ansichten erlauben sollte; die Autoren führen dies teilweise auf den verstärkten Druck zu sexueller Attraktivität zurück. Der Übergang in die ganz neue Welt der Junior High School erfordert anfangs eine gewaltige Anpassungsleistung, weshalb sich erhöhte Flexibilität in den Meinungen über Geschlechterrollen findet. Doch der Eintritt in die Junior High School bringt zugleich auch den Kontakt mit älteren Jugendlichen mit sich, die sich bereits mit Mädchen verabreden. Das rückt ge-

schlechtsbezogene Fragen in den Vordergrund, und die Rigidität der einschlägigen Einstellungen nimmt bis in die High School hinein zu.

3 Gilmore, D., *Manhood in the Making: Cultural Concepts of Masculinity*. New Haven (Yale University Press) 1990, S. 15.

4 Weitere Informationen über schwule Heranwachsende bieten die empfehlenswerten Bücher von Bass, E., Kaufman, K., *Free Your Mind: The Book for Gay, Lesbian, and Bisexual Youth and Their Allies*. New York (Harper/Collins) 1996; und Marcus, E., *Is It a Choice? Answers to 300 of the most Frequently Asked Questions about Gays and Lesbians*. San Francisco (Harper/Collins) 1993.

5 Signorile, M., *Queer in America: Sex, Media, and the Closets of Power*. New York (Bantam Doubleday Dell) 1993. In Kapitel 2 dieses Buches diskutiert der Autor seine Erlebnisse als Bandenmitglied.

6 Zitate aus einem Artikel von Kleinfield, N. R., mit dem Titel »Friends, from Boys to Men«, in: New York Times, 3. Juni 1997, B1.

Kapitel 5 Väter und Söhne: Das Vermächtnis von Sehnsucht und Distanz

1 Dieser Artikel von Patricia Cohen erschien am 11. Juli 1998 auf den Seiten A1 und A15 der New York Times.

2 Die Konferenz im Oktober 1996, die sich mit der Beteiligung von Vätern befasste, wurde unterstützt vom Family and Child Well-Being Network des National Institute of Child Health and Human Development (NICHD) und fand am 10. und 11. Oktober in Bethesda in Maryland statt.

3 Duncan, G. J., Hill, M., Yeung, J., »Fathers' Activities and Child Attainments« (Vortrag auf der Konferenz über Beteiligung von Vätern des Family and Child Well-Being Network am 10. und 11. Oktober in Bethesda in Maryland). Nähere Information über die Panelstudie zur Einkommensentwicklung bietet Hill, M., *The Panel Study of Income Dynamics*. Newbury Park (Russell Sage) 1992.

4 Die vollständigen Angaben finden sich in: Harris, K. M., Furstenberg, F. F. Jr., Kramer J. K., »Paternal Involvement with Adolescents in Intact Families: The Influence of Fathers over the Life Course«, in: Demography 35 (1998), S. 201–216.

5 Diese Arbeit führt die Studie über Kindererziehungspraktiken fort, die Robert Sears und Eleanor Maccoby in den 50er Jahren begannen. Die bibliographischen Angaben zur vorliegenden Studie lauten: Koestner, R., Franz, C., Weinberger, J., »The Family Origins of Empathic Concern: A 26-Year Longitudinal Study«, in: Journal of Personality and Social Psychology 58 (1990), S. 709–717.

6 Siehe Harris, K. M., Morgan, S. P., »Fathers, Sons, and Daughters: Differential Paternal Involvement in Parenting«, in: Journal of Marriage and the Family 53 (1990), S. 531–544; und Harris, K. M., Furstenberg, F. F. Jr., Kramer, J. K., a.a.O.

7 Diese Information über das Ausmaß der Beteiligung von Vätern an der Kinderbetreuung stammt aus einer ausgezeichneten Übersicht über die einschlägige Forschung: Pleck, J. H., »Paternal Involvement: Levels, Sources, and Consequences«, in: Lamb, M. E. (Hrsg.), *The Role of the Father in Child Development*. New York (Wiley) 1997, S. 68–103. Zwei weitere gute Quellen zur Väterfor-

schung sind der obige von M. E. Lamb herausgegebene Band sowie Parke, R. D., *Fatherhood*. Cambridge (Harvard University Press) 1996.

8 Die vollständigen Angaben finden sich in: DeLong, T., DeLong, C. C., »Managers as Fathers: Hope on the Homefront«, in: Human Resource Management 32 (1992), S. 178. Diese sowie ähnliche Arbeiten diskutieren auch Levine, J. A., Pittinsky, T. L., *Working Fathers: New Strategies for Balancing Work and Family*. New York (Addison-Wesley) 1997, insbesondere Kapitel 6.

9 Dieser Absatz ist eine Zusammenfassung des einschlägigen Kapitels von Erikson, E., *Jugend und Krise*. Stuttgart (Klett) 1970.

10 Larson, R., Richards, M., *Divergent Realities: The Emotional Lives of Mothers, Fathers, and Adolescents*. New York (Basic Books) 1994.

11 Youniss, J., Smollar, J., *Adolescent Relations with Mothers, Fathers, and Friends*. Chicago (Chicago University Press) 1985.

Kapitel 6 Mütter und Söhne: Verbindendes und Trennendes

1 Die psychologische Literatur über Kennzeichen und Konsequenzen der Mutter-Kind-Bindung ist umfangreich. Viele Studien haben gezeigt, dass eine gestörte Bindung, etwa eine unsichere oder desorganisierte Mutter-Kind-Beziehung, zu späteren Problemen bei dem Kind, etwa Verhaltensauffälligkeiten in der Schule, Depression/Angst und schlechteren kognitiven Leistungen beiträgt. Neuere Artikel zu diesem Thema: Lyons-Ruth, K., Easterbroks, M. A., Cibelli, C. D., »Infant Attachment Strategies, Infant Mental Lag, and Maternal Depressive Symptoms: Predictors of Internalizing and Externalizing Problems at Age 7«, in: Developmental Psychology 33 (1997) S. 681–692; Carslon, E. A., »A Prospective Longitudinal Study of Attachment Disorganization/Disorientation«, in: Child Development 69 (1998), S. 1107–1128.

2 Den Wissenschaftlern ist schon seit mehr als 40 Jahren bekannt, dass Versuchstiere, die als Neugeborene nur 15 Minuten pro Tag gestreichelt und umhegt wurden, größere Intelligenz entwickelten und Stress besser ertragen konnten. Kürzlich wurde gezeigt (siehe Liu, D., et al., »Maternal Care, Hippocampal Glucocorticoid Receptors and Hypothalamic-Pituary-Adrenal Responses to Stress«, in: Science 277 [1997], S. 1659–1662), dass der Nachwuchs von Rattenmüttern, die ihre Jungen von Natur aus gründlicher lecken und putzen, im Erwachsenenalter gesündere Stressreaktionen zeigt als der erwachsene Nachwuchs von Rattenmüttern, die weniger Fellpflege betreiben. In einem Kommentar zu der Studie von Liu et al. vermutet Robert Sapolsky (Sapolsky, R. M., »The Importance of a Well-groomed Child«, in: Science 277 [1998], S. 160–1621), dass sich deren Ergebnisse direkt auf den Menschen übertragen lassen: »Zwar spielt die Fellpflege für den Menschen keine Rolle, sehr wohl aber der umfassendere Aspekt der Bedeutung von Früherfahrungen« (S. 1620–1621).

Kapitel 8 Depression und Suizid bei Jungen

1 Wie Rosenberg, M., Smith, J., Davidson, L., Cohn, J., in »The Emergence of Youth Suicide: An Epidemiologic Analysis and Public Health Perspective« (Annual Review of Public Health 8 [1987], S. 420) berichten, ist die Suizidrate von Jugendlichen (zwischen 15 und 24 Jahren) von unter 4 Prozent im Jahr 1950 auf fast 15 Prozent im Jahr 1986 gestiegen (siehe auch Diekstra, R. F., Garnefski, N., »On the Nature, Magnitude and Casuality of Suicidal Behaviors: An International Perspective«, in: Suicide and Life Threatening Behaviors 15 [1995], S. 36–57). Von 1979 bis 1991 stieg die Suizidrate von jungen Leuten zwischen 15 und 19 Jahren um nahezu 34,5 Prozent, die von Kindern zwischen 10 und 14 Jahren während desselben Zeitraums um 75 Prozent (Sells, C. W., Blum, R. W., »Morbidity and Mortality among U.S. Adolescents: An Overview of Data and Trends«, in: American Journal of Public Health 86 [1996], S. 513–519). Nach der jüngsten Entwicklung hat sich die Suizidrate der 15- bis 19-Jährigen beinahe verdreifacht, von 6 pro 100 000 1965 auf 17,8 pro 100 000 1992 (siehe Shaffer, D., Gould, M., Fisher, P. et al., »Psychiatric Diagnosis in Child and Adolescent Suicide«, in: Archives of General Psychiatry 53 [1996], S. 339–348).

2 Birmaher, B., et al., »Childhood and Adolescent Depression: A Review of the Past 10 Years. Part I«, in: Journal of the American Academy of Child and Adolescent Psychiatry 35 (1996), S. 1427–1439. Die Autoren diskutieren die Epidemiologie sowohl der dysthymen Störung (DS) als auch der schweren Depression (SD). Bei Querschnittstudien liegt die Zahl der Kinder mit SD zwischen 0,4 und 2,5 Prozent, die der Adoleszenten zwischen 0,4 und 8,3 Prozent. Die Zahlen für DS sind ähnlich: 0,6 bis 1,7 Prozent bei Kindern und 1,6 bis 8,0 Prozent bei Jugendlichen. Die Lebenszeitprävalenz für SD bei Teenagern (Zahl der Jugendlichen, die angeben, jemals SD gehabt zu haben, ob sie gegenwärtig an SD leiden oder nicht) wird auf 15 bis 20 Prozent geschätzt.

3 Diese Zahlen stammen aus: National Center for Health Statistics »Deaths for 72 Selected Causes, by 5 Year Age Groups, Race and Sex: United States 1979–1995, Trend B«, Tabelle 291A (1997).

4 Remafedi, G., *Death by Denial: Studies of Suicide in Gay and Lesbian Teenagers*. Boston (Alyson Publications) 1997.

5 Siehe dazu Reinherz, H. Z., et al., »Early Psychosocial Risks for Adolescent Suicidal Ideation and Attempts«, in: Journal of the American Academy of Child and Adult Psychiatry 34 (1995), S. 599–611.

Kapitel 9 Alkohol und Drogen: Die emotionale Leere füllen

1 Webb, J. A., Baer, P. E., McKelvey, R. S., »Development of a Risk Profile for Intentions to Use Alcohol among Fifth and Sixth Graders«, in: Journal of the American Academy of Child and Adolescent Psychiatry 34 (1995), S. 772–778. Die Autoren berichten in ihrer Studie mit 136 Schülern der 5. und 6. Klasse im texanischen Houston, dass 89 Prozent der Fünftklässler angeben, nicht die Ab-

sicht zu haben, Bier zu trinken, solange sie die Sekundarstufe I besuchen. Bei den Sechstklässlern sank diese Zahl geringfügig.

2 Diese Zahlen stammen aus Johnston, L. B., Bachman, J., O'Malley, P., *Monitoring the Future: National High School Drug Use Survey*. Washington DC (National Institute on Drug Abuse. Zum Zeitpunkt der Niederschrift dieses Buches standen Daten für 1975–1996 zur Verfügung).

3 Slater, M. D., Rouner, D., Murphy, K., Beauvais, F., Van Leuven, J., et al., »Male Adolescents' Reactions to TV Beer Advertisements: The Effect of Sports Content and Programming Context«, in: Journal of Studies on Alcohol 57 (1996), S. 425–433.

4 Die Wirkungen von Ethanol auf das Gehirn fassen zusammen: Pihl, R. O., Peterson, J. B., »Alcoholism: The Role of Different Motivational Systems«, in: Journal of Psychiatry and Neuroscience 20 (1995), S. 372–396.

5 Canada, C., *Reaching up for Manhood: Transforming the Lives of Boys in America*. Boston (Beacon Press) 1998, S. 72.

6 Dies stammt aus einem Artikel mit dem Titel »A Way of Life at College and One Drunken Death«, von William Glaberson, erschienen in der New York Times, Ausgabe Mittlerer Westen, S. A17 vom 3. November 1997.

7 Ellickson, L. P., McGuigan, K. A., Adams, V., Bell, R. M., Hays, R. D., »Teenagers and Alcohol Misuse in the United States: By Any Definition It's a Big Problem«, in: Addiction 91 (1996), S. 1489–1503.

8 Diese Informationen stammen aus mehreren Quellen: Zu Trunkenheitsfahrten, Alkoholexzessen und Schlägereien siehe Ellickson, L. P., McGuigan, K. A., Adams, V., Bell, R. M., Hays, R. D., a.a.O. Zu alkoholdeliktbedingten Inhaftierungen siehe Snyder, H. N., »Juvenile Arrests for Driving Under the Influence, 1995«, in: OJJDP Fact Sheet 67, Washington DC, U.S. Department of Justice, 1997. Zum Sexualverhalten siehe Langer, L. L., Tubman, J. G., »Risky Sexual Behavior among Substance-Abusing Adolescents: Pschosocial and Contextual Factors«, in: American Journal of Orthopsychiatry 76 (1997), S. 315–322. Zu den besonderen, mit Alkoholkonsum in frühem Alter verknüpften Risiken siehe: Gruber, E., DiClemente, R. J., Anderson, M. M., Lodico, M., »Early Drinking Onset and Its Association with Alcohol Use and Problem Behavior in Late Adolescence«, in: Preventive Medicine: An International Journal Devoted to Practice and Theory 25 (1996), S. 293–300.

9 Die wichtigsten Quellen für diesen Abschnitt sind: Froehlich, J. C., »Opioid Peptides«, in: Alcohol Health and Research World 21 (1997), S. 132–135; und Pihl, R. O., Peterson, J. B., a.a.O.

Kapitel 10 Das versteinerte Herz: Die Beziehungen zu Mädchen – erst liebevoll, dann lieblos

1 Die Zitate stammen aus Lefkowitz, B., *Our Guys: The Glen Ridge Rape and the Secret Life of the Perfect Suburb*. Berkeley (University of California Press) 1997, S. 145–147.

1 Die Daten stammen aus Berichten des Office of Juvenile Justice and Delinquency Prevention: Snyder, H. N., Sickmund, M., »Juvenile Offenders and Victims: A Focus on Violence«, Pittsburgh (National Center for Juvenile Justice) 1995; Snyder, H. N., »Juvenile Arrests: 1996«, in: OJJDP Juvenile Justice Bulletin, Washington DC (U.S. Department of Justice), November 1997. Beispielsweise ging aus den Daten für 1996 hervor, dass von den 2900 wegen Mordes oder nichtfahrlässiger Tötung inhaftierten Jugendlichen 93 Prozent männlich waren. 85 Prozent der 1996 wegen Gewaltverbrechen – Mord, Vergewaltigung und schwere Körperverletzung – einsitzenden Jugendlichen waren männlich.

2 Alan Cowell, »Now, Teenagers Turn to Crime«, in: New York Times, 25. März 1998, E1.

3 Dieser Auszug stammt aus einem Brief, den USA Today am 27. März 1998, 12A veröffentlichte.

4 Die einschlägige Hauptquelle ist Archer, J., *The Behavioral Biology of Aggression*. Cambridge (Cambridge University Press) 1988.

5 Schaal, B., Tremblay, R. E., Soussignan, R., Susman, E. J., »Male Testosteron Linked to High Social Dominance but Low Physical Aggression in Early Adolescence«, in: Journal of the American Academy of Child and Adolescent Psychiatry 34 (1996), S. 1322–1330.

6 Michael Holley, Kolumne im Boston Globe, 26. November 1998, E1.

7 Dodge hat zahlreiche Arbeiten auf diesem Gebiet veröffentlicht. Zwei für uns besonders wichtige waren: Dodge, K. A., Pettit, G. S., McClaskey, C. L., Brown, M. M., »Social Competence in Children«, in: Monographs of the Society for Research in Child Development, Reihe 213, Nr. 2 (1986); und Dodge, K. A., Somberg, D. R., »Hostile Attributional Bias among Aggressive Boys Are Exacerbated under Conditions of Threat to Self«, in: Child Development 58 (1987), S. 213–224.

8 Drei für diesen Abschnitt über Alkoholkonsum und männliche Gewalt sind Miczek, K. A., Weerts, E. M., DeBold, J. F., »Alcohol Aggression and Violence: Biobehavioral Determinants«, in: Martin, S. E. (Hrsg.), *Alcohol and Interpersonal Violence: Fostering Multidisciplinary Perspectives* (NIAAA Research Monograph 24). Rockville (National Institutes of Health) 1993, S. 83–119; Pihl, R. O., Peterson, J. B., »Alcohol, Serotonin, and Aggression«, in: Special Issue: Alcohol, Aggression, and Injury, Alcohol Health and Research World 17 (1993) S. 113–116; Cloninger, C. R., Sigvardsson, S., Przybeck, T. R., Svrakic, D. M., »Personality Antecedents of Alcoholism in an National Area Probability Sample«, in: European Archives of Psychiatry and Clinical Neuroscience 245 (1995), S. 239–244.

9 Moffitt, T. E., »The Neuropsychology of Juvenile Delinquency: A Critical Review of Research and Theory«, in: Tonry, M., Morris, N. (Hrsg.), *Crime and Justice: A Review of Research*, Bd. 12. Chicago (University of Chicago Press) 1990.

Literatur

Ein Großteil unserer Darlegungen in diesem Buch gründet in unseren Erfahrungen als Therapeuten von Jungen und als Berater an Schulen. Zudem stützten wir uns auf die wissenschaftliche Forschung und andere wissenschaftliche Arbeiten. Die folgenden Literaturangaben listen ausgewählte Bücher und wissenschaftliche Artikel auf, die unser Denken beeinflusst haben.

Kapitel 1 Wege und Abwege: Wie Jungen ihren Gefühlen entfremdet werden

Archer, J. »The Influence of Testosterone on Human Aggression.« *British Journal of Psychology* 82 (1991): 1–28.

Beal, C. R. *Boys and Girls: The Development of Gender Roles.* New York: McGraw Hill, 1994.

Blum, D. *Sex on the Brain: The Biological Differences Between Men and Women.* New York: Viking, 1994.

Bremmer, J. D., P. Randall, T. M. Scott, R. A. Bronen, J. P. Seibyl et al. »MRI-Based Measurement of Hippocampal. Volume in Patients with Combat-Related Posttraumatic Stress Disorder.« *American Journal of Psychiatry* 152 (1995): 973–81.

Briggs, J. L. *Never in Anger: Portrait of an Eskimo Family.* Cambridge, MA: Harvard University Press, 1970.

Brody, L. R. »Gender, Emotional Expression, and Parent-Child Boundaries.« In: *Emotion: Interdisciplinary Perspectives,* hrsg. v. R. D. Kavanaugh, B. Zimmerberg, und S. Fein. Mahwah, NJ: Lawrence Erlbaum, 1996, 139–170.

Campbell, L., K. J Anderson und P. Sanders. »Moderators of Gender Effects on Parents' Talk to Their Children: A Meta-Analysis.« *Developmental Psychology* 34 (1998): 3–27.

Cervantes, C. A., und M. A. Callanan. »Labels and Explanations in Mother-Child Emotion Talk: Age and Gender Differentiation.« *Developmental Psychology* 34 (1998): 88–98.

Constantino, J. N., D. Grosz, P. Saenger, D. W. Chandler, R. Nandi und F. J. Earls. »Testosterone and Aggression in Children.« *Journal of the American Academy of Child and Adolescent Psychiatry* 32 (1993): 1217–22.

Denham, S., D. Zoller und E. A. Couchoud. »Socialization of Preschoolers' Emotion Understanding.« *Developmental Psychology* 30 (1994): 928–36.

Denton, R. K. »Notes on Childhood in a Nonviolent Context.« In: *Learning Non-Aggression: The Experience of Non-Literature Societies,* hrsg. v. A. Monagu. New York: Oxford University Press, 1978, 94–143. – »Surrendered Men: Peaceable Enclaves in the Post Enlightenment West.« In: *The Anthropology of Peace and Nonviolence,* hrsg. v. L. E. Sponsel und T. Gregor. London: Lynne Rienner, 1994, 69–108.

Diamond, A. »Rate of Maturation of the Hippocampus and the Developmental Progression of Children's Performance on the Delayed Non-Matching to Sample and Visual Paired Comparison Tasks.« *Annals of the New York Academy of Sciences* 608 (1990): 394–426.

DiGeorge, A. M. »Disorders of the Gonads.« In: *Textbook of Pediatrics,* 10. Aufl., hrsg. v. V. C. Vaughn III, R. J. McKa und W. E. Nelson. Philadelphia: W. B. Saunders, 1975, 1347–54.

Dunn, J., J. R. Brown und L. Beardsall. »Family Talk about Feelingstates and Children's Later Understanding of Others' Emotions.« *Developmental Psychology* 27 (1991): 448–55.

Dunn, J., J. R. Brown und M. Maguire. »The Development of Children's Moral Sensibility: Individual Differences and Emotion Understanding.« *Developmental Psychology* 31 (1995): 649–59.

Eron, L. D. »Gender Differences in Violence: Biology and/or Socialization?« In: *Of Mice and Women: Aspects of Female Aggression,* hrsg. v. K. Biorkqvist und P. Niemela. New York: Academic Press, 1992, 89–97.

Fabes, R. A., N. Eisenberg und L. Eisenbud. »Behavioral and Physiological Correlates of Children's Reactions to Others in Distress.« *Developmental Psychology* 29, Nr. 4 (1993): 655–63.

Fabes, R. A., N. Eisenberg, M. Karbon, D. Troyer und G. Switzer. »The Relations of Children's Emotion Regulation to Their Vicarious Emotional Responses and Comforting Behaviors.« *Child Development* 65 (1994): 1678–93.

Fivush, R. »Emotional Content of Parent-Child Conversations about the Past.« In: *Memory and Affection Development: The Minnesota Symposium on Child Psychology,* hrsg. v. C. A. Nelson. Hillsdale, NJ Lawrence Erlbaum, 1993, Bd. 26, 39–78.

Fry, D. P. »Intercommunity Differences in Aggression among Zapotec Children.« *Child Development* 59 (1988): 1008–19.

Hort, B. E., B. 1. Fagot und M. D. Leinbach. »Are People's Notions of Maleness More Stereotypically Framed Than Their Notions of Femaleness?« *Sex Roles* 23 (1990): 197–212.

Izard, C., D. Schultz und B. P. Ackerman. »Emotion Knowledge, Social Competence, and Behavior Problems in Disadvantaged Children.« Vortrag auf dem Zweijahreskongress der Society for Research on Child Development, Washington, DC, April 1997,4.

Kesner, R. P., B. L. Bolland und M. Dakis. »Memory for Spatial Locations, Motor Responses, and Objects: Triple Dissociation among the Hippocampus, Caudate Nucleus, and Extrastriate Visual Cortex.« *Experimental Brain Research* 93 (1993): 462–70.

Lamb, M. E., R. D. Ketterlinus und M. P. Fracasso. »Parent Child Relationships.« In: *Developmental Psychology: An Advanced Textbook,* 3. Aufl. hrsg. v. M. H. Bornstein und M. E. Lamb. Hillsdale, NJ: Lawrence Erlbaum, 1992, 465–518.

Leaper, C., J. Anderson und P. Sanders. »Moderators of Gender Effects of Parents Talk with Their Children: A Meta-Analysis.« *Development Psychology* 43 (1998): 3–27.

Maccoby, E. E. *The Two Sexes: Growing Up Apart, Coming Together.* Cambridge, MA: Belknap Press of Harvard University Press, 1998.

Maccoby, Eleanor und Carol Jacklin. *The Psychology of Sex Differences.* Stanford, CA: Stanford University Press, 1974.

McEwen, B. S., J. Angulo, H. Cameron, H. M. Chao, D. Daniels et al. »Paradoxical Effects of Adrenal Steroids on the Brain: Protection versus Degeneration.« *Biological Psychiatry* 31 (1992): 177–99.

Oxford Study Edition of the New English Bible. New York: Oxford University Press, 1976.

Pleck, J. H., F. L. Sonenstein und L. C. Ku. »Masculinity Ideology: Its Impact on Adolescent Males' Heterosexual Relationships.« *Journal of Social Issues* 49 (1993): 11–29.

Pleck, J. H., F. L. Sonenstein, L. C. Ku und L. C. Burbridge. *Individual, Family, and Community Factors Modifying Male Adolescents' Risk Behavior »Trajectory.«* Washington, DC: The Urban Institute, 1996.

Robarchek, C. A. »Ghosts and Witches: The Psychocultural Dynamics of Semoi Peacefulness.« In: *The Anthropology of Peace and Nonviolence,* hrsg. v. L. E. Sponsel und T. Gregor. London: Lynne Rienner, 1994, 183–96.

Rosenblatt, N. H., und J. Horwitz. »Cain and Abel: Confronting the Beast of Rage Within« In: *Wrestling with Angels,* hrsg. v. N. Rosenblatt und J. Horwitz. New York: Delacorte, 1995, 52–64.

Sapolsky, R., L. Krey und B. S. McEwen. »The Neuroendocrinology of Stress and Aging: The Glucocorticoid Cascade Hypothesis.« *Endocrinology Review* 7 (1986): 284–301.

Shibley, J., E. F. Hyde und S. J. Lamon. »Gender Differences in Mathematics Performance: A Metaanalysis.« *Psychological Bulletin* 107 (1990): 139–55.

Tremblay, R. E., B. Schaal, B. Boulerice, L. Arseneault, R. Soussignan und D. Perusse. »Male Physical Aggression, Social Dominance and Testosterone Levels at Puberty: A Developmental Perspective.« In: *Biosocial Bases of Violence,* hrsg. v. A. Raine, P. A. Brennan, D. P. Farrington und A. S. Mednick. New York: Plenum Press, 1997, 271–91.

Turnbull, C. M. »The Politics of Non-Aggression.« In: *Learning Non-Aggression: The Experience of Non-Literate Societies,* hrsg. v. A. Monagu. New York: Oxford University Press, 1978, 161–221.

Weisel, E. »Cain and Abel: The First Genocide.« In: *Messengers of God: Biblical Portraits and Legends,* hrsg. v. E. Weisel. New York: Random House, 1976, 37–68, dt.: *Adam oder das Geheimnis des Anfangs: brüderliche Urgestalten.* Freiburg (Herder) 1980.

Wintre, M. G., J. Polivy und M. A. Murray. »Self-Predictions of Emotional Response Patterns: Age, Sex, and Situational Determinants.« *Child Development* 61 (1990): 1124–33.

Kapitel 2 Das hässliche Entlein: Warum kleine Jungen es in der Grundschule schwer haben

Acia, E. A. und K. C. Connors. »Gender Differences in ADHD?« *Developmental and Behavioral Pediatrics* 19 (1998): 77–83.

Alexander, K. L. und D. R. Entwisle. »Achievement in the First 2 Years of School: Patterns and Processes.« *Monographs of the Society for Research in Child Development* 53 (1988): 2, Reihe 218.

American Psychiatric Association. *Diagnostic and Statistical Manual of Mental Disorders,* 4. Aufl. (DSM-IV). Washington, DC: American Psychiatric Association, 1994, dt.: Diagnostisches und Statistisches Manual Psychischer Störungen (DSM IV) der American Psychiatric Association, deutsche Bearbeitung von Sass, H., et al., Göttingen, Bern, Toronto, Seattle (Hogrefe) 1996.

Cantwell, D. P. »Attention Deficit Disorder: A Review of the Past 10 Years.« *Journal of the American Academy of Child and Adolescent Psychiatry* 35 (1996): 978–87.

Hallowell, N. und J. Ratey. *Driven to Distraction.* New York: Pantheon, 1994, dt.: *Zwanghaft zerstreut: ADD – die Unfähigkeit, aufmerksam zu sein.* Reinbek (Rowohlt) 1998.

Halpern, D. F. »Sex Differences in Intelligence: Implications for Education.« *American Psychologist* 52 (1997): 1091–1102.

Huttenlocher, J., W. Haight, A. Bryk, M. Seltzer et al. »Early Vocabulary Growth: Relation to Language Input and Gender.« *Developmental Psychology* 27 (1991): 236–48.

Jackson, A. W. und D. W. Hornbeck. »Educating Young Adolescents: Why We Must Restructure Middle Grade Schools.« *American Psychologist* 44 (1989): 831–36.

Kagan, J. und N. Snidman. »Infant Predictors of Inhibited and Uninhibited Profiles.« *Psychological Science* 2 (1991): 40–44.

Kohnstamm, G. A. »Temperament in Childhood: Cross-cultural and Sex Differences.« In: *Temperament in Childhood,* hrsg. v. G. A. Kohnstamm, J. E. Bates, und M. K. Rothbart. New York: Wiley, 1989. 483–508.

Luria, A. R. *The Role of Speech in the Regulation of Normal and Abnormal Behavior* London: Pergamon Press, 1961.

Maccoby, E. E. *The Two Sexes: Growing Up Apart, Coming Together.* Cambridge, MA: Belknap Press of Harvard University Press, 1998.

Rothbart, M. K. »Temperament in Childhood: A Framework.« In: *Temperament in Childhood,* hrsg. v. G. Kohnstamm, J. Bates und M. Rothbart. New York: Wiley, 1989, 59–73.

Safer, J. W., W. Zito und L. Fine. »Increased Methylphenidate Usage for Attention Deficit Disorder in the 1990's.« *Pediatrics* 98 (1996): 1084-88.

Shaywitz, S. E., B. A. Shaywitz, J. M. Fletcher und M. D. Escobar. »Prevalence of Reading Disability in Boys and Girls: Results of the Connecticut Longitudinal Study.« *Journal of the American Medical Association* 264 (1990): 998–1002.

Wolraich, M. L., J. N. Hannah, T. Y. Pinnock, A. Baumgaertel und J. Bown. »Comparison of Diagnostic Criteria for Attention-Deficit Hyperactivity Disorder in a County-Wide Sample.« *Journal of the American Academy of Child and Adolescent Psychiatry* 35 (1996): 319–24.

Austin, J., B. Krisberg, R. DeComo, S. Pudenstine und D. Del Rosario. »Juveniles Taken into Custody: Fiscal Year 1993.« Washington, DC: Office of Juvenile Justice and Delinquency Prevention, 1995.

Chamberlin, P. und G. R. Patterson. »Discipline and Child Compliance in Parenting.« In: *Handbook of Parenting Applied and Practical Parenting,* vol. 4, hrsg. v. Marc H. Bornstein. Mahwah, NJ Lawrence Erlbaum Associates, 1995, 205–25.

Conger, R., X. Ge, G. H. Elder, F. O. Lorenz und R. L. Simons. »Economic Stress, Coercive Family Processes and Developmental Problems of Adolescents.« *Child Development* 65 (1994): 541–61.

Davis, P. W. »Threats of Corporal Punishment as Verbal Aggression: A Naturalistic Study.« *Child Abuse and Neglect* 20 (1996): 289–304.

Dishion, T. J., T. E. Duncan, M. Eddy, B. I. Fagot und R. Fetrow. »The World of Parents and Peers Coercive Exchanges and Children's Social Adaptation.« *Social Development* 3 (1994): 255–68.

Elder, G. H., J. K. Liker und C. E. Cross. »Parent-Child Behavior in the Great Depression: Life Course and Intergenerational Influences.« *Life-Span Development and Behavior* 6 (1984): 109–58.

Farrell, Warren. *The Myth of Male Power: Why Men Are the Disposable Sex.* London: Fourth Estate, 1994, dt.: *Mythos Männermacht.* Frankfurt (Zweitausendeins) 1995.

Goldstein, A. P. *Delinquents on Delinquency.* Champaign, IL: Research Press, 1990.

Gregory, J. »Three Strikes and They're Out: African American Boys and American Schools' Responses to Misbehavior.« *International Journal of Adolescence and Youth* 7 (1997): 25–34.

Hoffman, M. L. »Discipline and Internalization.« *Developmental Psychology* 30 (1994): 26–28.

Hyman, I. A. *Reading Writing and the Hickory Stick.* Lexington, MA: Lexington Books, 1990.

Kochanska, G. »Children's Temperament, Mothers' Discipline, and Security of Attachment: Multiple Pathways to Emerging Internalization.« *Child Development* 66 (1995): 597–615.

– »Toward a Synthesis of Parental Socialization and Child Temperament in the Early Development of Conscience.« *Child Development* 64 (1993): 325–47.

MacMillan, H. L., et al. »Prevalence of Child Physical and Sexual Abuse in the Commtmity.« *Journal of the American Medical Association* 278 (1997): 131–35.

Patterson, G. R., B. D. DeBaryshe und E. Ramsey. »A Developmental Perspective on Antisocial Behavior.« *American Psychologist* 44 (1989): 329–35.

Schoen, C., K. Davis, C. DesRoches und A. Shekhdar. *The Health of Adolescent Boys: Commonwealth Fund Survey Findings.* Boston, MA, June 1998.

Strassberg, Z., K. A. Dodge, G. S. Petit und J. E. Bates. »Spanking in the Home and Children's Subsequent Aggression toward Kindergarten Peers.« *Development and Psychopathology* 6 (1994.): 445–61.

Strauss, M. A. *Beating the Devil Out of Them: Corporal Punishment in American Families.* New York: Lexington Books, 1994.

Strauss, M. A., D. B. Sugerman und J. Giles-Sims. »Spanking by Parents and Subse-

quent Antisocial Behavior of Children.« *Archives of Pediatrics and Adolescent Medicine* 151 (1997): 761–67.
Trickett, P. K. und. L. Kuczynski. »Children's Misbehaviors and Parental Discipline Strategies in Abusive and Nonabusive Families.« *Developmental Psychology* 22 (1986): 115–23.

Kapitel 4 Die Kultur der Grausamkeit

Alferi, T., D. N. Ruble und E. T. Higgins. »Gender Stereotypes during Adolescence: Developmental Changes and the Transition to Junior High School.« *Developmental Psychology* 32 (1996): 1129–37.
Anthony, E. *American Manhood: Transformation in Masculinity from the Revolution to the Modern Era.* New York: Basic Books, 1993.
Faludi, Susan. »Me Naked Citadel.« *The New Yorker,* September 5, 1994, 62–81.
Gilmore, D. *The Making of Manhood: Cultural Concepts of Masculinity.* New Haven: Yale University Press, 1990.
Grossman, D. *On Killing: The Psychological Cost of Learning to Kill in War and Society.* Boston: Little, Brown, 1995.
Hawker, D. S. J., und M. J. Bolton. »Peer Victimisation and Psychosocial Adjustment: Findings with a British Sample.«Vortrag auf dem Zweijahreskongress der Society for Research on Child Development, Washington, DC, 3. April 1997.
Olweus, D. *Aggression in the Schools: Bullies and Whipping Boys.* New York: Wiley, 1978, dt.: *Gewalt in der Schule.* Bern (Huber) 1996.
Parkhurst, J. T., und S. R. Asher. »Peer Rejection in Middle School: Subgroup Differences in Behavior Loneliness and Interpersonal Concerns.« *Developmental Psychology* 28 (1992): 231–41.
Signorile, M. *Queer in America: Sex, Media, and the Closets of Power.* New York: Bantam Doubleday Dell, 1993.
Stapley, J. C. und J. M. Haviland. »Beyond Depression: Gender Differences in Normal Adolescents' Emotional Experiences.« *Sex Roles* 20 (1989): 295–308.
Wolff, Tobias. *This Boys Life: A Memoir.* New York: Harper & Row, 1989, dt.: *This Boys Life.* Reinbek (Rowohlt) 1998

Kapitel 5 Väter und Söhne: Das Vermächtnis von Sehnsucht und Distanz

DeLong, T. und C. C. DeLong. »Managers as Fathers: Hope on the Homefront.« *Human Resource Management* 32 (1992): 178.
Duncan, G. J., M. Hill und J. Yeung. »Fathers' Activities and Child Attainments.« Vortrag auf der NICHD Family and Child Well-Being Network's Conference on Father Involvernent, Washington, DC, 10.–11. Oktober, 1996.
Erikson, E. *Identity Youth and Crisis.* New York: W. W. Norton, 1968, dt.: *Jugend und Krise.* Stuttgart (Klett) 1970.

Harris, K.M. und S. P. Morgan. »Fathers, Sons and Daughters: Differential Paternal Involvement in Parenting.« *Journal of Marriage and the Family* 53 (1991): 531–44.

Harris, K. M., F. F. Furstenberg Jr. und J. K. Kramer. »Paternal Involvement with Adolescents in Intact Families: The Influence of Fathers Over the Life Course.« *Demography* 35 (1998): 201–16.

Hill, M. *The Panel Study of Income Dynamiecs.* Newbury Park, CA: Russell Sage, 1992.

Koestner, R., C. Franz und J. Weinberger. »The Family Origins of Emphatic Concern: A 26-Year Longitudinal Study.« *Journal of Personality and Social Psychology* 58 (1990): 709–17.

LaRossa, R. *The Modernization of Fatherhood: A Social and Political History.* Chicago: University of Chicago Press, 1997.

Larson, R. und M. Richards. *Divergent Realities: The Emotional Lives of Mothers, Fathers, and Adolescents.* New York: Basic Books, 1994.

Levine, J. A., und T. L. Pittinsky. *Working Fathers: New Strategies for Balancing Work and Family.* New York: Addison-Wesley, 1997.

Osherson, S. *Finding Our Fathers: The Unfinished Business of Manhood.* New York: Free Press, 1986.

Parke, R. D. *Fatherhood.* Cambridge, MA: Harvard University Press, 1996. »Father Involvement: A Developmental Psychological Perspective.« Vortrag auf der NICHD Family and Child Well-Being Network's Conference on Father Involvement, Washington, DC, 10.-11. Oktober, 1996.

Pleck, J. H. »Paternal Involvement: Levels, Sources, and Consequences.« In: *The Role of the Father in Child Development*, hrsg. v. M. E. Lamb. New York: Wiley, 1997, 68–103.

Yogman, M. W. und D. Kindlon. »Pediatric Opportunities with Fathers and Children.« *Pediatric Annals* 27 (1998): 16–22.

Yogman, M. W., D. Kindlon und F. Earls. »Father Involvement and Cognitive/ Behavioral Outcomes of Premature Infants.« *Journal of the American Academy of Child and Adolescent Psychiatry* 34 (1995): 58–66.

Youniss, J. und J. Smollar. *Adolescent Relations with Mothers, Fathers and Friends.* Chicago: University of Chicago Press, 1985.

Kapitel 6 Mütter und Söhne: Verbindendes und Trennendes

Carslon, E. A. »A Prospective Longitudinal Study of Attachment Disorganization/ Disorientation.« *Child Development* 69 (1998): 1107–28.

Elium, D. und J. Elium. *Raising a Son: Parents and the Making of a Healthy Man.* Berkeley, CA: Celestial Arts, 1994, dt.: *Söhne erziehen.* München (Droemer Knauer) 1994.

Fagot, B. I., und M. Gauvin. »Mother-Child Problem Solving: Continuity through the Early Childhood Years.« *Developmental Psychology* 33 (1997): 480–88.

Liu, D., et al. »Maternal Care, Hippocampal Glucocorticoid Receptors and Hypothalamic-Pituitary-Adrenal Responses to Stress.« *Science* 277 (1997): 1659–62.

Lyons-Ruth, K., M. A. Easterbroks und C. D. Cibelli. »Infant Attachment Strategies, Infant Mental Lag, and Maternal Depressive Symptoms: Predictors of Internalizing and Externalizing Problems at Age 7.« *Developmental Psychology* 33 (1997): 681–92.

Resnick, M. D., et al. »Protecting Adolescents from Harm: Findings from the National Longitudinal Study on Adolescent Health.« *Journal of the American Medical Association* 278 (1997): 823–32.

Ross, J. M. *What Men Want: Mothers, Fathers and Manhood.* Cambridge, MA: Harvard University Press, 1994.

Sapolsky, R. M. »The Importance of a Well-groomed Child.« *Science* 277 (1998): 1620–21.

Silverstein, O. und B. Rashbaum. *The Courage to Raise Good Men.* New York: Penguin Books, 1994.

Kapitel 7 In der Festung der Einsamkeit

Askew, S. und C. Ross. *Boys Dont Cry: Boys and Sexism in Education.* Philadelphia: Open University Press, Milton Keynes, 1988.

Cole, P. M., C. Zahn-Waxler und K. D. Smith. »Expressive Control during a Disappointment: Variations Related to Preschoolers' Behavior Problems.« *Developmental Psychology* 30 (1988): 835–46.

Davis, T. L. »Gender Differences in Masking Negative Emotions: Ability or Motivation?« *Developmental Psychology* 31 (1995): 660–67.

Gjerde, P. F. »Alternate Pathways to Chronic Depressive Symptoms in Young Adults: Gender Differences in Developmental Trajectories.« *Child Development* 66 (1995): 1277–1300.

Kapitel 8 Depression und Suizid

American Psychiatric Association. *Diagnostic and Statistical Manual of Mental Disorders,* 4. Aufl. (DSM-IV). Washington, DC: American Psychiatric Association, 1994, dt.: *Diagnostisches und Statistisches Manual Psychischer Störungen (DSM IV) der American Psychiatric Association,* deutsche Bearbeitung von Sass, H., et al., Göttingen, Bern, Toronto, Seattle (Hogrefe) 1996.

Anderson, R. N., K. D. Kochanek und S. L. Murphy. »Report of Final Mortality Statistics.« *Centers for Disease Control and Prevention/National Center for Health Statistics,* Bd. 45, 12. Juni 1997.

Birmaher, B., et al. »Childhood and Adolescent Depression: A Review of the Past 10 Years. Part I.« *Journal of the American Academy of Child and Adolescent Psychiatry* 35 (1996): 1427–39.

Birmaher, B., et al. »Childhood and Adolescent Depression: A Review of the Past 10 Years. Part II.« *Journal of the American Academy of Child and Adolescent Psychiatry* 35 (1996): 1575–83.

Centers for Disease Control and Prevention, National Center for Injury Preventi-

on and Control. »Suicide in the United States 1980–1992.« Violence Surveillance Summary Series, No. 1, 1995.
Diekstra, R. F. und N. Garnefski. »On the Nature, Magnitude and Causality of Suicidal Behaviors: An International Perspective.« *Suicide and Life Threatening Behaviors* 25 (1995): 36–57.
Fleming, J. E. und D. R. Offord. »Epidemiology of Childhood Depressive Disorders: A Critical Review.« *Journal of the American Academy of Child and Adolescent Psychiatry* 29 (1990): 571–80.
Moscicki, E. K. »Epidemiology of Suicidal Behavior.« *Suicide and Life Threatening Behavior* 25 (1995): 22–35.
National Center for Health Statistics. »Deaths for 72 Selected Causes, by 5 Year Age Groups, Race and Sex: United States 1979–1995, Trend B.« Table 291 A (1997).
Remafedi, Gary. *Death by Denial: Studies of Suicide in Gay and Lesbian Teenagers.* Boston: Alyson Publications, 1997.
Reinherz, H. Z. et al. »Early Psychosocial Risks for Adolescent Suicidal Ideation and Attempts.« *Journal of the American Academy of Child and Adolescent Psychiatry* 34 (1995): 599–611.
Rosenberg, M., J. Smith, L. Davidson und J. Cohn. »The Emergence of Youth Suicide: An Epidemiologic Analysis and Public Health Perspective.« *Annual Review of Public Health* 8 (1987): 420.
Sells, C. W. und R. W. Blum. »Morbidity and Mortality among U.S. Adolescents: An Overview of Data and Trends.« *American Journal of Public Health* 86 (1996): 513–19.
Shaffer, D., M. Gould, P. Fisher et al. »Psychiatric Diagnosis in Child and Adolescent Suicide.« *Archives of General Psychiatry* 53 (1996): 339–48.

Kapitel 9 Alkohol und Drogen: Die emotionale Leere füllen

Barros, H. M. T. und K. A. Miczek. »Neurobiological Characteristics of Alcohol-Heightened Aggression.« In: *Aggression and Violence: Genetic Neurobehavioral and Biosocial Perspectives,* hrsg. v. D. M. Stoff und R. B. Caims. Mahwah, NI: Lawrence Erlbaum, 1996, 237–63.
Canada, G. *Reaching up for Manhood: Transfortning the Lives of Boys in America.* Boston: Beacon Press, 1998.
Cloninger, C. R., S. Sigvardsson, T. R. Przybeck und D. M. Svrakic. »Personality Antecedents of Alcoholism in a National Area Probability Sample.« *European Archives of Psychiatry and Clinical Neuroscience* 245 (1995): 239–44.
Cloninger, R. C. »Neurogenetic Adaptive Mechanisms in Alcoholism.« *Science* 236 (1987): 410–16.
Ellickson, L. P., K. A. McGuigan, V. Adams, R. M. Bell und R. D. Hays. »Teenagers and Alcohol Misuse in the United States: By Any Definition It's a Big Problem.« *Addiction* 91 (1996): 1489–1503.
Froehlich, J. C. »Opioid peptides.« *Alcohol Health and Research World* 21 (1997): 132–35.

Gruber, E., R. J. DiClemente, M. M. Anderson und M. Lodico. »Early Drinking Onset and Its Association with Alcohol Use and Problem Behavior in Late Adolescence.« *Preventive Medicine: An International Journal Devoted to Practice and Theory* 25 (1996): 293–300.

Johnston, L. B., J. Bachman und P. O'Malley. »Monitoring the Future: National High School Drug Use Survey.« Washington, DC: National Institute on Drug Abuse, 1995.

Langer, L. L. und J. G. Tubman. »Risky Sexual Behavior among Substance-Abusing Adolescents: Psychosocial and Contextual Factors.« *American Journal of Orthopsychiatry* 67 (1997): 315–22.

Liu, X. und H. B. Kaplan. »Gender-Related Differences in Circumstances Surrounding Initiation and Escalation of Alcohol and Other Substance Use/Abuse.« *Deviant Behavior: An Interdisciplinary Journal* 17 (1996): 71–106.

Masse, L. C. und R. E. Tremblay. »Behavior of Boys in Kindergarten and the Onset of Substance Use during Adolescence.« *Archives of General Psychiatry* 54 (1997): 62–68.

Pihl, R. O. und J. B. Peterson. »Alcoholism: The Role of Different Motivational Systems.« *Journal of Psychiatry and Neuroscience* 20 (1995): 372–96.

– »Alcohol, Serotonin, and Aggression.« Special Issue: Alcohol, Aggression, and Injury. *Alcohol Health and Research World* 17 (1993): 113–16.

Slater, M. D., D. Rouner, K. Murphy, F. Beauvais, J. Van Leuven et al. »Male Adolescents' Reactions to TV Beer Advertisements: The Effect of Sports Content and Programming Context.« *Journal of Studies on Alcohol* 57 (1996): 425–33.

Synder, H. N. »Juvenile Arrests for Driving Under the Influence, 1995.« OJJDP Fact Sheet 67, Washington, DC: U.S. Department of Justice, 1997.

Webb, J. A., P. E. Baer und R. S. McKelvey. »Development of a Risk Profile for Intentions to Use Alcohol among Fifth and Sixth Graders.« *Journal of the American Academy of Child and Adolescent Psychiatry* 34 (1995): 772–78.

Kapitel 10 Das versteinerte Herz: Beziehungen zu Mädchen – erst liebevoll, dann lieblos

Brooks, G. *The Centerfold Syndrome.* San Francisco: Jossey-Bass, 1995.

Brooks, G. R. und R. Levant. *Men and Sex.* New York: Wiley, 1997.

Camarena, P. M., P. A. Saragiani und A. C. Petersen. »Gender-Specific Pathways to Intimacy in Early Adolescence.« *Journal of Youth and Adolescence* 19 (1990): 19–31.

Osherson, S. *Wrestling with Love: How Men Struggle with Intimacy.* New York: Fawcett Columbine, 1992.

Lefkowitz, B. *Our Guys: The Glen Ridge Rape and the Secret Life of the Perfect Suburb.* Berkeley: University of California Press, 1997.

Simon, W. und J. Gagnon. »On Psychosexual Development.« In: *Handbook of Socialization Theory and Research*, D. A. Goslin. Chicago: Rand McNally, 1969.

Kapitel 11 Wut und Gewalt

Archer, John. *The Behavioral Biology of Aggression.* Cambridge: Cambridge University Press, 1988.

Cloninger, C. R., S. Sigvardsson, T. R. Przybeck und D. M. Svrakic. »Personality Antecedents of Alcoholism in a National Area Probability Sample.« *European Archives of Psychiatry and Clinical Neuroscience* 245 (1995): 239–44.

Dodge, K. A., G. S. Pettit, C. L. McClaskey und M. M. Brown. »Social Competence in Children.« *Monographs of the Society for Research in Child Development* 51, Nr. 2, Reihe 213 (1986).

Dodge, K. A., und D. R. Somberg. »Hostile Attributional Bias among Aggressive Boys Are Exacerbated under Conditions of Threat to Self.« *Child Development* 58 (1987): 213–24.

Miczek, K. A., E. M. Weerts und J. F. DeBold. »Alcohol Aggression and Violence: Biobehavioral Determinants.« In: *Alcohol and Interpersonal Violence: Fostering Multidisciplinary Perspectives,* hrsg. v. E. Martin (Research Monograph 24). Rockville, MD: National Institutes of Health, 1993, 83–119.

Moffitt, T. E. »The Neuropsychology of Juvenile Delinquency: A Critical Review of Research and Theory.« In: *Crime and Justice: A Review of Research,* vol. 12, hrsg. v. M. Tonry und N. Morris. Chicago: University of Chicago Press, 1990, 99–169.

Pihl, R. O., und J. B. Peterson. »Alcohol, Serotonin, and Aggression.« Special Issue: Alcohol, Aggression, and Injury. *Alcohol Health and Research World* 17 (1993): 113–16.

Schaal, B., R. E. Tremblay, R. Soussignan und E. J. Susman. »Male Testosterone Linked to High Social Dominance but Low Physical Aggression in Early Adolescence.« *Journal of the American Academy of Child and Adolescent Psychiatry* 34 (1996): 1322–30.

Sickmund, M., H. N. Synder und E. Poe-Yamagata. »Juvenile Offenders and Victims: 1997 Update on Violence.« Pittsburgh, PA: National Center for Juvenile Justice, 1997.

Synder, H. N. »Juvenile Arrests: 1996.« OJJDP Juvenile Justice Bulletin. Washington, DC: U.S. Department of Justice, November, 1997.

Synder, H. N. und M. Sickmund. »Juvenile Offenders and Victims: A Focus on Violence.« Pittsburgh, PA: National Center for Juvenile Justice, 1995.